课题组主要成员

课 题 组 顾 问：郭　济

课 题 组 组 长：靳江好

课题组主要撰稿人：靳江好　高小平　沈荣华　范　愉　李军鹏
　　　　　　　　　梁仲明　芮国强　马建川　胡仙芝　汪永成
　　　　　　　　　贾红英　王郅强　文　宏

和谐社会建设与
社会矛盾调节机制研究

靳江好　王郅强　主编

人民出版社

责任编辑:陈寒节

责任校对:湖　催

图书在版编目(CIP)数据

和谐社会建设与社会矛盾调节机制研究/靳江好 王郅强　主编
—北京:人民出版社,2008.7
ISBN 978 - 7 - 01 - 007091 - 9

Ⅰ.和…　Ⅱ.①靳…②王…　Ⅲ.①社会主义建设模式 - 研究
- 中国②社会主义社会 - 矛盾 - 研究 - 中国　Ⅳ.D6.

中国版本图书馆 CIP 数据核(2008)第 081796 号

和谐社会建设与社会矛盾调节机制研究

HEXIE SHEHUI JIANSHE YU SHEHUI MAODUN TIAOJIE JIZHI YANJIU

靳江好　王郅强　主编

人民出版社 出版发行
(100706　北京朝阳门内大街166号)

北京中科印刷有限公司印刷　新华书店经销

2008 年 7 月第 1 版　2008 年 7 月北京第 1 次印刷
开本:710 毫米×1000 毫米　1/16　印张:26.5
字数:423 千字　印数:1 - 3000 册

ISBN 978 - 7 - 01 - 007091 - 9　定价:50.00 元

邮购地址:100706　北京朝阳门内大街 166 号
人民东方图书销售中心　电话:(010)65250042　65289539

序：迎接社会矛盾新挑战
实现社会和谐有序

中国行政管理学会会长　郭　济

今年是改革开放三十周年，以党的十一届三中全会召开为标志，我国由此拉开了改革开放的大幕，进入到了全面改革时期，同时也引起了全民性利益格局的重大调整。这是一场重大的社会变革，在过去的三十年中，我国社会生活和社会结构发生了深刻变化，社会经济成分、组织形式、就业方式和分配方式日益多样化，打破过去社会利益结构单一、均等化程度高的格局，以利益为基础的动力机制推动整个社会迅速发展，整个社会面貌发生了翻天覆地的变化。进入新世纪后，顺应推进社会主义现代化进入新阶段的时代发展，党中央进一步提出全面建设小康社会与和谐社会的发展目标。

然而，与经济快速发展的同时，一些深层次的矛盾与问题也进一步显现出来。新的利益关系格局尚未完全形成，城乡、区域、经济社会发展不平衡现象日益凸显，教育、医疗、住房、就业、安全生产等关乎群众切身利益的问题比较突出，收入分配差距拉大引发各种社会问题出现，社会群体性突发事件也频繁发生，这种情况表明，我国正处在一个发展与挑战并存的关键时期。如何应对全面建设小康社会进程中出现的社会矛盾，提出符合我国实际需要的制度安排与途径选择，创新具有可操作性和实用性的方式方法，建构全面建设小康社会进程中社会矛盾调节的长效机制，为社会发展提供长治久安的保障，成为时代发展的迫切需要。

　　呈现在大家面前的《和谐社会建设与社会矛盾调节机制研究》,是靳江好研究员承担的2004年度国家社会科学基金重点项目——《全面建设小康社会进程中的社会矛盾调解机制研究》(04AZZ001)的最终结项成果。它的出版,揭示了一个事关社会稳定、社会可持续发展以及整个宏观经济协调发展大局的社会矛盾调节机制问题,在实践上为我国党政部门正确化解和处理社会矛盾提供了新的思路框架和对策方法,必将对维护社会稳定、实现利益整合、促进社会可持续发展产生积极的作用。

　　本书从建构全面建设小康社会进程中社会矛盾调节的长效机制以及实现和谐社会的目标出发,将社会矛盾置于社会转型的大背景中研究,坚持以"三个代表"重要思想和科学发展观为指导,阐述了构建和谐社会与社会矛盾调节的关联、社会矛盾调节的理论基础,分析了社会转型期我国社会矛盾的基本形态、发展趋势和框架模式,对新时期出现的新问题、新情况以及全面建设小康社会进程中社会矛盾出现的基本状况与特征、产生动因和发展趋势做了一个详细分析,进而确立了社会矛盾调节机制的总体思路。在此基础上,从利益整合、社会管理、政府作为、权利救济等多方面阐述现阶段健全社会矛盾调节机制的主要措施,为全面建设小康社会提供了长治久安的机制保障。最后,辅以"金河出租车停运事件"、西山"4·10"突发事件、"林原'84元'事件"三个现实案例为样本,阐述构建社会矛盾调节机制的难点、思路、途径、措施和制度化设计。

　　本书逻辑严密、内容丰富、见解深邃、论证科学、文字流畅,在论证的过程中,对如何构建社会矛盾的调节机制,采取分类型、分特点、分阶段的分析方法,进行全方位、多层次的研究,既注重结合不同地区社会矛盾产生的特殊性,又兼顾到我国社会转型背景的共同性,实现了研究内容与研究视角的创新。具体体现在以下几个方面。

　　第一,开启了社会矛盾研究的新视角。本课题研究跳出了"就社会矛盾论社会矛盾"的传统思路,将社会矛盾调节机制放在整个全面建设小康社会进程中来研究,大大拓宽了本课题的研究范围。选择从社会转型这一背景,有针对性地把研究的着力点放置在社会矛盾调节机制的创新方面,提出全面建设小康社会进程中调节社会矛盾的思路、途径、措施和制度化设计。

第二,探索了社会矛盾研究的新思路。本课题研究运用马克思主义和社会冲突的基本理论,具体地阐述了社会矛盾的多种表现形式,做出了现阶段我国社会矛盾大多属于利益矛盾的现实判断,从体制和制度安排的层面揭示了社会矛盾产生的根源,针对社会矛盾高发与国家制度供给不足之间的矛盾,积极探索各种切实可行的矛盾调节形式,不断拓宽矛盾化解的参与渠道,提出加强多种调节机制的制度化建设,最终实现社会矛盾的缓和与调节。

第三,拓宽了社会矛盾研究的新视野。在研究过程中,注重将现实的需求纳入到理论研究之中,注重实践经验、现实做法的理论总结与提升,强调理论与实践的相结合,力求以全新的理念研究全面建设小康社会进程中社会矛盾调节机制,强调用发展解决社会矛盾,主张必须通过社会改革,从制度创新入手,通过构建有战略性和可操作性的国家宏观政策框架,才能最终找到解决全面建设小康社会进程中的社会矛盾的根本途径。

第四,筑建了社会矛盾研究的新层面。本课题研究致力于构建一个社会矛盾调节机制的完整理论框架,以现实中存在的各种社会问题为核心,强调建构社会矛盾调节机制中普遍性与特殊性的结合,探寻全国范围内社会矛盾调节的相关性特征,达到社会矛盾调节机制与社会转型背景的契合,突破了泛泛而谈的社会矛盾调节对策研究,构成了独特的论文结构设计及论点的论证。

本研究成果,在探索社会矛盾调节理论、正确认识社会矛盾、分析社会矛盾成因、借鉴社会矛盾调节的国际经验、提出解决社会矛盾的对策、促进和谐社会建设等方面具有十分重要的理论和实践意义,是一本可读性强的著作,它对党政工作部门和实践工作者均有参考和使用价值。

当然,在社会科学中,任何一项学术研究和理论探索都是有局限性的。《和谐社会建设与社会矛盾调节机制研究》一书,在我国社会矛盾调节机制创新、科学理性地认识社会矛盾、正确处理社会冲突和事件等方面进行了积极探索。但社会矛盾作为永恒的时代主题,对其进行持续研究是永不停止的。希望作者今后继续跟踪研究,我相信和期待着理论研究新成果的不断出现。

2008 年 4 月

目 录

绪　论

　　1979 年邓小平同志根据我国当时的经济发展实际情况,首次提出了"小康"的概念以及在 20 世纪末我国达到"小康社会"的战略构想。经过二十多年改革开放的历史洗礼,我国经济文化方面取得了非常瞩目的成就,经济持续快速健康发展,经济总量初具规模,小康社会的目标初步实现。进入新世纪,党的十五届五中全会进一步提出,从新世纪开始,我国将进入全面建设小康社会、加快推进社会主义现代化的新的发展阶段,由此,"小康社会"进入一个全新时期。

　　面对全面建设小康社会的全新目标,我们也应该清醒地看到,在这期间,我国的所有制结构、产业结构和经济结构发生了巨大的变化,深刻地改变着我国传统的社会结构和社会心理,原来相对稳定的、单一的社会结构和社会心理,经过一系列的分化、组合和震荡之后,呈现出差异性、多样性、失衡性和复杂性的特点,同时出现产业结构快速转型、社会利益格局剧烈变化、政治体制不断应对新的挑战的局面。一个不容忽视的问题就是,在全面建设小康社会进程中,社会矛盾问题正日益凸显,如转型社会中利益结构调整所引发的利益冲突、收入差距和分配不公引发的社会心理失衡,腐败现象加剧导致的政府信任危机,各种敌对势力的渗透和破坏所制造出来的种种事端,日益增多的群体性突发事件引发的矛盾冲突等,严重威胁着社会秩序与稳定。从国际发展经验来看,人均 GDP 处于 1000 至 3000 美元之间是一个经济起飞国家发展的关键时期,是一个国家经济社会发展的重要战略"关口"。在这个时期,既充满新的机遇,又面临着各种社会风险,往往是产业结构快速转型、社会利益格局剧烈变化、政治体制不断应对新的挑战的时期。机遇与挑战并存,中国的发展面临关键的临界点。一方面,如果在战略和政策上把握得当,经济可以迅速起飞;另一方面,经济社会发展到这一阶段,通常是结构变动最剧烈、各种矛盾最突出的时期,如果处理不好,也容易造成社会动荡。因此,建立健全社会矛盾调节机制,健全和规范我国的社会矛盾调节渠道,提供有效处理种种社会矛盾的制度安排,既是有效调节社会关系、维护社会和谐稳定、促进社会良性运行和发展的基础,也是全面建设小康社会的内在要求和重要保障,是一个全新而重大的时代课题。

而研究当代中国的社会矛盾,追溯社会矛盾凸显的原因,健全和规范我国社会矛盾调节渠道,必须紧紧地抓住社会转型这一宏观时代背景,注意社会转型赋予社会矛盾的诸多个性特征,着重研究社会矛盾与社会转型时期的内在逻辑,并在此基础上,系统分析社会矛盾的表现形态、最新特点、主要诱因,对当前我国社会矛盾的性质做出正确的判断,进而提出构建社会矛盾调节机制的现实框架模式及实现途径。

本课题就是以全面建设小康社会为背景,从理论和实践相结合的角度,在借鉴前人社会矛盾的理论论述以及国际上社会矛盾调节实践经验的基础上,紧紧抓住社会转型这个特定的历史时期,对我国转型时期社会矛盾的表现形态、最新特点、主要诱因、性质判断以及我国社会矛盾调节机制建设的现状进行系统深入分析,提出具有理论依据和实践依据的,构建社会矛盾调节机制的新思路及现实框架模式,以及符合我国实际需要的实现途径及对策选择和具有可操作性和实用性的方法措施,这对于实现社会矛盾调节机制创新,进而为全面建设小康社会提供长治久安的机制保障,都具有重要的现实意义。

第一章从全面建设小康社会的时代背景,小康社会与和谐社会的关系,以及和谐社会与调节社会矛盾的关系出发,着重论述调节社会矛盾对于促进社会长治久安,促进我国经济健康发展,实现社会公平,实现和谐社会的构想,进而实现小康社会宏伟目标的重要意义。

第二章重点对马克思有关社会冲突的理论、西方的社会冲突理论、我国的人民内部矛盾学说及社会团结理论、社会整合理论等相关理论作简明扼要的阐述,为系统深入分析我国现阶段社会矛盾的表现形态、最新特点、主要诱因,以及性质判断等,提出构建社会矛盾调节机制的现实框架模式及实现途径奠定必要的理论基础。

第三章紧紧地抓住社会转型这一宏观时代背景,注意社会转型赋予社会矛盾的诸多个性特征,着重研究社会矛盾与社会转型时期的内在逻辑,并在此基础上,系统分析社会矛盾的表现形态、最新特点、主要诱因,对当前我国社会矛盾的性质做出正确的判断,进而充分说明社会矛盾治理过程中构建和谐秩序的内在价值诉求。

第四章提出建立健全社会矛盾调节机制是我国社会矛盾治理的新思路,并对社会矛盾调节机制的内涵与功能,我国社会矛盾调节机制的构成特征,社会矛盾调节机制的发展路向,以及构建社会矛盾调节机制的主要路径进行阐述。

第五章、第六章、第七章、第八章和第九章分别从创新社会利益整合机制、创新社会管理机制、创新社会矛盾调节的政府公共机制、创新多元化的权利救济与纠纷解决机制、创新社会矛盾调节工作机制这五个方面构建社会矛盾调节机制的框架模式和实现途径,提出符合我国国情和具有可操作性的社会矛盾调节的对策选择和方法措施。

第十章分三个阶段介绍西方社会矛盾从尖锐到缓和,再到相对稳定的过程中积累起来的许多社会矛盾调节的成功经验,用以作为我国构建社会矛盾调节机制,建设社会主义和谐社会的借鉴。

第十一章通过对"金河出租车停运事件"、西山"4·10"突发事件、"林原'84元'事件"这些转型时期典型案例的实证分析,阐述其对于构建社会矛盾调节机制的启示。

与同类研究相比,本课题具有如下特点:

1. 本课题从我国全面建设小康社会目标出发,坚持以中国特色社会主义理论体系为指导,从政治学、公共管理学、社会学、法学和心理学等多重学科视角,分析了全面建设小康社会进程中社会转型这个时代背景下社会矛盾的表现形态、最新特点、主要诱因,以及性质判断等问题,并在此基础上,从创新社会利益整合机制、创新社会管理机制、创新社会矛盾调节的政府公共机制、创新多元化的权利救济与纠纷解决机制、创新社会矛盾调节工作机制多方面,提出全面建设小康社会进程中调节社会矛盾的思路、途径、措施和制度化设计。

2. 重点在分析现阶段主要社会矛盾的基础上,研究如何在实践上为我国党政部门有效减少、正确化解和处理社会矛盾提供新的思路框架和具有可操作性的对策方法,为实现小康社会目标、构建社会主义和谐社会创造条件,具有较强的实用价值和可操作性。

3. 采用规范研究和经验研究相结合、定量分析和定性分析相结合、调查研究和案例研究相结合等方法进行分析研究,尤其注重运用社会调查研究和实证方法,对社区组织和非政府组织与社会矛盾调节、人民调节与社会矛盾、群体性突发事件与政府治理、社会矛盾与社会心理等大量个案进行实证分析,通过召开专家座谈会、网络查询、实地走访等途径掌握有效调节社会矛盾的第一手资料,为同类研究和实践提供参考依据。

由于社会矛盾调节机制问题还是社会科学领域中一个较新的课题,我们所从事的这项研究工作具有一定探索性,难免存在许多不足,有许多未尽的问题只能留待日后作更进一步的研究。

第一章 全面建设小康、和谐社会与社会矛盾调节

一、全面建设小康社会实现社会更加和谐

党的十六大报告提出,要全面建设惠及十几亿人口的更高水平的小康社会,使社会更加和谐。党的十六届四中全会更进一步指出,构建社会主义和谐社会的能力是共产党执政能力的重要体现。党的十六届四中全会出台的《中共中央关于加强党的执政能力建设的决定》中,将和谐社会与物质文明、精神文明和政治文明一起作为全面建设小康社会"四位一体"的目标。党的十七大报告更是明确地指出,构建社会主义和谐社会是贯穿中国特色社会主义事业全过程的长期历史任务,是在发展的基础上正确处理各种社会矛盾的历史过程和社会结果。可见,小康社会与和谐社会之间有着密不可分的关系,它们之间互相依存,互相联系,互相促进,互为彼此必不可少的条件。

(一)全面建设小康社会是新世纪、新阶段的奋斗目标

"小康"一词,最早出自《诗经》,《诗·大雅·民劳》中写到:"民亦劳止,汔可小康"。作为一种社会模式,"小康社会"则源于《礼记·礼运》,是儒家的政治主张。"小康"是与"大同"相对应的一种社会状态或理想,都指的是财产私有、生活富足、家庭和睦、上下有序、讲究礼仪的一种社会状态。由于封建社

会的历史局限,虽然这种社会理想从未得到过实现,但是小康思想在中国民间却影响深远,盛行千年而不衰,成为普通百姓对富裕、殷实的理想生活的追求目标。

"小康社会"这个概念,由空想主义到科学概念的飞跃,是邓小平汲取中国传统文化的精华,结合中国特色社会主义建设的国情提出的一个新概念。1979 年 12 月 6 日,邓小平在会见日本首相大平正芳时,根据当时我国经济发展的实际情况,第一次提出了"小康"的概念以及在 20 世纪末我国达到"小康社会"的构想。他说:"我们要实现的四个现代化,是中国式的四个现代化。我们的四个现代化的概念,不是像你们那样的现代化的概念,而是'小康之家'。到本世纪末,中国的四个现代化即使达到了某种目标,我们的国民生产总值人均水平也还是很低的。要达到第三世界中比较富裕一点的国家的水平,比如国民生产总值人均一千美元,也还得付出很大的努力。" 1984 年,他又进一步补充说:"所谓小康,就是到本世纪末,国民生产总值人均 800 美元。"①。在这之后,他又多次重申了这一构想。1982 年 9 月,党的十二大正式引用了这一概念,并把它作为二十世纪末的战略目标。"从 1981 年到本世纪末的 20 年,我国经济建设总的奋斗目标是,在不断提高经济效益的前提下,力争使全国工农业总产值翻两番……,实现这个目标,城乡人民的收入将成倍增长,人民物质生活可以达到小康水平"②。1987 年 10 月,党的十三大正式将实现小康列为"三步走"发展战略的第二步目标。"第二步,到本世纪末,使国民生产总值再增长 1 倍,人民生活达到小康水平。"③在"小康社会",人民的生活达到"小康水平",这是指在生活温饱的基础上,生活质量进一步提高,达到丰衣足食。建设小康社会是邓小平理论的重要内容之一,是邓小平对社会主义现代化建设目标的一个简单通俗的描述。

---

① 《邓小平文选》第 3 卷,人民出版社 1993 年版,第 64 页。
② 胡耀邦:《全面开创社会主义现代化建设的新局面》(1982 年 9 月 1 日),《十二大以来重要文献选编》(上),人民出版社 1986 年版,第 14 页。
③ 中国共产党第十三次全国代表大会报告:《沿着有中国特色的社会主义道路前进》(1987 年 10 月 25 日),《中国共产党第十三次全国代表大会文件汇编》,人民出版社 1987 年版,第 15 页。

　　顺应我国改革开放的现实需要,对于小康目标和建设小康社会的认识,是在实践中不断丰富和发展的,并成为邓小平理论的重要组成部分。2000年10月,党的十五届五中全会提出,从新世纪开始,我国进入了全面建设小康社会,加快推进社会主义现代化的新的发展阶段。"现在完全可以有把握地说,我们党在改革开放初期提出的本世纪末达到小康的目标,能够如期实现。在中国这样一个十多亿人口的国度里,进入和建设小康社会,是一件有伟大意义的事情,这将为国家长治久安打下新的基础,为更加有力地推进社会主义现代化创造新的起点。"[①]2002年11月8日,江泽民同志在党的十六大报告中,进一步明确了今后20年全面建设小康社会的任务。全面建设小康社会的要旨是要建设全面的小康社会,是要在经济发展的基础上实现社会的全面进步。对此,十六大不仅规定了经济建设和经济体制改革的目标和任务,也规定了政治建设和政治体制改革、文化建设和文化体制改革、国防和军队建设,以及加强和改进党的建设的目标和任务。全面建设小康社会的目标,总结起来,大体可以归纳为七个方面的主要内容:首先是提出了宏观的目标,即在保证优化结构和提高效益的前提下,力争实现国内生产总值到2020年比2000年翻两番,综合国力和国际竞争力明显增强。二是提出了让人民过上更加富足的物质生活的三个具体标准,即社会保障体系比较健全,社会就业比较充分,家庭财产普遍增加。三是要求满足人民群众能够充分享受健康向上、体现社会主义精神文明的各种文化娱乐的需求。四是能够提供足够的、满足广大人民群众需要的公共服务和社会福利,城乡居民的公共服务水平明显提高。五是国民自身的思想道德素质、科学文化素质和健康素质明显提高,形成比较完善的现代国民教育体系、科技和文化创新体系和全民健身和医疗卫生体系。六是要一方面使人得到全面发展,另一方面不断促进社会可持续发展的能力,使生态环境得到改善,资源利用率显著提高,促进人与自然和谐,推动整个社会走上生产发展、生活富裕、生态良好的文明发展道路。七是随着经济社会的发展,社会主义民主更加完善,社会主义法制更加完备,依法治国方略得到全面落实,人

[①]《江泽民文选》第二卷,人民出版社2006年版,第47页。

民的政治、经济和文化权益得到切实尊重和保障。

党的十七大报告更是以"高举中国特色社会主义伟大旗帜,为夺取全面建设小康社会新胜利而奋斗"为题,对全面建设小康社会奋斗目标的新要求作出了明确的规定,指出,我们必须适应国内外形势的新变化,顺应各族人民过上更好生活的新期待,把握经济社会发展趋势和规律,坚持中国特色社会主义经济建设、政治建设、文化建设、社会建设的基本目标和基本政策构成的基本纲领,在十六大确立的全面建设小康社会目标的基础上对我国发展提出新的更高要求,主要体现在以下五方面。

一是要增强发展协调性,努力实现经济又好又快发展。转变发展方式取得重大进展,在优化结构、提高效益、降低消耗、保护环境的基础上,实现人均国内生产总值到 2020 年比 2000 年翻两番。社会主义市场经济体制更加完善。自主创新能力显著提高,科技进步对经济增长的贡献率大幅上升,进入创新型国家行列。居民消费率稳步提高,形成消费、投资、出口协调拉动的增长格局。城乡、区域协调互动发展机制和主体功能区布局基本形成。社会主义新农村建设取得重大进展。城镇人口比重明显增加。

二是要扩大社会主义民主,更好保障人民权益和社会公平正义。公民政治参与有序扩大。依法治国基本方略深入落实,全社会法制观念进一步增强,法治政府建设取得新成效。基层民主制度更加完善。政府提供基本公共服务能力显著增强。

三是要加强文化建设,明显提高全民族文明素质。社会主义核心价值体系深入人心,良好思想道德风尚进一步弘扬。覆盖全社会的公共文化服务体系基本建立,文化产业占国民经济比重明显提高、国际竞争力显著增强,适应人民需要的文化产品更加丰富。

四是要加快发展社会事业,全面改善人民生活。现代国民教育体系更加完善,终身教育体系基本形成,全民受教育程度和创新人才培养水平明显提高。社会就业更加充分。覆盖城乡居民的社会保障体系基本建立,人人享有基本生活保障。合理有序的收入分配格局基本形成,中等收入者占多数,绝对贫困现象基本消除。人人享有基本医疗卫生服务。社会管理体系更加健全。

五是要建设生态文明,基本形成节约能源资源和保护生态环境的产业结构、增长方式、消费模式。循环经济形成较大规模,可再生能源比重显著上升。主要污染物排放得到有效控制,生态环境质量明显改善。生态文明观念在全社会牢固树立。

十七大报告对全面实现小康社会进行了前景展望,指出到 2020 年全面建设小康社会目标实现之时,我们这个历史悠久的文明古国和发展中社会主义大国,将成为工业化基本实现、综合国力显著增强、国内市场总体规模位居世界前列的国家,成为人民富裕程度普遍提高、生活质量明显改善、生态环境良好的国家,成为人民享有更加充分民主权利、具有更高文明素质和精神追求的国家,成为各方面制度更加完善、社会更加充满活力而又安定团结的国家,成为对外更加开放、更加具有亲和力、为人类文明作出更大贡献的国家。

然而,实现全面建设小康社会这个目标,不可能一蹴而就,巩固和提高目前达到的小康水平,还需要进行长期的艰苦奋斗。这是因为:1. 我国工业化的任务还远没有完成。工业化是现代化的基础和主体,工业化的任务尚未完成,决定了现代化的路程还很漫长。2. 从全国范围看,"三农"问题未解决、城市化进程滞后、地区差距和收入差距扩大,都说明我国城乡二元经济结构还没有改变,消除城乡差别还有很长的路要走。3. 加快西部地区经济发展步伐,努力实现跨越式发展,逐步扭转工农差别、城乡差别、地区差别扩大的趋势,促进地区经济协调发展,需要长期艰苦奋斗。4. 目前,农民增收还相当困难,全国农村还有将近 1 亿人口没有解决温饱问题或处于低水平的温饱的状态,已经脱贫的人口中返贫的比例还相当高,城镇还有几千万人纯收入在最低生活保障线以下。从根本上解决这些问题,实现全国人民共同富裕,也需要长期艰苦奋斗。5. 未来几十年,我国仍处于人口持续增长的状态。预计 2050 年,全国人口将达到 16 亿。而新生人口的数量却赶不上老龄人口数量的增加,老龄化社会的中国将面临就业和社会保障的双重巨大压力,必须力争避免陷入顾此失彼的困境。6. 社会经济的快速发展与生态环境的恶化、自然资源的匮乏之间矛盾日益突出。历数家底,我国在石油、水、土地、重要矿产资源等具有战略意义的资源方面的储备和保护,确实不容乐观,需要付出长期艰苦努力。7. 面对经济全球化和知识经济的挑战，我国要缩小同发达国家之间的差距，赶上发达国家的水平，还要走相当长的路，要付出几代人的不懈努力才行。为此，我们在未来 20 年全面建设小康社会的过程中，必须努力解决上述七方面的矛盾和问题，特别要始终注意社会矛盾的调节与处理，真正做到始终在"全面"二字上下工夫，始终要坚持解放生产力、发展生产力、消灭剥削、消除两极分化、最终实现共同富裕的社会主义基本原则。全面建设小康社会，就是要建设一个惠及十几亿人口的更高水平的、更全面的、发展比较均衡的小康社会。我们要在建设小康社会的过程中真正体现"全面进步、全面发展"的原则和社会主义的基本原则，才能建成真正高标准的社会主义小康社会。①

(二) 社会主义和谐社会的必要性、基本内涵和特征

在"小康社会"目标提出之后，党中央又提出了要构建"和谐社会"，这是党对中国特色社会主义事业认识的新发展。党的十七大报告更是将社会和谐提升到"中国特色社会主义的本质属性"的重要地位，将科学发展和社会和谐作为内在统一体系而紧密结合起来，指出没有科学发展就没有社会和谐，没有社会和谐也难以实现科学发展。它表明，建设小康社会除了经济目标以外，更应该实现经济以外的社会目标。相对于小康社会而言，和谐社会应该主要是指除了经济以外的社会目标。我们国家经过改革开放以来特别是近些年的经济的持续快速发展，已经为构建和谐社会创造了良好的条件，奠定了良好的基础。同时，现阶段的国情，要求我们在注重效率的同时，必须更加注重公平，注重全面发展，这就使得构建和谐社会成为必然的选择。

用社会学的术语来说，和谐社会就是良性运行和协调发展的社会，即构成社会的各个部分、各种要素处于一种相互交融、彼此适应、相辅相成的状态之中。针对我国现状，和谐社会应是经济和社会、城市和乡村、东中西部不同区

---

① 参见胡锦涛：《在省部级主要领导干部提高构建社会主义和谐社会能力专题研讨班上的讲话》，人民出版社 2005 年版。

域、人和自然、国内发展和对外开放等关系良性互动和协调发展的社会。建设和谐社会寄托了世人追求美好生活的理想。可以说,一部人类社会的历史,就是人类追求美好社会理想的历史。胡锦涛总书记指出:"实现社会和谐,建设美好社会,始终是人类孜孜以求的一个社会理想,也是包括中国共产党在内的马克思主义政党不懈追求的一个社会理想。"①党的十六届六中全会的《中共中央关于构建社会主义和谐社会若干重大问题的决定》将"和谐社会"概括为全体人民各尽所能、各得其所而又和谐相处的社会,就是"民主法治、公平正义、诚信友爱、充满活力、安定有序、人与自然和谐相处"②的社会。它标志着和谐社会已经成为我们党和国家所确定的一个更高层次的发展目标,是由物质层面向精神文化乃至道德层面的扩展。党的十七大报告明确要求通过发展增加社会物质财富、不断改善人民生活,又要通过发展保障社会公平正义、不断促进社会和谐。实现社会公平正义是中国共产党人的一贯主张,是发展中国特色社会主义的重大任务。要按照民主法治、公平正义、诚信友爱、充满活力、安定有序、人与自然和谐相处的总要求和共同建设、共同享有的原则,着力解决人民最关心、最直接、最现实的利益问题,努力形成全体人民各尽其能、各得其所而又和谐相处的局面,为发展提供良好社会环境。

社会主义和谐社会就是社会主义制度下的和谐社会。社会主义是一个大系统,其中每一个子系统应该相互联系、相互协调发展。它不仅应表现为整个经济系统的内部协调,如速度与效率、产业结构、工业农业之间、城乡之间、中央与地方之间、各区域之间的协调;而且也表现为经济与社会的协调,物质文明、精神文明与政治文明的并进,政治民主的发展,劳动者素质的全面提高,公平与效率的统一;国内经济与经济全球化的协调;经济发展与环境、资源、人口的协调等等。社会主义和谐社会中所指的"社会",应是一个具体的发展领域,与经济、政治、文化相并列。"和谐社会"主要包括社会关系的和谐及人与自然的和谐两个方面,但主要是指社会关系的和谐。

---

① 胡锦涛:《提高构建社会主义和谐社会的能力》,《人民日报》,2005 年 6 月 27 日第一版。
② 《中国共产党第十六届中央委员会第六次全体会议文件汇编》,人民出版社 2006 年版,第 5 页。

　　首先,人与人之间关系的和谐发展是和谐社会中最基本层次的和谐。马克思、恩格斯在《共产党宣言》中明确指出:"代替那存在着阶级和阶级对立的资产阶级旧社会的,将是这样一个联合体,在那里,每个人的自由发展是一切人的自由发展的条件。"①马克思、恩格斯关于"自由人联合体"或者"人的全面自由发展的社会"的表述,实际指的就是社会主义和谐社会,这里包含着社会主义和谐的生产关系方面即人与人的和谐。人与人的关系是一个复杂体系,包括经济关系、文化关系、宗法关系、政治关系和社会关系(狭义的)等等。人是在社会中的人,社会是由人所构成的社会。社会和谐最根本的就是人与人之间的和谐,没有人与人之间的和睦相处、博爱互助,就没有和谐的社会。社会所包含的人与人之间的关系,并不在于人们之间有没有利益矛盾,而在于如何认识和解决这些矛盾。在当今这样一个利益主体多元化的社会,实现社会的和谐发展往往并不表现为人与人之间有没有利益方面的矛盾或冲突,而是表现为它如何容纳和化解这些矛盾与冲突。

　　其次,人与自然的和谐统一已经超越了人类社会本身,是更高层次的和谐。马克思指出,人们在"历史的每一阶段都遇到一定的物质结果,一定的生产力总和,人对自然以及个人之间历史地形成的关系,都遇到前一代传给后一代的大量生产力、资金和环境",这些现有的物质基础和生产力状况预先规定了人们的生活条件,并"使它得到一定发展和具有特殊的性质。"②他进一步指出,要消灭私有制社会的"异化"现象,实现人的发展和社会的进步,达到实现社会主义和谐社会,必须"以生产力的巨大增长和高度发展为前提"③,生产力反映的是人与自然的关系,这里实际就是指社会主义和谐社会的生产力方面人与自然的和谐。从人与自然的关系看,和谐发展表现为人们在合理利用自然资源的过程中创造了更多的社会财富,提高了社会生产力。社会生产力的提高不仅使人们的生活水平得以不断改善,也是和谐社会形成和发展的基础。人类作为自然界的一部分,要与自然界进行物质能量的交换,离开了自然界,

①　《马克思恩格斯选集》第 1 卷,人民出版社 1995 年版,第 294 页。
②　《马克思恩格斯选集》第 1 卷,人民出版社 1995 年版,第 92 页。
③　《马克思恩格斯选集》第 1 卷,人民出版社 1995 年版,第 86 页。

人类社会将失去生存的空间。温家宝总理在美国哈佛大学演讲时说:"人多、不发达,这是中国的两大国情。中国有 13 亿人口,不管多么小的问题,只要乘以 13 亿,那就成为很大很大的问题;不管多么可观的财力、物力,只要除以 13 亿,那就成为很低很低的人均水平。"①传统的发展模式,片面追求经济的快速增长,对自然资源进行破坏性地开发,导致全局性的资源短缺、环境污染和生态破坏。而环境污染、资源短缺又会对社会发展和人类的健康乃至生命造成极其不良的影响。2003 年的非典、2004 年的海啸,以及困扰我国的恶性安全事故,都一次次地警告我们:处理好人与自然的关系对于人类来讲生死攸关。和谐社会不可能建立在资源枯竭和环境恶化的基础上,人与自然的和谐相处,就是要寻求生产发展、生活富裕、生态良好的结合点。这对于我国人均资源较少和生态环境比较脆弱的现实而言尤为重要。人与自然和谐相处,表现为可持续发展成了社会成员的共识,并得到全面的贯彻执行。建立和维护人与自然相对平衡的关系,呼唤人们更注重节约资源、建设节约型社会,坚决禁止过度性放牧、掠夺性开采、毁灭性砍伐等掠夺自然、破坏自然的做法,建立和完善绿色 GDP 核算体系,尊重自然客观规律,在保持生产持续发展、劳动人民生活富裕的情况下,自然生态、社会生态和人文生态得到有效的改善和提高。

因此,构建社会主义和谐社会,是中国共产党从开创中国特色社会主义事业新局面的全局出发提出的一项重大任务和奋斗目标,完全符合人类历史发展规律的要求,适应了我国改革发展进入关键时期的客观要求,体现了广大人民群众的根本利益和共同愿望。深刻理解和把握构建社会主义和谐社会的丰富时代内涵,对我们全面落实科学发展观,促进我国经济社会协调发展和全面进步,实现全面建设小康社会宏伟目标具有重要的意义。

首先,构建社会主义和谐社会是解决我国现实生活中各种矛盾关系的需要。目前,我国正处在体制转换、结构调整、社会变革和全面参与经济全球化的历史进程当中,也是各种经济、政治和社会问题的易发多发期。现实生活中

---

① 温家宝:《把目光投向中国——在哈佛大学的演讲》,http://www.ccforum.org.cn/viewthread.php? tid = 30903。

诸多问题和矛盾的存在,如不加以解决,既影响社会稳定,又影响经济社会的发展。改革开放以来的二十多年,是我国经济发展最快的时期,也是人民群众得到实惠最多的时期,但并不是群众意见最少的时期,而是出现了诸多的新情况、新问题和新矛盾。如社会分层、社会阶层分化与贫富差距的矛盾;强资本与弱劳工之间的矛盾;传统户籍制度与统一劳动力市场冲突所导致流动人口与固定户籍人口之间的矛盾;公共资源长期配置的失衡导致的城乡之间的矛盾等等,需要妥善加以处理。因此,如何鼓励一部分人先富起来,又不使不同人群之间的贫富悬殊和发展差距拉大而走向共同富裕;如何使城乡之间、东部与西部地区之间协调发展,而不使发展差距进一步扩大;如何使经济社会与人口资源环境相互协调发展,使大自然更好地为人类服务,同时又不影响人类赖以生存的环境;如何使全社会所有的人都能公平地享有受教育权、发展权和参与国家事务的管理权,彼此友爱、团结互助、和睦共处等等,这些问题都是我们亟须解决的。以构建和谐社会为目标,从代表整体利益和长远利益的角度对群众加以引导,正确处理多种社会矛盾,才能保持社会的团结稳定和长治久安。

其次,构建社会主义和谐社会是应对复杂国际局势的需要。尽管人类社会进入了以和平与发展为主题的新时代,但国际形势继续处于深刻复杂的变化之中,各种矛盾错综复杂,突发事件、地区冲突、局部战争时有发生,世界并不安宁,影响和平与发展的不稳定不确定因素依然存在。随着我国改革开放程度的不断扩大,一方面,我国在世界上的影响和在国际事务中的作用越来越大,另一方面,国际社会对我国的影响也越来越大。我们必须清醒地看到,"多极世界"与"单极世界"的矛盾和斗争仍然激烈,冷战思维仍在继续,传统安全威胁和非传统安全威胁的因素相互交织,各种形式的恐怖活动的危害上升。要有效地应对来自国际环境的挑战和风险,首先就应该把我们的国家建设好。只有集中全党全国各族人民的智慧和力量,聚精会神进行现代化建设,始终保持国家统一、民族团结、社会稳定的局面,构建好社会主义和谐社会才利于我国在国际舞台上处于主动和不败之地。

再次,构建社会主义和谐社会是巩固党执政的社会基础和实现党执政的历史任务的必然要求。中国共产党执政的社会基础是工人阶级和广大人民群众,紧紧依靠人民群众,团结一切可以团结的力量,调动一切可以调动的积极因素,才能使执政的社会基础牢固不破。随着社会生产力的发展和经济结构的变化,我国工人阶级队伍迅速扩大,结构发生了巨大变化,知识分子成为工人阶级的一部分,从事第三产业的工人逐步成为工人阶级的主体,同时,出现了私营企业主、社会中介人员和自由职业者等新的社会阶层。他们都是中国特色社会主义的建设者,是我们党执政必须依靠的力量。全面建设小康社会,加快推进社会主义现代化,实现祖国统一是我们党的历史任务。完成这个任务,必须紧紧依靠全党、全国各族人民和全社会的团结,必须正确认识及妥善处理人民内部矛盾和其他社会矛盾,努力协调好各个社会阶层之间的经济利益关系,抓紧解决人民群众生产生活中的突出问题和困难,营造良好的人际环境,加强社会建设和管理,逐步构筑公平、稳定、合理的社会结构,保持良好的社会秩序。构建社会主义和谐社会,是我们党坚持立党为公、执政为民的必然要求,是实现好、维护好、发展好最广大人民根本利益的重要体现,也是我们党实现执政历史任务的重要条件。

和谐社会是以人为本的社会。人类一切活动的根本目的,都是为了人的生存、享受和发展。和谐社会就是一个政通人和、经济繁荣、人民安居乐业、社会福利不断提高的社会。社会主义和谐社会是各方面利益关系得到有效协调、社会管理体制不断创新和健全、稳定有序的社会。我国社会主义制度的确立,为构建社会主义和谐社会奠定了坚实的基础。我们所要建立的和谐社会应是体现社会主义本质的、现代的、新型的和谐社会,具有如下根本特征。

第一,社会主义和谐社会是充满发展活力的社会。一个健康、和谐、文明、进步的社会必然是一个充满了活力的社会,这也是现代社会的重要标志之一。社会主义的活力,是社会主义能够全面协调与发展的基础和条件。其中最集中的体现应是每一位社会成员的积极性、主动性、创造性、能动性得到充分发挥,全社会劳动者的思想、知识、文化得到全面发展。经济上,为此要进一步深化改革和扩大开放,破除一切妨碍发展的观念和体制机制弊端,优化配置各种生产要素,促进社会物质财富不断增加。政治上,让每一位公民真正享受到社会主义民主政治,引导和发展公民政治参与的主动性和积极性。文化上,充分发挥先进文化对大众的引导、教育功能,不断提高公民的科学文化素养和精神文明风尚。"尊重劳动、尊重知识、尊重人才、尊重创造",坚持最广泛最充分地调动一切积极因素来增强全社会的创造活力。

第二,社会主义和谐社会是充满公平与正义的社会。公平与正义,是社会主义和谐社会实现的关键。伴随着我国经济的快速发展,社会结构的变动,价值取向的多元化,贫富差距的持续扩大,权益问题、平等问题、社会正义与公平问题日益凸显。城乡差距、地区差距、社会不同阶层不同成员之间的收入差距都是无可避免的,但是,必须注意的是这种差距不应该过大,应该被控制在合理的、广大人民群众可以接受的范围之内。为此,必须注重公平,努力消除各种产生分配不公的不合理的甚至非法的因素。在平等的理念下解决好教育、就业、收入与社会保障等重大民生问题。我们不可能保障结果的公平,但应尽可能地促成起点的公平,为每个人创造公平发展的外部环境。社会一旦丧失了公正、正义的基本价值取向,必然会失去凝聚力,进而引起社会秩序的紊乱。以往存在和发展的人剥削人、人压迫人、人吃人的社会,就是由于缺乏公平与正义而导致社会整体的不和谐并经常出现根本性的对抗性冲突,社会主义和谐社会就是要彻底解决社会根本上不公平、不和谐的问题。

第三,社会主义和谐社会是有序的社会。社会主义和谐社会的有序,是经济、政治、思想、文化、社会生活各个方面都能体现和谐的有章可循。经济层面上,企业、市场、政府的功能定位准确,行为方式符合法律法规,经济健康发展。政治层面上,权力授予和权力运行中真实代表广大人民群众的意愿,符合民主程序,广大劳动人民有权且有效监督、制约各种权力的运作。思想文化层面上,正确处理指导思想一元化和思想文化发展多样性的关系,学术理论百家争鸣、欣欣向荣,各种文艺形式百花齐放、丰富多彩,国民素质大大提高。社会生活层面上,社会中每个成员的权利得到维护,所有人都自觉遵守社会主义道德、集体主义等价值观念与行为准则,人人安居乐业,享受全面的发展和自由权利。

第四,社会主义和谐社会是安定的社会。社会平安稳定,表现在党和国家始终具有强大的向心力、凝聚力和吸引力,人与人之间、群体与群体之间、社会阶层与社会阶层之间关系和睦、互惠互利,各行各业健康、有序地发展;民主法制健全、社会管理机制完善,社会成员的独立人格能够得到尊重,基本权益能够得到充分保障,人人平等,即人与人之间在人格、权利、机会、规则等方面都平等;一部分阶层、群体在增进自己利益的时候,不以牺牲和损害另一部分阶层、群体利益为代价,全社会成员能够自觉和睦、团结一致地对内和对外,不存在人为的群体性动乱、动荡以及重大隐患。

构建社会主义和谐社会是一项纷繁复杂的系统工程。从整体上理解,和谐社会是指组成社会系统各要素之间形成了一体的状态。具体而言,在当今社会的统一体中,既要强调人与人的和谐,又要强调人与自然的和谐;既要达到内部各阶层、各群体之间的和谐,又要争取有利和谐的外部环境因素;既要追求经济利益和经济效益,又要不断彰显社会的公平互助博爱理念;既要重视城市和东部发达地区的发展,又要解决好"三农"问题,缩小地区差距;既要重视招商引资,又要保护好劳工权益。总之,要使我们社会大系统中的各个要素环节共同发展。组成现代社会的各要素之间是有机关联的,只有当这些要素能够呈现在质态上的彼此适应、量态上的比例合理、功能上的相互协调时,社会才会处于和谐、健康的状态。如果这种平和的状态被打破,则各种冲突和纷争就会发生,甚至引发极端的对抗性行为,进而使社会陷入危机与困境之中。

(三)全面建设小康社会与构建社会主义和谐社会的辩证关系

构建社会主义和谐社会与全面建设小康社会是有机统一的。构建社会主义和谐社会,既是全面建设小康社会的重要内容,也是全面建设小康社会的重要条件。在新的发展阶段继续全面建设小康社会、发展中国特色社会主义,必须坚持以邓小平理论和"三个代表"重要思想为指导,深入贯彻落实科学发展观,实现社会和谐。因此,全面建设小康社会,也内在地包含了社会更加和谐的要求。

第一,构建社会主义和谐社会是全面建设小康社会的重要内容。与2000

年我国达到的"总体小康"相比,"全面小康"要求"经济更加发展、民主更加健全、科教更加进步、文化更加繁荣、社会更加和谐、人民生活更加殷实"①。很显然,"全面小康"包含了"和谐社会"的内容。经过改革开放以来20多年的快速发展,我国人民生活总体上达到了小康,这是一个了不起的成就,但是正如党的十六大报告所指出的,上世纪末达到的总体小康是低水平的、不全面的、发展不平衡的小康状态。这一状态应当说是中国人民奔小康的过程中不可避免的一个阶段,也是从允许一部分地区、一部分人先富起来到最终实现共同富裕的历史进程中不可逾越的阶段。所谓低水平,就是指刚刚进入小康的门槛:一是指人均水平还不高,二是指还有相当比重的人口还没有进入小康。所谓不全面,是指我们以往总体达到的小康主要是从经济方面看,侧重于物质文明方面,对精神文明、政治文明、生态环境和可持续发展方面关注不够,没有能够实现经济、政治、文化、社会和人自身的全面协调发展。而且经济方面也侧重在解决生存需要,至于享受需要、发展需要都还未能得到应有的关注。所谓不平衡,是指进入小康的人口在全国分布是不平衡的,城市与农村之间、东部与西部之间、不同行业之间、不同社会阶层之间、不同收入群体之间发展水平存在差距。因此,强调建设更高水平的小康社会,强调构建社会主义和谐社会与全面建设小康社会是一脉相承的。

　　第二,构建社会主义和谐社会是实现全面建设小康社会宏伟目标的必然要求。全面建设小康社会,就是要努力形成全体社会成员各尽其能,各得其所而又和谐相处的局面,在使经济更加发展,民主更加健全,科教更加进步,文化更加繁荣,人民生活更加殷实的同时,使社会更加和谐。社会和谐是一种价值目标,又是一个不断推进的现实的社会历史过程,它是价值目标和社会历史过程的统一。提出构建社会主义和谐社会,把全面建设小康社会置于更广泛的社会关系、社会状态来认识,置于更长时期的中国特色社会主义建设的历史时期来认识,从而进一步揭示了全面建设小康社会的动力机制、平衡机制和共同

---

① 江泽民:《全面建设小康社会 开创中国特色社会主义事业新局面》,人民出版社 2002 年版,第19 页。

价值观。民主法制、公平正义、诚信友爱、充满活力、安定有序、人与自然和谐相处作为构建社会主义和谐社会的基本特征,是包括全面建设小康社会阶段在内或更长远的社会主义建设和发展时期的理想、方略、机制和结果,从而对共产党执政规律、社会主义建设规律、人类社会发展规律做出了基于全面建设小康社会,又高于全面建设小康社会这个特定阶段的认识。有利于党和国家克服前进中的困难和障碍,促进全面小康社会宏伟目标的早日实现。

第三,构建社会主义和谐社会是实现全面建设小康社会宏伟目标的重要前提。到2000年,我国总体上实现了小康目标。然而,这还是一种低水平的、不全面的、发展很不平衡的小康。在这种情况下,全面建设小康社会作为我国小康社会建设的一个新的历史发展阶段开始启动。在实现全面建设小康社会的过程中,我国经济社会发展出现了诸多不协调、不和谐问题。近几年来,我国社会方面的发展与经济方面的发展相比严重滞后。主要是:资源能源紧缺,制约了经济的发展;城乡发展不平衡、地区发展不平衡、经济社会发展不平衡的矛盾更加突出;经济文化发展水平远不能满足人民群众的多样化需要;体制的深化改革进一步触及了深层次的矛盾问题;社会组织管理面临新问题,等等。这些问题成了当前社会发展所要着重解决的重点、关键问题,构建和谐社会成为解决我国全面建设小康社会中诸多不和谐不协调问题的迫切需要。只有在构建社会主义和谐社会的过程中,全力解决上述问题和矛盾,才能实现全面建设小康社会的宏伟目标。

第四,构建社会主义和谐社会是实现全面建设小康社会宏伟目标的重要保障。和平与发展是当今时代的主题,但国际形势继续处于深刻复杂的变化之中。我们必须把国内的事情办好,始终保持国家统一、民族团结、社会稳定的局面。只有构建社会主义和谐社会才能完成此项历史任务。如前所述,构建社会主义和谐社会,有利于最广泛最充分地调动一切积极因素,协调好各个社会阶层以及方方面面的利益关系,切实保证和充分发挥社会成员的主动性、积极性和创造性。构建社会主义和谐社会,必然将使得社会主义民主进一步发展,社会主义法制不断健全,社会管理体制日益完善,社会秩序更加优化,人民安居乐业,社会安定团结,从而为全面建设小康社会提供一个安定有序的社会环境。构建社会主义和谐社会,有利于在全社会倡导并形成诚实守信、互帮互助和全体人民平等友爱、融洽相处的社会氛围和人际关系。诚信要求社会成员自觉遵守社会规则、规章制度和公共秩序。友爱强调的则是要在全社会倡导全体人民平等友爱、融洽相处。因此,构建社会主义和谐社会是实现全面建设小康社会宏伟目标的重要保障。

同时,全面建设小康社会也对构建社会主义和谐社会起着巨大的作用。全面建设小康社会将为构建社会主义和谐社会提供坚实的物质基础、政治保障和精神支撑。富裕不一定和谐,但贫困肯定会导致社会不和谐。马克思曾经指出:"生产力的这种发展(随着这种发展,人们的**世界历史性的**而不是地域性的存在同时已经是经验的存在了)之所以是绝对必需的实际前提,还因为如果没有这种发展,那就只会有**贫穷**、极端贫困的普遍化;而在**极端贫困**的情况下,必然重新开始争夺必需品的斗争,全部陈腐污浊的东西又要死灰复燃。"①贫困是产生社会不和谐的重要原因,而发展则是消除贫困的根本途径。构建社会主义和谐社会,要求我们树立科学发展观,抓住发展这个解决中国一切问题的关键。从我国现实情况看,城乡发展之间存在的不协调,地区发展之间存在的不平衡,不同社会阶层成员之间存在的事实上的发展机会不均等,都对社会产生着消极的影响。逐步缩小这些差距,逐步消除这些不协调、不平衡、不均等,都要依靠全面建设小康社会来实现。

最后,就我国现状而言,构建社会主义和谐社会同全面建设小康社会都属于建设中国特色社会主义的大范畴。两者的起点一致——低水平、不全面、发展不平衡的小康状态;目标一致——建设更高水平的小康社会、使社会更加和谐;过程也一致——全面建设小康社会的实践过程同时也就是构建社会主义和谐社会的过程。正确认识构建社会主义和谐社会与全面建设小康社会的辩证关系,有助于我们牢固树立和落实科学发展观,更好地从中国的基本国情出发,把握共产党执政规律、社会主义建设规律和人类社会发展规律,切实解决好经济与社会协调发展问题,建设好中国特色社会主义。

---

① 《马克思恩格斯选集》第 1 卷,人民出版社 1995 年版,第 86 页。

当然,同全面建设小康社会比较,构建社会主义和谐社会的要求更高、时间更长、任务更重。小康社会是一种侧重于量的增长概念,而和谐社会则是更进一步从质上来考量发展。构建社会主义和谐社会同科学社会主义创始人提出的共产主义远大理想、同现阶段我们共产党人和全国各族人民建设中国特色社会主义的共同理想是完全一致的。最理想的和谐社会,就是未来的共产主义社会。因此,我们在实现了全面建设小康社会的宏伟目标之后,还要为构建社会主义和谐社会继续奋斗,逐步将其实现。我们在实现"全面小康"的过程中,通过解决当前发展阶段存在的突出问题,促使全面小康的目标在和谐的状态中实现,这既是对"全面小康"的坚持和发展,也是对"全面小康"中关于"社会更加和谐"要求的进一步展开和丰富。

总之,从全面建设小康社会的总体布局中来把握和谐社会建设,正确认识二者之间的关系,将有助于在全面建设小康社会的过程中,把握构建社会主义和谐社会的特点和规律,实现社会建设同经济建设、政治建设、文化建设之间的良性互动,全面推进。

二、实现全面小康与构建社会主义和谐社会必须调节社会矛盾

(一)调节社会矛盾有利于促进社会的长治久安

和谐是一种气氛,和谐意味着秩序,秩序需要维护,和谐需要调节。社会生活的和谐,必须有稳定安宁的社会政治环境和有条不紊的社会生活秩序。在这种和谐或均衡的状态中,各个利益主体对自己所处的地位(状态)或获得的利益感到满足。

古往今来,一种文明的孕育生长、一个国家的兴旺发达,无不依赖于国内局势的长治久安。稳定,才可能发展,才可能有财富和文明成果的积累。我国

之所以有所谓"汉唐盛世",农耕经济时代的国力和社会文明发展到顶峰,就是因为汉朝和唐朝都曾有过一段相当长时期相对太平的社会环境。今天的美国之所以强大,重要原因之一是立国200多年来,除了1812年到1815年的第二次独立战争和后来的南北战争外,国内基本上没有发生过大的战乱和社会动荡。几乎所有国家的历史都可以从正反两方面证明社会稳定是多么重要和宝贵。

邓小平曾以他特有的语言风格反复强调稳定的重要性。"稳定压倒一切",是他的至理名言,也是他的伟大遗训之一。他说:"中国的问题,压倒一切的是需要稳定。没有稳定的环境,什么都搞不成,已经取得的成果也会失掉。""中国一定要坚持改革开放,这是解决中国问题的希望。但是要改革,就一定要有稳定的政治环境"①。

社会稳定是社会和谐的基础,社会稳定是构建和谐社会的基本条件。和谐的社会一定是稳定的社会。但是,稳定不等于和谐,因为稳定有可能是社会控制的结果。从社会学的视角看,社会控制意味着社会通过各种机制或手段对个人和集团的行为进行约束,它有外在的强制和内在的认同两个主要机制,带有一定的强制性。在现代社会,法制可以成为社会控制的主要手段。在社会转型时期,道德与法制不但各自的效用受到限制,很多时候甚至相互掣肘。而和谐却是社会发展的一种自然的良性状态,是物质、精神、文化等的综合协调状态。由此可见,社会和谐显然处于一个较社会稳定更高的层次上,是一种自然的良性的状态。不必讳言,我们以往关注的侧重点是稳定问题,还没有上升到如何促进社会和谐的层面,以致在维护稳定的过程中甚至出现过一些激化社会矛盾、加剧社会冲突的现象。例如,近年发生的因雇主拖欠农民工工资,农民工讨要不着而自杀的现象,这种自杀行为并未影响到社会稳定,但它无疑表明了我们目前存在的劳资关系的不和谐;再如,下岗失业职工、失地农民等为维护自身合法权益集体上访被劝阻甚至被强行劝阻,虽未危及社会稳定,但并不等于他们权益受损的问题已经得到解决,这些都属不和谐问题。因

---

① 《邓小平文选》第3卷,人民出版社1993年版,第284页。

此,我们不应赞同为了稳定而稳定,而是主张积极地去调节社会矛盾,化解社会冲突,用社会和谐的观念来对待社会稳定问题。这是一个长期目标,是一个建立在解决社会矛盾、社会问题、社会冲突的基础上实现的目标,因此,它所带来的必然是长久的、稳固的社会稳定。

中共中央政治局委员、中央书记处书记,国务委员周永康在《关于社会稳定问题》一文中指出:政治稳定是整个社会稳定的核心;经济稳定是整个社会稳定的基础;社会秩序正常是政治稳定和经济稳定的必要条件,人心安定是社会稳定的综合反映。他还指出:当前我国正处于改革的攻坚阶段和发展的关键时期,一些深层次的矛盾和问题逐步暴露出来,直接或间接地影响甚至危及社会稳定。因此,我们构建社会主义和谐社会首先必须要调节好社会生活中方方面面的矛盾。唯有此,才能营造长久稳固的真正的社会稳定。①

从国际发展经验来看,人均 GDP 处于 1000 至 3000 美元之间是一个经济起飞国家发展的关键时期,是一个国家经济社会发展的重要战略"关口"。在这个时期,既充满新的机遇,又面临着各种社会风险,往往是产业结构快速转型、社会利益格局剧烈变化、政治体制不断应对新的挑战的时期。机遇与挑战并存,中国的发展面临关键的临界点。一方面,如果在战略和政策上把握得当,经济可以迅速起飞;另一方面,经济社会发展到这一阶段,通常是结构变动最剧烈,各种矛盾最突出的时期,如果处理不好,也容易造成社会动荡。周永康认为:"化解社会矛盾,维护社会秩序,保持社会稳定,促进社会和谐,是科学发展观题中应有之义。深化改革,加快发展是政绩,维护社会稳定同样也是政绩。"②中国作为一个拥有 13 亿人口的大国,社会稳定对于中国和中国前途至关重要。法国《世界报》曾在《龙的弱点》一文中写道:"怀疑论者曾预测中国将陷入不可避免的动荡。但 25 年来,……中国以出色的表现驳斥了所有怀疑论者的观点。但是将来呢? 中国仍然会快速发展下去,而不被它的不利条件所束缚吗? 答案很可能是肯定的。"③这篇文章对我国过去 25 年的稳定和

①② 周永康:《关于社会稳定问题》,《学习时报》,2004 年 8 月 2 日。
③ 法国《世界报》,《龙的弱点》,http://www3.blog.163.com/push/ - E5Xu - W4rCpC - 0 - 0 - .html。

发展的事实是肯定的,对未来会不会继续稳定和发展,趋向于肯定,但不那么确信。

　　我们不能否认,目前,我们国家还存在着各种各样的矛盾,经过改革开放30年的发展,我们所面对的社会矛盾已经发生了明显的变化,基于生产力水平低下所引起的社会矛盾相对减少,而其他因素引起的社会矛盾却相对增多。改革开放初期,我们谈论得最多的社会矛盾,是先进的生产关系与落后的社会生产力之间的矛盾,是计划经济时代城乡居民物质文化需求增长与供应极度短缺的矛盾,只要不是对中国存有偏见的人,都不会否认中国30年的改革与发展确实取得了举世瞩目的巨大成就。供应短缺的时代已经过去,亿万人民的温饱问题得到了解决,并且有越来越多的城乡居民逐渐走向富裕生活。现在,我们面临了很多新的矛盾问题,例如,社会分层,社会阶层分化与贫富之间的矛盾。计划经济时代是共同贫穷的时代,改革开放初期的10年也基本上是多数人贫穷的时代,现在则不同了,基尼系数显示我国社会贫富差距持续扩大。尽管对于中国的基尼系数不同的国际机构有不同的数据,但基本上在0.42—0.45之间,超过了国际公认的0.4警戒线。联合国开发计划署(UNDP)2005年《人类发展报告》对中国的地区不均衡、贫富不均衡和社会阶层不均衡作了统计和描述:中国20%的最贫困人口收入份额只有4.7%,而20%最富裕人口收入份额则高达50%。城镇居民中最富有的10%家庭与最贫穷的10%家庭人均可支配收入差距将超过8倍。"如果贵州是一个国家,那么它的人类发展指数仅刚超过非洲的纳米比亚,但是如果把上海比作一个国家,其人类发展指数则与发达国家葡萄牙相当。"①这种越拉越大的贫富差距是由于我们的收入分配体制改革的不到位或者不合理所导致的。而且不容忽视的是,差距的持续扩大就有可能带来贫富之间或者高收入阶层与低收入阶层的对抗性矛盾和进一步加剧的利益冲突,这是需要我们密切关注和解决的问题。

　　众所周知,贫富之间的利益关系犹如天平,如果调整不当,利益的天平一

① 联合国开发计划署:《2005年人类发展报告》,http://www.un.org/chinese/esa/hdr2005/preface.htm。

且向另一方倾斜,均衡状态被打破,则另一方的利益将受到侵害。如果社会矛盾是因利益扭曲所致,则化解矛盾必须注重社会利益调节。调节收入分配、完善社会保障机制是我们应特别注重的。这一点美国给我们提供了一定的启示。长期以来美国社会也存在不少矛盾和问题,而且有一些矛盾相当严重,其中,贫富差距扩大是美国经济发展中日趋严重的问题。美国家庭平均收入被划分为 5 个档次,2003 年每个档次的中间收入分别为:14.7 万、6.9 万、4.36 万、2.57 万和 1 万美元。从理论上说,如此大的收入差距将导致社会矛盾不断激化,但是从总体上看,美国在促进社会稳定与和谐方面取得了一定成效。究其原因,除了政治和法律方面的因素外,很大一部分正是由于政府在经济、税收和社会福利制度等方面对弱势群体的大力扶持,因此在调节收入差距和缓和社会矛盾方面起到了重要作用。

与一些社会保障机制比较完善的发达国家相比较,我国在调节社会利益关系、加大对弱势群体的扶持、缓和社会矛盾方面做得还有一定差距。尽管近年来中国在经济增长方面表现突出,但是在其他发展领域相对于经济的发展是滞后的。以医疗为例,联合国的一个专家小组曾做过一个关于中国医疗改革方面的报告,他们的结论就是中国的医疗保健制度没有能够帮助那些需要帮助的人,没有覆盖农村的农民,"有 70% – 80% 的农村人口没有医疗保障,这导致成千上万婴幼儿和农村人口等弱势群体不必要的死亡。"[①]因此,我们需要继续不懈努力,使经济飞速增长所带来的好处能更均衡地分配给社会的各个阶层,更多地分配到教育、卫生等许多公共领域,提高全社会成员的生活水平。唯有此,我们才能调节好各种利益冲突和社会矛盾,维护社会秩序,为构建社会主义和谐社会创造安定团结的社会环境。再如,地区发展不平衡,强资本弱劳工劳动关系严重失衡,城乡差别等等都是改革发展过程中出现的新问题,如果不能及时重视和认真解决,也容易引起社会矛盾,影响社会稳定。中央在指导方针、政策措施上已经开始注重加强薄弱环节,特别重视解决好

---

① 联合国开发计划署:《2005 年人类发展报告》,http://www.un.org/chinese/esa/hdr2005/preface.htm。

"三农"问题,重视实施西部大开发战略、振兴东北等老工业基地战略,促进中部崛起,支持"老、少、边、穷"地区发展,以逐步实现全体人民共同富裕的目标。贫富差距虽然是一个客观事实,但是社会阶层对抗在一定程度上是完全可以被软性消化的。

当然,我们在调节和处理社会矛盾的时候也要注意运用科学的方法。当前我国人民内部矛盾十分复杂,处理起来有相当的难度。尤其是群体性事件,往往是参与者的合理诉求与表达的不合法手段交织在一起,或者是多数人的合理合法要求与少数人的无理取闹交织在一起,或者是群众的自发行为与个别别有用心的人插手交织在一起,这就要求我们必须十分讲究策略和方法,防止因为处置不当而造成矛盾激化,以维护社会稳定。我们有理由相信,在中国共产党的领导下,在全国人民的共同努力下,中国的稳定和发展将长期持续下去。

(二)调节社会矛盾有利于实现社会的公平公正

造成我国经济社会发展中出现诸多不和谐与不协调现象的原因,概括而言,是社会进步中的社会分化。但具体来说,却又表现在发展中的诸多失衡,其中之一便是重经济效率、经济利益而轻社会公平,甚至在某种程度上"异化"成为效率至上,或"唯效率论"。虽然不能说这是导致利己主义泛滥、唯利是图现象日益突出的主要原因,但不可否认的是,平等、公平、互助、正义等价值理念在很大程度上因此被忽略甚至被抑制,确是不争的事实。

公平是人类所追求的一个永恒的价值理念。"和谐社会"的重要内涵之一是公平,和谐社会必然以平等和公平为基本准则。我国处于一个社会分化甚至是急剧分化的时期,而社会分化的结果当然是不平等,在承认社会分化的进步意义及其客观问题的基础上,只有依照平等与公平的理念来逐步实现社会公正,才能走向和谐社会。如果城乡二元结构长期存在,如果相当一部分人的基本生活得不到保障,底线都筑不牢,那就难言"和谐"。为此,我们需要确立平等与公平的发展理念,并将这种理念落实到具体的制度安排中去。

调节社会矛盾,我们要妥善处理各方面的利益关系,首先特别要在公共政策上为弱势群体提供制度性保障。社会主义发展的基本宗旨是人人共享、普遍受益。虽然从理论上说,发展的成果应该是全体社会成员共享的,但实际上在现实条件下,由于各种因素的制约,使得这种普遍受益性受到不同程度的限制。社会进步的成果由强势群体来享受或首先享受;同样,社会改革代价的后果应当由全社会来共同分担,但实际上绝大部分却由弱势群体来承担或主要来承担。目前,弱势群体承担了改革的大部分成本,而且弱势群体的规模依然庞大,他们对社会、对强势群体的不满情绪,构成了对社会和谐的巨大威胁。因此,必须要制定适当的公共政策,做出必要的制度安排,为弱势群体提供制度性保障,以维护他们的基本生活状态和基本权利。只有做到了这一点,才能使绝大多数社会成员受益,实现真正意义上的发展,进而实现全社会的有效整合与团结和谐。

要做到这一点,有不少切实可行的方法可以采纳,例如,我们可以运用税收调节手段来调节高低收入的差距。通过一定的所得税起征点和起征点上的累进征收率,对不同程度的高收入者征收税赋。累进所得税的起征点和累进税率要合理,累进所得税的起征点和累进点是随着高收入与低收入的差距的变化而变动,体现公平原则,达到能够最广泛调动人民生产积极性的目的。

再例如,我们可以而且也应当建立全面系统的社会保障体系。目前,我国工资总额占 GDP 之比重不增反降,表明国民财富在初次分配中处于一种失衡状态。作为实现国家最主要的再分配手段,我国的社会保障在国家财政中的所占比重仍严重偏低。因此,迫切需要加快建立和完善我国社会保障体系。社会保障既保障了社会成员的基本生存权,也体现了对贫富差距的调剂。这种调剂将尽可能使全社会成员有平等的发展机会以保证社会合理流动和良性运行。

此外,我们还应大力引导和塑造社会中人人平等、相互关心的精神和氛围。既要运用行政的、经济的、法律的手段,实行第二次分配,更要通过形成一种新的公平理想,通过福利协会、慈善机构、爱心工程等形式,唤起人们友爱互助的精神,达到第三次收入分配的均衡。在一些发达国家几乎没有什么仇富心理,因为富豪们大多自觉参与了社会公益事业。以很多中国人都很崇拜的比尔·盖茨来说,与他名字相关的机构有两个:一个是微软公司,一个是盖茨基金会,这两个名字都将流传下去,后者甚至更加稳固。回馈社会已然成为很多西方发达国家企业文化中很重要的一项内容。同时,非营利机构也是一项庞大的行业。

总而言之,为了实现社会和谐,就必须实现社会公平,保证平等发展,就要不断努力提供相关的制度体系、保障体系和思想道德体系。因此,调节社会矛盾,实现社会公平是我们必须为之长期努力的目标。一个公正的社会才能真正称之为一个和谐的社会。

(三)调节社会矛盾有利于促进我国经济的健康发展

自从十一届三中全会开始改革开放、十四大确定社会主义市场经济体制改革目标以及十四届三中全会做出相关决定以来,我国经济体制改革在理论和实践上取得重大进展。社会主义市场经济体制初步建立,公有制为主体、多种所有制经济共同发展的基本经济制度已经确立,全方位、宽领域、多层次的对外开放格局基本形成。我国经济社会状况已发生深刻变化,突出表现为社会生产力快速发展,国民经济持续稳定增长,人民群众生活水平逐步提高,从而为我们构建社会主义和谐社会提供了坚实的基础和可靠的保障。因为纵观古今中外,我们可以清楚地得知:和谐社会本质上是富裕社会,民富才能国强,民富国强才可能实现社会的长治久安;反之,经济衰落、人民贫穷非但不可能使社会和谐,而且势必导致各种社会矛盾无法缓和,即使短期内可以通过政治强制力达到暂时的稳定,可一旦出现风吹草动,则社会矛盾必然急剧激化,出现国破家亡的惨痛结局。正是基于此,我们将始终坚持以经济建设为中心不动摇。

但是,经济的发展并不一定会实现民富国强、公正平等和社会和谐。目前,中国虽处在历史上经济最繁荣的时期,可是距离国民的整体富裕不但有较大差距,而且贫富分化的程度也有加剧的趋势,各类社会矛盾亦因此日益尖锐复杂。例如,社会产生了一些新阶层名词,如弱势群体、下岗工人、待业人员、黑心大款或问题富豪,等等。为什么会出现这种状况呢? 主要有以下两方面的原因:

一是经济高速增长并不能自然地实现共同富裕,反之,却可能导致社会财富分配的不公。相比过去,中国社会财富明显增加,经过了 20 多年的经济持续高速增长,到 2004 年,中国人均 GDP 已经是 1270 美元。中国社会科学院《中国经济形势分析与预测》课题组公布的 2005 年秋季报告预测,2005 年中国国内经济增长速度将与上年基本持平,GDP 增长率将达到 9.4% 左右。但是,经济的持续快速增长并不能保证国民幸福的持续增加。有人做过统计,根据《中国统计年鉴》的资料,在 GDP 中,劳动者拿到的工资所占比重在近 10 多年来持续下降。这表明,社会总财富增加之后确实使越来越多的人得到实惠,但并非所有的人都能从中得到很恰当的一部分,很可能只有一小部分的人拿到了增加的大部分财富。事实上,从国际比较看,中国居民收入不平等程度已经超过国际中等不平等程度,并且有过快上升的态势。

因此,分配财富与创造财富同样重要,我们不仅要促进经济持续高增长,把蛋糕做大,更要寻求较为公平的经济增长方式和分配模式,把蛋糕相对公平地分配。例如,继承所得是不劳而获的收入,应该通过课税,由国家收取一部分来平均财富。高收入阶层在缴纳个人所得税后,仍会形成大笔财富,死后如果全部留给子孙后代,会形成新的贫富差距,可通过遗产税对财富进行二次分配,将遗产税收入投放到社会保障支出和再就业工程,缓解就业压力,缩小贫富差距,保证社会稳定。同时,还要加快建设和完善我国的社会保障制度,大力提倡发展公益慈善事业。总之,只有把贫富之间的差距控制在可忍受的范围内,社会才有可能获得和谐与协调发展。

二是尽管经济发展是社会平等的基础,但是市场经济条件下的发展并不能够自动地理顺社会分化、实现社会和谐。市场本身存在自发性、盲目性、滞后性的缺陷,会带来资源的浪费和经济的波动,引发社会矛盾,不利于经济和社会的健康发展。随着市场经济的发展及改革进程中的某些矫枉过正的做法,旧的社会问题虽然得以化解,新的社会问题与社会矛盾却也在不断出现,我们走过了共同贫穷的时代，也在发展中进入新的不和谐。城乡差距、地区差距、经济社会发展的不协调等等，在新一轮的经济增长中进一步加剧。这些问题源于发展中的社会分化，也源于发展中的某些不平等与不协调。尽管社会分化是社会发展进步的必要条件，但它带来的客观效应却是各种差距与冲突，在承认社会分化进步意义的前提下，必须看到我国的社会矛盾与社会问题亦处于相对激化的阶段。我们在目睹经济持续高速增长、物质财富的快速增长和享受经济发展丰硕成果的同时，更应清醒看到贫富差距的持续扩大、劳资力量对比的强弱差异等事实，意识到经济发展并不能自动地实现社会和谐，它还需要各种制度的规范、公共权力的介入以及道德伦理的约束等等。

可以毫不夸张地说，目前在某种程度上出现的社会财富分配和社会分化的不公，已经引起甚至加剧了各种社会矛盾，导致社会出现不和谐，并蕴含发生危机的隐患，严重威胁到经济的持续、稳定增长。

完善社会主义市场经济体制的最终目的不仅仅是 GDP 的增长，而是全社会的和谐发展。要做到这一点，就必须使调节社会矛盾与搞好经济建设相互依存，两者并行发展。调节社会矛盾、解决社会问题与促进并保持我国国民经济的健康快速发展是相辅相成的。只有社会生产力不断发展，经济持续快速增长，国家经济实力不断提高，人民生活水平不断改善，社会才能和谐发展，各阶层社会公众才能和谐相处，深层次矛盾才能有效缓解。而往往被人忽视的却是，只有调节了社会矛盾、解决好社会问题才能更加促进我国经济的健康发展，才能使我们所有社会成员的生活水平得到共同的全面的提升。这是因为：

第一，调节社会矛盾能够为经济的健康发展提供和谐稳定的社会环境。社会矛盾的缓和是任何社会得以和谐进步、经济繁荣发达的前提。人心齐，泰山移。只有各个社会阶层有共同的政治、经济利益，相对平等的社会地位，比较公平的分配模式和相互之间比较融洽的合作关系，我们的社会才可能保持真正的和谐稳定，有中国特色的社会主义市场经济才可能健康有序地发展，我们所确定的在 20 年内经济翻两番，进而达到全面小康的目标才能够顺利实现。

第二，调节社会矛盾能够为经济的健康发展提供强大的动力。社会矛盾的调节,说到底是对生产力中最主要的因素——人的进一步的解放。在当前和今后的一段时间内,调节社会矛盾的重点将主要放在调整分配模式,建立健全社会保障机制,缩小贫富差距,救助弱势群体,实现共同富裕方面,而获得实惠的主要是在城乡生产工作一线的广大劳动者。他们的疾苦得到了应有的重视,面临的问题和困难得到了及时的解决,切身利益得到了充分的保证,将极大地调动他们的生产工作积极性,充分焕发其回报社会的热情,从而促进社会经济的健康发展与社会主义和谐社会的建立。

第三,调节社会矛盾能够为经济的健康发展提供持久的支持。调节社会矛盾,特别是对阶层与阶层、人与人之间利益关系的协调,将有助于理顺诸如城乡差距、地区差距、经济社会发展的不协调等深层次的问题,也能够减缓不正常的社会分化和发展中的某些不平等与不协调,提高社会的公平性和公正性,促进东西南北中以及各个社会阶层的共同协调科学发展。这将为经济的健康发展提供持续和长久的支持,例如一直困扰我们的内需不足的问题有可能迎刃而解。我们如果通过调节社会收入不公逐步实现了共同富裕的目标,广大富裕起来的城乡劳动者将成为最具潜力的消费者,国内市场的强大支柱。

总之,调节社会矛盾,与发展经济、全面建设小康、构建和谐社会是相辅相成,并行不悖的。党在确定全面建设小康社会的宏伟目标的同时,也从四个层面设计了科学发展的具体过程,即从总体小康到全面小康、再到富裕型社会;从收入差距较大到收入差距逐步缩小;从存在大量失业人员到充分就业;从仍有部分地区、部分群众生活贫困到消灭贫困,共同富裕,全面小康。这四方面既是调节社会矛盾的根本目的,也是调节社会矛盾的必然结果,既体现了经济发展的必然趋势,也是和谐社会的基本特征。

第二章 社会矛盾调节的理论基础

　　我国正处在由计划经济体制向社会主义市场经济体制转型的历史进程中,转型期的改革涉及利益关系调整和思想是非纠纷,不可避免地造成社会矛盾、冲突的增加或激化。正视社会矛盾和冲突,寻求解决方法,以求社会稳定、和谐发展,已成为当前理论和实践的焦点。以社会矛盾、冲突为研究对象的理论,在西方既有源自马克思的流派纷呈的社会冲突理论,也有社会团结理论、社会整合理论等与矛盾调节、冲突化解高度相关的社会建设理论,在现当代中国则有由毛泽东创立、经过中国共产党第二代、第三代领导集体发展和完善的社会矛盾学说。它们都对社会矛盾的成因、解决社会矛盾和冲突的方法进行了深入的探讨。本章重点对西方的社会冲突理论、我国的社会矛盾学说及社会团结理论、社会整合理论等相关理论作简明扼要的阐述。

　　需要指出的是,汉语语境中的"社会矛盾"和英语语境中的"social conflict(社会冲突)"概念所指称的是同一种社会现象,均指不同程度的社会秩序非和谐状态。尽管在不同社会境遇中这种社会现象的具体体现是不完全相同的,但是,作为同一种社会现象,它们是有共性的。之所以把我国社会秩序的非和谐状态称为"社会矛盾",把相关的研究称为"社会矛盾学说",而把资本主义社会的社会秩序非和谐状态(social conflict)称(译)为"社会冲突",把相关的研究称(译)为"社会冲突理论",其原因可能有三点:其一,这种社会现象在中国和西方资本主义国家中的实际表现不同。其二,在古代汉语中,"冲突"指急奔猛闯、冲撞;"矛盾"指事物之间互不相容的状态,更多地是从哲学和逻辑学角度表达现象。一旦运用到社会学中,遂形成了冲突指狭义(激烈的程度），而矛盾指广义的社会秩序非和谐状态的观点。其三，我们的思维局限在一种先在的政治定性中，认为社会冲突这种激烈程度的社会失衡状态只会存在于资本主义社会中，于是就把这两个概念人为地分隔在两个阵营里。

一、社会冲突理论

（一）马克思的社会冲突理论

马克思以他所处的资本主义社会为标本，通过对资本主义社会的矛盾现象和对抗行为的解释，阐发了他独具特色的社会矛盾学说。该理论的基本内容是他在《政治经济学批判（序言）》中的那段经典论述："人们在自己生活的社会生产中发生一定的、必然的、不以他们的意志为转移的关系，即同他们的物质生产力的一定发展阶段相适合的生产关系。这些生产关系的总和构成社会的经济结构，即有法律的和政治的上层建筑竖立其上并有一定的社会意识形式与之相适应的现实基础。……社会的物质生产力发展到一定阶段，便同它们一直在其中活动的现存生产关系或财产关系（这只是生产关系的法律用语）发生矛盾。于是这些关系便由生产力的发展形式变成生产力的桎梏。那时社会革命的时代就到来了。随着经济基础的变更，全部庞大的上层建筑也会或慢或快地发生变革。在考察这些变革时，必须时刻把下面两者区分开来：一种是生产的经济条件方面所发生的物质的、可以用自然科学的精确性指明的变革，一种是人们借以意识到这个冲突并力求把它克服的那些法律的、政治的、宗教的、艺术的或哲学的，简言之，意识形态的形式。我们判断一个人不能以他对自己的看法为根据，同样，我们判断这样一个变革时代也不能以它的意识为根据；相反，这个意识必须从物质生活的矛盾中，从社会生产力和生产关系之间的现存冲突中去解释。"①

由上面关于社会冲突的经典论述中可以看出,马克思对冲突理论的论述采用了一般与抽象的理论模式,提出以下关于冲突过程的抽象命题:

第一,稀缺资源上的分配越不平等,统治者与被统治者的基本利益冲突就越深。

第二,被统治者对其真正的集体利益的认识越深化,他们越有可能怀疑现存稀缺资源分配模式的合法性。

第三,下列条件得到满足时,被统治者越有可能意识到其真正的集体利益:

A、统治者造成的变化破坏了与被统治者之间现有的关系。B、统治者的活动造成了异化状态。C、被统治者可就其不满相互沟通,造成这一点的便利条件是:a、被统治群体成员在生态意义上的集中;b、被统治群体的教育机会的扩展。D、被统治群体可以发展出统一的意识形态,造成这一点的便利条件是:a、召集或产生意识形态发言人的能力;b、统治群体控制被统治者社会化进程和沟通网络的无能。

第四,系统中的被统治群体越是意识到其集体利益并怀疑稀缺资源分配的合法性,他们就越有可能参加针对这一体系的统治者的冲突,特别是在如下条件下:

A、统治群体不能清晰地阐明其集体利益,不能按其集体利益行动;B、对被统治者的剥夺由绝对转为相对,或迅速加深;C、被统治群体可以发展出一个政治领导结构。

第五,系统中被统治群体的意识形态统一性越是提高,他们的政治领导结构越是发达,统治群体与被统治群体之间的利益与关系就越有可能极端化,且不可调和。

第六,统治者与被统治者越是极端化,冲突越有暴力性。

第七,冲突越有暴力性,社会结构与资源分配模式的变迁程度越大。

---

① 《马克思恩格斯选集》第2卷,人民出版社1995年版,第82-83页。

　　以上归纳概括了马克思关于社会发生冲突与变迁的关键性原因的理论假设。正如命题 1 所展现的那样,马克思认为资源分配的不平等产生了固有的利益冲突。命题 2 强调了当社会的被统治群体意识到他们在资源再分配中的利益,并寻求减少不平等性时,他们将对系统的合法性提出质疑。命题 3 具体阐述了使被统治者意识到其利益冲突的条件。命题 3—A、命题 3—B、命题 3—C 和命题 3—D 依次处理了这些问题:被剥夺群体社会处境的破坏;人们对其自身处境的结果——异化的感受程度;被剥夺社会群体成员相互沟通的能力;他们发展出集中体现其真正利益的意识形态的能力。马克思认为是这些条件提升了被剥夺群体对集体利益的认识,降低了他们接受统治者掌握优势资源为合法的意愿。

　　被统治群体认识能力的提高受如下结构性因素的影响,它们是生态意义上的集中性(命题 3—C—a)、受教育机会(命题 3—C—b)、意识形态发言人产生的可能性(命题 3—D—a)、统治者对社会化过程与沟通网络的控制(命题 3—D－b)。马克思假设(命题 4)被剥夺群体对其真正利益的认识的增长,以及由此产生的对资源分配合法性的质疑,提高了弱势阶层把针对系统统治者的反抗集体性地组织起来的可能性。这样的组织在如下条件下是非常有可能的:统治者在组织起来保护其真正利益方面的非组织化(命题 4—A);当被统治者开始将其处境与特权者比较时,被剥夺感的突然提升(命题 4—B);政治领导在执行追求冲突任务时的动员(命题 4—C)。马克思强调(命题 5),一旦被剥夺群体拥有了统一的意识形态与领导,他们真正的利益开始占据明显地位,他们对统治者的反抗就开始提高——把统治者与被统治者的目标与利益极端化。随着极端化的发展,调和、妥协、温和冲突的可能性下降,因为被剥夺者被充分异化、组织化并联合起来要求资源分配模式的彻底改变。命题 6 强调,被统治者开始视暴力手段为反抗统治者不可避免的唯一方法。最后马克思表明(命题 7),暴力冲突会导致社会组织,特别是其中稀缺资源分配模式的大变化。

　　可见,马克思的社会冲突理论的假设是建立在社会实践与生产理论、社会交换与社会结构理论基础之上的。社会冲突表面上是人们在社会交换中一种对抗性行为和关系,但其根源在于人们在社会生产中的地位不平等。这种不平等表现在社会结构的不同层面上:最基础最根本的是生产力与生产关系的冲突,然后是经济基础与上层建筑的矛盾,最后表现在社会群体关系上则是阶级与阶级之间的冲突。

(二)西方的社会冲突理论

西方的社会冲突理论是存在于现当代西方社会学、政治学、哲学等学科中的一股以社会冲突现象为研究对象的重要的社会思潮,它不是一个专门的学派。它的产生和发展是基于现当代资本主义社会内部普遍存在的紧张、冲突、对抗等社会矛盾现象。

1. 西方社会冲突理论形成原因的分析

西方社会冲突理论的形成,可追溯到 20 世纪初。1907 年,刚刚成立的美国社会学的第一届年会就把"社会冲突"作为它的主要议题。此后,陆续出版了一批有关的论著,较著名的如 1908 年托马斯·卡弗的《社会冲突的基础》,德国学者乔治·齐美尔的《冲突和群体成员网》,马克斯·韦伯的《经济与社会》。1930 年,在美国社会学第二十六届年会上,社会冲突再次成为主要议题。1931 年,霍德华·奥得姆发表了《一个社会研究问题:民族与地域的冲突》等。虽然如此,在当时的社会学中,社会冲突理论尚未占有重要地位。但从 20 世纪 50 年代开始,社会冲突理论开始升温,成为"也许是当代社会学理论中呼声最高的观点"[1],一些相关论著相继问世,如达伦多夫的《社会冲突理论的探讨》(1958 年)、《工业社会中的阶级和阶级冲突》,乔治·齐美尔的《论冲突》(1955 年),刘易斯·科塞的《社会冲突的功能》(1956 年)、《社会冲突研究中的连续性》(1967 年),罗宾·威廉的《社会秩序与社会冲突》(1970 年),哈贝马斯的《合法性危机》(1978 年),李普塞特的《一致与冲突》,丹尼尔·贝尔的《资本主义文化矛盾》等。

---

① ［美］乔纳森·特纳:《社会学理论的结构》,浙江人民出版社 1987 年版,第 1 页。

社会冲突理论之所以自 20 世纪 50 年代末开始成为社会学理论中的焦点,有着现实与理论两方面的原因。

从现实方面来看,二战后,发达国家依靠科技的迅速发展,带动了经济的发展和社会的繁荣,也使社会的经济结构、阶级结构、人们的生活方式和价值观念发生了显著的变化。但是,物质的丰裕并没有给人们带来预期的满足和幸福。新的社会问题和社会矛盾取代了旧的社会矛盾,给社会带来了新的困扰和危机。这些新的矛盾和问题引起了西方学者对社会冲突现象的关注和研究。

从理论自身的发展来看,冲突理论是在功能主义日渐式微的基础上发展起来的,是对功能主义派别的反动。功能主义之所以被称为功能主义,主要是因为他们运用系统论中的结构——功能分析方法或"范式"去分析社会问题。"当把社会生活看成是一种系统时,社会生活被看成是由相互关联的部分组成的。对这些相关部分的分析集中在它们怎样实现系统整体的必要条件及它们怎样维持系统的常态性或均衡性上。"①这表明,功能主义的分析重点是社会的整体一致性,是社会的均衡与和谐。对此,李普塞特说:"强调一致性和秩序被看作是功能主义的内在的属性","功能主义社会学把它的主要的理论精力用于解释社会秩序——社会得以聚集在一起的方式,这一点是没有什么疑问的。"②但他们未能充分地重视社会冲突现象存在的意义和作用,只是把这视为一种病态的社会现象。而冲突理论由于重视对社会中冲突现象的研究,有的派别还肯定了矛盾冲突在社会发展中的积极作用,表现出与功能主义不同的理论倾向,从而在功能主义日益衰微之时成为把在理论上陷入困境的社会学拯救出来的、呼声最高的社会学观点之一。

2. 西方社会冲突理论的主要流派及观点

(1)马克斯·韦伯的社会冲突理论

在 20 世纪初的早期冲突理论中,当以马克斯·韦伯的思想影响最广泛久

---

① [美]乔纳森·特纳:《社会学理论的结构》,浙江人民出版社 1987 年版,第 65 页。
② [美]李普塞特:《一致与冲突》,上海人民出版社 1995 年版,第 4 页。

远,他对资本主义社会内在的深层结构性矛盾的分析范式,深深地影响着后来的一些西方社会思潮。

马克斯·韦伯的冲突理论是一种宏观性分析,主要体现在他对资本主义社会合理性问题的分析上。韦伯认为人类社会的发展过程是社会的组织形式不断变迁的过程。资本主义不仅是一种经济制度,还是一种特殊的组织形式,并且具有一套与其经济制度和组织形式相应的文化价值体系——追求合乎理性的社会精神,韦伯称其为合理性。他认为这种理性主义的精神气质在资本主义制度及其组织形式的产生过程中发挥着重要的作用。在传统社会向现代资本主义的历史演变中,由于现代社会不断加强其复杂性,合乎理性精神的科层制在经济和政治机构中不断扩张,导致了科层制的大规模发展。而科层制是一种高度理性化的现代组织形式,它在资本主义社会的各个方面表现出来:经济中的会计制度、政治中的官僚制度(这里的官僚制不包含有某种价值判断的意义,而只是指一种雇佣专门人才进行管理的组织形式)、法律中的审判原则,这些构成了资本主义社会的形式合理性。"合理的资本主义制度不仅需要技术手段,而且需要一种可靠的法律体系和按章行事的行政管理制度"。[①] 然而,资本主义的合理性,只是"部分地依赖合理的技术和法律,但它同时也取决于人类适应某些实质合理行为的能力和气质。"[②]这就是说,形式合理性仅只是合理性的一个方面,而它的另一方面是人具有与实质合理性相关的能力和气质。这里韦伯的实质合理性主要是指人在文化和精神上的自由本性。符合形式合理性的资本主义结构和体制,具有明显的秩序化、理性化、高效性特征,因而它是合理的;但是,它所要求人们的只是服从、遵守固定规则,实现角色要求。而正是这些东西导致了对人的自由本性的压抑,使人被物化和异化。于是,合理性产生了内在的矛盾,即发生了形式合理性与实质的不合理性之间的矛盾。原本作为实现目的的手段反过来成了目的,成了控制、支配人的力量,这是资本主义社会中的一个不可克服的矛盾。实质的不合理性

---

① [德]马克斯·韦伯:《新教伦理与资本主义精神》,四川人民出版社1986年版,第24页。
② [德]马克斯·韦伯:《新教伦理与资本主义精神》,四川人民出版社1986年版,第26页。

是形式合理性的必然伴生物。很明显,韦伯对资本主义社会有着极其矛盾的、并带有悲观色彩的看法。

作为一名理性主义者,韦伯一方面为资本主义制度的合理性作了论证和辩护;另一方面作为一名自由主义者,他又痛苦地看到现存的制度和组织形式对人的自由本性的奴役和压抑。韦伯没有发现解决这一冲突的路径,也没有看到这一冲突有任何积极意义,他对两种理性的矛盾、冲突满怀忧虑。但是,他关于形式理性和实质理性冲突的思想,却成为西方诸多社会思潮中一个极为重要的论题,甚至成为了一个分析范式。

(2)达伦多夫的辩证冲突论

达伦多夫指出,社会具有两面性,一面是共识,一面是冲突。功能论关注前者,描述出一个有秩序的、静止的社会;而冲突论则关注后者,认为异议、矛盾会引起社会的变迁。功能论关注价值整合的问题,而冲突论则关注权力和利益的问题。达伦多夫比喻说,共识的一面是美好的,而冲突的一面是丑恶的,但是如果我们只看到前一面,我们对社会的理解就是失真的,我们会陷于乌托邦的幻象之中,因此,社会学家应该以冲突论来弥补功能论的不足。

达伦多夫在《社会冲突理论的探讨》一书中认为,冲突起源于对权力和权威等稀缺资源的争夺。他认为社会秩序是通过各种组织群体在社会权力关系体系中处于一定的位置来维持的,但由于权力与权威都是稀缺资源,因此各组织群体都要为此而竞争与搏斗,这是社会冲突与变迁的主要原因。达伦多夫指出,权威存在于"位置"而不是"个人"之中。在社会角色的安排中就赋予它们以支配或者服从的期望,那些占据权威位置的人被期望控制从属的人,他们支配别人是因为周围人们的期望而不是因为他们自己有什么心理特性。因为权威是合法化的,所以不服从者要受到惩罚。权威又不是持久不变的,在一个场合有权威的人,在另一个场合不一定占据权威位置;在一个团体中居从属位置的人,在另一个团体中却可以居支配位置。社会就是由许多场合或者团体的单元组成的,达伦多夫称这些单元为"强制性合作社团"。

在每一个社团中,都有人居于权威位置,有人居于服从位置。这两类人的利益是矛盾的。由此,在社团中分化出两个利益团体,一个在上,一个在下。

支配团体要维持现状,而被支配者则要重新分配权威关系。在一些条件下,它们会形成两个冲突团体,为争夺权威而竞争。达伦多夫指出,权威和其他报酬的分配越是互相关联,冲突强度就越大;冲突越激烈,结构变迁和重组的比率也越大。消除这一冲突的方法就是对社团中的权威进行再分配,这种冲突会导致社会系统的变化。达伦多夫特别强调指出,仅仅有利益的差异还不足以引起团体之间的冲突,只有当这些团体具备一定的结构、目标、人事和沟通纽带等社会学条件的时候,它们才能成为真正的冲突团体。例如,在资本主义社会中,虽然流氓无产者的地位比无产阶级还低,他们的经济利益与资产阶级之间差异最大,但是他们不具备这些社会学条件,因此无法成为真正的冲突团体。如果将冲突的根源还原为经济利益,这些社会学条件就只是中介条件,但是,达伦多夫指出,这些条件十分重要,它们是冲突的必要条件。只有充分考虑这些条件,才能有效地解释社会中广泛存在的冲突问题。

(3)科塞的冲突功能论

科塞指出,功能论忽视冲突,而已有的冲突论却片面强调冲突的破坏作用。"人们所关心的是社会冲突的功能而不是它的反功能……社会冲突决不仅仅是起分裂作用的消极因素。"[①]他明确提出,不能轻易地将偏差和异议看成是社会系统均衡状态中的病态现象,冲突具有维护社会系统的积极功能。例如,因为长期与中东阿拉伯国家发生冲突,以色列犹太人的凝聚力增强了。再比如,与阿拉伯人的冲突也导致了美国和以色列之间的联盟。而在一个社会内部,冲突可使原来孤立的个人形成一个具有行动力量的角色团体。例如,抗议越战促使许多美国年轻人在美国政治生活中扮演极具活力的角色。反战冲突之后,美国年轻人的精神又变得冷漠起来。此外,冲突也可使双方对他们的相对力量有更好地了解,从而使他们更可能相互和解,或者和平地相互适应。

在科塞看来,在一个社会系统中冲突越频繁,其激烈程度越低,则它越有可能增强系统各单位的革新精神,从而缓解系统各单位之间彼此的敌意,使它

---

① [美]科塞:《社会冲突的功能》,华夏出版社1989年版,前言。

们不至于完全对立。对社会整体来说,冲突可以促进社会的整合水平和其适应外部环境能力的提高。在科塞看来,社会中的压力、冲突是不可避免的,但它并非是"一种破坏性现象","一种功能失调的社会现象"①,"一定程度的冲突是群体形成和群体生活持续的基本要素。"②冲突可以缓解社会中的不满和危机、增强社会的适应性、促进社会的变革。他认为,社会是一个由相互联系的部分组成的系统,而相连的各部分之间存在着不平衡、紧张和冲突。冲突的起因是作为不平等的社会系统中的下层成员、对这一系统的合法性产生怀疑并起来进行斗争。在对影响冲突的各种变量的分析上,缓解社会不满的渠道越少,转移不满的内部组织越少,一般社会成员成为特权阶层成员的流动性越小时,则这种冲突就可能越激烈③。并且,冲突越是围绕着现实问题发生,则其激烈性越小;越是围绕非现实问题发生,情感介入越多,冲突就越为激烈④。

（4）法兰克福学派社会批判理论中的冲突理论

20世纪上半叶,德国法兰克福学派的社会理论家们吸收了马克思关于资本主义对人的异化和关于人类解放的思想,形成批判理论流派。1930年代左翼工人运动的失败、第一次世界大战后法西斯主义的崛起以及俄国革命后产生的集权问题,使法兰克福学派学者们在保持马克思主义实践观的同时,重视意识领域的反思。为了强调意识过程的重要性,他们将心理分析的思想与马克思的思想结合起来。法兰克福学派的冲突理论,立足于当代科技进步对发达资本主义社会的深刻影响,主要表现在它对发达工业社会所进行的社会批判中。其主要代表当推马尔库塞和哈贝马斯。但他们远不像科塞那样对社会冲突持肯定的态度,反倒深受韦伯的影响,表现出明显的无奈心态。他们的理论也基本属于一种宏观性分析。

马尔库塞是法兰克福学派中最为知名的激进派人物,其冲突理论主要表现在他的"当代工业社会是一个新型极权社会"的理论中。他认为,当代工业

① [美]科塞:《社会冲突的功能》,华夏出版社1989年版,第12页。
② [美]科塞:《社会冲突的功能》,华夏出版社1989年版,第16页。
③ [美]乔纳森·特纳:《社会学理论的结构》,浙江人民出版社1987年版,第206页。
④ [美]科塞:《社会冲突的功能》,华夏出版社1989年版,第45—46页。

社会利用科学技术进步使社会变得更加富裕、更加强大,但也因此使"社会的政治需要成了人的需要和愿望"①,即发达工业社会已经成功地压制了社会中的反对意见,使人丧失了心中的批判性、否定性向度,成功地实现了政治对立面的一体化。因此,人和社会都成了只对现存社会持肯定态度的单面人和单面社会。然而,这个无对立、无矛盾冲突的社会其实是个极权的社会,只不过人是在"一种舒舒服服、平平稳稳、合理而又民主"的状态下甘受控制罢了。实质上,"这个社会作为总体却是非理性的,它的生产率对于人的需要和才能的自由发展是破坏性的,它的和平要由经常的战争威胁来维持,它的发展取决于对各种平息生存竞争的可能性的压抑。"②在当代资本主义表面一体化的背后,隐藏着深刻的内在冲突,即形式上的自由与实质上的不自由,这是资本主义社会结构对人性的压抑和异化。马尔库塞对这种矛盾并不乐观,他认为,当代工业社会已经成功地遏制了社会变化的能力,社会前景黯淡。

哈贝马斯认为,早期批判理论的主观意味太浓,也太激进,应该将注意力从个人的主观意识转到人们相互主观地理解和协调他们的行动的过程中来。只有理解社会整合的机制,才能将人们从异化中解放出来。哈贝马斯吸收了马克思的解放思想和韦伯的理性思想,形成在当代西方社会理论领域占重要地位的"沟通行动理论"。他指出,现代社会演化的历史趋势表明,现代理性中蕴涵着解放的潜力,因此可以以理性而不是暴力的方式解决资本主义社会中的异化问题。哈贝马斯将社会行动分为四种类型:一是工具性行动,它是计算并且选择手段来实现明确的目标的行动,它要遵守客观世界的真理;二是规范控制的行动,它是导向群体共同价值的行动,它要遵守社会世界的规范;三是戏剧式行动,是在公众面前表现自己意图的行动,它要遵守主观世界的真诚;四是沟通行动,它是行动者相互理解、相互协调的行动,它要全面遵守前面三种准则。他认为,现代社会的整合既涉及国家管理的经济层次(工具理性),又涉及知识文化储备层次(沟通理性)。现代社会的特征是不断地进行

---

① [美]马尔库塞:《单向度的人》,上海译文出版社1989年版,第1页。
② [美]马尔库塞:《单向度的人》,上海译文出版社1989年版,第2页。

政治、经济层次的分化,却很难实现文化层次的整合。如果不能解决这个问题,社会仍然是分裂的,并且会遭受危机。只有发挥沟通理性的潜力,才能解决这个社会整合的问题。

20世纪70年代以后,美国的一些学者,如丹尼尔·贝尔、李普塞特等也对当代资本主义的社会冲突进行了研究,他们的分析比较接近法兰克福学派的分析,但不尽相同。贝尔把整个资本主义看作是一个由经济、政治、文化构成的文化价值体系,"它们之间并不一致,变化节奏亦不相同。它们各有自己独特的模式,并依此形成大相径庭的行为方式。""正是这三个领域间的冲突,决定了社会的各种矛盾。"[①]这些矛盾具体表现为:作为资本主义社会基础的经济——技术体系所遵循的效益和工具理性原则及官僚等级制与人的自由本性之间存在的矛盾;政治领域中所遵循的"平等原则"与官僚机构之间的实质不平等的矛盾;文化领域既不遵循效益、工具理性,也不遵循"平等原则",而是以"个性化"、"独创性"以及"反制度化"为其精神意向。因此在资本主义文化价值体系中存在着结构性的难以克服的矛盾。贝尔的这一分析很接近由韦伯开始的、经由法兰克福学派发展了的社会冲突分析范式。

3.西方社会冲突理论述评

现代冲突论融合了功能主义与传统冲突论的一些基本观点,是对两者的同时批判和继承。现代冲突论在坚持不和谐是社会的固有特征的理论基础上,认为可以通过社会秩序的调整来缓解冲突,并在冲突与缓解的互动中寻求发展,保持一种动态的平衡与和谐。现代冲突论在继承马克思主义社会冲突理论的同时,更为关注广泛的社会冲突,而不限于阶级冲突和可以用经济利益的差异来解释的冲突,更强调冲突对社会整合的积极功能,更主张以理性沟通而不是暴力的方式解决冲突,其突出的理论意义和实践价值主要在于以下两个方面:

一是现代冲突理论强调社会冲突的"正"功能,比功能主义更具有建设性。它认为冲突不仅导致了社会不和谐,它还具有社会整合的作用,其兴趣在

---

① [美]丹尼尔·贝尔:《资本主义文化矛盾》,三联书店1989年版,第56页。

于冲突通过怎样的机制推动变革,阻止社会系统的僵化。现代冲突论在承认社会冲突的普遍性的同时,将社会和谐作为研究的落脚点,并建设性地认为社会冲突具有社会整合的功能,是社会变迁的动力。稳定本身是个中性词,可能意味着良性的秩序,也可能意味着保守、滞后、不公平等酝酿危机的秩序。表面的稳定可能在为激烈的社会动荡酝酿爆发力,良性、持续的政治发展才能为社会与政治稳定提供长治久安的活力。而功能主义的保守色彩浓厚,从思想渊源上看,它吸收了功能主义思想、"社会是一个有平衡性系统"的社会体系学说,甚至社会生物学派和物理学中牛顿力学法则也在功能主义理论中留下痕迹。

二是提出了的著名"安全阀"理论。科塞认为,任何社会系统都会在运转过程中产生敌对情绪,形成有可能破坏系统的压力,当这种敌对情绪超过系统的耐压能力时,就会导致系统的瓦解,故社会要建立一种"安全阀"制度。有两种不同类型的"安全阀"制度:一种是在不破坏群体关系的前提下,允许针对源初对象的敌意或冲突行为在社会所认可的手段或限度内表现出来。另一种则是设置一些代替目标,使已经产生的敌意不是针对源初对象,而是针对替代对象表现出去。科塞的"安全阀"理论主要包括下列观点:(1)通过释放被封闭的敌对情绪,冲突可以起维护关系的作用。如果没有发泄互相之间的敌意和发表不同意见的渠道,群体成员就会感到不堪重负,也许会用逃避的手段作出反应。(2)社会系统往往为人们提供排泄敌对情绪和进攻性情绪的制度,即安全阀制度。安全阀制度通过阻止其他方面可能的冲突或通过减轻其破坏性的影响去维护这个系统。(3)社会结构越僵化,安全阀就越重要。因为僵化的社会不允许有冲突,如果再取消敌对情绪的发泄,那么对社会结构的威胁就更大。(4)安全阀可以发泄敌对情绪,转移目标,但它不能解决问题,只能缓和矛盾,不能从根本上解决矛盾。(5)安全阀制度提供敌对情绪的替代目标以及发泄的手段。通过这些安全阀,敌意不至于指向原初的目标。但是,这种替代也要由社会系统和个人付出代价。(6)当相互对立的利益或相互敌对的情绪受到压制的时候,产生的结果之一是把敌对情绪从真正的根源中转移出来,从其他渠道发泄,结果之二是导致相互关系的终结。(7)没有安全阀制度或安全阀制度不完备的社会结构都是僵化的社会结构,因而也是潜伏危机的社会结构。僵化的社会结构比灵活的社会结构更容易引起冲突。可见,"安全阀"理论认为社会应该保持开放、灵活、包容的状态,通过可控制的、合法的、制度化的机制,各种社会紧张能够得以释放,社会诉求得以回应,社会冲突得以消解。因此,冲突自身是一种释放敌意并维持群体关系的机制,可以使用"安全阀"这个概念来描述为社会不满提供释放途径的合法冲突机制。释放不满是"清洁空气",通过允许自由表达而防止敌意倾向的堵塞和积累。另外,"安全阀"机制一定程度上还可以转移矛盾的焦点,避免矛盾的积累。也就是说,社会紧张不仅可以向不满的原始对象发泄,也可以向替代目标发泄,避免对体制的冲击和整体不和谐。有学者研究了早期巴厘岛人的滑稽戏剧,当时该地区社会结构高度阶层化并且很僵硬,人们的注意力大量地倾注在用以表示等级和身份的仪表上,巴厘岛人的戏剧就是用来专门对等级现象进行滑稽模仿的。这种滑稽的模仿中所自由表达的讽刺恰恰落在其社会制度的紧张点上,它使紧张关系在笑声中得以松弛,排解了在这个僵硬的等级社会中明显的敌对情绪,有着使原有制度延续下去的功能。

虽然社会冲突理论对西方社会内在矛盾有着精彩乃至深入的分析,但毕竟有着根本的不足。

首先,西方社会冲突理论关于冲突的社会作用的分析缺少历史辩证法。这突出地表现在法兰克福学派对科技进步的社会作用和意义的分析上。其一,在他们的分析中,从客体向度和主体向度两个方面对科技进步的社会作用和意义作了区分,他们认为从客体向度看,科技革命极大地促进了社会生产力的提高,改善了人们的物质生活,满足了人们的物欲,巩固了资本主义社会的统治,使社会在形式上呈现出合理性特征。但从主体向度看,科技力量则成为资本主义社会的行政文化系统借以统治人、征服人的一种重要力量,导致对人的真实需求和人的自由本性的压抑。因此,科技进步从客体向度来看是积极的,从主体向度来看则是消极的。这种把科技进步的主客体意义截然对立起来、割裂开来的分析方法,不能不使这一分析的客观性、准确性受到影响。他们把肯定性评价赋予社会客体方面,并进而归结为手段与工具的合理性;把否定性评价赋予主体方面,认为这是实质上的不合理性,而实质的不合理性是形式的合理性的必然结果。这一理论其实是割裂了经济进步与人的发展之间、物质文明与精神文明之间、工具理性与价值理性之间的内在联系,否认它们之间有着内在的一致性,而只看到它们之间相互对立、相互冲突的一面。确实,资本主义社会的物质文明与精神文明之间、工具理性与价值理性之间有不同步性,有相互冲突的一面,在文化上呈现出滞后性、压抑性特征,但这里的原因不是科技的进步,而是资本主义的经济政治制度使然。其二,不论是从客体向度来看,还是从主体向度来看,科技进步的社会作用和意义都是双重的,而不会是单一的。但法兰克福学派只看到了科技进步对资本主义社会制度的肯定性作用,只看到它巩固了资本主义制度,而没能发现科技进步也引发了新的经济政治矛盾和问题;只看到了科技进步带来的对人性的压抑,而没有看到它同时也为人的解放和发展准备着条件。

其次,冲突理论用以分析、评判社会冲突的尺度是一个主观抽象性尺度,这大大地削弱了其理论的现实性和时代感,并且与其经验性分析显示出某种程度的不协调性。不论是韦伯,还是马尔库塞、哈贝马斯,抑或是贝尔,他们都是以抽象的人性、人的自由、人的本能需求等作为人类社会的终极价值取向,作为评判社会现象、审视社会矛盾冲突的根本尺度。在他们那里,社会现实是可变的,但用以评价现实的尺度却是不变的,他们正是以这个不变的尺度对资本主义社会进行了批判。尺度上的这种抽象性、主观性、非现实性,使得他们对资本主义社会的分析和批判力度打了折扣。历史上从来没有抽象的人性,有的只是存在于一定历史时期、一定环境中的现实具体的人性。因此,当站在人本主义的立场上,以人为尺度来评判社会现象和社会问题时,这一尺度也应是现实的、有时代性的,这样才能使分析准确、有力度。

再次,西方冲突理论对社会冲突现象的分析大多集中在政治与文化方面,并进而把政治问题归结为文化心理问题,而较少对资本主义社会中经济矛盾进行分析,这几乎是所有西方冲突理论的特征与缺陷。他们或忽视,或否认了当今资本主义社会在经济领域中存在着的矛盾和问题及其所具有的深刻的社会意义和政治意义,否认了经济对政治和文化状况的深层影响和作用,更否认了经济对阶级和阶级矛盾的影响和作用。当然,当今发达资本主义社会在物质的发展方面已经达到较高的水平,人们的生活水平普遍有了改善。但这并不意味着在当今资本主义社会的经济领域中已经不复存在着矛盾与冲突,人们在经济利益方面的差别已毫无社会意义,它对政治与文化的影响已无足轻重。实质上,经济利益一直是资本主义社会经济活动的基本动力,经济因素深深地渗透进其政治活动与文化活动的各个领域,资本主义社会的政治、文化现象与经济现象有着割不断的联系。而西方冲突理论无视这样一个基本的事实,完全抛开经济问题来谈社会的矛盾冲突,这使他们的理论缺少内在的深度。

社会冲突的出现是任何社会都不可避免的。现代冲突理论告诉我们,最重要的问题在于不要轻易掩盖矛盾,不要强压种种细小的冲突,而是要在社会冲突起于青萍之末时,早觉察,早预警;当社会冲突发生以后,要有适当的安全阀机制让人们可以表达甚至发泄情绪,要有适当的中间组织充当化解矛盾的润滑剂、稀释剂,从而起到减轻冲突影响、避免冲突力量积累起来的作用。

二、人民内部矛盾学说

我国对社会主义矛盾运动的研究最大贡献在如何正确认识和处理社会主义社会人民内部矛盾问题方面,这曾是马克思主义者一直关注却又没有很好地解决的一个最大的理论和实践课题。马克思、恩格斯对资本主义社会的城乡矛盾、脑力劳动与体力劳动的矛盾等作了说明,但他们没有对资本主义生产方式以后的社会矛盾加以说明,也没有或不可能对社会主义社会内部矛盾的具体发展加以论证。1957 年 2 月 17 日毛泽东在最高国务会议上发表的以《关于正确处理人民内部矛盾的问题》为代表的一系列讲话和文章,在国际共产主义运动史上首次提出了"正确处理人民内部矛盾问题"的命题,创立了正确区分和处理两类不同性质矛盾的理论,系统地论述了两类矛盾的性质、表现、区分标准、相互转化处理的方针与方法,为社会主义的人民内部矛盾理论奠定了科学的基础。以邓小平为核心的党的第二代领导集体,在总结建国以来国际国内发生若干重大事件的历史经验的基础上,继承了毛泽东关于正确处理人民内部矛盾理论中的科学内容,抛弃、纠正了一些错误的观点和做法,并根据新时期的历史条件,极大地丰富和发展了人民内部矛盾学说。以江泽民同志为核心的党的第三代领导集体,在建设社会主义市场经济体系的新的历史时期,同样高度重视人民内部矛盾问题,十分关注由物质利益、思维方式、价值观念的多样性、广泛性和复杂性所带来的人民内部矛盾的纷繁复杂的局面,对人民内部矛盾学说又有了进一步的深化和发展。以胡锦涛为总书记的新一届中央领导集体紧密结合新的实践,对于如何解决人民内部矛盾问题进行了新的探索,鲜明地提出了以人为本,全面协调可持续的发展观,加强党的执政能力建设和党的先进性建设以及构建社会主义和谐社会的思想,为人民内部矛盾学说提供了更为广阔的发展天地。

(一)毛泽东人民内部矛盾学说的主要内容及其理论贡献

1. 毛泽东人民内部矛盾学说的主要内容

毛泽东人民内部矛盾学说是在我国进入社会主义建设的历史时期,新的社会矛盾开始凸显的历史背景下形成的。当时,随着国民经济基本恢复,社会主义三大改造基本完成,国内阶级关系发生了重大变化。国内主要矛盾已经是人民对建立先进的工业国的要求同落后的农业国的现实之间的矛盾,已经是人民对于经济文化迅速发展的需要同当前经济文化不能满足人民需要之间的矛盾。特别是1956年苏共二十大和波匈事件之后,社会主义社会的矛盾问题进一步显露,我国的罢工、罢课、游行等事件也随之增多,在肃反、农业合作化等问题上出现了不同声音,在工商业者、知识分子、少数民族及文化领域出现了诸多问题和矛盾。如何认识和处理这些矛盾是使社会主义社会稳定、巩固和发展的关键。

当时在如何认识社会主义社会矛盾方面,大致存在三种看法:一是认为社会主义社会没有矛盾,二是认为社会主义社会可以找到矛盾,三是认为社会主义社会充满矛盾。毛泽东是持第三种看法的,他坚持用矛盾的观点考察与分析社会主义社会。为什么要提出人民内部矛盾呢? 毛泽东说:"在这个时候,我们提出划分敌我和人民内部两类矛盾的界线,提出正确处理人民内部矛盾的问题,以便团结全国各族人民进行一场新的战争——向自然界开战,发展我们的经济,发展我们的文化,使全体人民比较顺利地走过目前的过渡时期,巩固我们的新制度,建设我们的新国家,就是十分必要的了。"[①]毛泽东同志认为,社会主义社会充满了矛盾,正确处理和解决矛盾的过程就是使社会不断达到和谐的过程。他说:"许多人不敢公开承认我国人民内部还存在着矛盾,正是这些矛盾推动着我们的社会向前发展。许多人不承认社会主义社会还有矛盾,因而使得他们在社会矛盾面前缩手缩脚,处于被动地位;不懂得在不断地正确处理和解决矛盾的过程中,将会使社会主义社会内部的统一和团结日益巩固。"[②]

毛泽东人民内部矛盾学说揭示的社会主义社会基本矛盾,即生产关系与生产力、上层建筑与经济基础既统一又斗争是直接形成社会和谐的理论基础。毛泽东认为"在社会主义社会中,基本的矛盾仍然是生产关系和生产力之间的矛盾,上层建筑和经济基础之间的矛盾。"[③]而"矛盾着的对立面又统一,又斗争,由此推动事物的运动和变化。"[④]由此,我们可以理解为:"生产关系与生产力、上层建筑与经济基础又统一又斗争,由此推动社会主义社会的发展。"这里所讲的又统一、又斗争,既包括生产关系与生产力、上层建筑与经济基础"不相适应"方面的又统一、又斗争,更包括它们"相适应"方面的又统一、又斗争。因此,生产关系与生产力、上层建筑与经济基础"不相适应"的方面和"相适应"方面的又统一、又斗争直接形成社会和谐的基础。当然,"相适应"的本质内容并不在于生产关系与生产力、上层建筑与经济基础不会产生"矛盾",恰恰相反,"相适应"的本质内容就在于能够使这些"矛盾"通过社会主义自身

① 《毛泽东著作选读》(下册),人民出版社 1986 年版,第 770 页。
② 《毛泽东著作选读》(下册),人民出版社 1986 年版,第 769 页。
③ 《毛泽东著作选读》(下册),人民出版社 1986 年版,第 769 页。
④ 《毛泽东著作选读》(下册),人民出版社 1986 年版,第 769 页。

不断得到解决,使生产关系与生产力、上层建筑与经济基础不断在更高层次上达到新的"相适应"。这就是说,社会主义社会基本矛盾全部的运动,即其"相适应"方面和"不相适应"方面全部的又统一、又斗争,形成社会和谐的全部基础。为此,胡锦涛同志指出:"社会主义和谐社会并不是没有矛盾的社会。矛盾运动是社会发展的基本动力,这是马克思主义的一个基本道理。构建社会主义和谐社会的过程,就是在妥善处理各种矛盾中不断前进的过程,就是不断消除不和谐因素、不断增加和谐因素的过程。"①

2. 毛泽东人民内部矛盾学说的理论贡献

毛泽东坚持用矛盾的客观性考察与分析社会主义社会,提出了比较完整的人民内部矛盾学说,其人民内部矛盾学说在以下八个方面作出了贡献。

第一,明确提出"矛盾的普遍性"和"特殊性"原理,为人民内部矛盾学说奠定坚实的理论基础。毛泽东在《矛盾论》中明确提出了"矛盾普遍性"这一概念,而且还指出矛盾的普遍性包括两个方面的含义:一是矛盾存在于一切事物的发展过程中,二是每一事物的发展过程中存在着自始至终的矛盾运动,认为分析事物发展过程的自始至终的矛盾运动,是研究事物所必须应用的方法。他在1957年2月又说"许多人不敢公开承认我国人民内部还存在着矛盾",②这是不正确的,他强调矛盾规律在自然界、人类社会和人们的思想中都是普遍存在的。这为承认人民内部矛盾的存在奠定了理论基础。毛泽东还在《矛盾论》中对马克思主义哲学矛盾特殊性的学说作了系统发挥。他详尽地阐明了各种物质运动形式中的矛盾、每一运动形式在各个发展过程的矛盾,每一发展过程的矛盾的各方面,每一发展过程在其各个发展阶段上的矛盾以及各个发展阶段上的矛盾的各个方面矛盾特殊性的基本形式。这五种形式,就是要用发展的观点和全面的观点多方面多层次地具体分析和把握矛盾的各种特性。

第二,第一次明确提出"社会主义社会的基本矛盾"概念,为正确处理人民内部矛盾提出了基本任务。毛泽东在《论十大关系》中阐明了社会主义革

---

① 胡锦涛:《在省部级主要领导干部提高构建社会主义和谐社会能力专题研讨班上的讲话》,《人民日报》,2005年6月27日第1版。

② 《毛泽东著作选读》(下),人民出版社1986年版,第766页。

命和建设中带有全局性的十大关系后指出："这十种关系，都是矛盾。世界是由矛盾组成的，没有矛盾就没有世界。我们的任务，是要正确处理这些矛盾。"其后，在《关于正确处理人民内部矛盾的问题》这篇文章里，他第一次明确地对"社会主义社会的基本矛盾"概念作出了科学的界定，指出在社会主义社会中，基本的矛盾仍然是生产关系和生产力之间的矛盾，上层建筑和经济基础之间的矛盾，并认为理论和实践的重点是正确认识和处理这些人民内部矛盾。

第三，第一次明确地从理论高度区分了两类不同性质的矛盾，为分清敌我和分清是非提供了依据。敌我问题和是非问题是两类性质根本不同的问题，他首先弄清了"人民"这个概念。他认为，人民这个概念在不同的国家和各个国家的不同的历史时期，有着不同的内容。毛泽东还正确地看到，敌我矛盾是对抗性的矛盾；人民内部矛盾属于是非领域的矛盾，在劳动人民之间来说，是非对抗性的。他说，"一般说来，人民内部的矛盾，是在人民利益根本一致的基础上的矛盾。"[①]这为采用多种和平方法解决人民内部矛盾提出了科学依据。

第四，第一次明确地提出了正确处理人民内部矛盾是社会主义制度建立后国家政治生活的主题这样一个科学的命题，对于国家稳定和社会主义建设具有深远的战略指导意义。社会主义改造完成以后，人民内部矛盾显得突出而重要，这些矛盾"如果处理不适当，或者失去警觉，麻痹大意，也可能发生对抗。"但他又正确地看到："这种情况，在社会主义国家通常只是局部的暂时的现象。这是因为社会主义国家消灭了人剥削人的制度，人民的利益在根本上是一致的。"[②]因此，正确处理人民内部矛盾就成了国家政治生活的主要内容，对此，毛泽东明确指出："关于正确地处理人民内部的矛盾的问题，这是一个总题目。"这对今天的稳定、改革和发展具有重要意义。

第五，第一次明确提出了"经过社会主义制度本身"使人民内部矛盾"不断地得到解决"的基本方针。毛泽东明确地认识到，只要按照具体的情况，采

---

① 《毛泽东著作选读》(下)，人民出版社 1986 年版，第 758 页。
② 《毛泽东著作选读》(下)，人民出版社 1986 年版，第 764 页。

取正确的方针,实行改革,就能解决出现的各种矛盾。所以,毛泽东正确地断言:"社会主义社会的矛盾,……它不是对抗性的矛盾,它可以经过社会主义制度本身,不断地得到解决"。①

第六,初步构建了一个科学正确解决人民内部矛盾的方法体系。毛泽东对社会主义社会矛盾关系的分析有一个逐渐系统化的过程。总的来看,毛泽东主张解决人民内部矛盾的方法可以归纳为以下四种:(1)民主的方法,这就是讨论的方法,批评的方法,说明教育的方法,他把这个方法概括成一个公式,叫做"团结——批评——团结","就是从团结的愿望出发,经过批评或者斗争使矛盾得到解决",从而在新的基础上达到新的团结②。在党与民主党派的关系上,实行"长期共存、互相监督"的方针,在科学文化工作中贯彻执行"百花齐放,百家争鸣"的方针,在群众中要加强政治思想教育。(2)经济的方法,主要是用经济手段为经济生产、调节积累与分配的关系等调整人民的物质利益关系上的矛盾。(3)行政的方法,是包括法律手段在内的运用行政措施处理社会矛盾的方法。这种方法可以具体分为行政法纪方法、完善生产关系和上层建筑的方法。前者在于保证有正常的生产、工作和社会秩序,后者在于克服官僚主义,解决国家制度的某些环节上的缺陷,使之与生产力和经济基础相适应。(4)协调和结合的方法,这种方法就是在对立统一中注意同一性的内容。

第七,明确提出了要用动态的、发展的、具体的观点解决人民内部矛盾问题。毛泽东指出,"人民内部的矛盾不是现在才有的,但是在各个革命时期和社会主义建设时期有着不同的内容"。③ 矛盾是具体的历史的,而不是抽象的对立统一关系。在《矛盾论》中毛泽东没有把矛盾两侧面间又对立又同一的关系规定为矛盾学说"精髓",而是把矛盾的普遍性和特殊性规定为"精髓"。矛盾普遍性是理论问题,是主体的观念问题,矛盾特殊性则是具体实践问题,是客体的改造问题,二者的关系正是实践中主客体关系问题。所以,毛泽东要求以关于矛盾普遍性的共同认识为指导,继续向着尚未深入研究过的各种具

---

① 《毛泽东著作选读》(下),人民出版社 1986 年版,第 767 页。
② 《毛泽东著作选读》(下),人民出版社 1986 年版,第 763 页。
③ 《毛泽东著作选读》(下),人民出版社 1986 年版,第 758 页。

体的事物矛盾进行研究,找出其特殊的本质,从而用不同的方法去解决,这是克服主客体对立、达到主客体具体的历史的统一的实践辩证法。

第八,明确阐述了正确处理人民内部矛盾的重大现实意义。毛泽东指出:"许多人不敢公开承认我国人民内部还存在着矛盾,正是这些矛盾推动着我们的社会向前发展,许多人不承认社会主义社会还有矛盾,因而使得他们在社会矛盾面前缩手缩脚,处于被动地位;不懂得在不断地正确处理和解决矛盾的过程中,将会使社会主义社会内部的统一和团结日益巩固"。①

毛泽东的人民内部矛盾学说内容非常丰富。它包括提出两类不同性质的矛盾学说的依据问题、区分两类不同性质矛盾的标准问题、两类不同性质矛盾的内容问题、两类不同性质矛盾的表现及其根源问题、对人民范畴的动态界定问题、在一定条件下两类不同性质矛盾的转化问题等等,特别是他提出了处理两类不同性质矛盾的方针、政策和方法问题,从而形成了崭新的、系统的关于两类社会矛盾学说的科学理论,成为指导社会主义革命和建设事业的强大精神武器,科学地回答了国际共产主义运动中所面临的一系列重大问题。对于毛泽东的人民内部矛盾学说,我们可以用"一个主题,两种性质,三大类型,三大方针及其若干重要问题"这样一个理论框架来作进一步概括:一个主题就是正确处理人民内部矛盾已经成为中国社会政治生活的主题;两种性质就是严格区分敌我矛盾和人民内部矛盾;三大类型是不同利益群体之间、同一利益群体内部及不同利益群体和政府之间的矛盾;三大方针是:政治上用"团结——批评——团结"的方针,经济上用兼顾国家、集体、个人利益的方针,文化上用"百花齐放,百家争鸣"的方针。这若干重要问题是:"分清敌我,把握全局,静动兼顾,观察表现,找准根源,注意方法,化解矛盾"。毛泽东关于正确处理人民内部矛盾的理论,是对历史唯物主义的重要贡献,同时,它也有明显的局限性。其一是把民主的、说服的方法看作是处理人民内部矛盾的唯一方法,忽视了把经济手段尤其是大力发展生产力作为解决人民内部矛盾的最终途径,其二是没有阐述解决人民内部矛盾的决策依据、程序及保障机制,尤

---

① 《毛泽东著作选读》(下),人民出版社1986年版,第766页。

其是没有将民主、法制建设作为一种有效的手段。

（二）邓小平对两类社会矛盾学说的继承和发展

毛泽东创立两类社会矛盾学说为我国全面开展社会主义建设作了理论准备。但是，这一学说创立之后并没有得到很好的贯彻，在社会主义革命和建设实践的相当一段时期中脱离了我国实际，越来越严重地偏离了《关于正确处理人民内部矛盾的问题》（以下简称《问题》）中阐明的正确理论。党的十一届三中全会以后，随着实事求是思想路线的重新确立和工作重点的转移，我国社会主义建设走上健康发展轨道，邓小平作为当代中国马克思主义的创立者、我国改革开放和社会主义建设的总设计师，在继承、发展社会主义基本矛盾理论的基础上，对新时期两类社会矛盾的区分和处理进行具体细致的论述，丰富和完善了两类社会矛盾学说，为社会主义建设创造稳定的环境。

一方面揭示新时期敌人和人民的概念及内涵，解决了正确区分和处理两类社会矛盾的首要问题。邓小平根据面临的主要矛盾和中心任务，揭示了敌人和人民的内容，指出，社会主义社会已经没有反对社会主义的敌对阶级了，但仍然有反革命分子，有敌特分子，有各种破坏社会主义秩序的刑事犯罪分子和其他坏分子，有贪污盗窃、投机倒把的新剥削分子。这些人尽管极少数，但却是社会主义的敌对势力。关于新时期社会主义现代化建设的领导力量和依靠力量，邓小平指出，工人阶级仍然是领导阶级，农民阶级是重要依靠力量。广大知识分子中的绝大多数已经成为工人阶级的一部分，正在努力自觉地为社会主义事业服务。原来资本家阶级中有劳动能力的绝大多数已改造成为社会主义社会中自食其力的劳动者，正在为社会主义现代化建设事业贡献力量。"台湾同胞、港澳同胞和国外侨胞心向祖国，爱国主义觉悟不断提高，他们在实现统一祖国大业、支援祖国现代化建设和加强国际反霸斗争方面，日益发挥着重要的积极作用。"[①]这样就阐明了新时期的"人民"应该包括全体社会主义劳动者、拥护社会主义的爱国者和拥护祖国统一的爱国者。

---

① 《邓小平文选》第2卷，人民出版社1994年版，第186页。

另一方面正确地阐明社会主义社会阶级斗争的特点、地位和处理方法,解决了区分和处理两类社会矛盾的关键问题。邓小平纠正了把阶级斗争当作主要矛盾的做法,明确指出在社会主义制度下各种反社会主义敌对分子不可能形成一个公开的完整的阶级,广大人民群众同他们的斗争是一种特殊形式的阶级斗争,是历史上阶级斗争在社会主义条件下的遗留。这种阶级斗争已不再是社会的主要矛盾,但由于国内的因素和国际的影响还将在一定范围内长期存在,在某种条件下还有可能激化。对于这种阶级斗争夸大或缩小都会犯严重错误。解决这种阶级斗争,不需要采取一个阶级推翻另一个阶级的政治大革命、通过大规模的急风暴雨式的阶级斗争、发动一次又一次的政治运动,而应该把它纳入社会主义法制轨道来解决,按照宪法和法律的规定和要求,凭借人民手中掌握的专政工具来妥善处理。这样有利于保持社会稳定,有利于坚持改革开放和现代化建设。

在此基础上,邓小平分析了转型时期人民内部矛盾的特点,在诸多人民内部矛盾中,他把利益矛盾、干群矛盾、思想矛盾看作是对其他矛盾影响较大的矛盾。特别是利益矛盾处于各种人民内部矛盾的中心地位,解决好利益矛盾是解决其他矛盾的基础。他说:"革命是在物质利益的基础上产生的,如果只讲牺牲精神,不讲物质利益,那就是唯心论。"①同时又根据对转型时期人民内部矛盾的分析,探索并提出了处理人民内部矛盾的新方法、新途径。可见,邓小平不是孤立地论述人民内部矛盾的问题,而是在分析社会主义社会基本矛盾的基础上,在正确判明主要矛盾和正确区分、处理两类社会矛盾的前提下,揭示人民内部矛盾的特点并探求其正确协调和解决的途径的。他从治标与治本的结合上,从化解矛盾防止矛盾激化的协调上,从目前需要与最终要求的统一上阐明了正确处理转型时期人民内部矛盾的基本途径和方法,针对探索处理和解决的新途径。即突出地强调科学判断主要矛盾,妥善处理利益矛盾,解放和发展生产力,加强民主法制建设和思想道德教育的重要意义。邓小平所倡导的关于正确处理人民内部矛盾的新方案,是在新的历史阶段站在时代的

① 《邓小平文选》第2卷,人民出版社1994年版,第146页。

高度,在继承毛泽东的正确思想和方针原则的基础上,把解决新形势下的人民内部矛盾同改革、发展、稳定的总要求直接联系起来而提出的,实现了对毛泽东人民内部矛盾理论的超越,人民内部矛盾学说才得到贯彻、继承和发展。具体而言,主要通过以下四方面的措施加以创新:

第一,主张通过集中力量促进经济发展,为正确处理人民内部矛盾创造物质基础。提出大力发展社会生产力,提高人民的物质文化生活水平,是邓小平正确处理新时期人民内部矛盾思想的基本出发点和核心内容。其认为建立在一定生产力水平基础上的经济状况是人类社会的存在基础,它决定了一切社会矛盾的特征和发展趋势。在社会主义初级阶段,在人民内部根本利益一致的基础上,之所以存在大量的,有时甚至是较突出的矛盾,除其他各种复杂原因外,最根本的,就是因为这个阶段的经济相对落后,生产力水平还远远不能满足人民的需求。实际上,邓小平强调我国社会主义初级阶段的主要矛盾,是人民群众日益增长的物质文化需要同落后的社会生产之间的矛盾,准确地指出人民内部矛盾产生的根源。因此,解决我国社会主义初级阶段的主要矛盾和解决人民内部矛盾在本质上是一致的。正确处理现阶段人民内部矛盾的前提,就是要以正确的路线、方针、政策大力发展社会生产力,促进我国经济持续、稳定、快速地发展。

在中共十一届三中全会前召开的中央工作会议闭幕会上,邓小平代表中央郑重提出要"把全党工作的重心转移到实现四个现代化上来"。会后不久,邓小平又在理论上对这个问题进行了阐述,同时提出了大力发展社会生产力,解决社会主要矛盾的问题。邓小平曾指出:"我们的生产力发展水平很低,远远不能满足人民和国家的需要,这就是我们目前时期的主要矛盾,解决这个主要矛盾就是我们的中心任务。"[1]因此,"要一心一意搞建设。国家这么大,这么穷,不努力发展生产,日子怎么过? 我们人民的生活如此困难,怎么体现出社会主义的优越性?"[2]

---

[1] 《邓小平文选》第2卷,人民出版社1994年版,第182页。
[2] 《邓小平文选》第3卷,人民出版社1993年版,第10页。

同时,他还进一步指出:"社会主义发展生产力,成果是属于人民的。"①
"空讲社会主义不行,人民不相信。"②"所以,社会主义必须大力发展生产力,
逐步消灭贫穷,不断提高人民的生活水平。"③从邓小平的深刻论述中我们可
以认识到,邓小平是从人民群众的根本利益出发,把正确认识和处理人民内部
矛盾问题同切实解决社会主义社会的主要矛盾联系在一起,大力发展社会生
产力、高度重视和不断满足人民群众物质利益需求,最终圆满解决人民内部矛
盾问题。这一精辟见解,是邓小平在新的历史时期正确处理人民内部矛盾的
核心,集中体现了我们党对于正确处理人民内部矛盾问题认识的新飞跃,对于
我们从根本上认识和处理人民内部矛盾具有重大的指导作用。

第二,鼓励"部分人先富"实现共同富裕作为合理解决人民内部矛盾的基
本途径。实行不同主体之间利益的统筹兼顾,坚持公平和效率相结合,提出
"部分先富"促成"共同富裕"的"大政策",是邓小平正确处理新时期人民内
部矛盾思想的重要策略。毛泽东非常注意社会主义时期人与人之间的"公
平"关系。应该指出,社会主义本身包含有社会公正、公平的要求,这正是社
会主义具有巨大吸引力的一个重要原因。但在毛泽东关于"公正"、"公平"的
理解中,的确含有一些平均主义的因素,这在实际上造成了在一个较长时期
内,为数不少的人在观念中把公平与分配上的平均主义混淆起来,造成了"干
与不干一个样,干多干少一个样,干好干坏一个样"的后果。这在一定程度上
不仅掩盖了不贯彻按劳分配原则所引起的诸多矛盾,也挫伤了人们劳动的积
极性,更为严重的是,导致劳动效率低下,经济发展因为没有动力而缓慢。

针对这种情况,邓小平在1978年12月要求:"通过赏罚严明,在各条战线
上形成你追我赶、争当先进、奋发向上的风气。"④同时他还指出:"在社会主义
制度之下,个人利益要服从集体利益,局部利益要服从整体利益,暂时利益要
服从长远利益,或者叫做小局服从大局,小道理服从大道理。我们提倡和实行

---

① 《邓小平文选》第3卷,人民出版社1993年版,第255页。
② 《邓小平文选》第2卷,人民出版社1994年版,第314页。
③ 《邓小平文选》第3卷,人民出版社1993年版,第10页。
④ 《邓小平文选》第2卷,人民出版社1994年版,第151–152页。

这些原则,决不是说可以不注意个人利益,不注意局部利益,不注意暂时利益,而是因为在社会主义制度之下,归根结底,个人利益和集体利益是统一的,局部利益和整体利益是统一的,暂时利益和长远利益是统一的。我们必须按照统筹兼顾的原则来调节各种利益的相互关系。"①这就是我们正确处理人民内部利益矛盾关系的基本原则。

鼓励和支持一部分人先富,以先富带动后富,最终达到共同富裕,是邓小平深刻认识社会主义国家发展状况和未来的一个宝贵思想。这对于我们正确处理人民内部矛盾具有重要的指导意义。"部分先富"促成"共同富裕"作为改革开放新阶段的一项"大政策",它包含了两个方面的根本内容,即"部分先富"和"共同富裕"。一方面,鼓励"部分先富"是促成"共同富裕"的基本前提。毫无疑问,在社会主义条件下,人民内部利益矛盾的根本解决,有赖于生产力高度发达基础上的"共同富裕"。实践证明,同步富裕是做不到的。要实现共同富裕,我们只能从实际出发,因势利导,允许和鼓励一部分人通过诚实劳动和合法经营先富起来,以此来带动、激发其他地区的积极性和创造性,加快全体人民走向共同富裕的步伐,为从根本上解决人民内部矛盾创造条件。另一方面,促成"共同富裕"是鼓励"部分先富"的根本目标,这是社会主义的本质特征之一。正如邓小平所说:社会主义最大的优越性就是共同富裕,这是体现社会主义本质的一个东西。因此,邓小平多次在不同场合强调要坚持共同富裕这个社会主义最大的优越性。要坚持以社会主义公有制为主体,加强和改善国家对经济的宏观调控,坚持"效率优先,兼顾公平"的原则,为解决和处理人民内部矛盾创造良好的环境。

第三,坚持民主与法制相结合,使人民内部矛盾有保障有秩序地得到解决。加强社会主义民主法制建设,积极稳妥地推进政治体制改革,是邓小平正确处理新时期人民内部矛盾思想的一大杰出贡献。在新的历史时期,针对正确处理人民内部矛盾的新变化和新问题,邓小平认为切实加强社会主义民主法制建设,积极稳妥地改革我国的政治体制和社会关系中存在的严重弊端,是

---

① 《邓小平文选》第2卷,人民出版社1994年版,第175页。

正确处理人民内部矛盾的有力保障。

在十年"文革"大动乱的日子里,我们国家本来就不完善的民主法制遭到了极大破坏,人民的民主政治权利被严重歪曲,人民内部矛盾纷纷呈现出尖锐对抗性的状态。邓小平曾指出,之所以会发生这样的情况,根本性、决定性的原因,就是从50年代后期开始,"党和国家政治生活中的集体领导原则和民主集中制不断受到削弱以致破坏","种种历史原因又使我们没有能把党内民主和国家政治生活的民主加以制度化、法制化,或者虽然制定了法律,却没有应有的权威。"①邓小平这一深刻的论断,使我们认识到,在处理人民内部矛盾问题上之所以会出现历史性的重大失误,原因固然是多方面的,但其重要原因,则是我们党和国家还没有能建立起一个完整的、系统的、法制化的民主政治体制。值得一提的是,邓小平在法制对于解决人民内部矛盾的重要性和必要性方面,也提出了一些新的观点。这对于我们党和国家正确处理人民内部矛盾问题具有极其重要的意义。

其一,"为了保障人民民主,必须加强法制。"他一贯认为,民主只有纳入法制的轨道,才是靠得住的。必须使民主制度化、法律化,使这种制度和法律不因领导人的改变而改变,不因领导人的看法和注意力的改变而改变。实践证明,没有法制的民主实际上只能是一种无政府主义,非但不能解决人民内部问题,反而会把是非搅乱,更容易被人利用,把本来可以妥善解决的人民内部矛盾弄得不可收拾。

其二,用法律的形式来确定人民内部的各种关系,防止和减少某些不必要的摩擦和纠纷。他强调:国家和企业、企业和企业、企业和个人之间的关系,也要用法律的形式来确定;它们之间的矛盾,也有不少要通过法律来解决。这个观点是邓小平对社会主义现代化建设新时期的特点进行研究和分析而得出来的,实践证明这是一个正确的观点。因为,相当多的人民内部矛盾问题,都程度不同地涉及到了有关法律问题。这些矛盾的解决,如果不以有关法律为准绳,将会使矛盾的解决既缺乏科学性,又缺少权威性,甚至导致不良后果。

---

① 《关于建国以来若干历史问题的决议》注释本(修订),人民出版社1981年版,第39页。

邓小平关于解决人民内部矛盾要依靠民主和法制的思想,是一个具有鲜明的时代特征的重要战略思想。特别是当前中国已进入了发展社会主义市场经济的新阶段,更需要我们用民主和法制的方法来解决在这个过程中不断出现的人民内部矛盾。这是时代给我们提出的更高的要求,也是邓小平立足于现实,对毛泽东这一理论的新发展。

第四,依靠强有力的思想政治工作,防止人民内部矛盾激化和化解人民内部矛盾。主张不搞群众运动,通过加强思想道德建设作为新时期正确有效处理人民内部矛盾的重要方法。邓小平善于科学地总结历史经验,他深知,发展安定团结的社会政治局面,在正确处理人民内部矛盾的过程中,绝不能再搞过去那种"斗争加运动"的方式,必须针对不同的情况,有效运用法律的、经济的、教育和疏导的等多种手段,切实解决好人民内部的诸多矛盾和问题。因此,他强调今后不搞群众运动,避免在处理人民内部矛盾的过程中,再度出现以往混淆两类矛盾,无限度"上纲上线"的情况。按照邓小平的思想,解决人民内部矛盾要在人民内部广泛重视加强思想道德教育,大力推进社会主义精神文明建设。这是因为尽管人民内部矛盾大量存在,但这些矛盾毕竟是在人民内部根本利益一致基础上的矛盾,这些矛盾不存在根本的利害冲突。邓小平还强调用思想政治教育的方法来处理人民内部矛盾,是符合人民内部矛盾的性质、特点及发展规律的;是从维护和保持社会稳定出发的;是和现代化建设这个大局相一致的。邓小平把培育"四有"新人,提到社会主义精神文明建设的根本任务高度,实际上只有精神文明建设发展到一定程度,人民内部矛盾才会得到逐步地解决,它是解决人民内部矛盾的关键环节。

(三)江泽民对人民内部矛盾学说的丰富与完善

1. 深化了"正确处理人民内部矛盾是国家政治生活的主题"

江泽民同志在党的十四届二中全会上强调指出,在加快经济建设和改革开放的新形势下,正确处理人民内部矛盾、调动一切积极因素、化消极因素为积极因素是我们国家政治生活的主题,也是维护社会稳定的重要基础。他

《在庆祝中国共产党成立八十周年大会上的讲话》则从更深更广的角度论述了这个"政治生活的主题"："我们所有的政策措施和工作,都应该正确反映并有利于妥善处理各种利益关系,……最重要的是必须首先考虑并满足最大多数人的利益要求,这始终关系党的执政的全局,关系国家经济政治文化发展的全局,关系全国各族人民的团结和社会安定的全局。"[①]"我国农民阶级和其他劳动群众,同工人阶级紧密团结,是推动我国社会生产力发展的重要力量。"[②]从毛泽东的"十分必要"到江泽民同志的关系三个"全局"、推动社会生产力发展的"重要力量",可以说是大大提升了正确处理人民内部矛盾这一主题在国家政治生活中的地位。也正是基于这样的判断和认识,江泽民同志在党的十四届二中全会上的讲话中,要求"各级领导干部,要结合新的实际,重温毛泽东同志《关于正确处理人民内部矛盾的问题》这篇文章,提高正确对待人民内部矛盾的政策观念和处理能力。"[③]

2. 拓展了正确认识人民内部矛盾的新领域

一是从不断增强党的阶级基础和扩大党的群众基础的角度去把握人民内部矛盾,扩大了新时期"人民"的内涵。江泽民同志指出,"改革开放以来,我国的社会阶层构成发生了新的变化,出现了民营科技企业的创业人员和技术人员、受聘于外资企业的管理技术人员、个体户、私营企业主、中介组织的从业人员、自由职业人员等社会阶层","他们也是有中国特色社会主义事业的建设者"。[④] 这就为初级阶段"人民"的外延作出了准确的界定,使"人民"的概念进一步清晰明了,理清了、纠正了一段时间以来,在姓"公"还是姓"私"、姓"社"还是姓"资"的争论过程中,存在于一些人头脑中的种种混乱、模糊的想法;克服了人们谈"资"色变的左倾心理;为组织各族人民同心同德地建设有中国特色的社会主义打下了良好的群众基础。

二是把人民内部矛盾问题放在改革、发展、稳定的辩证关系中加以考察。

---

① 江泽民:《在庆祝中国共产党成立80周年大会上的讲话》,《人民日报》,2001年1月10日。
② 同上。
③ 《十四大以来重要文献选编》(上卷),人民出版社1996年版,第127页。
④ 《江泽民论"三个代表"》,中央文献出版社2001年版,第169页。

江泽民同志站在统观社会全局的角度,不仅明确指出正确处理人民内部矛盾是维护社会稳定的重要基础,而且从改革、发展、稳定三者的内在关系出发,进一步指出稳定是发展和改革的前提。"在社会主义初级阶段,正确处理改革、发展、稳定的关系,保持稳定的政治环境和社会秩序,具有极端重要的意义。没有稳定什么事也干不成。"①三者关系处理得当,就能总揽全局,保证经济社会的顺利发展;处理不当,就会吃苦头,付出代价。为此,"我们要善于统观全局,精心谋划,从整体上把握改革、发展、稳定之间的内在关系,做到相互协调、相互促进。"②在党的十五大上江泽民又进一步指出:"必须把改革的力度、发展的速度和社会可以承受的程度统一起来,在社会政治稳定中推进改革、发展,在改革、发展中实现社会政治稳定。"③处理好改革、发展、稳定的辩证关系,对于正确处理新形势下的人民内部矛盾具有根本性的重要意义。同时,正确处理好现阶段各种人民内部矛盾,也有利于改革和发展的深入,有利于保持社会稳定,是一个涉及改革、发展和社会稳定的全局性问题。

三是从正确把握政治上先进与落后的标准这一角度去分析人民内部矛盾,界定判断新时期人民内部矛盾的新标准。实现人民的富裕幸福是我们建设社会主义的根本目的,随着经济的发展,个人的财产也在逐渐增加,在这种情况下,"不能简单地把有没有财产、有多少财产当作判断人们政治上先进与落后的标准,而主要应该看他们的思想政治状况和现实表现,看他们的财产是怎么得来的以及对财产怎么支配和使用,看他们以自己的劳动对建设有中国特色社会主义事业所作的贡献"④。这就为彻底清除极左思潮泛滥时遗留下来的、并被教条化了的"越穷越光荣,越穷越革命"的政治标准提供了科学有力的理论依据;为正确认识和处理人民内部矛盾,去掉了无形的观念枷锁,确立了符合时代发展实际的、制定人民内部政治标准的正确思路。

四是从努力促进人的全面发展的层面上,从对"三个规律"的不断深化的

① 《江泽民论有中国特色社会主义(专题摘编)》,中央文献出版社2002年版,第214页。
② 《江泽民论有中国特色社会主义(专题摘编)》,中央文献出版社2002年版,第213页。
③ 《中国共产党第十五次全国代表大会文件汇编》,人民出版社1997年版,第18页。
④ 《江泽民论"三个代表"》,中央文献出版社2001年版,第170页。

认识过程中去审视、思考人民内部矛盾问题,从而探索新时期处理人民内部矛盾的新途径与新方法。江泽民同志说:"我们进行的一切工作,既要着眼于人民现实的物质文化生活需要,同时又要着眼于促进人民素质的提高,也就是要努力促进人的全面发展。"而且强调"这是马克思主义关于建设社会主义新社会的本质要求"①。从这里我们可以体会到,促进人的全面发展是解决和处理人民内部矛盾的落脚点。这为我们正确处理人民内部矛盾提供了一条根本的思想方法。我们正处于初级阶段的社会主义,虽然有过毛泽东关于正确处理人民内部矛盾的光辉思想,但烙在人们记忆深处的却是极左思潮的泛滥、阶级斗争的扩大化,还有"文革"的一场浩劫。究其原因之一,就在于还没有形成"对共产党执政的规律、对社会主义建设的规律、对人类社会发展的规律"②的深刻准确的认识和把握。

3. 以"三个代表"重要思想为指导,以公开、公平、公正的理念为总原则,领导了正确处理人民内部矛盾的新实践

有了对正确处理人民内部矛盾问题的战略意义和总体思路的认识,江泽民同志的"三个代表"重要思想则为寻求正确处理和解决人民内部矛盾的方法设计了一个总原则,强调人民内部矛盾的最根本性的原因在于人们之间的物质利益的冲突和不公平。如果我们党能够始终代表中国先进生产力的发展要求,那么就有可能通过发展生产力,不断地增长全社会的物质财富,不断地提高人民群众的生活水平,从而最大限度地消除引起人民内部矛盾的根本原因。这种观点深化和发展了正确处理和解决人民内部矛盾的途径和方法。

一是在经济领域,规范化地提出了要坚持按劳分配为主体、多种分配方式并存的制度。江泽民同志在党的十五大报告中指出:"要深化改革,完善监督法制,建立健全依法行使权力的制约机制。坚持公开、公平、公正的原则,直接涉及群众切身利益的部门要实行公开办事制度。"③要把按劳分配和按生产要素分配结合起来,坚持效率优先、兼顾公平。依法保护合法收入,取缔非法收

---

① 《江泽民论"三个代表"》,中央文献出版社2001年版,第179页。
② 《江泽民论"三个代表"》,中央文献出版社2001年版,第167页。
③ 《中国共产党第十五次全国代表大会文件汇编》,人民出版社1997年版,第33页。

入,整顿不合理收入,调节过高收入,规范收入分配,使收入差距趋向合理,防止两极分化。这充分表明,我们党在领导社会主义现代化事业进程中,既重视解决发展问题,把"蛋糕"做大,也重视解决分配问题,把"蛋糕"分好,维护社会公平,维护绝大多数人的利益,特别重视保证广大工人和农民享受到改革发展中应该享受到的成果,尽量以社会整体的力量来帮助每一个社会成员抵御各种社会风险因素,尽量减少或消除因分配方面的不公平引发人民内部矛盾的发生,确保社会安全运行和健康发展。

二是在民主法制建设领域,坚持从正确处理建设民主政治的要求上和实践上的矛盾角度,提出了一系列切中要害又切实可行的观点和措施。第一次使用了"健全社会主义法制,依法治国,建设社会主义法治国家"的提法。确立依法治国,建设社会主义法治国家,这就使在新的历史条件下正确处理人民内部矛盾,有了根本的保障。进一步深化了民主在解决人民内部矛盾问题中重要作用的思想,提出了一系列加强社会主义民主建设的具体办法。在坚持、加强党的领导的同时,还必须要从严治党。明确提出要改进和改善党的领导。要按照总揽全局、协调各方的原则,进一步加强和完善党的领导体制,改进党的领导方式和执政方式。"既保证党委的领导核心作用,又充分发挥人大、政府、政协以及人民团体和其他方面的职能作用。"[1]做到并做好这一条,就能进一步弘扬党的群众观点,把党的群众路线贯彻到底;就能妥善、有序、有效地处理好党政关系、党群关系、干群关系。

三是在思想文化领域,坚持从正确处理由不同的传统、观念、生活方式、思维方式等引起的人民内部矛盾角度看,创造性地提出了"要坚持不懈地加强社会主义道德建设,以德治国"的方略。并提出"提倡共产主义思想道德,同时把先进性要求和广泛性要求结合起来,鼓励一切有利于国家统一、民族团结、经济发展、社会进步的思想道德"[2]。江泽民同志强调,必须要让人们认识到,如果只讲物质利益,只讲金钱,不讲理想,不讲道德,人们就会失去共同的

---

① 《江泽民论"三个代表"》,中央文献出版社 2001 年版,第 171 页。
② 《中国共产党第十五次全国代表大会文件汇编》,人民出版社 1997 年版,第 37 页。

奋斗目标,失去正确的行为规范,就无法保持良好的社会秩序和道德风尚。这就为正确处理人民内部矛盾找到了一条颇有新意的,让广大人民群众既感到通俗易懂,又能从每个人的现实具体做起的根本性的好方法。"依法治国"和"以德治国"相结合理念的提出,是中国共产党人国家管理理论上的一个重大创举,是社会进步、社会文明的一个重要标志,是建设社会主义现代化国家的必然要求,它对处在社会转型时期的国家和社会事务管理,对引导人们正确对待和处理各种利益矛盾具有重要的现实意义,是以江泽民为核心的党的第三代领导集体正确处理人民内部矛盾的一条新途径和一种新方法。

四是在社会保障领域,面对由国有经济的战略性重组与调整、加入 WTO、外资经济竞争加剧等因素引起的社会风险压力增大的社会现实,提出要建立强有力的能够满足多层次、多方面需求的社会保障体系。1992 年,江泽民在十四大报告中明确提出,要积极建立待业、养老、医疗等社会保障制度。1993年党的十四届三中全会提出,要建立多层次的社会保障体系,社会保障的水平要与我国社会生产力发展水平以及各方面的承受能力相适应,重点是完善企业养老和失业保险,强化社会服务功能。1994 年在党的十四届四中全会上,江泽民提出,深化企业改革要抓好三个关键点,其中一个关键点就是逐步建立社会保障体系。1999 年党的十五届四中全会通过的《决定》,把做好减员增效、再就业和社会保障工作作为一个专题进行了阐述,分三个层次勾画了我国在现有条件下建立社会保障体系的基本框架。党的十五届五中全会进一步提出,"十五"期间,社会保障制度的建立要取得突破性进展,基本建立起适应发展、改革和稳定需要的,并尽量覆盖全社会的保障网或"安全网",基本目标是:"要加快形成独立于企业事业单位之外、资金来源多元化、保障制度规范化、管理服务社会化的社会保障体系"。社会保障体系的逐步建立和完善,意义非常重大,是在市场经济条件下,提高解决改革攻坚阶段社会风险、处理人民内部矛盾的能力的重要保证,是维护社会稳定,保障人们安居乐业的一项重要措施。社会保障体系的建立和完善,也是以江泽民为核心的党的第三代领导集体对毛泽东正确处理人民内部矛盾理论的又一贡献。

（四）胡锦涛对人民内部矛盾理论的完善与创新

进入新世纪后，人民内部矛盾呈现出新的特点与发展趋势，在经济领域，从纵向看，人民内部矛盾表现为中央与地方、政府与企业、集体与个人、非公有制企业的资本所有者与雇用劳动者的矛盾，从横向看，表现为部门之间、行业之间、地区之间、城乡之间、低收入阶层和新富裕阶层之间的矛盾；在政治领域，当前的人民内部矛盾突出表现在干群矛盾、民族宗教矛盾日益严重，群众群体性上访的频率与规模加大；在意识形态领域，还存在着各种不同学术观点、艺术观点之间的矛盾，在外来文化的引入借鉴过程中与民族文化的碰撞，现代文明与传统文明之间的较量等等。这些矛盾具体表现在：矛盾的主体更加复杂，群体性矛盾更加突出；矛盾的内容和表现形式更加多样，经济矛盾表现得尤为突出；矛盾的性质易于由非对抗性向对抗性转化；矛盾的处理难度加大且关联性强。

在新形势下，各种社会矛盾层出不穷，实现和维护群众利益，解决关系人民群众切身利益的突出问题已显得十分迫切。针对新世纪人民内部矛盾出现的新情况，党的十六大明确提出全面建设小康社会的奋斗目标，以胡锦涛为总书记的新一届中央领导集体紧密结合新的实践，求真务实，不断推进理论创新，对于如何解决人民内部矛盾问题进行了新的探索，鲜明地提出了以人为本，全面协调可持续的发展观，加强党的执政能力建设和党的先进性建设以及构建社会主义和谐社会的思想，等等，这些理论创新都极大地丰富和发展了马克思主义的理论学说，是对中国特色社会主义事业发展规律的崭新认识成果。是正确处理人民内部矛盾学说的最新发展。党的十六届三中全会公报明确指出"要着眼于我国基本国情，坚持一切从实际出发，因地制宜"，"及时化解各种矛盾，确保社会稳定和工作有序进行"。① 要坚持以人为本，按照"五个统

---

① 《中共中央关于完善社会主义市场经济体制若干问题的决定》，人民出版社 2003 年版，第 34 页。

筹"的要求,正确认识和处理现阶段人民内部矛盾,为全面建设小康社会提供强有力的保障。党的十六届四中、五中全会进一步指出:要坚持最广泛、最充分地调动一切积极因素,不断提高构建社会主义和谐社会的能力,妥善协调各方面的利益关系,维护社会稳定。

1. 科学发展观日益成为正确解决人民内部矛盾的世界观和方法论

以胡锦涛同志为总书记的中央领导集体,着眼于新世纪新阶段党和国家事业发展的全局,坚持以邓小平理论和"三个代表"重要思想为指导,在深刻总结我国社会主义发展的经验教训,在深入分析我国发展阶段性特征和准确把握世界发展趋势的基础上,提出了以人为本、全面协调可持续的科学发展观,进一步回答了新形势下什么是发展、为什么发展和怎样发展的问题,为我国新时期人民内部矛盾的正确解决提供了科学的理论依据。这主要体现在以下几方面:

第一,以发展为第一要务的科学发展观为处理人民内部矛盾提供了基本原则。科学发展观以发展为第一要务,强调必须坚持以经济建设为中心,坚持用发展的办法解决前进中的问题,大力解放和发展社会生产力,不断增强综合国力,为实现社会全面进步和人的全面发展打下坚实的物质基础。我国新时期的各种人民内部矛盾,从根本上说,是由人民日益增长的物质文化的需要同落后的社会生产之间的矛盾所引起的。因而只有依靠发展,才能解决好这个社会主义初级阶段的主要矛盾,并进而使各种人民内部矛盾得到最大程度地解决。科学发展观对发展的强调,无疑正确指明了解决新时期人民内部矛盾的关键所在,它是正确处理人民内部矛盾的基本原则。

第二,以人为本的科学发展观为处理人民内部矛盾提供了明确方向。以人为本,就是要以实现人的全面发展为目标,从人民群众的根本利益出发谋发展、促发展,不断满足人民群众日益增长的物质文化需要,切实保障人民群众的经济、政治和文化权益,让发展的成果惠及全体人民。坚持以人为本,就要一切从人民的利益和要求出发,在经济发展的基础上,不断提高人民群众的物质文化生活和健康水平,满足人民的各种需求;就要保障人民的政治、经济和文化权利,尊重和保障人权,支持人民当家作主,扩大公民有序的政治参与,保障人民在教育、就业、收入、财产和发明创造等方面的合法权益；就要加强社会主义思想道德建设，发展教育和文化事业，建设学习型社会，不断提高人们的思想道德素质、科学文化素质和健康素质；就要妥善处理人民群众根本利益和具体利益、长远利益和眼前利益的关系。只有这样，才能使人民群众的利益得到最大程度地尊重和保护，才能越来越充分地享受到经济和社会发展的成果，从而也就使各种人民内部矛盾产生的可能性降低到了最小的程度。

第三，全面、协调、可持续发展的科学发展观为处理人民内部矛盾提供了具体指针。"全面、协调、可持续发展"是科学发展观的基本内容。全面，就是要以经济建设为中心，全面推进经济、政治、文化、社会建设，实现经济发展和社会全面进步。协调，就是要坚持"五个统筹"，要推进生产力和生产关系、经济基础和上层建筑相协调，推进经济、政治、文化建设的各个环节、各个方面相协调。可持续，就是要促进人与自然的和谐，实现经济发展和人口、资源、环境相协调。坚持全面、协调、可持续发展，要正确处理当前发展与长远发展的关系，不能为了眼前的利益而不顾长远的利益；要正确处理四大建设之间的关系，不断推进物质文明、政治文明、精神文明和和谐社会建设，在社会主义现代化建设的进程中实现四个建设的统一；努力做到：在发展城市经济时，别忘了农村；在支持东部发展时，要倾斜西部；在抓经济发展时，要统筹社会发展；坚持初次分配注重效率，再次分配注重公平的原则，把不同方面群众的利益反映好、协调好、处理好，把个人利益和集体利益、局部利益和整体利益、眼前利益和长远利益兼顾好，最终使人民内部矛盾逐步得到化解。

2. 寻求完善正确处理人民内部矛盾的长效机制，从长远战略上解决人民内部矛盾问题

随着我国改革发展进入关键时期，我国社会存在的一些人民内部矛盾，出现了多发多样的状况。更值得注意的是，这些矛盾在表现的方式和程度上，呈现出群体性事件明显增多、对抗性明显增强、危害性明显增加的态势，往往是一些具有共同利益的群众形成群体，以非理性的方式来表达诉求，已成为影响社会稳定的突出问题。对此，胡锦涛总书记强调指出："关键是我们要正视矛盾，找到化解矛盾的正确途径和有效方法，形成妥善处理矛盾的体制机制，而不能让矛盾积累和发展起来、以致影响国家改革发展稳定的大局"。① 党的十六届五中全会又进一步指出："正确处理新形势下的人民内部矛盾,畅通诉求渠道,完善社会利益协调和社会纠纷调处机制。建立健全社会预警体系和应急救援、社会动员机制,提高处置突发性事件能力。"这就为从战略上解决人民内部矛盾指明了方向。

3. 通过推进体制机制创新、深化体制改革构建社会主义和谐社会

社会主义和谐社会是以人为本的社会。只有实现人的和谐,才能实现整个社会的和谐。历史经验表明,社会分配不公是社会不稳定的重要根源。有资料显示,2003 年我国城乡收入差距达到改革开放以来的最高点,城镇居民人均可支配收入是农村人均可支配收入的 3.24 倍,如果考虑城镇居民的各种隐性福利和优惠、农民收入被高估等因素,有关专家估计城乡收入差距在 6 倍左右;2004 年农民收入虽然取得自 1997 年以来的最高增幅,但城乡收入差距仍在扩大,农村人均年收入为 2936 元,增幅 6.8%,城镇为 9422 元,增幅 7.7%。行业间的收入也在拉大,最高收入行业和最低收入行业的工资比由 1978 年的 1.38 倍扩大到现在的 4.6 倍以上。为此,胡锦涛同志提出:要大力弘扬求真务实精神、大兴求真务实之风,一切从实际出发,讲真话、办实事、求实效,不搞"形象工程",不作表面文章,按照"群众利益无小事"的要求,持之以恒地为群众做实事、解难事,让发展的成果惠及全体人民,不断使广大人民群众从经济发展中获得更多的实惠。十六届三中全会公报指出:"整顿和规范分配秩序,加大收入分配调节力度,重视解决部分社会成员收入差距过分扩大问题。以共同富裕为目标,扩大中等收入者比重,提高低收入者收入水平,调节过高收入,取缔非法收入。"同时,"要加快建设与经济发展水平相适应的社会保障体系,完善企业职工养老保险制度,健全失业保险制度,继续改革城镇职工基本医疗保险制度,完善城市居民最低生活保障制度。"要继续加强宏观调控,推动区域经济的协调发展,"形成促进区域经济协调发展的机制。"因

---

① 胡锦涛:《在省部级主要领导干部提高构建社会主义和谐社会能力专题研讨班上的讲话》,人民出版社 2005 年版,第 24 页。

此,要切实保障不同利益群体合理共享经济社会发展成果,努力构建社会主义和谐社会,推动我国经济社会发展顺利实现人均 GDP 从 1000 美元向 3000 美元跨越的"关键期",在解决人民内部矛盾时,必须确立"以人为本"的决策理念,把最广大人民群众的根本利益作为制定政策、开展工作的出发点和落脚点。正如胡锦涛所指出的:"要认真检查我们的各项政策措施和工作部署、工作方法、工作作风是否切合实际,是否符合最广大人民的根本利益,着力避免因决策失误和工作方法不当引起群众不满和抱怨。"要"坚决依法纠正各种损害群众利益的行为","依法及时合理地处理群众反映的问题"。"要深入细致地做思想政治工作,引导群众以理性合法的形式表达利益、解决利益矛盾"。[①]所有这些充分展现了新一届中央领导集体亲民、务实的清新形象,为我们党在新的发展阶段解决人民内部矛盾提出了行动指南,顺应构建社会主义和谐社会向我们提出的时代要求,是以胡锦涛为总书记的新一届中央领导集体立足于全面建设小康社会的崭新实践对正确处理人民内部矛盾理论的创造性发展。

综上所述,正确处理人民内部矛盾的理论学说,从党的第一代领导核心的提出和首创,经过党的第二、第三代和以胡锦涛为总书记的新一届中央领导集体的继承、丰富和发展,使人民内部矛盾学说更加科学化、具体化,充分体现了中国共产党与时俱进、不断创新的精神。认识新时期正确处理人民内部矛盾的新思路和科学思维方法,有利于我们在实践中探索新时期人民内部矛盾生成发展与解决的内在规律,有利于加快社会主义和谐社会的建设步伐。

---

① 胡锦涛:《在省部级主要领导干部提高构建社会主义和谐社会能力专题研讨班上的讲话》,人民出版社 2005 年版,第 24－25 页。

三、其他相关理论

（一）社会团结理论

社会团结理论,最先是由法国著名社会学家涂尔干提出的。他针对19世纪欧洲步入工业社会后由于剧烈的社会变迁所引发的激烈社会冲突,提出了以职业群体为核心重塑"社会团结"的构想。涂尔干继承了欧洲社会民主思想传统,认为欧洲工业社会的危机是由于从传统社会向工业社会急剧转型的过程中,利益和价值的分化造成了社会冲突和社会失范,传统的利益协调方式和价值体系解体,社会矛盾不断加深造成的。解决这一问题的根本出路,是在新的社会组织的基础上进行社会重组,形成"社会团结"的有机形式,防止"社会排斥"和"社会分裂"。涂尔干明确指出,团结和变迁,实际上是现代社会学最根本的两大主题。正是在现代社会的变迁过程中,团结才能获得其应有之义。

什么是社会团结呢? 它实际上是一种生存和发展的机制。社会组织的一个最根本的基础,并不是经济学意义上的纯粹的效率原则,不是功利主义意义上的有用原则,而是能够将个体凝聚起来的粘合原则[1]。因此,在这个意义上,构成社会团结的最根本的因素,一是集体实在,"社会成员平均具有的信仰和感情的总和,构成了他们自身明确的生活体系,我们称之为集体意识或共同意识"[2];二是法律和制度实在,"法律表现为社会团结的主要形式"[3]。

由这一角度出发,现代社会的本质特征就在于它具有一种独特的团结形

[1] Crow, G, Social Solidarties: Theories, Identities and Social Change. Buckingham: Open University Press, 2002, pp. 18 - 25。
[2] [法]涂尔干著,渠东译:《社会分工论》,三联书店2000年版,第42页。
[3] [法]涂尔干著,渠东译:《社会分工论》,三联书店2000年版,第31页。

式。涂尔干指出,社会团结有机械团结和有机团结两种形式。机械团结存在于不发达社会和古代社会,它是建立在社会中个人之间的相同性或相似性即同质性基础上的一种社会联系,其主要特征是:社会中个人之间的差异很小,集体成员具有类似的特质,即情绪感受类似、价值观类似、信仰也类似;由于人与人之间没有产生分化,这样的社会呈现出高度的一致性;个人的行动总是自发的、不假思索的和集体的;社会成员的相互依赖性低,社会联系的纽带松弛;社会同宗教联结在一起,宗教观念渗透了整个社会;要求绝对一致的压力不断压抑着人的个性,个性得不到应有的发展。机械团结的根本特征是社会成员信仰、情感、意愿的高度同质性,而这种同质性只有在分工不发达时才是可能的。有机团结是随着社会分工的出现而出现的,它是建立在社会分工和个人异质性基础上的一种社会联系。由于分工的出现和发展,导致个人之间的差异性不断扩大,同时也使社会成员之间的相互依赖性越来越强。涂尔干认为,分工越细,个性越鲜明,每个人对社会和其他人的依赖性越深,因而社会整体的统一性也就越大。分工造成的个人差异性损害了社会的集体意识,这种集体意识作为社会秩序的基础反过来又变得不那么重要了,重要的是因为分工而产生的人们之间的相互依赖性。因此,分工越来越承担了原先由共同的集体意识所承担的角色。涂尔干认为,机械团结和有机团结的差别,正是前现代社会与现代社会的根本差别所在。机械团结来源于人的相似性,而有机团结则是在分工和契约关系的基础上确立的。

涂尔干认为,社会团结的精神基础是集体意识,而物质基础则是社会分工。但是,集体意识和社会分工在机械团结和有机团结中所起的作用是不同的。机械团结是以一种强烈的、共同的"集体意识"为基础的。他把集体意识界定为"同一社会一般公民共同的信仰和情感的总和。"在机械团结的社会中,社会成员有着相同的信仰、观点和价值观,有着大致相同的生活方式。集体意识弥漫于整个社会空间,涵盖了个人意识的大部分,个人几乎完全在共同情感的支配下,社会强制和禁令支配了社会生活中的大部分。因为这时的社会分工还处于最低限度,这种同质性是适宜的。虽然因为年龄和性别的差异可能会造成某种专门化,比如年长者可能被期望去作领导,或者作为有智慧的咨询者,妇女则被期望专门从事家务。但是,这种初级的分工不会严重损害共同思考和行动方式的高度的社会同质性。随着社会分工的发展,共同的集体意识逐渐削弱,使个性的发展成为可能。职业活动越来越专门化的人们,发现他们彼此之间在信仰、观点和生活方式等各个方面变得越来越互不相同。但是,这种正在增长的异质性没有消灭社会团结,而是使团结的类型发生了改变,从机械团结转变为有机团结。这是因为随着分工的扩展,个人与个人、群体与群体之间越来越相互依赖。每一个从事专门职业的人,都需要从事其他职业的人为他提供其必需的物品和服务。因此,经济交换关系和人们之间的相互依赖,逐渐取代了共同的集体意识,成为社会团结的基础。当然,在有机团结的社会中,集体意识并不会也没有完全消失,但它对社会团结的重要性大大下降了。建立在社会分工和相互依赖基础上的有机团结,比主要建立在相似的价值观和信仰等集体意识基础上的机械团结,能够更彻底、更有效、更深刻地实现社会的整合。

涂尔干指出,在机械团结的社会中,对社会团结的威胁,一方面来自局部功能自治的亚群体,另一方面来自违反集体意识的越轨行为。对越轨的惩罚是对将来越轨的一种威慑,更重要的是给社区提供一种重申集体意识的规范性要求的机会,重新划分社会所赞成的和不赞成的行为之间的界限。因此,对越轨行为的惩罚,目的在于维持人们对集体意识的依附,而集体意识正是机械团结的基础。在一个分工高度发达和相互依赖的有机团结社会中,对社会团结的威胁则主要来自以下几个方面:第一,各种专门化机构或多或少变成了自治性的,因而同社会的整体利益可能发生矛盾;第二,高度分工的个人同群体的活动不能紧密配合;第三,高度的分工造成了高度的异质性和个性,削弱了社会成员的共同联系,人们往往只是认同诸如职业群体等有限的群体,而不是认同整个社会;第四,随着分工的发展和共同的集体意识的削弱,人们之间的差异越来越大,促使个人主义发展起来,这可能会削弱把人们团结到各种社会群体中或更大的社会中去的社会联系。

大体说来,涂尔干的团结理论是围绕着这三个方面展开的:一是形成社会团结的价值结构。一个国家或总体社会的政治目标和爱国情感、现行意识形态,以及传统的伦理道德价值等共同意识都是构筑价值认同的重要因素。价值上的认同对于团结来讲很有可能是首位的。二是由法(即规则)、规范或习惯等形成的制度安排。当然,这里的法既包括强制性的法律,也包括惯例、习惯或者是习惯法,所有这些都为社会创造了一个规范环境。三是社会关系的联结方式。在不同的社会条件下,社会关系通过不同的纽带联结起来。

几乎在同一时代,滕尼斯有关社会团结的观点也非常重要。滕尼斯认为,社会实体的内在聚合不仅依靠拥有共同权利的个体成员对社会团结的考察,还必须诉诸一种特殊的社会实在,即社会"纽带"。很显然,在滕尼斯看来,团结不能仅仅建立在纯粹现代个体之理性行动的前提上,社会性的相互依赖关系,在理论意义上是个体自由的一个对立面,因为它所指涉的是一种道德义务、道德律令或禁令。按照这样的思路,滕尼斯将社会性的相互关系分为两种基本类型"社区"和"社会"。

从某种意义上说,滕尼斯对现代社会的判断与涂尔干恰恰相反,他认为,共同体的团结是一种实在的和有机的生活;而现代社会的纽带却是一种"想象的和机械的结构"[1]。在共同体中,成员的相互依赖关系非常紧密,社会关系形成一个极其稠密的网络,家庭是组织的基本形态。现代社会的关系,实际上是通过契约和交换关系确立起来的,因此,社会团结的基础必定会被范围越来越大的地域流动、城市的兴起以及大规模产业结构所削弱。这意味着,随着文明化进程的展开,个人之间的社会关系反而抽象性越强、越疏远,实际上陷入一种霍布斯意义上的社会敌对状态,即滕尼斯所谓的"无限制的经济竞争"[2]。滕尼斯认为,如果现代"社会"建立在上述前提下,那么财富垄断和阶级分化就必然是不可避免的,因此只有通过重建社区团结,才是现代社会的真正出路。

后来,海希特和科尔曼等人在社会团结和组织团结的量化研究方面做了很大贡献,但其理论假设基本上是把嵌入在具体组织中的行动者单纯作为理

---

① Tonnes, F · Community and Association, London : RKP, 1955, p. 37.
② Tonnes, F · On Sociology : Pure , Applied and Empirical , Chicago : university of Chicago Press, 1971.

性个体来处理的,而且,对理性个体的界定,也仅限于资源的配置及其利益效果的范畴,即便是针对规范的讨论,也是由上述概念来驱动的,这类研究基本上回避了价值领域的讨论。

在近年来有关社会团结的研究中,许多学者更倾向于从现代性的基本转型出发,认为整个社会向福利国家的转型,削弱了原初意义上的社会团结的作用,社会团结越来越难以完全依赖社会生活中那种纯朴的"归属感"和"亲密感",而更多地依赖于国家的制度安排和资源配置。

(二)社会整合理论

社会整合思想,最集中、最直接地体现在作为古典社会学理论奠基人之一的涂尔干的社会团结说和集古典理论之大成的帕森斯的社会均衡说之中。这两人的理论趋向虽然表面上具有很大差异,但却殊途同归,结论都是"社会整合"是达成社会和谐的根本途径。

如果说涂尔干的社会团结学说赋予社会结构更多强制性,因而使社会性带有过分决定论意味,那么帕森斯关于社会整合的重心则转向文化系统,他强调透过社会化使规范、价值、信仰即文化系统内化成为行动者的自觉,从而发挥社会整合的功能,这就是帕氏所说的"意志论的行动理论"。在这里文化所起的教化作用显然居于社会整合的重要地位,并以此来制衡过分决定论与意志自由羸弱之间的张力。

帕氏的社会整合思想源于他的社会均衡说及其理论表达——结构功能论和社会系统论,而微观层次的自我和他我互动则是社会系统的最基本和最原初的形式。在帕氏的视角里,社会整合被视为一种最重要的社会化过程。为实现社会均衡,他强调人们的行动必须与社会规范、价值观相吻合,这显然单靠社会教化不够,还要有强制性的社会控制以解决行动者的他律问题。他把"价值模式的整合和需求倾向",亦即基于内在价值的意愿性行动和满足生物本能需求的外在强制性行动,称为"社会学的基本动力原理"。从中可以看出,构建和谐社会必须"两手都要抓"。社会化和社会控制是社会整合的两项主要机制,社会化解决成员的自律问题,社会控制解决他律问题,二者相辅相成,相克相生,对于社会秩序来说二者都是须臾不可或缺的。

这里的社会控制不宜理解得过于狭窄,它既指通常意义上的社会强力机构对失范行动的限制或惩处,更指社会学意义上结构性因素(社会条件)对行动的制约。对于构建一个秩序运行良好的和谐社会而言,尤其要关注的是社会控制如何不被滥用。为此,系统必须学会容忍某些变异、某些偏差行为,须知一个富于弹性且具创造性的社会要比一个排斥任何偏离的刚性社会要强大,这就是"有容乃大"的道理。因此,和谐社会应为每个成员提供更为广泛的角色机会,以便使不同禀赋的人在不妨碍社会整合的情况下施展自己的才能,以实现自己的抱负。

在帕氏理论中,文化系统是以它对其他系统的相互关系来界定的。文化被视为一个模式化的、秩序化的符号系统,在人格系统中是被内化的规范,在社会系统中是制度化的行动模式。文化对行动者之间的互动起到中介作用,并能整合人格系统和社会系统。换言之,社会秩序的形成,最终还是要落实到个人行动上,而对个人行动意愿及其目标的确立,归根结底还是离不开以规范和价值观为表现的文化的作用。这样,帕氏就把追求规范理想的过程中所产生的意愿性同由于物质需求的约束所导致的强制性结合起来,把社会整合的重心偏向文化的一边,并以此来制衡涂尔干的整体结构条件的决定论。

从这里可以看出,帕氏立意将个体论的意志自由、观念论的规范导向、物质论的条件制约整合起来,其论述为社会整合奠定了理论基础,也为我们构建和谐社会提供了重要的思想资料。从这个意义上说,和谐社会应是能最大限度地调动社会成员的民主社会。

(三)风险社会理论

"风险社会理论"是西方学术界目前广泛谈论的一个话题;它的基本假设是,我们正从一个现代化的社会进入一个新型的风险社会,现代化的科学技术发展和工业化推动,使人类进入到一个全新的陌生世界,现代化逻辑本身所产生的新的社会风险,完全不同于传统的社会问题、社会矛盾和社会冲突。过去的生活经验、技术手段和组织制度,已不足以使我们防止、规避和应对新的社会风险的威胁。

德国社会学家贝克于 1986 年发表了《风险社会:走向新的现代性》一书,很快引起世人的关注,被公认为风险社会理论的开山之作。贝克在书中指出,风险在人类社会一直存在,但今天风险社会的现代风险(risks)在性质上与过去的危险(dangers)完全不同:一是在物理和化学领域里的现代风险是看不见的;二是产生这些新型风险的基础是工业的过度生产,而风险管理成为对现代化本身引起的偶然性和不安全性的处理系统;三是随着人类技术能力的增长,技术发展的后果变得难以测算,这种不可控制的力量逐渐演变成历史和社会的主宰力量。

贝克认为,全世界现在正生活在一个与传统的现代化社会完全不同的"风险社会"之中。风险社会的突出特征有两个:一是具有不断扩散的人为不确定性逻辑;二是导致了现有社会结构、制度以及关系向更加复杂、偶然和分裂状态转变。现代风险的表现形式多种多样,如环境和自然风险、经济风险、社会风险、政治风险等等,它几乎影响到人类社会生活的各个方面。现代风险是隐形的,并且具有高度的不确定性和不可预测性。现代风险不是孤立的,它的影响将波及全社会,而且是以一种"平均化分布"的方式影响到社会中的所有成员,包括穷人和富人。风险一旦转化为实际的灾难,它的涉及面和影响程度都将大大高于传统社会的灾难。比如,一旦空气或水受到大面积污染,每一个社会成员都会不可避免地受到波及。

在贝克看来,现代风险与科学技术的发展有着密切的联系。科学技术的高度发展大大提高了人类的生活水平,但与此同时,它所带来的后果也变得越来越难以预测与控制了。科学技术就像一柄双刃剑,它在给人类带来巨大福祉的同时,也潜藏着对人类社会的各种威胁,成为现代社会风险的重要根源。科学技术发展到今天,已经成为一个高度复杂的系统。这不仅表现在其内部学科分化和涉及内容的高度复杂性,也表现在科技对人类社会生活影响的高度复杂性。这种高度复杂性的直接后果,就是人们对科技发展后果的控制能力越来越低。比如,由于现代信息技术的高度发达,由风险和灾难所导致的恐惧感和不信任感将通过现代信息手段迅速传播到全社会,引发社会的动荡不安。

英国著名社会学家吉登斯认为,现代风险还和全球化有着密不可分的联系。他认为我们现在正生活在一个全球化的时代,也就是世界各民族融合成为一个单一社会和全球社会的过程。随着全球化进程的逐步展开,国家之间的交流越来越频繁,国家之间的联系也越来越紧密,全球一体化的趋势日益明显。在这样的背景下,现代风险所造成的影响将不再限制在传统民族国家的疆界之内,而是会迅速地涉及其他国家甚至全世界。例如大家所熟知的切尔诺贝利核电站泄漏事故、疯牛病和亚洲金融危机等,尽管它们开始时都是发生在一个国家内部,但其灾难性影响却很快扩散到了周边国家,最后酿成世界性的灾难。这也是现代社会风险与传统社会中风险的重要区别之一①。

贝克认为,风险社会的来临给人类社会传统的风险治理机制带来了新的挑战。传统的风险治理机制的重点在于对客观风险和灾难的防范、预警和事后处理,对主观层面的问题较少涉及。但由于现代风险的隐形特征,它对社会的影响更多地表现在对人们主观风险认知的冲击之上。当人们对于某种风险的知识极端缺乏时,他们心理上的不确定感会严重影响其对于风险的认知、判断和评价,结果可能出现两种极端情况,要么惶惶不可终日,在极度恐慌和焦虑中采取各种各样的过度防护措施;要么听天由命,根本不采取任何措施。而无论哪种情况都无助于人们理性地对待并防范风险。而人们一旦掌握了有关风险的必要知识,他们就会大大提高自我防范风险的能力。

由于现代风险的高度复杂性和广泛影响性,因此风险治理的主体不能再像过去那样仅由政府来承担。在新的风险社会中,应该建立起双向沟通的"新合作风险治理"模式,在政府、企业、社区、非营利组织之间构筑起共同治理风险的网络联系和信任关系,建立起资源、信息交流与互补的平台。这样才

---

① ［英］吉登斯:《失控的世界:风险社会的肇始》,薛晓源主编:《全球化与风险社会》,社会科学文献出版社 2005 年版,第 46 - 58 页。

可能充分动员一切社会力量,共同应对未来可能发生的风险。

　　由于现代风险的影响已经超出了国界,传统的以民族国家为单位的风险治理机制已日益不能适应世界风险社会对风险治理的要求,建立风险治理的国际合作机制已是一个刻不容缓的紧迫任务。

第三章 社会转型中我国社会
矛盾的基本形态

一、社会转型:战略机遇期与矛盾高发期

我国已经历了三十年的改革开放,经济文化发展已经形成了相当的规模,经济进入了高速成长期,但同时我们也要冷静看到,在这期间我国的所有制结构、产业结构和经济结构发生了巨大的变化,深刻地改变着我国传统的社会结构和社会心理,原来相对稳定的、单一的社会结构和社会心理,经过一系列的分化、组合和震荡之后,呈现出差异性、多样性、失衡性和复杂性的特点,同时出现产业结构快速转型、社会利益格局剧烈变化、政治体制不断应对新的挑战的局面。从历史的经验和发展经济学的规律来看,一个国家人均国内生产总值达到 1000 美元时,同时又会达到一个重要的战略起点,日本及一些亚洲新兴国家均在此阶段实现经济跨越式发展、社会迅速转型。当前我国人均国内生产总值已超过 1000 美元,处于经济起飞的关键时期。在这一时期,经济发展的准备将会完成,体制实现转型,公平、公开、公正的市场环境初步建立,开放力度会进一步加大,经济增长质量得以提高等一系列的任务也会逐步实现,改革、发展、稳定成为这个时期发展的必然要求,中国社会的转型呈现出战略机遇期与矛盾高发期并存的特点。

因此,研究当代中国的社会矛盾时,应紧紧地抓住社会转型这一宏观时代背景,注意社会转型赋予社会矛盾的诸多个性特征,着重研究社会矛盾与社会

转型时期的内在逻辑,并在此基础上,系统分析社会矛盾的表现形态、最新特点、主要诱因,进而对当前我国社会矛盾的性质做出正确的判断,进而充分说明社会矛盾治理过程中构建和谐秩序的内在价值诉求。

(一)社会转型的内涵与特征

转型(transformation),最初是一个社会学概念,随着人类历史的发展,经济学、政治学相继将转型概念纳入自身的学科领域。从观察相关学科发展的视角,我们会发现相关学者在进行研究过程中,"社会转型"一词使用频率非常高。但使用"转型"这一概念时都比较谨慎,非常注重贴近"转型"的本来词义,但对社会转型的诸多方面,相关学者还存在着争议。

西方相关学者主流观点对"社会转型"的内涵解释丰富,注重社会转型标准的全面性与科学性,对不同类社会转型的划分标准通常涵盖政治、经济、文化、社会等诸多方面,认为转型指的是由前现代社会向现代社会的断裂性变迁,主要是指一些国家在寻求经济和社会发展的过程中,以某个比较发达国家为样式,借鉴其经济发展模式和具体的发展战略,导致本国经济发展和社会发生重大变化的过程。[①] 其中以德国社会学家沃尔夫冈·查普夫的论述很有典型意义,其在多年的研究基础上,将实现了或正在进行的社会转型国家分为7组进行分析,即:二战后联邦德国、日本和意大利;1974年后的西班牙、葡萄牙和希腊;拉丁美洲、亚洲的一些新发展国家;世界范围内的向民主制和市场经济转型的国家;东欧国家;德国东部等。这种分析和论述充分考虑了社会转型的驱动因素、影响效果、发生作用等多种特性,然而这种观点存在着明显的缺陷,即对划定社会转型的标准不是十分清晰。按照主流观点学说的标准划分,1974年以后的西班牙、葡萄牙和希腊,都要归于恢复性社会转型类别,原因是这些国家都曾经有过民主制和市场经济,但后来经历了比较长时间的政治独裁,因此转型的主要任务就是清除社会中的政治独裁,新老精英就权力交接的

---

① [英]吉登斯:《现代性的后果》,译林出版社2000年版,第4-6页。

方式达成妥协,实现了"契约式过渡"。在这里,判定这组社会转型国家的标准实际上是政权模式。然而,同种学说在解释一些亚洲新兴工业化国家和地区的转型,特别是典型的"亚洲四小龙"(韩国、中国台湾、中国香港、新加坡)的社会转型时,却只使用经济增长的标准,并将之概括为亚洲发展模式,原因是这些亚洲国家和地区在资本主义世界中走出了一条独立发展的道路,其共同特点就是国民生产总值的增长大大高于民众生活水平的提高。这样的例子在认定原苏联等东欧国家(原民主德国除外)的转型时也曾出现,这种学说将它们单独归为从计划经济到市场经济、从共产党领导到多党制和议会民主的转型。这里出现的标准又变为经济和政治改革的双重标准。①

马克思也曾运用历史唯物主义基本原理对社会转型的规律做过深刻的剖析:"社会物质生产力发展到一定阶段,便同它们一直在其中活动的现存生产关系或财产关系发生矛盾……,大体说来,亚细亚的、古代的、封建的和现代资产阶级的生产方式可以看作是社会经济形态演进的几个时代……,因此,人类社会的史前时期就以这种社会形态而告终。"②马克思这个经典性的概括深刻揭示了社会形态的基本结构和变迁的规律。社会转型的规律表明,处在社会转型和经济转轨期,各个阶层、集团、人口、群体利益会出现分化,必然导致各类社会矛盾冲突加剧,社会秩序会受到严重干扰,各种经济风险日益增多,引发社会不稳定。

结合中国现实国情,我国的社会转型呈现出自己的特点:中国社会从传统社会向现代社会、从农业社会向工业社会、从封闭性社会向开放性社会、从计划经济体制向市场经济体制的社会变迁和发展,是在社会主义制度下通过发展生产力和确立新的社会秩序来完成社会结构的整体性、根本性变迁,包括结构转换、体制转轨、利益调整和观念转变。转型路径过程先是由经济体制变革导入,在利益格局调整过程中触动社会结构变迁,随之带来利益和价值取向的多样化。在这一过程,由于多种经济成分和多种分配方式的存在,城乡之间、

① [德]沃尔夫冈·查普夫,陈黎、陆宏成译:《现代化与社会转型》,社会科学文献出版社1997年版,第130-133页。
② 《马克思恩格斯选集》第2卷,人民出版社1995年版,第32-33页。

地区之间、行业之间、部门之间以及个体之间存在差异,再加上新旧体制转换过程中的震动和摩擦,社会不可避免地出现利益分化,产生社会矛盾。社会转型在带来社会结构、经济体制、分配方式的深刻变化、引起社会利益格局大调整的同时,又反过来对体制改革提出新的挑战与要求,期望借助权力实现调整利益配置的目标。

由体制变革和社会结构变动所引起的利益调整、观念冲突和社会震动,就其广度和深度来说都是空前的。因此,当代中国社会转型时期社会矛盾呈现日益显形化的趋势。除此之外,中国的转型社会还存在着独有的风险,如社会关系不稳定,制度化保障缺乏,共同价值瓦解,法律制度不健全,单位解体后社会生活单元解体,社会管理力量不足,维权渠道不畅和维权代价大,有组织的利益不能充分发挥作用等。总体来说,中国社会应当是进入到了一个高风险社会。究其原因,中国社会的转型没有遵循人类社会以很缓慢的方式进行制度变迁的基本规律。在转型过程中,出现复合型转型特征,社会局面发生了巨大变化。在我国特殊的社会大背景下,"转型"一词被赋予了多重而独特的含义。首先,社会转型意味着社会结构的转型。受外部压力因素的影响,我国传统的以自然经济为主的社会结构迅速瓦解,开始由传统的农业社会向现代工业社会转变,部分领域甚至出现了向后工业化时代前进的迹象。其次,社会转型意味着社会制度的转型。近代中国经历了封建社会、半封建半殖民地社会、新民主主义社会、社会主义社会多种社会制度和社会形态,社会制度与形态更替的过程记录了我国由传统社会向现代社会的行进历程。最后,社会转型意味着经济体制的转型。建国以来,我国的经济体制经历了由官僚资本主义向计划经济体制转变以及由计划经济体制向社会主义市场经济转变的两个历史过程。特别是发端于20世纪70年代末的经济体制巨变,经历了由计划经济到商品经济再到市场经济的过渡与转折,概括地说,这一转变的实质就是经济体制的转型,即通常所说的市场化。在这一过程中,还出现了国内区域经济发展的多层次性、水平的不平衡性,以及路径的多样性等诸多因素的影响,最终构成了中国社会转型的复杂特征。

考察其他社会主义国家社会转型的历程,由于特殊的历史原因,社会主义国家在转型过程中的工业化与市场化往往是脱节的,特别是在原苏联和东欧各国,工业化水平在社会主义革命前就达到了一个较高水平,在革命之后的传统计划经济体制时期里,工业化的任务基本完成。1991 年东欧国家城市人口占总人口的比重为 61%,俄罗斯为 74%,工业产值和城市人口在整个国民经济和社会中已经占绝对优势,因而,在向市场经济过渡过程中,市场化成为其他社会主义国家唯一主要的任务。与此相对应的是,中国的社会转型历程截然分成两个阶段:在建国以前,工业化的水平相对来说要低得多,工业化进程也是非常缓慢,新政权的建立大大推动了中国的工业化和现代化进程。从 1900 年到 1949 年几乎没有什么变化的人均国民生产总值在新政权建立后的 30 年内提高了 3 倍多;农业在国民收入中所占份额由 1952 年的 57.72% 下降到 1978 年的 32.76%,工业由 1952 年的 19.52% 上升到 1978 年的 49.4%。[①] 更为重要的是,中华人民共和国建立以来的工业化和现代化进程是在高度集中的计划经济体制下依靠政府强制推动的,在这一阶段,中国的市场化与工业化是相分离的。与此相对应的是,中国实施改革开放的经济政策以后,经济体制经历了由计划经济向商品经济再到市场经济的发展历程。在市场经济基础上逐渐实现工业化与现代化进程,这一阶段呈现出工业化与市场化重合的特点。

因此,当代中国社会的转型不仅要经历西方世界从农业社会向工业社会、传统社会向现代社会的转变,而且也要经历从农业社会向后工业化社会、从计划经济向市场经济的同时转变,其间出现了西方社会从来没有经历过的行政手段配置市场资源的历史时期以及其他社会主义国家没有出现过的工业化与市场化重合的历史存续状态。重点考察 20 世纪 70 年代末以来中国的社会结构与经济体制发生的重大变化,我们发现,当代中国社会转型最重要的特征和最深刻的意义在于它把市场化、工业化与现代化和社会主义制度的改革三类重大的社会转型浓缩在了同一历史时代,从而构成了一次前所未有的波澜壮阔的伟大社会变迁。因此,单纯使用中国的市场化道路概括当代中国的社会

---

① 林毅夫:《中国的奇迹:发展战略与经济改革》,上海三联书店 1994 年版,第 101 页。

转型,并不能切合问题的实质,也无法反映当前社会过渡或转型的本质特征,远没有揭示这场伟大社会变革的深刻含义。

（二）社会转型对我国的严峻挑战

当代中国社会转型是将市场化、工业化与现代化和社会主义制度的改革三类社会转型浓缩在同一历史时代,这一特征决定了社会转型在把现代性注入中国社会的同时,也容易引发种种社会矛盾,成为社会发展不确定性——社会风险的主要来源。转型期的社会是一个充满生机的社会,同时也是一个矛盾错综复杂、问题层出不穷的社会,这一时期的社会矛盾从内容和形式都表现出一些新的特点和情况,呈现出广泛性、深刻性、多发性等特征,当社会矛盾发生的频率超出人们理性控制的范围并蕴蓄到一定程度时,它可能给社会发展造成失序和不稳定,这是社会转型的特殊表现。因此,及时准确地获得有关社会矛盾发生程度的报告,并据此实施一定的政府干预、社会行动,将其控制在社会承受的范围之内,是保持社会稳定、实现社会良性运行的前提,也是我国抓住战略机遇期,顺利渡过矛盾高发期的基础。正确处理这些社会矛盾,既是社会转型本身的内容,也是现代化进程和社会转型得以顺利进行的重大保证。

在社会转型期,市场经济体制下的社会管理机制正逐步替代计划经济体制下的社会管理机制,过渡过程很容易出现"真空"领域。然而,社会转型期各种社会矛盾解决得如何,取决于政府和社会自身是否拥有或者在多大程度上拥有管理社会新生事物的条件和能力。如果社会自身管理新生事物的能力有限,那么大部分社会新生事物只能由政府来管理,若相反,政府就不必要也不可能把大部分的社会事务揽下来。同时,在社会管理中,随着大量的新情况、新问题的出现,政府和社会的管理能力如果均未及时提高,或存在任意一方因条件限制形成管理能力滞后,都会造成管理的真空领域,从而引起社会利益矛盾的激发,导致社会秩序的混乱。

由此可见,针对转型期利益矛盾多发的现实,必须要根据市场经济和现代化建设进程的实际情况进行重新整合,形成政府调控、社会力量调控相结合的新的调控机制,调动各种社会组织和社会力量处理利益矛盾的积极性,使社会增强活力,充分发挥社会主义制度的优越性,进一步推动社会的迅速发展,最大限度体现政府、社会、公民等多方面的作用。将社会转型过程中出现的各种社会矛盾分门别类地进行相关防治和疏导,发挥社会组织管理、政府管理、公民自身调节等多个机制的调控作用,利用社会管理、社会服务和社会平衡等手段对容易引发利益矛盾的社会活动或个体行为施加影响,使之符合利益协调与和谐秩序的发展目标。

二、转型期我国社会矛盾的表现形态

(一)社会矛盾形态的系统构成

人类社会发展是由内部矛盾推动的自然历史过程。马克思、恩格斯曾通过剖析资本主义社会矛盾及其运动,发现并揭示了资本主义必然灭亡和社会主义必然胜利的客观规律。社会矛盾是否在取代资本主义社会的社会主义社会还继续存在呢? 这个问题,列宁曾经明确地指出,在社会主义条件下,"对抗将会消失,但矛盾仍将存在。"①因此,认识到社会主义社会矛盾的客观普遍性,是正确处理社会主义社会各种矛盾的前提和基础。马克思主义认为,每个事物和其他的事物存在着普遍的联系。历史经验表明,仅仅认识到社会主义社会矛盾的客观普遍性是不够的。如果对矛盾体系及其内在关系和运作机制不能做出正确分析和估量,不能找到正确解决矛盾的方法,同样也会造成不良的后果。在我国社会主义改造基本完成以后,党的八大对社会主要矛盾的变化做出了合乎实际的判断,即认为社会主义改造基本完成以后国内的主要矛盾已经不再是工人阶级和资产阶级的矛盾,而是"人民对于经济文化迅速发

---

① 列宁:《对布哈林〈过渡时期的经济〉一书的评论》(单行本),人民出版社1976年版,第12页。

展的需要同当前经济文化不能满足人民需要的状况之间的矛盾"。① 然而,由于当时对社会主义的矛盾体系及其内在关系和运作机制缺乏深入研究,不久就改变了这一正确论断,错误地将已降为次要矛盾的阶级矛盾夸大为主要矛盾,导致了阶级斗争扩大化的错误,没有把党和国家工作的重点转移到经济建设上来,导致《论十大关系》中提出的许多正确思想也未能继续坚持和贯彻落实,使我国社会主义建设事业遭受了严重挫折和损失。党的十一届三中全会以后纠正了阶级斗争扩大化的错误,实现了工作中心向经济建设的转移,但在集中力量解决主要矛盾的同时,又出现了一度忽视次要矛盾,一手硬、一手软的问题。要正确处理社会主义社会矛盾,就要在认识社会主义社会矛盾的客观普遍性基础上,进一步研究社会主义社会矛盾的构成,考察它们的系统性,从总体上把握它们的层次结构。

因此,我们必须将社会作为一个大的系统,这样我们可以发现其并列层次是普遍存在的。在社会系统中,一个高层次组织带动一组并列的第一级层次的组织便使系统扩大了一个层次,而这个系统又是高一级系统中的一个子系统。依此类推,这样就形成了由多层次构成的复杂的社会系统,社会系统在时间结构中是有层次的,社会的时间结构就是社会的发展史,时间结构是空间结构的发展,而空间结构又是时间结构的轨迹。我们从社会主义发展的历史考察中看到,它是一个由量变到质变的过程,而每一次质变就产生一个新的层次,历史是连续的,但又有层次,其连续性基于量变,其层次的产生则基于质变,社会主义社会作为一个系统是由小到大发展的,但各个系统的发展又是不平衡的,因此社会主义社会的发展留下了层次态轨迹。② 当前我国正处于体制转轨和社会转型时期,许多矛盾由隐到显,新旧矛盾相互交错,社会矛盾异常复杂。这就要求我们必须认真探索转型期社会利益矛盾的本质,揭示出转型期社会利益矛盾本身的内在逻辑系统。

社会转型时期的社会矛盾是由诸多矛盾组成的复杂体系和有机整体,这

---

① 《关于建国以来党的若干历史问题的决议》(单行本),人民出版社 1981 年版,第 15 页。
② 朱书刚:《试论社会主义社会的矛盾体系》,《江淮论坛》,1997 年第 1 期。

个整体是由基本矛盾——主要矛盾——具体矛盾这三大层次构成。

　　社会生产力和生产关系(经济基础)以及上层建筑是构成社会系统的三大基本要素,它们之间的内在联系和相互作用构成两对社会基本矛盾,即生产关系和生产力之间的矛盾、上层建筑和经济基础之间的矛盾,这是人类一切社会形态的基本矛盾,也是社会转型期的基本矛盾。社会转型期的基本矛盾在社会主义社会矛盾体系中居于最高层次的矛盾,贯穿于整个社会转型期始终,决定社会转型期及其发展过程的本质和规律,规定其他社会矛盾的根本性质和态势。在社会转型期,这两对基本矛盾又不是平行并列的,其中生产关系和生产力之间的矛盾更基本,是最根本的矛盾,是社会转型期其他一切社会矛盾,包括上层建筑和经济基础之间的矛盾派生和运动的深刻根源。

　　转型期我国人民日益增长的物质文化需要同落后的社会生产的矛盾是我国转型社会的主要矛盾,这个主要矛盾具有阶段性特征,一旦社会现代化基本实现,就必然发生相应的变化。在转型社会的矛盾体系中,主要矛盾是居于第二层次的矛盾。主要矛盾是在基本矛盾的基础上产生的,是基本矛盾运动在一定阶段上的集中表现。基本矛盾的性质决定着主要矛盾的性质,基本矛盾的运动决定着主要矛盾的运动进程。社会转型期的主要矛盾在矛盾体系(矛盾系统)中居于支配地位,起主导作用,在转型期发展过程的一定阶段上起直接的决定作用,它规定和制约着非主要矛盾的发展,直接关系到其他一系列具体矛盾的解决,是我国转型社会发展的直接动力。

　　社会转型期现实生活中表现出来的各种具体矛盾,则都是围绕现阶段基本矛盾和主要矛盾的运动而展开,在转型期社会矛盾体系中居于第三层次的矛盾,在现实社会中的表现也是纷繁复杂的、多种多样的。它们的丰富性和流传性使得诸多社会具体矛盾相互贯通、相互渗透,形成相互交错的复杂网络,并随着条件的变化而体现出相对的活跃、易变性和暂时性特征。

　　综上所述,转型期社会矛盾系统包括基本矛盾、主要矛盾和具体矛盾这三个层次,其中,基本矛盾处于基础地位,起决定性作用,规定主要矛盾的性质和具体矛盾的态势;主要矛盾处于中介地位,起主导作用,既受基本矛盾的制约又影响基本矛盾的运动,并为具体矛盾的解决提供条件;具体矛盾处于从属地位,它们既受基本矛盾和主要矛盾的决定和规定,又会影响基本矛盾和主要矛盾的运动与解决。基本矛盾、主要矛盾和具体矛盾相互联结、相互制约、相互作用、相互影响,构成了社会转型期的矛盾体系,推动转型期社会的发展。

(二)转型期我国社会矛盾凸显的现实考察

1.社会结构失衡

中华人民共和国建立之初,在苏联模式的影响下,建立了单一的公有制的社会主义所有制结构。1956 年底,在全国工业总产值中,国有制经济的比重为 68.2%,公私合营经济的比重为 31.7%;而在全国手工业产值中,手工业合作社产值占 95.2%,而个体手工业只占 4.8%;流通领域中的商业批发额,国有商业的比重为 71.5%,供销合作社为 23.8%;而在商业零售额中,国营商业的比重为 65.7%,合作社商业为 31.6%,私营商业只占 2.7%,农业中参加合作社的农户占总数的 96.3%。这样,随着 1957 年上半年,我国宣布基本上实现了对农业、手工业和资本主义工商业的社会主义改造,大体上也就奠定了单一的公有制的所有制模式。此后,在"一大二公"、越"纯"越好的观念支配下,不断地采用政治运动,施行行政命令,甚至用阶级斗争的方法,进一步扩大了公有制经济在城乡的绝对垄断地位,集体经济被削弱,个体经济、私营经济被消灭。当时整个中国是一个单一稳定的社会结构。

在党的十一届三中全会以后,我国开始改革传统经济体制,探索社会主义市场经济体制的道路,并根据我国现阶段生产力发展水平,逐步建立起了以公有制为主体的多种成分共同发展的所有制模式。当前,我国的经济体制发生了重大改变,以公有制为主体的多种经济成分并存的所有制结构取代了传统体制下单一的高度纯化的公有制结构,全民所有制、集体所有制、股份合作制、劳动者个体所有制、私营企业所有制、中外合营(合资与合作)企业所有制、外商独资企业所有制等共存于市场。在这期间,公有制以外的其他经济成分发展较快,在公有制内部,全民所有制比重下降,集体所有制比重上升。同质单一的所有制结构逐渐被异质多样的所有制结构所取代,出现了以公有制为主体的多种经济成分并存的格局。与经济结构的变化随之而来的是经济结构主体的变化,现有的经济主体,不仅有工人阶级、农民阶级、知识分子,还有个体劳动者、私营企业主等。经济主体的复杂化必然使转型期社会矛盾及其结构趋于复杂化,这反映在社会结构上就是改变了国家直接管理全部社会资源分配的旧格局,承认在发展社会主义市场经济中存在多元的所有制形式和多元的利益主体。所有制结构的变化促进了社会的功能分化和结构变化,影响着社会群体结构、组织结构、分配结构等多方面改变。

我国以公有制为主体的多种经济成分格局的形成,意味着社会资源占有关系从集中转向分散,利益主体由一元转向多元。在这一转变过程中,社会结构也由单一稳定的态势趋于失衡。首先表现在收入多元结构的失衡。经济结构的变化导致不同收入层的分化是我国当前社会结构变迁的主要特征。改革前平均的收入分配结构已不复存在,由不同收入层组成的多元结构已经形成。随着市场竞争和产业结构的调整,一方面是高收入者阶层的日益崛起;另一方面却是由下岗职工、贫困地区农民等构成了相当规模的低收入者阶层。贫富差距进一步拉大,收入结构虽已多元,但尚未实现新的均衡,处于失衡状态;其次表现在区域结构的失衡,在落后国家,现代化不可能全面齐头并进,而只能在最有利的区域或部门率先启动,然后带动其他方面的发展。经济结构的多元化加剧了区域结构的不平衡,东西部在发展水平、速度、质量上存在较大的差距,沿海与内地的差距越拉越大,整个国民经济在转型时期处于区域的失衡状态;最后表现为城乡"二元结构"及现代化的异步发展所造成的城乡的分化上。虽然改革开放已在很大程度上拆除了城乡隔绝的屏障,由农村向城市的人口流动速度在加快,城市化的速度也在加快,但我国长期存在的城乡"二元结构"并未从根本上改变,现代化经济的发展进程反而在某些方面又使城乡"二元结构"深化,进一步加剧了城乡社会结构的失衡。

2. 社会运行失序

在社会转型之前,我国实行的是计划经济体制。这一体制曾经对我国社会和经济的发展,发挥过巨大的作用,社会秩序状态运行良好。但是,这种过分集中、统得过死、排斥商品和市场的计划经济体制的弊端日益暴露,越来越成为影响我国经济发展的障碍机制。为了适应经济发展和社会进步的客观需要,必须对这种体制进行根本改革。

由此开始的经济体制改革,始于十一届三中全会后的 1979 年。首先从农村改革起步,在农村实行家庭联产承包责任制和废除人民公社制度,农村生产力得到迅速发展,接着以企业改革为中心的城市改革也逐步展开,走上了一条从放权让利到承包制,再推进到探索各种经营方式和改革国有资产管理模式的道路。随着改革的进行,在微观层次上,国有企业的组织形式与政府的关系发生了明显的变化,其行为方式已不再具有典型的传统计划经济体制下的诸多特点。除了国有企业外又出现了相当数量的非国有企业,如乡镇企业、私营企业、"三资"企业等。这些企业从出现开始就具有较典型的市场经济行为特征,它们的日益增多和在国民经济生产总值中的比重日益提高,导致了微观经济基础的重大变化。随之而来的是宏观经济的控制目标和控制手段也发生了重大变化。控制目标由实物量的控制向价值量的控制转化,控制手段由财政主导型向金融主导型转化,实际的改革进程就表现为价格、财政、金融、税收、投资等体制改革的深入。

然而,实现从旧体制向新体制的转换,这是生产关系的重大调整和社会的重大变革。这种转变绝非一朝一夕的事情,而是需要经历一个长期、复杂、艰巨的过程。在社会转型时期,在完成原有计划经济体制向社会主义市场经济体制的转轨过程中,出现了诸多社会运行失序的状况。旧的计划经济体制还没有完全瓦解,相应的体制特征并未退出历史舞台,而新型社会主义市场经济体制各个环节还极不健全、不完善。在新旧体制长期并存的过渡时期,在价格、收入分配和经济运行规则等方面都存在所谓的"双轨制"。"双轨制"相对单一的计划经济体制来说固然是一个历史进步,但这种新旧体制长期并存的局面,会直接影响到整个社会利益关系和利益格局的调整,会使社会经济生活呈现出一种错综复杂的局面,导致在社会转型时期出现经济过热、宏观失控、结构失衡和秩序混乱等社会运行失序情况。不仅如此,处于新旧体制过渡、转换状态的社会转型期,规章制度和法律法规不健全,新体制的一些因素在经济生活中不能完全取代旧体制,旧体制的相当部分还在一定范围内存在和运行。

这种局面的存在,不仅给宏观调控带来难度,微观操作也难以规范,而且还会使得一些不法分子乘虚而入、兴风作浪,利用这个机会进行贪污盗窃、行贿诈骗、走私贩私等犯罪活动,导致诸如社会分配不公、腐败现象滋长、社会秩序混乱等一系列困扰我国社会发展的严重问题出现。

转型期这种社会运行失序的状态突出表现在当前我国国有企业的改革上,现阶段国有企业出现了大面积的效益下降和亏损,这与观念的保守、设备的陈旧、负担的沉重、管理的落后等多方面原因有关。但不容忽视的是我国经济改革采取的总体思路,即遵循从体制外到体制内的思路,培育市场经济体制因素是从传统计划经济体制外开始的,首先发展一批非国有经济成分,这些非国有经济成分一出现就按照市场经济的规则来运行,而国有经济改革相对滞后,尚未实现与市场经济的有机结合。国有企业虽然经放权让利和承包经营等改革,但内在缺陷尚未清除,产权不清、职责不明的状况犹存。这样的局面必然导致社会运行的严重失序:一方面,国有资产严重流失,企业短期行为和非正常行为屡见不鲜;另一方面,政企不分,导致企业机制不活,竞争无力,亏损面多年来处于进一步扩大的态势。由于国企改革面临着严峻的困境,势必造成一些企业要进行"关、停、并、转",造成大批职工下岗失业和生活困难,从而给社会造成很大压力。

综上可见,社会转型期中,新旧体制的摩擦和冲突带来的社会运行失序的影响是广泛的,不仅会深深地影响到我们的政治生活、经济生活和社会生活,而且不可能在短时期内结束。这就成为社会转型期矛盾多发的重大背景。

3. 利益分化加剧

在社会转型以前,我国收入分配模式基本实行单一的国家计划的行政集中分配体制,国家作为整个社会的代表,直接掌握着社会利益的分配权。国家通过统拨统配和统收统支等方式掌管全国物资和财政系统,通过户籍制度、劳动人事制度来统一管理社会的人口和劳动力分布,通过统一的工资制度、价格管理制度、财政制度、补贴制度、劳动保险制度等直接进行国民收入的初次分配和再分配,规定各级各类人员的工资标准,并直接控制社会收入的总量及其结构。同时,在个人收入分配上,实行的是单一的分配方式,大体形成了"大锅饭"式的平均主义分配体系。

启动经济体制改革之后,随着以公有制为主体的多种经济成分共同发展的所有制格局的形成,个人收入分配格局必然要发生深刻变化。这就是要改变以往单一的分配方式,逐步形成以按劳分配为主体、多种分配方式并存的分配格局。这种从单一向多样化的分配方式的变化,从根本上反映了社会主义初级阶段生产力发展水平、所有制结构多样化和市场经济发展的要求。这种分配方式的变化,它的最直接结果就是必然要引起社会利益关系格局的变动,打破过去那种以平均主义为基础的低水平的均衡状态,出现不同地区、不同社会阶层、不同利益群体之间的收入差别拉大,形成了一定程度的贫富差距,且有继续扩大的趋势。贫富差距问题已经比较突出,贫富差距比较严重,特别是城乡差距相当突出。有专家估计,目前中国城乡的实际收入差距已达 5 - 6 倍左右,成为世界上城乡差距比较严重的国家之一,且贫富差距还有逐步扩大的趋势。2005 年第一季度最高收入 10% 人群组人均可支配收入的增长率为 15%,而最低收入 10% 人群组人均可支配收入的增长率仅为 7.6%。两个人群组的人均可支配收入差距为 11.8 倍,最高收入 10% 人群组的人均可支配收入增加额是最低收入 10% 人群组的近 23 倍。此外,贫富的消费差距明显,据调查数据显示,20 世纪 90 年代,10% 最富有人的年均消费增长 10% 是最贫困人的 5 倍左右。[①]

根据国家统计局的调查资料,在地区之间,中国东部、中部、西部的农民人均纯收入差距之比由 1980 年的 1.6:1.2:1 扩大为 2004 年 2.1:1.3:1。改革以前职工平均工资相对较高的西部边远地区,现在平均工资已经大大低于东部地区。据 2004 年对全国 12 个省(区、市)职工收入的调查,职工收入差距的地区分布态势基本上与经济发展差距的地区分布态势相一致,收入最高的是广东省与收入最低的陕西省相比,两者相差 3.2 倍。

在行业之间,重工业和物质生产部门的工资水平已失去优势,一些服务性行业的工资水平迅速上升。在工资收入序列中排在前几位的是旅游业、烟草

---

① 迟福林:《中国公共需求变化与反贫困治理》,《光明日报》,2005 年 12 月 16 日。

制造业、黑色金属开采业、航空运输业,排在后面的则是纺织业、水利业、农林牧渔业、印刷造纸业,最高收入行业和最低收入行业之间的平均收入差距是近6倍。

不同所有制之间的职工收入差距更加明显。据统计,"三资"企业职工的平均工资比国有单位的平均工资高80-90%,比城镇集体单位高2倍多;个体户与高薪阶层的收入平均相差3至5倍;私营业主的收入因企业规模不同而有很大差异,但一般要比普通职工的工资收入高出10倍以上。

在农民中,由于职业的分化,收入水平也出现很大差异,根据2004年的调查,在农村10个职业阶层中,按人均年纯收入从"600元以下"到"1500元以上的"6级分档,在"1500元以上"高收入段中的人数比重超过其劳动力构成比重的有私营企业经营者、乡村集体企业管理者、个体或合伙工商劳动者和经营者、乡村干部、农村工、受雇劳动者等,而在"600元以下"的低收入段中,人数比重超过其劳动力构成比重的只有农业劳动者(占80.3%)。

当前转型期社会利益的分化已经在社会上形成了一个富裕阶层和另一个相对贫困的阶层。富裕阶层是改革后"先富起来"的一部分人,这部分人所拥有的个人资产在数十万,有的甚至达到百万乃至上千万。据调查,这些新富阶层大致有以下几类人:(1)收入很高的个体户和私营企业主;(2)部分企业承包者;(3)部分影星、歌星以及各类演出的个体"穴头";(4)部分获得发明专利、技术转让、馈赠等特殊收入者;(5)近几年在炒股票、炒房地产中获利的暴富者;(6)利用体制漏洞,通过以权谋私、贪污受贿、偷税漏税、走私欺诈、变相侵吞公有资产的非法致富者。

与上述富裕阶层相对照的是,一般工人、农民群体的生活相对贫困。据国家统计局的统计数字,2005年,中国城镇居民人均生活费收入只有10493元,农村居民人均纯收入只有2936元,中国尚有3000万农村贫困人口,其人均年收入不到300元,尚未解决温饱问题。另外,约有1200万城镇人口相对贫困,其人均收入只占全国平均水平的50.8%。

邓小平同志在晚年退休后的一次谈话中曾指出:"少数人获得那么多财富,大多数人没有,这样发展下去总有一天会出问题。分配不公,会导致两极分化,到一定时候问题就会出来。这个问题要解决。"①转型期社会分配制度的改革和收入差距的拉大,导致了社会利益的高度分化,产生了许多令人忧虑的问题,不仅表现在当前地区之间、城乡之间、行业之间、企业之间和个人之间的收入差距扩大的势头过猛,贫富差距过大,而且在实际生活中,有些先富起来的人群,不是通过守法劳动的正当途径,而是通过不合理、不合法手段致富的。这种状况势必激发社会不满,导致社会心理的不平衡,引发一些社会矛盾和问题。

4. 社会阶层分化

社会转型伊始,经济结构简单,当时整个社会只有全民所有制和集体所有制两种公有制形式,加之分配方式单一,也就决定了当时我国社会阶级阶层结构比较简单,只存在依照所有制公有化程度、社会分工以及城乡差别所区分的"两阶级一阶层"(工人阶级、农民阶级和知识分子阶层),或者是干部、工人、农民三大利益群体,这些不同群体之间存在着明显的分界和差异,且这种分界和差异具有很高的稳定性。原来的以工农两大阶级和知识分子阶层为主体的基本构架已被冲破,不仅从原有的阶级、阶层内部结构中分化出具有明显差别的不同的利益群体,而且又出现了一些新的社会阶层和利益群体。

首先,所有制结构的改革使得我国传统的工人阶级队伍发生了大规模细化。按所有制划分,我国的职工可以分为国有企业工人、集体企业工人、乡镇企业工人、合资合营企业工人、个体私营和外资企业雇工等。随着现代化和工业化的快速发展、产业结构的升级,全国社会劳动者构成中,三个产业的从业人数发生了巨大的变化。这种变化产生的结果是,一大批农民进入城镇并转变了职业身份,同时以工业为主体的物质生产部门的产业职工队伍增长速度放慢,而金融、保险、房地产、旅游、咨询、广播、电视以及各种服务业和公用事业等非物质生产部门的职工增长得很快,工人之间的利益和价值取向趋向多样化,传统的工人阶级范畴已经无法体现工人之间的利益差别。

---

① 中共中央文献研究室编辑:《邓小平年谱 1975—1997 年》(下),中央文献出版社出版 2004 年8月版,第 1363 页。

其次,改革以来农民阶级内部的群体细化最为明显。截至 2004 年,按所持户籍划分,"农业人口"占总人口的 70% 左右;按居住地划分,"乡村人口"占总人口的 65% 左右;而按职业性质划分,农业劳动者只占总从业人数的 50% 左右。过去我们使用的"农民"概念包括所有不吃国家商品粮、持农业户口的"农业人口",大家都是清一色的"社员"。在社会转型期,传统意义上的"农民"发生了深刻的职业分化,以职业分化引导身份的变更。我国农民在现实中就分化为农业劳动者、乡镇企业工人、外出的农民工、农村雇工、农村个体工商业者、农村私营企业主、乡镇企业管理者、农村管理干部等等。每个群体中还可以按收入、财富、生产资料的占有状况或职业声望等分成若干个次级群体,如农业劳动者可分为经营户、兼业户、合作户、小农等等。

最后,在社会转型的过程中,我国又涌现了一批新的社会阶层,其中主要有企业家阶层,与生产资料私有制相联系的私营企业主阶层和个体所有者阶层。企业家阶层是随着我国企业经营机制的转换,以及政府对企业管理模式的改变而出现的一个阶层。由于我国东部沿海地区经济体制改革力度较大,因此发达地区企业的经营者出现较早、人数更多、规模更大,在市场经济日趋发展的新形势下,企业家阶层会日趋壮大;个体经济者、私营企业主阶层是迅速崛起的另一个阶层。在我国现阶段,个体经济和私营经济已成为我国经济结构中的重要力量,随着个体经济、私营经济在我国所有制结构中的比重不断上升,个体经济、私营企业主阶层也会有相应的壮大。

转型期社会阶级阶层结构变化的特点,一是所有制结构的变动使改革后新出现了一个占有一定生产资料的个体私营企业主阶层;二是深刻的职业分化使原有的同一阶级内部出现了具有不同经济地位和利益特点的社会阶层,原来相对重合的收入、地位、声望三个社会序列发生了分离;三是产业结构的变动使那些与现代经济相联系的职业群体无论在人数比重还是社会影响力方面都大为增强,而且数目达几亿多的原来的农民正在转化为工人。随着社会转型期的不断深入,社会的所有制形式和经营方式会进一步改变,社会分工进一步精细,我国社会阶层结构会不断发生重大变化,使得社会阶级、阶层和群体呈现为一种分层化、多样化的发展趋势,这已成为转型期社会变化的一个鲜明标志。

5. 社会价值失范

当代中国的社会转型是把市场化、工业化与现代化和社会主义制度的改革三类重大的社会转型浓缩在了同一历史时代，因此是一次前所未有的波澜壮阔的伟大社会变迁。在这之中，对我国社会生活的各个方面产生巨大的影响，包括对社会价值体系产生的巨大影响。

在社会转型前的计划经济时期，社会提倡和发扬"一切听从党安排"，"国家的需要就是个人的愿望"。当时，这种价值观念比较普遍地为广大社会成员所接受，因此，社会成员的价值观念比较单一，总体上是一种社会本位、集体本位的价值体系。在社会转型期，随着由计划经济体制向社会主义市场经济体制的转轨和社会结构的变化，人们的思想观念和价值体系受到了巨大的影响和冲击。这种影响和冲击表现在：(1)市场经济的开放性，削弱了传统的地域封闭观念，开阔了人们的眼界，推动了观念更新；(2)市场经济的竞争性，冲击了因循守旧的保守观念，激起了勇于进取、开拓创新的精神；(3)市场经济的等价交换，冲击了等级、特权观念，增强了人们的平等意识。(4)市场经济还使社会日益尊重人们的物质利益和个人权利，唤醒人们的自主意识，增强人们的风险意识。同时，随着市场化改革的深入，以及阶级、阶层分化和利益多元化，社会成员的价值取向逐步呈现多样化。社会成员中存在着以国家、集体和社会为重的价值取向，公私兼顾的价值取向，以家庭幸福、个人致富为主的价值取向，追求个人利益的价值取向。各种不同的价值取向多样并存。

虽然转型期价值观念变革的主流是积极向上的，其中以改革数十年传统计划经济体制形成的陈旧观念、思维模式和进一步破除千百年来形成的陈腐观念最为明显。即使对改革中呈现出的社会成员多样化的价值取向，以及自我设计、自我创业、个人利益、个人尊严、个人权利、自主自强成为众多社会成员的价值追求，比起过去在传统计划经济条件下所形成的重精神轻物质、重集体轻个人、重义轻利、重人的社会性轻人的个人价值等观念，也都视为一种社会历史的进步和观念的更新。

但是，也不能否认，在社会转型发展的过程中，同时也产生了社会价值的失范,对人们的价值观念乃至整个精神文明建设带来一些消极因素和负面影响。在转型伊始阶段的运作中,市场体制下的利益追求就不断引导人们自发地接受个人本位的价值取向,促使人们在处理个人与集体、索取与奉献、盈利与服务、竞争与协作等关系上,越来越多地倾向前者而忽视后者。拜金主义、享乐主义、极端个人主义的蔓延和一定程度上的泛滥,贪污、腐败的蔓延和泛滥,社会丑恶现象的沉渣泛起,经济领域遵循的等价交换原则向着非经济领域渗透和辐射,使那些非劳动产品的东西,如权力、地位、名誉等等也以"商品"的面目进行交换,使得在市场经济中普遍存在的交换关系产生畸变。这种畸变的出现和泛滥,不仅意味着不同价值观念的冲突和碰撞,甚至会带来整个社会价值体系的混乱和行为的失范,引发各种社会矛盾。

(三)转型期我国社会矛盾形态的最新特点

1. 社会矛盾显性化

社会转型期利益的分化与利益群体的形成,导致利益冲突频发。这种利益冲突成为当今社会矛盾产生的内在根源。社会利益矛盾的关联多极化、复杂化,导致在转型期一点小事,或一个小的矛盾都有可能引发一系列严重的社会矛盾,造成一系列的后果。随着转型期体制改革不断向纵深推进,社会经济成分、组织形式、就业方式、利益关系和分配关系会呈现出更多的多元化、多样化趋势,不同社会阶层、不同方面群众之间的利益差异会进一步加剧,不同利益关系和矛盾交织在一起。最令人不安的是,当前社会矛盾中实际处于较为对立位置的矛盾主体,相当部分是社会的弱势群体,他们实际也是承担改革成本最多的困难群体。据国家信访局统计,全国县级以上党政机关受理的群众信访总量已连续 7 年上升,增幅最高时达 37.3%。[①] 在这些参与者中,"以农民、工人、个体经营者为主,约为 85%;⋯⋯老人、妇女、儿童参与的人数比以

---

① 王大明:《正确处理群体性事件,确保社会稳定》,《中国特色社会主义研究》,2001 年第 2 期。

往明显增多。"①这批人日益增长的不满不仅源于经济收入的绝对下降,还源于社会地位的相对下降,社会转型剥夺心理的不断加强,特别是这类群体的合法权益在实践中往往并未得到充分尊重或保护。这类群体理应成为社会稳定的基础,而现在反而成为激发社会矛盾的关联人群。同时,部分强势群体对社会转型层次的高要求,由此所引起的矛盾更难解决。现实中,我们还应该看到这种社会矛盾的显性化,有时更多的是源于心理收益因素,个体有时会为自己的心理满足而积聚起来,融于某一社会矛盾之中,对自己参与社会矛盾的行为产生一种心理认同。这在一定程度上进一步激发了社会矛盾显性化的激烈程度。

2. 矛盾冲突群体化

当前转型期社会矛盾一大特点是矛盾冲突群体化。与过去相对自发的、分散的社会矛盾相比,转型期矛盾个体交往组织化程度和群体性交往频率增加。随着利益的分化与调整,矛盾个体在利益选择面前,往往会为共同的利益集聚起来,使社会个体矛盾演变为群体矛盾。同时,一些社会热点、难点,往往也由于利益的相关性,获得社会舆论的支持,形成社会矛盾群体化的心理基础。在共同利益的驱动下,不同利益群体,特别是利益受损群体形成较强的凝聚力,从而迅速集结以致扩大,形成强大的声势且彼此呼应,酿成突发性群体事件。受矛盾冲突群体化的影响,矛盾的主体呈现多样性的特征。现在社会矛盾事件参与人员的成分越来越复杂,参与主体除了社会中的弱势群体,以及在职及下岗工人、退休人员外,近年来一些教师、机关工作人员、企业经营者也开始出现在其中,并且少数党员干部和法律工作者也直接参与,其影响力、号召力较大。

社会转型期不少矛盾都存在于利益群体冲突之中,因此,一旦出现利益矛盾,处理社会矛盾时,就不单单只是个体性利益矛盾,而是群体性矛盾。群体性上访这种方式,多属于表达合理要求的无序行为,这种行为渗透影响力非常

---

① 福建省公安厅课题组:《妥善处理群体性事件,正确处理人民内部矛盾》,《中国人民公安大学学报》,2000 年第 1 期。

强,一旦混入一些不良分子,或被一些投机分子所利用,会大大增强上访的组织化程度。如近年来群体性上访较为激烈的动迁矛盾中,就出现了一些老上访户充当动迁"代理人"的现象,这些"代理人"动辄收取动迁户的代理费,代表动迁户与政府或者动迁公司谈判,帮助动迁户谋取利益的最大化,一旦谈判无法达成一致时,他们就可能唆使、组织动迁户进行群体性上访,这种群体性上访事件选择的时间往往在重大会议期间或在重大活动中、纪念日期间,以期借此扩大社会影响,向政府施加压力。不少矛盾由于政府协调一时得不到解决,而逐步演变为某些社会群体直接对党和政府的不满和不信任。

3. 矛盾博弈政治化

转型期以前的矛盾表现相对较为平稳有序,社会转型期突发矛盾明显增加,在这一增量中,矛盾博弈政治化倾向表现突出。以往社会矛盾一般属于经济社会问题,相对比较单一。但是,转型期一个简单的问题往往会演变为复杂的社会问题,矛盾个体往往不直接要求解决自身问题,而将问题与转型期的政府腐败、人权保障等政治问题相挂钩,企图制造较大的社会影响逼迫政府就范,这种矛盾博弈的政治化倾向,使得有些简单问题、常规矛盾常常演变为突发性社会矛盾。在社会矛盾解决的过程中,这种矛盾博弈的政治化倾向,使得矛盾事件的参与者普遍带有明显的不满情绪,导致矛盾群体的自控能力差,以往积压的种种不满情绪容易在同一群体内部交叉感染,再加上大多数参与者往往都抱有从众心理和法不责众的心态,习惯于运用"大闹大解决、小闹小解决、不闹不解决"的思维模式。于是,在非理性因素的支配下,时常会促成过激行为,这种过激行为进一步促成狂热状态。特别值得注意的是,社会上各种敌对势力、敌对分子、少数别有用心的人以及"法轮功"分子,极力插手社会冲突事件,企图利用社会矛盾制造事端,扩大事态,制造混乱,这些都给社会矛盾治理增加了难度。因此,在短时间内骤然爆发的转型期社会群体矛盾就不可避免地具有博弈政治化的倾向。

从国家信访局的信访情况反映来看,过去上访的群体大多情绪比较温和,多数只在本企业、本系统、本地方反映情况或静坐等,现在则多是集体上访、越级上访……动辄封桥堵路,冲击党政机关,要挟党委和政府,甚至打、砸、抢、烧等。① 矛盾的博弈政治化特征进一步显露。矛盾的表现程度、区域范围,对抗性都有所增强,与以往上访群众情绪较为温和不同,现在往往容易失控。不少群体性上访群众往往存在组织者,不排除背后被人利用、操纵和指使的情形,有的甚至还与境外新闻机构联系或通过互联网传播失实消息。当然,造成群众对政府意见较大,转而走向与政府对抗的原因不排除政府自身的过失。现实中确实存在由于政府监管不力,一些社会现象严重地背离了公正原则,特别是少数人非法致富、畸形暴富等问题。但是,部分群众将怨气全部抛到政府头上,在重复上访无果后,企图通过暴力制造新闻舆论压力,或者利用境外媒体,以外压内,所有这些社会矛盾博弈政治化的特征,值得我们去关注。

4.矛盾冲突异质化

在社会转型之前,中国总体上属于同质性利益社会,社会的利益格局表现出惊人的整体性,这种利益格局是计划经济体制的产物。其基本特征是个体利益(包括局部的利益)服从于整体利益,同时在整体(以国家为代表)的协调和控制下,个体之间在利益分配上的平均化。这种整体性利益格局并非在人民中自发形成,而是通过行政权力来建立和加以维护的。无可否认的是均等化利益格局下的社会是超稳定的,但这种稳定所付出的代价是深重的。随着转型期体制变革的进一步深入,社会利益出现了较大分化,社会矛盾也日趋复杂。群体结构的分化、身份的可变性的增加,使社会异质性增大,各个社会成员的利益阶层属性也出现很大不同与分化。这种分化,使利益分配在各个阶层中出现严重不均,利益冲突和矛盾普遍存在,成为一种新的社会矛盾。② 最终形成转型期社会经济结构多样化和利益主体多元化的局面,矛盾冲突异质化成为转型期社会矛盾的显著特征。目前物质利益矛盾的错综复杂已广泛地存在于社会的各个领域,经济领域中的物质利益矛盾已居于基础性、主导性地位,对其他各类矛盾的产生、发展、激化和解决都起着重要的制约作用。现在许多社会矛盾已不再是简单的思想认识上的问题或者片面政治参与膨胀的问

① 中共中央组织部党建研究所调研室课题组:《正确认识和处理新形势下人民内部矛盾》,《马克思主义与现实》,2001 年第 2 期。

② 庞玉珍:《中国社会结构变迁与新型整合机制的建构》,《社会科学战线》,1999 年第 3 期。

题,更多地表现为对自身利益追求的最大化,社会矛盾的双方运作围绕各自利益展开,矛盾的解决通常以利益调整来实现。

5.矛盾解决复杂化

转型期社会矛盾波及范围大,影响人员多,社会影响广,涉及的主体利益差别甚至超过很多人的心理承受度,形成稳定共识的难度进一步增大,处理难度增强,这首先表现在转型期社会矛盾的一致性和差异性共存。社会矛盾的主体是特定的社会阶层或群体,其建立在特殊共同利益基础上的群体意识比较明确,利益要求较一致,群际矛盾比较明朗,同时,又由于利益主体和利益形式的多样化,不同的社会矛盾事件,其反映的问题和参与的群体往往差异很大,体现了新时期复杂的社会利益关系和阶层、群体分化。其次表现在渐进性和突发性共存。社会矛盾爆发突然,扩展迅速,使预防措施难以奏效,但同时也有孕育、滋生、发展、爆发的过程,事件规模越大、涉及人数越多,其酝酿过程就越长。特别是大规模群体性社会矛盾事件,一般都经过从来信到来访,从初次上访到重复上访,从逐级上访到越级上访,从个体上访、群体上访到集体上访等一系列的过程,或经过这一过程的若干环节。由于矛盾不能及时解决而不断积累,最终发展成群体性事件。再次表现在偶发性与联动性共存。转型期社会矛盾往往关系到某一群体或多个群体的共同利益,涉及的范围和人员较为广泛。一小部分群体发动的群体性事件,可能煽动其他群体人员参与进来;一件偶发的社会矛盾事件,可能产生连锁反应,出现"交叉感染",引发多起社会矛盾事件。最后是合理性和违法性共存。近年来社会矛盾的主要问题已逐步由历史遗留问题为主转变为以现实问题为主,具有很强的现实性、社会性和时代性,与整个社会改革、发展和稳定的进程紧密相连。这些问题是现实存在的,也是应当和可能解决的,要求不合理或为少数人操纵利用的只占极少部分;但要求解决社会矛盾的行为方式过于激烈,从上访演变为闹访,从闹访演变成闹事,社会矛盾起先的集体聚集往往会演变为群体性治安事件,甚至出现严重违法犯罪现象。以上转型期社会矛盾所表现出来的种种特性最终导致矛盾解决日趋复杂性的局面。

三、转型期我国社会矛盾生成的主要诱因

转型时期社会矛盾复杂多样,社会矛盾生成的主要诱因也是错综庞杂的。为了更好地把握社会矛盾的本质,科学地认识社会矛盾,需要站在全局的高度,从微观层面的社会矛盾现象及特征中跳出来,研究影响我国社会矛盾生成的诱因。

(一)利益格局变动与分配机制的失灵

马克思曾深刻指出:"人们奋斗所争取的一切,都同他们的利益有关"。[①]从根本上讲,任何需求都是一种利益的需求。然而受社会生产力的制约,社会经济利益和政治利益存量是有限的,以及扩充的相对缓慢,使社会利益总是处于短缺之中。对于社会现在"稀缺"的利益,每个人或人群都想实现自身利益的最大化,在争取利益的过程中,社会个人或群体之间的利益矛盾和利益斗争会经常发生。因此,社会矛盾的产生和发展,不仅在于生产的发展不能很好地满足人民需求的增长,而且还在于社会的需求本身并不是一个没有任何差别的利益整体。

在我国社会转型之前,由于实行单一的所有制结构和平均主义的分配方式,以及在理论和政策上不承认公民个人和社会群体独立的利益存在,否认他们对自身利益的追求,结果造成了社会对利益的需求不仅是低水平的,而且也是处于相对均衡的状态。这种利益关系格局,虽然使得利益差别和矛盾被掩盖起来而表现得不那么突出,但却导致整个社会缺乏以物质利益为基础的动力机制,导致社会发展缓慢。在社会转型期,通过对社会经济、政治体制的根本改革,尤其是在社会经济结构重大变化的基础上,对社会各种利益关系作重

[①]　《马克思恩格斯全集》第 1 卷,人民出版社 1968 年版,第 82 页。

大调整,以打破过去不合理的相对均衡的利益格局。这场体制改革归根到底是一场极其广泛而深刻的社会变革,是全民性利益格局的大调整,势必引发各社会主体之间利益上的冲突和摩擦。由于社会分工和职业的不同,由于社会已经分化为各个相对独立的利益主体,它们都有各自特殊的利益和需要。随着所有制结构和分配方式的多样化以及社会经济的市场化,社会利益主体也日趋多元化,不同的地区、企业、群体和个人都成为相对独立的利益主体。各利益主体所赖以存在和发展的经济关系的不同,以及在占有资源、生产技术和工具上的差异,再加上国家政策倾斜和市场竞争等因素,导致了在地区之间、行业之间、阶层之间和群体之间的以收入水平为标志的利益差距呈不断扩大的趋势。在此过程中,必然要伴随着利益的分化而引发各种利益矛盾。以前的利益主体一元化开始转变为利益主体多元化,从利益均等化开始转变到利益差距扩大化,利益协调机制出现失灵,这是当前我国利益关系变动格局中出现的新现象,也是转型期社会矛盾产生的主要诱因。

(二)物质需求期望值过快增长与现实供给能力的有限

经济是社会的基础,是一切社会矛盾的终极原因。在社会转型期,社会群体在根本利益一致的基础上,之所以会存在大量的、有些甚至是很突出的矛盾,除了其他方面种种复杂的原因以外,最根本的就是因为经济发展落后,社会生产能力还远远不能满足全体社会成员的需求,转型期社会矛盾同社会成员超乎寻常增长的生活需求直接相关。

自转型期实行体制改革以来,我国社会生产力发展较快,综合国力不断增强,人民的物质文化生活水平有了较大提高,这是不容置疑的事实。但同时也要看到,由于我国经济基础差、底子薄和人口众多等客观的历史原因,造成我国经济总量增长尽管很快,但是人均水平还很低,发展质量还很差,不仅绝大多数人的生活水平还不十分富裕,而且还有几千万人的温饱问题未彻底解决。即使在未来二三十年里,从人均 GDP 来考察,中国也不可能进入高收入国家的行列。生产能力远远滞后于社会成员的物质文化需求增长速度。这种情况说明了,我国通过改革开放来实现国民经济的腾飞,满足社会成员的物质需求将是一个相当长的历史过程。在此期间,社会各成员的物质生活需求却超乎寻常地增长,而生产的发展速度远远赶不上社会各成员日益增长的物质文化生活需求增长速度,同时,在改革开放新时期,由于打开了国门,有了国际经济生活的参照系,又有国内的一些先富阶层追求高消费的导向性刺激,使现阶段人们的物质生活需求空前膨胀,这与我国经济还比较落后,所能提供社会财富的有限性形成了强烈反差,这又使得我国现阶段的社会矛盾问题更加突出尖锐。

(三)社会分配不公与政府治理腐败的缺位

在社会转型期走向市场经济的过程中,发生收入差距和由此引发各种分配上的区别,是必然的也是正常的,因为建立在市场机制基础上的收入差距和分配区别,比过去以旧体制为基础的干好干坏一个样的平均主义更具有社会公平的意义。但随着体制改革的不断深入,在经济得到快速发展的同时,居民收入差距也正呈逐渐扩大之势,贫富差距进一步分化。对于居民收入差距扩大问题,在一段时期国内学界曾普遍认为,这是打破平均主义分配体制、强调效率优先政策的自然结果,而且多数人相信诺贝尔经济学奖得主库兹涅茨的"倒 U 型"分配曲线,即在人均 GDP 达 500－1000 美元的经济起飞阶段,收入差距会迅速扩大。但随着经济的进一步增长,收入差距会自然缩小。然而,依据世界银行 1997 年发布的一份题为《共享不断提高的收入》的报告指出,中国 1980 年代初期反映居民收入差距的基尼系数是 0.28,1995 年是 0.38,到 1990 年代末期是 0.458。这一数据意味着在世界范围内,中国的贫富差距情况仅仅只比撒哈拉以南的非洲国家和部分拉美国家稍好一点。报告同时指出,全世界还没有一个国家在短短 15 年内收入差距变化如此之大。更为糟糕的是,自 20 世纪 90 年代末期以来,中国的基尼系数仍在不断提高:1999 年为 0.457,2000 年为 0.458,2001 年为 0.459,2002 年为 0.46(world bank,2003),基尼系数呈不断扩张的态势。当前,我国的人均 GDP 已超过 1000 美元,然而居民收入差距扩大的势头并未扭转。联合国有关组织规定:若基尼系数低于0.2表示收入绝对平均;0.2-0.3表示比较平均;0.3-0.4表示相对合理;0.4-0.5表示收入差距较大;0.5以上表示收入差距悬殊,容易引起社会动荡。因此,中国接近0.5的基尼系数已潜伏着许多不安定因素。

当前这种不合理的贫富差距,反映出更深层次的社会分配不公问题,一部分人的高收入不是通过正当的途径来实现,个别党政干部以权谋私、钱权交易,其实际收入大大超过了其正当收入。这两种情况已经引起社会各界群众的普遍不满,面对严重的社会分配不公以及所产生的利益差别过分悬殊,绝大多数社会成员尤其是普通劳动者阶层因有一种强烈的被剥夺感而愤然,容易酿成不稳定的社会心理基础。一个社会能否稳定,不患不均而患不公,不公则社会不稳。虽然搞非法致富和以权谋私、权钱交易的属少数人行为,但是由于它破坏了社会公正原则,损害了人民的整体利益,所以最容易导致社会矛盾。

与此相对应的是,由于我国新旧体制并存、交叉和碰撞,再加上改革措施不配套和政策法规不完善,以及由于政治体制改革相对滞后,造成社会经济政治生活的某种无序状态,对待严重的社会分配不公和党政官员的腐败行为等问题,政府在治理责任上还存在缺位。在社会转型过程中,由于原有的计划经济体制受到很大冲击,而新的市场经济体制正在形成之中,尚不完备,各种管理规则和法制亦极不完善,这样便会出现一系列制度约束的"空当",在客观上给偷税漏税、贪污受贿、走私贩毒及不公平竞争等非法致富行为以可乘之机,必然造成并加剧社会的分配不公。另外,作为最大分配不公的以权谋私、权钱交易等腐败行为之所以泛滥,也正是由于在社会体制转型中,政治体制改革相对滞后所致,这种分配不公不仅反映了一种分配关系,而且也反映了一种权力关系。近十几年来,虽然我国的政治体制进行了若干改革,权力制衡监督机制在不断强化,但总的说来尚不健全,还不足以有效地遏制腐败现象的泛滥。社会分配不公与政府治理腐败的缺位就成为转型期社会矛盾的主要诱因之一。

（四）体制的转轨与配套机制的缺失

塞缪尔·P.亨廷顿认为，"不仅社会和经济现代化会产生政治不稳定，而且不稳定的程度也同现代化的速度相关。'无论从静态或动态标准来衡量，向现代化变化的速度越快，政治上的不稳定就越大'。"社会体制转型是中国现阶段所有问题产生根源的基本点，也是社会矛盾大量产生、积聚的根本诱因。在社会转型的过程中，社会分化的烈度、速度、深度和广度比以往任何时候都要深刻，以致新的社会矛盾大量聚集。这是社会转型、体制转轨的必然现象。

从其他国家的转型期经验来看，社会转型、体制转轨的过程普遍会付出巨大的社会代价。人们通常将之称为转型成本或改革成本。体制转轨期间，日益激烈的竞争会使一些企业破产关闭，一部分城乡居民中的隐性失业现象日益显性化，失业率上升；市场经济造成了社会分化，造成强势和弱势的社会群体，从均衡社会向不均衡社会转变；数量巨大的工农基本群体陷入整体弱势，犯罪率随着民工潮、进城农民的增长同步升高，城乡治安条件恶化，干部清廉程度下降；环境污染与生态破坏情况加剧，通货膨胀与社会信用缺失共存，群体性突发性事件数量激增，经济现代化的同时，社会公害现象突出……这些都是体制转轨过程社会代价的具体表现，说明实现从旧体制向新体制的转换是一个长期发展、艰巨复杂的社会系统工程。在新旧体制交替的转轨时期，可能有一部分经济活动仍遵循传统体制的运作机制；另一部分经济活动则按新经济体制的方式进行；还可能出现部分的经济活动既受传统经济体制的制约，同时又受新经济体制制约的现象。因而，新旧体制的基本原则、运行规则以及据以规范的社会秩序就不可避免地产生强烈的摩擦与冲突，一方面是旧体制中深层次矛盾的充分暴露，且难以立即消除；另一方面是新体制运行初始的不完善带来的新的矛盾。新旧体制之间的矛盾加剧，势必损害到某些社会群体的利益，并直接影响到整个社会利益关系和利益格局的调整，使社会生活呈现出一种错综复杂的局面，从而引发大量的社会矛盾。

过去,我国政府具有很强的社会整合和化解矛盾的能力,随着时代形势变化,在体制转轨这一过程中,政府的执政方式在某些方面还未完全适应上述转变,执政理念和执政方式并未发生根本转变,相关的配套措施还欠缺,相当部分存在的问题都可以归因于没有实现措施协调的平衡,表现为侧重于政权建设功能而忽视社会动员功能,在解决矛盾的过程中,往往过度依赖正式权力的组织渠道,特别是国家政权的渠道,通过自上而下的方式贯彻、执行,造成了矛盾化解方式的单一化和调解工作作风的高高在上、远离基层和脱离群众,客观上也会使部分社会矛盾有所激化。另外,目前,领导干部主观上存在的"权力本位"思想根深蒂固,倾向于民主集中制下追求"权力本位"所带来的高效率,或是基于利益的诱惑所追求的权力寻租空间,使得在社会公共事务中缺乏应有的"权利本位"的思想,导致最终没有建立一整套与社会体制转轨相适应的配套措施。

(五)化解渠道堵塞与渐进式改革的弊端

在我们的社会中,不是完全没有矛盾化解和利益表达的渠道,但现有的利益表达机制,反馈慢,成本高。在我们现实的生活中,往往是下层的要求,要通过矛盾激化,社会问题增多,甚至是冲突、犯罪、治安等因素,才能有意无意地将信号传达到高层决策机构,但这样的信息传达不仅效率低,而且代价大。因此,在改革的过程中,需要形成一种成本低、反馈快的矛盾化解方式,这就是民众在改革中的参与机制。涉及到重大利益关系的改革,必须在广泛听取有关利益方意见和要求的基础上才能进行,否则,就很可能使必须进行的改革因损害民众利益而达不到预期的结果,甚至造成种种社会矛盾。① 然而现阶段,我国不管是城市还是乡村,解决社会矛盾的主要通道主要依靠行政方法,而不是依靠法律。整个社会民主意识还比较淡泊,一些地方性法规和政府规章制定相对滞后;一些已订立的法规还需不断完善;有些新发生的事件处理起来无法

---

① 孙立平:《形成中的共识与未尽的话题》,《经济观察报》,2006年3月23日。

可依;有一些问题,即使已经有了相关的法律制度,但在矛盾发生或激化时也往往习惯于通过行政手段解决冲突;有些问题在实际执法过程中存在着有法不依的情况,导致了人们对诉诸法律解决矛盾信心不足。当法律途径一旦受阻,群众就必然会习惯性地找政府解决,把矛盾移交给政府。化解社会矛盾的渠道有限,使社会本身有失公正合理,并由此产生和积累大量的物质利益矛盾。从发展眼光看,当前我国化解社会矛盾的参与机制仍然不完善,社会自治尚未得到充分而广泛的发展;化解社会矛盾决策机制方面,领导独断专行,决策不透明现象相当突出;在监督机制方面,效果不太好,许多时候、许多地方流于形式。同时,利益表达机制欠完善,不同阶层的利益和要求还无法得以顺畅、充分地表达,这就积累了不同阶层的矛盾。在化解社会矛盾过程中,渠道堵塞的突出现象是"人治"与"法治"方式并存,权大于法、言大于法、关系大于法、人情大于法的现象在现实中还时常出现,这种局面往往不仅不利于社会矛盾的化解,反而有时会激发矛盾。

这些在很大程度上与改革之初选择改革策略直接相关,长期以来,受传统经验与文化以及决策的便利性、信息充足程度等因素的制约,我国的改革在起始阶段并不存在一个确定的、坚持不变的终极目标、固定模式和制度变迁的活动计划,我们在实践中探索前进,走的是一条偏重 GDP 增长的畸形发展模式。正是这种以"积少成多"和"稳中求变"为基本特征的渐进性决策模式,使得改革决策依靠"试错"逐步调适,这种基于"策略性"分析的决策风格,只注重眼前的、即时的和有限的问题,不存在发展的总体规划和终极目标。同时,为了避免这种改革发展引起过大的社会震动,通常采取"悄悄进行"的改革方式。这就剥夺了大多数人的参与权、表达权、讨论权、知情权,注定了相关改革的参与者不是全体相关人,造成了少数人往往成为改革更大的受益者,而大多数相关群体的利益并不能得到保全或补偿,这种改革方式在减少社会阻力,悄悄实现各种制度变革的同时,也客观上堵塞了社会矛盾的化解通道。另外,在这种改革战略的指导下,我国发展社会主义市场经济是在法律不完备的情况下进行的,往往是先改革,后规范,这就导致了规范真空的存在。有的虽然已经制定了原则性的规范,但失之过粗,弹性过大,可操作性差,容易造成事实上的越轨行为。有些部门的领导漠视法律的神圣尊严,以权压法、以言代法,压制群众的合法权益,而中国大多数民众也缺乏法治精神。从司法机关与其他国家机关或组织的关系上看,司法机关在人、财、物等方面受制于其他国家机关和组织,导致社会矛盾的法律解决成本较高,制约了法律介入矛盾化解的领域。矛盾调解人员的素质还达不到专业化要求,客观上导致矛盾化解效率降低,矛盾化解通道有限。进入改革攻坚阶段之后,人们普遍都关注经济利益,社会各群体之间的利益差别已经十分明显。在这种利益关系日益复杂化的背景下,利益群体的分化将更严重。不同收入群体,不同阶层的人群在利益需求上与以前大不一样,这使得改革的阻力进一步增大。在这样的情势下,继续渐进式改革、"悄悄进行"的改革方式,就可能不公平地让某些社会群体承担改革成本,从而产生强大的改革阻力,将进一步堵塞矛盾化解渠道,引发更大的社会矛盾,甚至酿成社会震动。

(六)思想的多元化与社会理性的缺失

经济社会体制的变动与改革,必然带来思想观念上的异常活跃和深刻变化,引起新旧思想观念的冲突和摩擦,这是转型期社会矛盾产生的思想根源。思想观念作为社会经济和政治的反映,是人们在历史进程中逐渐形成的凝结和沉淀,它对人们的行为方式和社会生活的发展,产生着深远的影响。尤其是在当前我国社会处于大变革的历史时期,思想观念领域的变化是极其深刻的。市场经济的发展,改变了过去计划体制下的旧观念,形成了适应市场经济发展的竞争、效益、民主、平等新观念;市场经济本身具有的自发性和竞争性以及各市场主体追逐微观利益最大化,必然会在客观上模糊和动摇一些人对社会主义、爱国主义和集体主义的信念,减弱艰苦奋斗的精神,滋生和助长拜金主义、享乐主义、极端个人主义的资产阶级价值观和人生观,结果造成思想意识形态领域的矛盾和冲突。另外,随着我国同外界的来往交流日益增多,在引进西方资本主义国家的先进科学技术和管理经验的同时,一些不健康的生活方式和价值观念也会乘机而入,被一些人盲目接受和崇拜,导致人们一定程度的信仰危机和思想混乱,甚至形成某种社会思潮,使思想领域的人民内部矛盾更加突出和复杂化。在转型期,作为社会思想观念组成部分的道德规范,也发生了深刻变化。原有的伦理道德规范的约束力减弱,已不再能有效地调节人们的言行,而新的道德规范正在形成,尚未被人们普遍接受和发生效用,因此整个道德领域出现一定程度的混乱、无序和失控状态,这就是被人们称之为的"道德错位"和"道德滑坡"问题。它不仅本身就是表现在思想观念领域复杂的社会矛盾问题,而且还是导致现实生活中社会理性不足的道德根源。

转型期在某些地区、部门、单位大量存在的形式主义、官僚主义等问题,还比较严重,领导干部作风飘浮,严重脱离实际、脱离群众。一些基层组织软弱涣散,不能起到团结群众、领导群众的战斗堡垒作用;一些领导干部生活腐化,以权谋私,严重失职、渎职,已成为政风不正和权力腐败的重要原因,也是成为现阶段社会理性不足的重要引发因素。在财富积累过程中,对财富和资源的占有程度和占有渠道的不同,以及与此互为因果的地位和权力的不同,愈来愈冲击整个社会的理性。我们的社会在进入了利益分化、甚至利益冲突之后,现实中各种非理性的利益表达方式多次出现,导致社会发展进入高风险区域。社会成员自我调节、人们之间互相调节的能力尚显不足,社会成员从生活中学习谈判、协商、讨价还价、让步、节制、缔约和守约的传统沉淀不够,互惠协商成为生活习惯和行为规则远未形成。

四、转型期我国社会矛盾的性质判断

(一)社会矛盾性质判断依据及总体思路

在社会转型期表现出来的社会矛盾,相当数量是秩序失范中的矛盾,表现为在体制转轨、产业升级、社会转型这样的过渡阶段中人们之间的利益失衡、心理失重和社会失范,大多都是根本利益一致基础上非对抗性质的矛盾。非对抗性的社会矛盾在转型期社会矛盾中占主导地位。

从转型期社会的性质看,当前转型期处于社会主义初级阶段,人们的根本利益是一致的,其社会主要矛盾性质是与社会主义社会基本矛盾性质一致的。根本利益一致是转型期社会矛盾运动的内在依据,这种根本利益的一致性是基于在经济上社会主义生产关系占主体并居主导地位的本质特征以及在政治上人民当家作主的本质特征之上的。这两个本质特征决定了在社会主义条件下,转型期人们之间是平等合作的新型人与人之间的关系。虽然由于种种的原因,转型期人们也会围绕根本利益问题产生种种具体的分歧,但它与敌我之间在根本利益上的对立不同。敌我之间在根本利益上的对立,具有社会对抗性的内在机制,有其深刻的经济、政治根源,一般情形下,双方都不会放弃自己的根本利益,往往采用对抗的否定对方的根本利益的方法,来解决自己利益的确立和发展问题。转型期社会矛盾在根本利益方面产生的分歧一般表现为暂时性和过程性以及局部性,这不能与敌我之间根本利益的对立分歧相比,其矛盾分歧的解决可以通过非对抗性的方法加以解决。

从社会转型的结果看,这次社会转型顺应历史潮流,符合人民群众的根本利益,它带来的积极作用超过消极影响。大多数群体会因为社会转型而获益,生活状况得到了明显的改善,这决定了转型期社会矛盾在本质上具有共同利益,绝大多数人赞成与拥护社会转型。反之,如果社会转型与利益调整只使少数人获益,而大多数人受损,这样的转型必然会引起较大冲突,遭到大多数人的反对和阻止。党的十五大提出,中国社会的主要矛盾是人民日益增长的物质文化需要同落后的社会生产之间的矛盾,这个主要矛盾贯穿我国社会主义初级阶段的整个过程和社会生活的各个方面。从转型期所产生的社会矛盾来看,尽管大量社会矛盾种类繁多,但是本质上还是人民日益增长的物质文化需要同落后的社会生产之间的矛盾,社会主义社会人们的价值目标和最终利益是一致的。因此,这些社会矛盾没有跳出社会主义社会非对抗性矛盾占主导这一社会矛盾的基本特征。

从社会矛盾的主体看,矛盾主体更多的是选用非对抗性途径解决问题。社会矛盾尽管使得部分的利益受损,但只是相对受损,并且给予一定的经济补偿。转型期政府在推进社会转型的同时,也打通利益解决的通道,针对经济关系的变化、经济差距的相对拉开和人们价值观念、功利意识的普遍增强和经济利益矛盾占主导的特点,引入市场手段和法律手段,使各利益主体不是通过对抗性的途径来实现其利益主张,而是通过协商、理性化、契约制等方式来对待与处理由于利益纠纷而产生的矛盾。实际矛盾调查也显示许多矛盾主体为实现其利益诉求,选择在体制内解决问题,而不是另辟路径。此外,上访(除非法上访外)的增多说明转型期社会矛盾大量从隐性化变为显性化,矛盾主体是希望引入政府作为第三方为其解决矛盾问题。由于绝大多数矛盾主体可以找到并选择解决社会矛盾的非对抗性路径,这使得社会转型期大量的社会矛盾没有进一步激化演变为对抗性矛盾,从而保持了非对抗性矛盾占主导的性质。

处理社会转型期的社会矛盾必须吸取各国发展中的经验教训,一定要高度重视和正确认识转型期社会矛盾的非对抗性特征,要将社会转型时期社会矛盾的处理作为我国政治生活的主题,并与对抗性矛盾的处理区分开来。因此,必须要在转型期社会矛盾非对抗性特征基础上,把握处理转型期社会矛盾的总体原则。对于如何处理社会转型期的社会矛盾,存在着社会调控是以维持社会秩序和维护社会稳定为目标还是以推动社会发展为目标的争论问题,这一原则性问题决定着处理利益矛盾两种截然不同的思路。以什么为社会调控的目标,这是一个世界性的问题,西方许多社会学家有过大量的探讨,他们大多将稳定的社会秩序作为社会调控的最高目标。其中美国社会学奠基者之一爱德华·罗斯在其代表作《社会控制》一书中,系统地考察了能够保持社会稳定的人性情感和政治上的调控手段,指出了社会控制的"供给"是由社会稳定的"需求"引起的。他指出:"在社会事务中,首要的急需品是秩序和进步。秩序优先于进步得到珍视。"[①]关于社会稳定问题,邓小平有过大量的论述,他从改革开放和现代化的大局出发,从人民的根本利益考虑,曾反复强调稳定的

---

① [美]爱德华·罗斯著,秦志勇、毛永政译:《社会控制》,华夏出版社 1989 年版,第 202 页。

重要性,"中国不能乱哄哄的,只有在安定团结的局面下搞建设才有出路。"①"没有一个安定团结的政治局面,就不能安下心来搞建设",②"中国要摆脱贫困,实现四个现代化,最关键的问题是需要稳定"、"稳定压倒一切"。③ 中国社会主义革命和建设的历史也反复证明,没有稳定的社会环境什么事也干不成,政治文明、物质文明、精神文明建设都难以进行。

但是,在邓小平的社会调控视野中,发展要素要优先于秩序要素,可以这样说,整个邓小平理论都是围绕着社会主义中国为什么要发展,如何发展而展开的。他反复强调的是发展,发展是硬道理,秩序是为发展目标服务的,社会稳定是社会发展的必要条件,"发展是硬道理"、"中国要实现四个现代化,摆脱落后状态,必须有一个安定团结的政治局面,必须有领导有秩序地进行建设。""总之,我们需要一个安定的环境,以便进行改革和建设"。④ 由此可见,在邓小平的眼里,社会发展是社会调控的最高目标,而社会稳定是社会调控的亚目标。

因此,治理我国转型期社会矛盾时,必须优先以推动社会发展为目标,只有这样,才能体现转型期社会矛盾的非对抗性特征,才能从根本上为解决各种社会矛盾创造前提条件。同时,我们也应看到,发展是经济社会的协调发展、全面发展,必须坚持社会主义方向和原则,无论是经济、政治、教育、科学、文化,还是环境、资源和人口等,都是相互联系,相互促进又相互制约的,如果仅有某一方面的发展,就会造成社会发展的失衡,特别是在市场经济条件下,并不一定能自动地直接地解决社会发展中的矛盾和问题。只有通过可持续、协调地发展,才能逐步解决。只有把发展作为调控利益矛盾的最高目标,才能为从根本上解决利益矛盾,创造国家统一、民族团结、社会进步的社会环境,最终为解决转型期的社会矛盾打下坚实的基础。

---

① 《邓小平文选》第 2 卷,人民出版社 1993 年版,第 212 页。
② 《邓小平文选》第 2 卷,人民出版社 1993 年版,第 251 页。
③ 《邓小平文选》第 2 卷,人民出版社 1993 年版,第 348 页。
④ 《邓小平文选》第 2 卷,人民出版社 1993 年版,第 211 页。

（二）转型期我国社会矛盾形态主要是利益矛盾

2006 年 3 月 14 日,国务院总理温家宝在记者招待会上表示:我国正处在经济快速发展的时期,也是各类矛盾集中出现的时期,要求政府相关部门要学会处理新时期的社会矛盾,同时指出造成这些矛盾的原因是多方面的,其中很重要的就是一些地方违反法律法规,侵害群众在土地征用、房屋拆迁、企业改制等方面的切身利益,着重强调妥善处理转型期的社会矛盾。温总理对我国转型期社会矛盾的认识,同时蕴含着处理社会矛盾对我国现代化建设的重要意义。

与过去相比,转型期社会矛盾从内容到形式都发生了很多变化。利益矛盾特别是经济利益矛盾成为社会矛盾中的主体,农民主要反映负担过重、集体财物混乱以及资源权属纠纷等问题,城市职工主要反映下岗基本生活费、离退休费和企业破产兼并改制、拖欠工资等问题,绝大多数都属于利益矛盾的范畴。社会主义市场经济的发展导致利益主体的多样化,社会阶层出现了新的细化和分裂,特别是改革进入攻坚阶段后,人们更加关注经济利益,社会各群体之间的利益差别已经十分明显。在利益关系日益复杂化的背景下,利益群体的分化将更严重。不同收入群体,不同阶层的人群在利益需求上与以前大不一样,他们对改革持有的看法也各不相同,这使得改革与发展的阻力进一步增大,处理社会矛盾时面临的情况更加复杂。有学者曾根据改革以来人们利益获得和利益受损的状况,将社会分为特殊利益集团、普通获益者群体、利益相对受损群体和社会底层利益团体四大主体,[①]利益差别必然要导致利益矛盾。因此,不同的利益追求容易引发利益主体之间发生更多的矛盾。在今后一个时期里,各社会主体围绕利益问题而引发的矛盾将日益增多和表面化,并以此构成我国一切社会矛盾的基础,成为社会矛盾的主要方面。据公安部统计,2004 年上半年,在社会矛盾引发的群体性事件中,因工资福利等基本生活

---

① 李强:《转型时期的中国社会分层结构》,黑龙江人民出版社 2002 年版,第 102 页。

费问题引发的事件占总数的 23.8%,因征地搬迁及补偿费等引发的占 18.1%,因企业改组改制兼并破产等问题引发的占 10.6%,因民间纠纷引发的占 4.1%,因争夺矿产、森林、水利、草场、土地资源引发的占 3.9%,因对执行法律政策不满意的占 3.1%,其他原因占 36.4%。可见因经济利益引发的矛盾占绝大多数。从参加人员看,农民占 32.4%,在岗职工占 16.3%,下岗职工占 15.9%,离退休占 10.4%,其他人员占 24.8%,[①]这些矛盾直接与当前社会公共需求与群体满足之间的差距有关,矛盾的性质大多属于非结构性矛盾。从总体上看,大部分利益矛盾是在根本利益一致基础上的非对抗性矛盾,属于非对抗性的利益矛盾。但这些矛盾如果处理得不好或不及时,在一定条件下就有可能激化,甚至走向对抗,从而严重危害不同社会阶层之间的关系和整个社会的安定团结,产生冲突和对抗,进而破坏社会的和谐秩序。2005 年发表的《社会蓝皮书》表明,从 1993 年到 2003 年间,中国的群体性事件数量已由 1 万起增加到 6 万起,10 年间增长了 6 倍,参与人数也由约 73 万人增加到 307 万人,社会矛盾事件数量迅速增长,已成为影响社会稳定的重要因素。因此,利益成为转型期社会矛盾产生、发展的总根源,利益矛盾成为转型期社会矛盾的主导性矛盾,成为社会矛盾的主要表现形式。正确处理利益矛盾不仅是处理社会矛盾的关键,也是构建社会主义和谐社会,建设中国特色社会主义的必然要求。

---

① 夏文斌:《公平、效率与当代社会发展》,北京大学出版社 2006 年 1 月版,第 245 页。

第四章 建立健全社会矛盾调节机制 是我国社会矛盾治理的新思路

马克思主义辩证法告诉我们,矛盾无处不在,无时不有,矛盾是事物存在的普遍规律和根本法则,是一切事物发展的内在源泉和动力,要运用对立统一的观点,即矛盾的观点看待和处理社会矛盾。矛盾不存在有没有的问题,也不存在好与坏的问题,无所谓有矛盾无矛盾,也无所谓好矛盾坏矛盾。矛盾不解决是坏事,矛盾解决了是好事。旧矛盾解决了,新矛盾又产生了,事物就是在不断解决矛盾中前进的。社会矛盾治理,不是否定矛盾,而是强调社会要在解决矛盾的过程中求得和谐与进步。确立我国社会矛盾处理的思路,关键是要有效地协调各方利益关系,健全社会矛盾调节机制,化解社会矛盾。

当今世界正在发生广泛而深刻的变化,当代中国正在发生广泛而深刻的变革。机遇前所未有,挑战也前所未有,机遇大于挑战。全党必须坚定不移地高举中国特色社会主义伟大旗帜,带领人民从新的历史起点出发,抓住和用好重要战略机遇期,求真务实,锐意进取,继续全面建设小康社会、加快推进社会主义现代化,完成时代赋予的崇高使命。党的十七大报告对此认识深刻,明确指出影响发展的体制机制障碍依然存在,改革攻坚面临深层次矛盾和问题。要完成改革和发展的繁重任务,就必须保持长期和谐稳定的社会环境。因为,稳定不仅是人们追求的社会目标,而且是社会持续发展的必要前提。面对社会转型过程中不断显露出来的纷繁而复杂的社会矛盾和冲突,如何防范和处置就显得十分必要了。我们评判一个社会稳定与否,不是看有没有社会矛盾和利益冲突,而是看这个社会是否具备一个完善的社会机制将矛盾和冲突控制在"有序"范围内。成熟社会的秩序维护,是政府和社会双方共同努力的结果。在转型社会中实现稳定,不仅需要强制性的政府规制,而且更需要社会自身的防范与调节。本章主要探讨如何建立一个完善的社会矛盾调节机制,来维护社会稳定。

一、社会矛盾调节机制的内涵与功能

社会的有序状态在宏观上体现为社会稳定,在微观上体现为人际关系的和谐。美国社会心理学的主要创始人爱德华·罗斯在《社会控制》一书提出,使社会产生相互冲突的团体的原因的条件有三条:第一,利益上的尖锐冲突;第二,导致贫困和奢华两极的财富上的巨大差别;第三,也是决定性的条件是与财富的极大不平等相一致的机遇的极大不平等。进而他提出社会控制的若干个标准:精良的控制工具的一个标志是经济;其次,高超的控制方法是精神上的;简单有效和自发性也是良好控制的检验标准。[1] 正因为此,他提出,"在团体中,秩序的秘密与其说是控制,不如说和谐"。[2] 我国社会学家郑杭生对快速转型时期的制度变迁的社会矛盾进行了深入的分析,指出快速转型时期的利益分化会带来各式各样的社会矛盾,列举了快速转型化过程中的具体类别,提出了快速转型时期社会矛盾治理机制。[3] 这些对我们理解建立社会矛盾调节机制具有重要的启发意义。

所谓社会矛盾调节,就是指借助政府与社会内外互动合力对社会矛盾进行的自我协调与控制的行为。在任何社会,维护稳定的方式与手段并不仅仅只有强制性色彩的"硬权力"(指军事、司法、政策、法律等)在起作用,还存在

---

① [美]爱德华·罗斯著,秦志勇、毛永政译:《社会控制》,华夏出版社1989年7月版,第325 - 327页。

② [美]爱德华·罗斯著,秦志勇、毛永政译:《社会控制》,华夏出版社1989年7月版,第302页。

③ 郑杭生:《中国人民大学中国社会发展研究报告(2007)——走向更加有序的社会:快速转型期社会矛盾及其治理》,中国人民大学出版社2007年5月版,第34页。

着社会自身的"软权力"（指经济建设、发展教育、道德礼治、精神信仰、风俗习惯等），发挥这些"软权力"的作用，对预防矛盾、缓和冲突有着积极的作用。在我国，目前出现的许多矛盾大都不再属于阶级矛盾，其性质多属于人民内部矛盾。就拿目前表现得比较尖锐的群体性突发事件，也多是人民群众权益受到侵犯和影响而采取的较为极端方式的行为，这是新时期人民内部矛盾的一个显著特点。在过去，我们对社会稳定片面强调依靠国家对社会进行全面控制的模式，是把社会看作与政府管理分离的对立面，强调由一部分主体对另一部分主体实现控制，忽视了两者之间有着天然不可分的合作必然性。在社会主义社会，广大劳动人民成为国家的主人，是社会名副其实的主体，社会主义国家和政府代表人民群众的根本利益，正确认识和协调双方的竞争合作关系，是社会有机统一的前提。高度集中的计划经济决定了经济生活和人们生产关系的高度单一化，决定了国家和政府对经济、社会乃至个人全方位控制的历史必要性，体现为国家一元力量的强势作用、严格的户籍制度、严密的单位网络和不定期的政治运动。但随着社会主义市场经济体制的逐渐建立，大量的社会问题和矛盾纷纷涌现，有的是因企业改制、职工下岗、拖欠离退休工资、社会保障无法落实、农民负担严重、机构改革、学生就业等原因产生的；有的是涉及民族、宗教方面的问题产生的；有的是资源纠纷、环境污染和征地拆迁等引发的；有的是因官员腐败，严重损害国家、集体、个人的利益而诱导的。面对这些矛盾问题，旧有的控制模式显然无法适应这种社会结构、经济体制的转型。从其控制成本来看，国家不得不花费大量的人力、物力、财力来构建一个庞大的控制系统。然而现实生活中，这种控制模式不仅导致了稳定成本的扩张，而且还弱化了社会的权威性，导致社会自身力量的被动闲置等。如果不及时地建立起社会权威来弥补政治控制模式失效的"真空地带"，就容易使群众利益一旦受到损害就到体制外去寻求权威保护，就可能采取一些激化的方式，甚至在他人的鼓动怂恿下发生社会冲突。从目前社会矛盾与冲突的萌芽、酝酿、发生过程看，我们强调建立社会矛盾调节机制，其最终目的是为了充分挖掘和调动社会各方面的力量，参与到维护社会稳定机制中来。当社会矛盾爆发之前，我们可以通过发挥社会自身力量来自我消解或缓和矛盾与冲突，力图把引发社会矛盾萌芽问题及时有效地加以解决,把矛盾消除在萌芽状态,消除在基层。要尽量在矛盾和冲突面前,明确社会权威的地位和作用,从而避免把矛盾和冲突过早地暴露在政府权威面前。政府权威应该成为解决矛盾和冲突的第二道防线,否则,当矛盾和冲突产生时,就容易使政府与群众、与社会的关系难以收拾,甚至导致矛盾性质发生转化或导致"异化"。

此处社会矛盾调节机制,特指在社会矛盾与冲突压力下,为维持社会有序运行状态,由政府与社会内外互动合力承担的调节社会关系与缓和社会矛盾的一种协调与改善机制。党和国家构建的和谐社会,本质上必然是一个稳定有序发展的社会,是一个有能力解决利益矛盾和化解冲突,并由此实现利益关系趋于均衡的社会。社会关系越复杂,冲突与整合的问题就越重要,制度机制转化与创新的需求就越迫切。随着现代社会中的利益价值观由"传统"向"现代"转型,必将使创设和建立具有均衡性的制度与机制,成为调整社会结构进而构建现代和谐社会的本质性要求。所以,建立健全社会矛盾调节机制,一方面积极引导、控制好社会结构的分化与整合,使之达到合理有序、良性循环的状态;另一方面又能促进社会机制的不断完善,保证我国社会主义物质文明、精神文明和政治文明的协调发展,推动我国政府治理的制度创新和方式变革。

从当前面对的社会矛盾与冲突事件来看,建立社会矛盾调节机制的最直接目标也是首要目标就是通过协调冲突的利益关系,排解人民内部矛盾,使改革、发展、稳定协调有序地发展,把矛盾控制在"有序"范围内,使社会矛盾不至于激化或激化程度得到适当控制。当矛盾还处在萌芽阶段,还未转化为冲突事件时,社会矛盾调节系统可以通过对矛盾形成的初始条件的化解,做到防微杜渐、未雨绸缪。同时,建立社会矛盾调节机制的第二个作用,在于可以把目前社会矛盾中暴露出的许多非制度化和反制度化参与形式引向制度化参与形式。依据参与形式来源划分,可把参与分为制度化参与、非制度化参与、反制度化参与三种形式,使许多矛盾的解决和处置能够在一种正式的和法制化的轨道上进行,真正构筑起预防和处置社会矛盾的第一道防线。所谓非制度化参与,是相对于制度化参与而言,指不通过法律及相关制度所规定的参与机制,而是以另外的方式所进行的政治参与行为,其具体形式主要有向官员行贿、买卖选票、越级上访、集会、非和平对抗等,其最主要特征是参与者要求的合理性与行为方式非理性之间的矛盾,从性质上说,一般属于根本利益一致基础上的人民内部矛盾。所谓反制度化参与,是指参与者以暴力为主要手段,反对政府当局的政策或统治方法,危及国家政治稳定的行为与活动,从性质上说,属于根本利益对立或冲突的敌我矛盾的体现。建立社会矛盾调节机制的第三个作用,在于发挥规范功能。社会组织是社会的细胞,为了保证自身的存在和发展,必然要通过内部纪律、内部规范对自身成员进行约束;同时,社会还通过各种规范,尤其是大众媒介和社会舆论的监督,以全社会的名义对社会秩序进行规范。最后,社会矛盾调节的第四个作用还在于发挥宣传教育功能。社会中各类主体,通过宣传法律、法规、政策和规章,教育公民懂法、守法,尊重社会公德,并且通过调解、规劝当事人的行动,起到启迪和教育社会全体公众的作用。

二、社会矛盾调节机制的构成特征

社会矛盾调节是由一套规范系统构成的,具有不同于以往矛盾控制机制的基本特征。

(一)社会公平的价值理念

在《现代汉语词典》中,公平是指"处理事情合情合理,不偏袒哪一方面"。公平是以承认差异为前提的,公平体现着人们要求种种利益分配的合理化。在评价各种关系时,差别并不等于不公平,无差别也并不等于公平。公平与否的标准在于历史的合理性,这种合理性往往带有很大的差别性,并且以差别性为前提。由此我们可以一般地说,公平就是一种合理的差异。相对自然界动物之间存续的"弱肉强食"法则而言,公平则是人类精神状态中一种永恒的理念追求。在人类世世代代的群体性生活中,对公平的追求都成为大多数人梦寐以求的理想和目标。但公平是对客观存在的人们的公平关系的反映。不同的社会形态中公平的内涵不同,不同的社会集团、不同的阶级、不同的个人,受其所生活的社会历史条件、社会地位、阶级地位、个人的认识能力及研究方式方法等方面的局限,往往产生不同的公平观。人类社会从来就没有统一的公平观,它的存在、发展及性质是同社会物质生产方式及其发展水平相联系的,最终由社会生产力发展状况决定,并为生产力的发展、效率的提高服务。所谓公平,是指社会成员社会、政治、经济等方面地位平等,共同遵守公平的社会原则,享有同等的各种社会权利,实现利益分配机会均等、结果公正平等。公平作为社会成员的基本要求、基本的或最高的价值取向,其原则调节着社会成员的社会经济关系或财产的分配关系。所以,公平也是一定社会中人们之间利益和权利分配的合理化,是反映和评价人们之间合理的社会利益关系的范畴。

公平是构建社会矛盾调节机制的重要价值理念。针对当前我国改革开放进程中出现的矛盾问题,社会公平旨在建立一个人人受到平等尊重、人与人之间关系和谐、社会共同发展的社会机制。这个社会机制主要包括四个方面:切实保证每个社会成员享有大致相同的基本权利;从总体上保证每个社会成员享有大致相同的基本发展机会;根据每个社会成员的具体贡献进行有差别的分配;立足于社会的整体利益,对第一次分配后的利益格局进行必要的调整,使社会成员不断得到由发展所带来的利益,进而使社会生活的质量不断有所提高。

切实维护和实现社会公平,不仅涉及到收入分配、利益调节等经济问题,而且涉及公民权利保障、政府施政、司法公正等政治、社会问题。随着我国经济社会的发展,民主法治意识的不断增强,人民群众的公平意识也越来越强,对我们党和政府维护和实现社会公平提出了更高的要求,体现了我国社会主义制度的本质要求。改革开放以来,我国社会在充满发展活力、各方面群众生活不断提高的同时,也出现了各方面利益关系需要妥善协调的问题。对此,党和政府始终要坚持把最广大人民群众的根本利益作为制定政策、开展工作的出发点和落脚点,善于从政策取向上抓准最大多数人的共同利益与不同阶层的具体利益的结合点,正确反映并妥善处理不同阶级、不同方面群众的利益,特别是要高度重视和维护人民群众最现实、最关心、最直接的利益,坚决反对和纠正各种侵害人民群众利益的行为。

(二)民主法制的制度基础

社会秩序体现为社会主体遵守社会公共规则的状态,社会行为的规则性是整个社会有序性的必然条件和基本标志。如果所有社会主体都不遵守规则,都各行其道,社会生活的和谐有序就只能是一个空谈。所以,一个具有民主法治精神的制度对于社会矛盾调节机制的构建具有基础性意义。

民主法制首先要保证人民当家作主,这就意味着要尊重人民群众的独立人格和民主权利,尊重和保护公众的社会知情权、社会参与权、意志表达权及民主监督权。也就是说,检验我国民主法治的发展程度,可以用四个指标来衡量,第一,公众的社会知情度如何? 第二,公众的参与度如何? 第三,公众的意志表达度如何? 第四,公众的民主监督如何?

民主是调节社会矛盾的基本机制之一。民主需要制度的保障,有序民主即有具体制度和法律保障的民主。有序的民主才是合理合法的,人民大众才能依据法定的民主渠道,有序地协调社会利益关系。与此相对应的是,无序民主具有自发性、盲目性等特性,极易走上歧途,无序民主必然破坏社会的和谐。因而,和谐社会需要有序民主,这是历史的经验和教训告诉我们的。①

但在过去的很长时间里,我们总是习惯强调用民主的方法处理人民内部矛盾,而把法律仅仅看作是同敌人斗争的武器,法律手段只能用来解决敌我矛盾,而不能用来解决人民内部矛盾。现在看来,这样的认识是不全面的,甚至是错误的。实际上,法律的作用不仅仅在于调整统治阶级与被统治阶级之间的关系,而且还在于调整统治阶级内部的关系以及统治阶级与同盟者之间的关系。邓小平同志就曾明确指出,维护稳定要靠法律来解决。"巩固和发展安定团结的政治局面,是全国人民的共同愿望。需要向广大人民群众做好思

---

①　贺善侃:《如何健全社会利益协调机制》,《解放日报》,2005 年 5 月 12 日。

想政治工作,动员和组织他们自觉地、积极地行动起来,同各种破坏安定团结的势力进行有效的斗争。进行这种斗争,不能采取过去搞政治运动的办法,而要遵循社会主义法制的原则。"①法律和法规的作用,不仅在发展社会主义市场经济的过程中发挥着十分重要的作用,而且在处理和解决人民内部矛盾的过程中,也发挥着越来越重要的作用。主要表现:首先,法律作用具有不可替代性。法律规定国家和企业、企业和企业、企业和个人之间的责权利等各种关系,并为协调社会中的各种矛盾提供了基本依据,同时为经济活动中政府与企业、企业与企业、企业和个人之间各种矛盾的解决提供了法律准绳。尤其是对于产权、财产纠纷这类矛盾,单纯依靠思想教育、提高认识、理顺情绪、增进理解是不能彻底解决问题的。只有在国家法律、法规和制度的框架内,运用法律手段才能真正解决这类矛盾。其次,具有权威性和公正性。法律集中地体现了人民的意志和根本利益,它具有权威性和公正性。马克思曾经指出:"法律是肯定的、明确的、普遍的规范",法律以国家强制力量为后盾,不允许任何利益群体和个人有超越法律的特权。党的十五大明确提出,依法治国,是新的历史条件下党领导人民治理国家的基本方略。因此,我们一定要提高法律意识,增强法制观念,排除人为干扰,学会运用法律手段来处理和解决人民内部矛盾。我们强调法制在解决人民内部矛盾中的重要性,并不排斥说服教育、道德约束、经济处罚、行政规范等在处理人民内部矛盾中的作用。②

(三)以人为本的政策引导

以人为本,就是以人民群众的需要为本,它的着眼点和最终目的,不仅是物,更是人,这一要求贯穿于科学发展观的各个方面,是我们党领导发展的根本政治理念。以人为本的要义有两个方面,一个是"以人的全面发展为目标"。以往讲改革的目的是解放生产力、发展生产力,但人是生产力的主体,

---

① 《邓小平文选》第 2 卷,人民出版社 1994 年版,第 371 页。
② 姚黎君:《市场经济与人民内部矛盾的新变化》,《党政干部学刊》,2000 年第 12 期。

改革最终是要解放人。党中央提出"以人为本",不但表明我们党坚定的政治信念和对远大目标的执著追求,而且表明,从现在起,我们既要朝着这样的方向努力,做到符合现阶段发展水平的人与人、人与自然的和谐发展。二是"让发展的成果惠及全体人民"。"以人为本"中的"人",不是指某一部分人或少数社会精英,而是指以占人口绝大多数的普通工人、农民及其他劳动者为主体的全体人民。因此,我国改革发展的成果不应只是惠及少数人或某一部分人,而必须由发展成果的共同创造者即全体人民共享。这表明我们党主张的发展不是为了少数人的利益,而是为了全体人民的利益,充分体现了中国共产党人的价值观和立党为公、执政为民的政治本色。①

坚持以人为本的政策引导,是促进社会科学协调发展的重要手段。科学发展观主张的"以人为本",是指中国共产党和中国人民所追求的发展,是有利于满足人的全面发展需要的发展。合乎这一要求的发展,不只是单一的经济增长,更不是统计报表上的经济增长数字,而是在现实生活中人们都能具体感受到的,在经济、政治、文化、社会、自然环境等各个方面的全面、协调、可持续的发展。所以,党和政府制定的政策是建立在经济发展的基础上,不断提高人民群众物质文化水平和健康水平;尊重和保障人权,包括公民的政治、经济、文化权利,不断提高人们的思想道德素质、科学文化素质和健康素质;创造人们平等发展、充分发挥聪明才智的社会环境,妥善处理人民群众根本利益和具体利益、长远利益和眼前利益的关系,才能使广大人民群众越来越充分地享受到经济和社会发展的成果。

(四)利益共享的机制保障

联合国在《发展权利宣言》中指出,"发展权是每个人不可剥夺的人权。每个人及各国人民均有权参与、促进并分享经济、社会、文化和政治的发展。在这种发展中所有人权和自由都能获得充分实现。"恩格斯曾经指出,应当

---

① 冷溶:《从政治的高度看科学发展观》,《政治学研究》,2005 年第 3 期。

"把生产发展到能够满足所有人的需要的规模;结束牺牲一些人的利益来满足另一些人的需要的状况;彻底消灭阶级和阶级对立;通过消除旧的分工,通过产业教育、变换工种、所有人共同享受大家创造出来的福利,通过城乡的融合,使社会全体成员的才能得到全面发展。"①这表明全体社会成员共享社会发展成果不仅是一种不可剥夺的权利,也是社会发展的趋势要求。

由于共享社会发展成果主要集中体现在经济、社会、文化和政治的利益上,所以,我们把全体社会成员都能享受到社会发展成果,从而将社会整体进步具体化为每一个社会成员的同步发展,称之为"利益共享"。利益共享就是指社会各阶层不受性别、民族、身份、地位、能力等影响,都能平等地享受改革所带来的利益。但要特别认识到,利益共享不是利益平均,平均强调的是数量的同一,共享强调的是差异的公正;利益共享也不等于容忍和默许"搭便车"行为,尽管我们强调共享社会发展成果是不可剥夺的权利,但是参与和促进社会发展同样也是一种权利或者说一种义务(因为权利与义务是一对永远的伴生物),也就是说,我们共享的不仅仅是社会发展成果,还有社会责任;同时,利益共享与发展之间存在一种互为手段和目的的关系,发展是为了共享,共享是为了更好的发展。

在我国,利益共享目标的确定不是凭空想象的,也不是顺应形势需求被动提出的,而是由社会主义本质所决定的,是社会发展的必然要求,是真实和可以实现的。邓小平指出,"社会主义的本质,是解放生产力,发展生产力,消灭剥削,消除两极分化,最终达到共同富裕。"②其实质内涵体现为三方面:一是解放和发展生产力,是社会主义发展的物质基础;二是消灭剥削,消除两极分化,是社会主义发展的方向;三是最终实现共同富裕,是社会主义发展的目的。社会主义本质论是与社会主义基本经济规律相一致的。社会主义基本经济规律指的是,在高度发达的科学技术基础上大力发展生产,以满足全体人民不断增长的物质和文化需要。从根本上说与资本主义的基本经济规律——剩余价

---

① 《马克思恩格斯选集》第 1 卷,人民出版社 1995 年版,第 243 页。
② 《邓小平文选》第 3 卷,人民出版社 1993 年版,第 373 页。

值规律存在着本质上的不同。社会主义的物质基础靠发展生产力,所以邓小平指出:"我国综合国力达到世界前列,社会主义的优越性就真正体现出来了"。"共同富裕"的目标必须是建立在丰富的物质基础上的,所以,他特别强调现阶段我们必须要充分认识到"发展是硬道理"的重要性。

中国共产党十六届四中全会指出,要"保证人民群众共享改革发展的成果",要"促进社会公平和正义"。只有这样,才能使广大人民群众积极地认同改革、认同发展,使改革和发展成为中国社会各个阶层的共同事业。这是因为,中国共产党始终代表最广大人民的根本利益,党的理论、路线、纲领、政策和各项工作必须坚持把人民的根本利益作为出发点和归宿,充分发挥人民群众的积极性、主动性和创造性,在社会不断发展进步的基础上,使人民群众不断获得切实的经济、政治、文化利益。党在80多年的奋斗中得出一个重要结论:"最大多数人的利益是最紧要的和最具有决定性的因素"。所以,对于我们党来说,能不能始终代表最大多数人的利益,不仅关系着党的发展壮大,而且关系着党的生死存亡;不仅关系着建设中国特色社会主义事业的兴衰成败,而且关系着国家的长治久安和党的执政地位的稳固。最大多数人的利益能否体现和实现,是党制定路线、纲领、方针、政策和各项工作是非得失的最高标准。所以,社会主义本质论强调,"共同富裕"是"解放生产力,发展生产力"的目标前提。

利益共享不是片面强调所有人受益,在理论上是维护和谐秩序的最优方案,但在现实的执行过程中,却很难使所有人受益,具有操作上的高难度性。因此在改革过程中,必须对受损者给予足够的补偿,保证利益受损者也能分享改革的成果,保证制度的合理与可操作性,促进政策目标的实现。顺应构建社会矛盾调节机制的必然要求,最终在制度上形成一个完备的利益共享机制。

(五)安定有序的社会环境

"安定有序,就是社会组织机制健全,社会管理完善,社会秩序良好,人民群众安居乐业,社会保持安定团结"。① 安定有序的社会环境,可以使我们更好地协调各方面的利益关系,更好地处理各种社会矛盾,使广大人民群众共享改革发展成果,为全面建设小康社会的宏伟目标贡献自己的力量。唯有有序才能保持稳定,唯有稳定才能发展经济,为构建和谐社会奠定更加坚实的物质基础。

和谐社会必定是安定有序的社会。社会安定就是社会平安、稳定,包括人与人之间、社会群体与社会群体之间、社会阶层与社会阶层之间、人与社会之间关系的和谐,做到人人平等、和而不同、互惠互利。在安定有序的社会中,人们可以有预见性的行动,可以建立起起码的相互信任和合作,因为"所谓社会的秩序,在本质上便意味着个人的行动是由成功的预见所指导的,这亦是说人们不仅可以有效地运用他们的知识,而且还能够极有信心地预见他们能够从其他人那里所获得的合作。"②安定有序的社会强调的是经济、政治、思想文化、社会生活各个方面和领域有章可循。政治领域的有序,主要表现为权力授予和权力运行要代表人民的意愿,符合民主程序,权力监督制约完备有效。经济领域的有序,主要表现为企业、市场、政府的功能定位要正确,行为方式要符合法律法规和市场规则。思想文化领域的有序,主要表现在正确处理指导思想一元化和思想文化发展多样性的关系上。社会生活领域的有序,则主要表现为坚持共同的社会主义道德规范,以及在此前提下的充分个人自由。

安定有序,既是重大的社会问题,也是重大的政治问题。只有社会安定有序,才有经济的繁荣、社会的发展和人民的安居乐业,这是每个社会成员的根本利益所在,也是每个社会成员都应承担的责任。在现代社会里,我们不仅要增强民主意识,畅通言路,善于倾听群众的呼声,而且要加强法治建设,以道德和法律来规范人们的行为,保障社会生活的有序进行。我们必须维护社会成员的合法权益和保障人民群众的民主权利,但都必须以法律为依据和保障。

---

① 《胡锦涛在省部级主要领导干部提高构建社会主义和谐社会能力专题研讨班开班式上强调:深刻认识构建社会主义和谐社会的重大意义扎扎实实做好工作大力促进社会和谐团结》,《人民日报》,2005 年 2 月 20 日。

② [英]哈耶克著,邓正来译:《自有秩序原理》,三联书店 1997 年版,第 200 页。

各级政府处理因利益格局变化引起的人民内部矛盾是如此,社会成员反映自己的意志、表达自己的诉求也应该如此。在现实生活中,小到人际之琐碎,大到社会变动影响之事件,都会碰到一些不如意、不顺心的矛盾,遇到某些不合理、不公平的事情。面对矛盾和问题,如何表达意见、诉说愿望、排解情绪,存在一个正确表达的途径和方法问题。我们提倡和支持的是冷静、理智、文明、守法的行为,批评的是偏激、过激的不理性的行为,必须制止的是扰乱公共秩序,妨碍公共安全,损害国家、社会、集体的利益和其他公民合法权利的违法行为。依法办事,是对各级党政组织和每个社会成员共同的要求。在改革发展进程中,利益关系的调整是客观存在的,社会成员要表达自己的意见和诉求也是正常的。但这种表达应该是以理性合法的形式、冷静理智的态度来进行。否则,不利于问题的解决,还会影响社会稳定大局,影响每个公民的根本利益。

(六)系统优化的社会结构

社会是一个稳定的有机统一的结构。在有序的社会结构中,社会的各个组成部分之间的关系比较匀称、比较均衡,特别是人口结构、阶层结构、职业结构、家庭结构比较合理,社会各个子系统都能得到适当的生存和发展条件。系统优化的社会结构,就是要形成社会主体之间既竞争又合作的张力关系,和谐社会表明了这种张力关系必须处于动态平衡的状态之中,并表现出主体之间进行聚散、分合的有序性。

社会发展是各种矛盾交织的过程,要实现社会的和谐发展,就必须要用科学的手段和方式来解决现存的社会矛盾,最终达到社会结构的优化。社会结构不合理,必然会把社会距离和社会矛盾拉大,与此相应地是社会张力扩大。社会张力一大,社会冲突就在所难免;反之,社会结构合理,社会距离适当,社会矛盾就容易控制,各种利益关系协调的成本比较低,社会和谐容易形成。

社会结构的系统优化,就是优化调整或协调社会中不同因素的矛盾、冲突或纠葛,使之成为大致统一体系的过程或结果,目的是使社会中各有区别又有联系的不同群体,通过相互顺应,遵守相同的行为规范而达到团结一致,形成一个均衡的体系。社会结构的优化整合,包含有法律整合、经济整合、文化整合等多方面内容。社会整合的最大功能在于维系社会的大致(不是绝对)和谐,提高社会整体发展水平。系统优化的社会结构是任何社会发展的前提,对社会主义国家发展来说,其意义更为突出。原因有二:一是到目前为止,社会主义国家都是在落后国家建立起来的,因而都面临着实现社会主义现代化的任务,而通过有效整合建立起来的统一有序的社会是现代化发展的重要前提;二是随着世界经济和社会发展,尤其是社会主义国家对如何建设社会主义认识的深化,社会主义国家目前基本上都处于改革时期,经济和社会正发生比较深刻的变化,在这样形势下,如何保持变革后社会的有机性和整体性,将直接关系到改革的成功和社会主义的最终前途。在新的历史时期,面对正在发生深刻变化的社会,社会主义国家执政党要能有效地整合社会,就必须重新思考整合社会的组织、体制、机制和观念。[①]

三、社会矛盾调节机制的治理路向

当前,处于转型期的我国社会正经历着深刻的变化,原有的利益格局已经发生了巨大的调整和分化,出现了一些新的社会阶层和日益多样化的利益诉求,社会矛盾和冲突也逐渐尖锐。近年来,全国各地的群体性事件比较频繁地发生,上访包括集体上访的数量仍然居高不下,由征地和拆迁引起的上访数量明显增加。虽然这类事件基本上都属于非制度化的利益矛盾和冲突,但能否协调社会各阶层的利益,整合社会资源,维护社会稳定,尽可能地扩大执政的群众基础,构建出一个民主法治、公平正义、诚信友爱、充满活力、安定有序、人与自然和谐相处的和谐社会,就成为摆在党和国家面前的一个全新而重大的时代课题。

---

① 林尚立:《执政党执政的功能体系》,《学习时报》,总第67期。

（一）目标：从利益失衡到利益均衡

以人为本的发展应当以绝大多数社会成员的利益为基本着眼点。如果改革发展的结果只是有利于少数社会群体、少数成员，那就说明我们改革发展的成果为少数人所享有，属于一种"无发展的增长"。利益协调目标就是要从抽象的群众利益到最广大人民群众的根本利益，从绝对统一的利益到根本利益至上、多元利益合理追求、最终实现利益分享。

自改革开放特别是 20 世纪 90 年代末以来，我国在分配上出现了失衡。而这又突出表现在收入差距的悬殊：（1）城乡居民之间收入失衡。改革开放初期，城乡居民收入比率由 1978 年的 2.57 下降为 1983 年的 1.82，到 1994 年，这一比率由 1.82 上升到 2.86，此后三年呈现缩小的趋势，但从 1997 年开始，城乡收入差距一路攀升至 2003 年的 3.23。[①] 中国社会科学院发布的 2006 年《农村经济绿皮书》得出的结论是：2005 年，农民人均纯收入 3255 元，当年城市居民人均可支配收入突破万元大关，达到 10493 元，2005 年中国城乡居民之间收入差距比率高达 3.22。（2）地区之间收入失衡。2003 年城镇居民年均可支配收入最高的上海（14867.49 元）是最低的甘肃（6657.24 元）的 2.23 倍。[②]《农村经济绿皮书》同时指出，截至 2004 年年底，全国尚有 14 个省（区、市）农村全面小康实现程度小于 15%，西部地区部分省份尚未实现 2000 年总体小康目标。而上海、北京和天津农村全面小康实现程度分别达到 87.8%、81.7% 和 67.8%，进入了农村全面小康社会建设的中后期。当前，中国已经被归入世界上地区差异特征最显著的国家之一。（3）社会群体之间收入失衡。20 世纪 90 年代以后，不同利益群体逐渐形成，有的在改革中受益较大，有的受益较少，有的甚至受损，对改革支持的积极性也有所变化。1998 年，城镇收入最高的 20% 人口的收入与收入最低的 20% 人口的收入之比为

---

① 中国（海南）改革发展研究院编：《政府转型与社会再分配》，中国经济出版社 2006 年版，第 41 页。

② 吴俊杰等编著：《中国构建和谐社会问题报告》，中国发展出版社 2005 年版，第 5 页。

9.6:1,收入最低的 20% 人口的收入占总收入的比重为 5.5%,收入最高的
20% 人口的收入占 52.3%。① 在这个阶段,收入差距迅速扩大,已成为影响当
前社会和谐与稳定的重大问题。20 多年来,我国基尼系数从 0.2 ~ 0.3,升高
到 0.4 ~ 0.5,几乎倍增。这个数字早已超过国际公认的警戒线。

为此,如何扭转改革中的利益失衡,迈向利益均衡式改革,就成为当前的
重要任务。尽管在改革反思和争论中充满分歧,但实际上,"不能仅仅让普通
民众承担改革的代价和成本"、"改革要让多数人受益"、"扩大改革收益者范
围"这样的理念,已经为大多数人所接受,甚至对原来在改革中利益受损害的
人进行某种补偿的观点,也已经为人们所接受。我们还可以进一步看到,即使
是坚定主张坚持和深化改革者,也在开始探讨弱势群体和通过再分配来扭转
改革中的利益失衡的问题。可以说,迈向利益均衡式改革,是一种开始被广泛
接受的共识,也是保证改革再出发的基础。如果考虑到在前一段改革中利益
关系失衡的情况,可以说,解决在改革中的利益失衡问题,目前已经是刻不容
缓。因此,在新的改革阶段上,社会公平将成为改革的题中应有之义。

(二)格局:从政府统治到社会治理

"格局"一词在《现代汉语词典》里解释为"结构和格式"。随着社会利益
分化与冲突加剧,社会矛盾利益化日益凸显,调节社会利益关系,缓和社会利
益矛盾,正越来越成为我国政府的重要职能。只不过政府一般不再以强制性
力量出现,而是调整了治理格局,越来越多地通过配套性的制度安排使新的社
会组织形式合法化,进而为社会提供正常和稳定的公共秩序。在经济全球化
和政治民主化的背景下,公民社会组织正在承担着越来越多和越来越重要的
公共管理职能。如何加强政府监管和引导,充分发挥社会组织在协调利益、化
解矛盾、实现和谐秩序方面的积极作用,就成为当前政府面临的一个重要课

① 许欣欣、李培林:《1998 - 1999 年:中国就业收入和信息产业的分析和预测》,载汝信主编:《社
会蓝皮书:中国社会形势分析与预测》,社会科学文献出版社 1999 年版。

题。

近年来,我国学术界把这种公民社会组织积极承担促进公益责任,并与政府和其他公共部门进行合作的公共管理活动称之为治理(governance),这是借鉴了兴起于20世纪90年代的西方治理理论。这种理论产生的主要原因是公民社会日益壮大,仅仅依靠市场或者国家都无法避免资源配置的低效率,因此,愈来愈多的人热衷于以治理机制对付市场和国家协调的失败。

我国著名政治学学者俞可平教授认为,治理是指"官方的和民间的公共管理组织在一个既定的范围内运用公共权威维持秩序,满足公众需求。治理的目的是指在各种不同的制度关系中运用权力去引导、控制和规范公民的各种活动,以最大限度地增进公共利益"[1]。在此基础上,他把治理与传统意义上的统治比较之后概括为四个方面:第一,治理的权威内涵不同。治理也要权威,但这个权威并非一定是政府机关,它可以是更为广泛意义上的社会治理主体;第二,治理过程中权力的指向不同。政府统治的权力运行方向总是自上而下的,它是通过政府发号施令、制定政策和实施政策对社会公共事务进行单一向度的管理来实现的;治理则是一个上下互动的管理过程,它主要通过合作、协商、伙伴关系、确立认同和共同的目标等方式实施对公共事务的管理;第三,治理的范围不同。治理的范围已经大大超越了传统意义上的国家统治。治理所涉及的对象要宽泛得多,既可以是特定的民族国家,也可以是超越国家领土界限的国际领域;第四,治理权威来源不同。治理所需要的权威与传统的中央政府的权威不同。统治的权威主要来源于政府的法规命令,治理的权威则主要来源于公民的认同和共识。前者以强制为主,后者以自愿为主。[2]

当然,任何外来理论都必须要与中国国情相结合才能具有现实推动作用,那种盲目照抄照搬来的理论直接用来指导中国则是相当有害的。在中国,社会组织的地位与作用主要是围绕政府作用来确定的,不能抛开政府的主导地位和作用。政府通过监管和引导,注意控制和协调社会组织,积极调动和发挥

① 俞可平:《政治与政治学》,社会科学文献出版社2005年2月版,第21页。
② 俞可平:《政治与政治学》,社会科学文献出版社2005年2月版,第21-22页。

他们协助政府化解利益矛盾、帮助政府减轻管理负担。这最终是有利于推动国家政权更好地发挥作用的。

面对纷繁复杂的社会关系,以及日益激化的社会矛盾,使公正替代效率成为良好社会治理首要的价值理念。在公正理念指导下的新型的"社会治理"格局的提出,并不是为了迎合前沿流行的理论口号,而恰恰是适应了我国社会管理发展的迫切需要。所谓社会治理,是指为适应社会环境的变化,更好地解决公共事务,国家政权通过制定科学的政策和法规,依法管理和规范社会组织,化解社会矛盾,维护社会公正,达到社会的和谐秩序的过程。由此概念可以看出,社会治理"蕴涵了有限政府、法治政府、公众参与、民主、社会公正等等理念,以共同治理为本,谋求政府公共部门、私营部门、公民社会等多种社会管理主体之间进行广泛沟通与交流,通过共同参与、协同解决、公共责任机制,在社会公正的基础上提高社会管理的效率和质量"①。从治理模式出发,社会治理是"强调政府与非政府组织、政府与市场、集权与分权相结合的'社会综合治理模式',将寻求多元组织之间的协商合作与互动交流,作为有效治理社会的新途径,更好地实现对社会公共事业的公共管理"②。在这个新的治理模式之下,社会治理非常注重在经济发展的同时促进社会发展,不仅强调经济增长指标的提升,而且注重社会整体协调程度的改善;同时,社会治理也非常强调建立和谐的社会秩序是社会各个阶层的组织与群体的共同目标,而不仅仅是政府的责任。"只有在一个强大的、积极的社会中,并且其中的社会成员都意识到自己对他人以及自身所承担的义务之后,个人才能够在这一社会中得到最大程度地发展"③。

(三)理念:从人治之治到法治之治

任何社会,人与人之间的关系、个人与组织之间的关系、组织与组织之间

---

① 孙晓莉:《西方国家政府社会治理的理念及其启示》,《社会学研究》,2005 年第 2 期。
② 窦玉沛主编:《社会管理与社会和谐》,中国社会出版社 2005 年 4 月版,第 183 页。
③ 孙晓莉:《西方国家政府社会治理的理念及其启示》,《社会学研究》,2005 年第 2 期。

的关系,都是按一定的规则进行的,否则社会就是无序的。把人们之间活动的规则固定起来,就是制度化;把制度用具有国家强制力的法律规定下来就是法律化。现代社会,由于人们交往范围的不断扩展以及社会交易链条的日益拉长,法律制度因其具有规范性、普适性和强制性的鲜明特质,更适于用来调节整个社会关系中的冲突和矛盾。十五大提出,依法治国是党领导人民治理国家的基本方略,这是社会主义市场经济发展的要求,是党的领导方式的重大改变。这表明,过去我们党的领导方式是适应计划经济体制要求的,现在社会主义市场经济体制改革的深入和社会主义市场经济的发展,要求我们党在领导方式上有个重大转变,转变过去人治色彩过浓的领导方式。邓小平同志说"使这种制度和法律,绝不能因领导人的改变而改变,绝不能因领导人的看法和注意力的改变而改变",不仅表明了法治与人治的区别,而且是在提倡法制、反对人治。当前,虽然公开主张人治的社会土壤已经消失,但现实中的人治思想还时常出现,诸如权大于法、按长官意志办事等现象还大量存在。人治与法治的根本区别在于对待人民群众的态度的不同:人治把人民群众当作治理的或管理的对象,要求人民群众按长官意志办事;法治则要求领导者、管理者按人民意志办事,其目的是保障公民的权利。

面对转型期利益格局的调整和分化,只有实行法治之治,社会成员的民主权利才能有制度化、法律化的根本保障,才能引导人民群众通过法定程序表达自己的利益诉求,追求用合法的手段和方式来维护自身的合法权益。只有实现法治之治,通过法律程序和法律手段解决社会纠纷和冲突,做到法律面前人人平等,真正贯彻有法可依、有法必依、执法必严、违法必究,才能实现和维护社会的公平和正义。只有实现法治之治,坚持依法治国,严格按照法定权限履行职责,行使权力,把社会纠纷和冲突的解决纳入到法制化的轨道,才能避免社会矛盾激化为对抗和冲突,从而保证社会的安定有序。

(四)形态:从非制度化到制度化

所谓制度化(institutionalization),是指"群体和组织的社会生活从特殊的、不固定的方式向被普遍认可的固定化的模式的转化过程。"①它是群体与组织发展和成熟以及整个社会生活规范化、有序化的变迁过程,表征为共同价值的生成、统一规范的形成、系统的机构和制度框架的建构。塞缪尔·P. 亨廷顿认为,"所谓制度,即稳定的、受到尊重的和不断重现的行为模式,而制度化是组织与程序获得价值和稳定性的过程。"②

　　一个组织的制度化水平越高,它的生命力和能力也就越强。转型期我国社会矛盾治理最终要在制度化空间内解决以增强合法性与合理性。如果依照"合理诉求"和"合法方式表达"两个指标来观察我国社会矛盾制度化情况的话,可以发现,现实中社会矛盾形态主要有四种类型:第一类矛盾是合理诉求通过合法方式表达的;第二类矛盾是合理诉求通过不合法方式表达的;第三类矛盾是不合理诉求通过合法方式表达的;第四类矛盾是不合理诉求通过不合法方式表达的。在这四种矛盾中,第一类矛盾是社会矛盾治理制度化追求的最佳解决方式,第三类矛盾完全处于法治控制范围之内,第四类矛盾是可以通过法治方式很容易能够解决的。最复杂的还是第二类,合理诉求与非法方式交织在一起为矛盾的解决提出了严峻挑战。如今表现得比较激烈的社会矛盾基本上夹杂着这个特征。为此,如何把各种不同利益群体的诉求容纳在现行法治框架内,最终实现从非制度化到制度化的矛盾治理形态,就成了党和政府的一项重要任务。

　　非制度化的社会矛盾形态产生的很主要的原因主要有两方面:一是能够容纳利益诉求、冲突的制度化方式不足或者渠道不畅导致的;二是我国社会传统习惯和法治意识淡薄等多种原因,使社会民众不愿意选择制度化方式来解决,当前"信访不信法"的现象就是一典型实例。解决这个问题的途径主要是:首先,需要实现党与群众团体联系机制的转变,即通过制度化方式,使诸如工会、共青团等群众组织,不仅承担起党的助手的职责,还应真正成为他们所代表的群众意志和利益的表达渠道。其次,不断创新更多的利益表达渠道,增

---

　　① P. N. Bhagwati, Speech Before All India Law Teachers Conference, (Varanasi, December 27, 1979) , p. 13.

　　② [美]塞缪尔·P. 亨廷顿:《变革社会中的政治秩序》,华夏出版社1988年版,第12页。

强社会的包容性和整合功能,使得利益表达有序化、法制化,而不至于演化成激烈的对抗。再次,要加强法治宣传教育,正面引导大家理性对待矛盾,走制度化解决方式。

制度化治理社会矛盾,这对于党的领导来说,不是削弱了党的领导,相反是巩固了党的领导。可以通过这种转变,构建多种利益表达渠道,使社会整合有序化、规范化。在这方面,最大的问题是某些群众组织行政化国家化,淡化了自己作为特定群众组织的特点。群众组织、群众团体如果不能表达自己所代表的特定群众利益,就丧失了这个组织的生存意义。唯有实行改革,真正成为特定群众的代表者,才能在社会整合中占有一席之地。①

(五)手段:从单一的行政控制到多元的治理方式

国家是把冲突保持在"秩序"范围内的主要力量。但国家保持"秩序"的手段可以是多种多样的,既包括经济的、政治的、文化的、社会的,也包括和平的和专政的方式。在计划经济时期,控制资源利益分配的主要手段是单一的行政控制手段,进入市场经济时期,多元的利益主体,多元的利益诉求,要求控制手段也要多元,借助于公共管理理论,应该采用经济、政治、法律、道德等多种方式综合并用的治理方式,从过多地运用行政权力,运用刚性的、一元的社会整合方式,转变为民主的、多元的整合方式。

党的社会治理方式受到历史条件的制约。在夺取政权时期,党的社会治理的直接目的是为了动员社会最大多数人的力量,推翻旧的社会制度和旧政权,所采取的基本方法是以工人阶级为领导力量,依靠最广大的人民群众,实行政治动员,同时给本阶级成员以物质利益至少不损害其利益。而对于革命的对象采取强制性措施。简单地说,就是通过改变旧的对社会资源的占有方式和占有量,造就了共产党执政的社会基础,构成了适应当时革命时期需要的社会整合机制。在计划经济时期,在单一的所有制、两阶级一阶层的社会结构

---

① 高新民:《强化党的社会整合功能》,《学习时报》,第 231 期。

基础上,党基本上以行政权力为主要手段,以平均主义的分配方式,建构了当时的社会整合机制,其特点是把全社会的人都整合到体制内,是刚性的一元的整合方式。在社会主义市场经济条件下,人们对社会资源的占有方式和占有量已经发生了重大变化,这种变化的背后隐含的最基本的问题是党的执政基础的变化,这是一个隐性的变化。"党需要重新架构社会整合机制,以便把全社会最大多数人的利益和意志整合起来,造成中国社会发展所需要的稳定局面和尽可能广泛的执政基础。这种整合与党史上其他时期的社会整合相比,其根本区别就是并非要把不同利益群体整合到同一所有制、同一分配方式和生存方式中来,而是在不改变现存的对社会资源的占有方式,社会不同利益群体保持自己的相对独立性和差异性的前提下,按照事物内在的联系,遵循某种公认的规则而和谐发展,其基本特征就是多元的整合,由此造成在整合方式上的变革,即以民主的方式为基本的整合途径。民主的整合方式实质上就是以大多数人的利益和意志为重,同时尊重弱势群体,具体的方法和手段包括建立多渠道协调、沟通机制,扩大人民群众的政治参与,以制度化手段维护社会公正等多种形式。"①

在多元的治理方式中,首要的是要发挥思想政治工作的作用,这是我们党的优良传统和政治优势。江泽民曾经指出:"各级领导干部要善于分析和处理各种人民内部矛盾,必须把思想政治工作和其他相应的工作做到前面去,做细做实,使群众感到入情入理,感到党和政府是真心诚意维护群众利益、关心群众疾苦的。这样群众也会真心诚意地拥护我们,积极帮助和配合我们处理好各种矛盾和问题,不断巩固和发展安定团结的大好局面。"②除此之外,还要积极运用经济、行政、法律等手段妥善处理人民内部矛盾。对涉及物质利益方面的矛盾,可以较多地运用经济杠杆加以调节处理。对于那些群众普遍关心的难点、热点问题,对于矛盾多、困难突出、干群关系紧张、不安定因素增加的地方和单位,运用行政手段时,要注意政策的科学性,注意改革的力度和群众

① 高新民:《强化党的社会整合功能》,《学习时报》,第231期。
② 《江泽民论有中国特色社会主义》(专题摘编),中央文献出版社2002年8月版,第220页。

的承受度相统一,做到各个层面利益兼顾,防止矛盾激化。同时,要从法规制度方面不断建立健全社会保障体系,调动最大多数人的积极性,解除群众的后顾之忧。总之,综合运用这些手段,必须始终把维护和谐秩序放到首位,把切实保障和维护最广大人民群众的根本利益放到首位,这是处理社会矛盾的最终目的。

四、构建社会矛盾调节机制的主要途径

构建一个完整的社会矛盾调节机制,就能够使社会面临不和谐因素时,自发地发现影响社会和谐的因素,并发挥调节、矫治的作用,有效地整合社会各部分及各种力量,使社会结构获得平衡,使社会运行在良性状态下进行。从当前的实际出发,建立和健全社会矛盾调节机制,要从以下几个方面着手:

一是创新社会利益整合机制。用法律、政治、行政、社会等多种途径来实现社会利益的表达和协商对话,以协调各个相关利益主体的特殊利益和价值观念,公平分配社会利益和配置社会价值。首先,要整合社会利益的价值观,以引导政府和各个社会利益主体整合社会利益的方向和行为,当前尤其要强调树立公平处理社会利益的核心价值观,并建立健全以民主参与为基础的社会利益表达机制和社会利益协商对话机制。第二,要创新社会利益表达机制,发挥利益群体、民意调查、大众传媒、网络传媒在利益表达机制中的作用,完善信访制度、听证制度等利益表达机制。第三,要创新社会利益整合机制,充分发挥人民代表大会制度的作用,建设和完善人民代表大会的代表制度和议政制度;充分发挥共产党领导的多党合作和政治协商制度整合社会利益的作用,进一步优化政协议题的形成机制和协商对话机制,并探讨通过政治协商和政协的提案、意见和建议的形成和处理来增进社会的协商对话,以有效协调和平衡社会的多元利益要求;充分发挥公共行政与政府的公共政策对社会利益的整合功能,建立一个开放性的社会化的公共政策议程,扩大决策的社会参与,实现决策的民主化,建立政府处理社会利益并与社会良性互动的新模式。第四,发挥社会协商对话机制的社会利益整合作用,继续发展以城市居民委员会、农村村民委员会和企业职工代表大会为主要内容的社会基层民主自治体系,在各自的领域内通过民主选举、民主决策、民主管理和民主监督发挥着整合广大城乡基层群众利益的重要作用。

二是创新社会管理机制。把加强社会建设和管理同推进经济社会协调发展、同群众多样化的生活需要、同推进基层民主建设、同增强党的执政能力紧密结合起来,努力建立与社会主义经济、政治、文化体制相适应的社会体制。创新具有内源性、高能性、合作性、整合性的社会管理机制。第一,要积极发挥城乡基层自治组织在社会管理中协调利益、化解矛盾的作用,以社会基层组织作为重点和要点,建立以社会基层组织为基础的适应新形势要求的社会管理体制和运行机制。同时,推进社区管理体制改革,通过提高公共服务水平来减少社会矛盾。第二,要充分发挥社会中介组织在社会管理中反映诉求、规范行为的作用,培育和发展各类社会组织,建立和完善社会管理和社会矛盾调节体系。

三是创新社会矛盾调解的政府公共机制。主要包括:政府的公共政策机制、收入分配机制、福利国家机制。第一,运用公共政策机制调节社会矛盾:政府通过公共教育政策、充分就业政策、社会政策、反贫困政策等公共政策,使利益的权威性分配更加公平、公正、公开,并适当向弱势群体倾斜,从而有效发挥公共政策的社会矛盾调节功能。公共政策制订的过程中,充分发挥公共政策的利益协调功能,使各个利益团体在公共政策制订的过程中都发挥自己的作用。第二,运用收入分配机制调节社会矛盾,完善收入分配政策,对不公平的收入分配实施再分配。第三,运用福利国家机制调节社会矛盾,为社会稳定和社会安全提供完善的社会保障和社会福利。

四是创新权利救济与纠纷解决机制。建立健全以司法为核心的多元化的权利救济与纠纷解决机制,满足社会主体的多样需求,维护正常的法治秩序,保证社会和谐和稳定发展。首先,通过民主程序建立合理的法律和各种制度,调节利益冲突,保证社会分配的公平,预防和减少纠纷的发生。第二,合理配置纠纷解决资源,建立司法和非诉讼纠纷解决机制,为当事人提供各种便利和帮助,使纠纷在发生后能够及时妥善得到解决。第三,制定相关的法律,并授权地方政府、权力机关和社会组织酌情制定具体的规则和制度,实现纠纷解决机制的多元化和合理化。鼓励民众合理选择纠纷解决途径,规范相关程序,保证纠纷解决制度独立和公正地运行。第四,在突发事件、群体性事件和公共安全事件发生时,及时采用应急措施稳定社会秩序、对受害人提供直接救助,并在事后启动责任追究机制。

五是创新社会矛盾调节工作机制。第一,建立、健全灵敏有效的社会矛盾预警机制。在社会矛盾处于潜伏时期,能够及时察觉、预告有关迹象,并予以恰当处置,努力掌握矛盾调节的主动权。第二,健全完善社会治安防控机制。加强农村社会治安防控机制建设,加强城镇社区治安防控机制建设,抓好公共场所的治安防范机制建设,加强情报信息工作,强化隐蔽战线斗争,做好矛盾纠纷排查调处工作,妥善处置群体性事件,加强法制建设,推进依法治理,把握正确的舆论导向,提供强大的舆论支持,落实领导工作责任,提供物质技术支持。第三,健全完善人民调解机制。发展多种形式的人民调解组织,拓宽人民调解的工作范围,规范人民调解委员会的工作,依法确认人民调解协议的法律效力,提高人民调解员的素质,加强人民法院对人民调解委员会的指导。第四,健全社会心理调节机制。加强社会主义精神文明建设,营造健康的、积极的社会心理氛围;健全信息传播机制,建立起政府与社会公众之间的信任机制;建立有效的社会心理支持系统,特别是要加强对社会弱势群体的精神慰藉和心理帮助。第五,健全社会矛盾调节的应急机制。调动整个社会力量,提高应急效率,发挥公民社会组织在应急中的重要作用,把常态管理与应急处置有机地结合起来,高度重视社会"安全阀"系统的建设,坚持做好深入细致的思想政治工作,综合灵活地运用好各种手段。第六,健全社会矛盾调节的监督、考核和追究机制。切实加强对社会矛盾调节工作的领导,明确职能和职责,加强全程实时监控,形成科学的绩效考核指标体系,完善事后调查分析制度,健全责任追究制度。

第五章 创新社会利益整合机制

一、社会利益整合的价值取向

社会利益整合是在相关的各个社会利益主体充分表达自己利益的基础上,通过各个利益主体间的协商对话,协调各种特殊利益和价值认识,形成共同利益和共同价值的活动和过程。社会利益整合机制是用法律、政治、行政、社会等多种途径来实现社会利益的表达和协商对话,以协调各个相关利益主体的特殊利益和价值观念,公平分配社会利益和配置社会价值的过程和制度。

社会利益的整合既是社会共同利益的形成过程,也是一个社会共同价值的形成过程,没有对社会共同价值的认同,就不会形成所谓的社会共同利益。利益的整合是一个价值判断和价值选择的过程。社会各个利益主体对自己特殊利益的价值认识,对如何处理才符合社会共同利益的价值认识,对协调各自利益、形成共同利益有着重要影响。特别是政府等作为整合和处理社会利益的权力和资源的主体,它们对各个社会特殊利益价值的看法,对社会共同价值的看法,对如何整合和调节社会利益问题起着重要的作用。

因此,要创新社会利益的整合机制,在建立社会主义和谐社会的条件下,必须要整合社会利益的价值观,以引导政府和各个社会利益主体整合社会利益的方向和行为,当前尤其要强调树立公平处理社会利益的核心价值观,并建立健全以民主参与为基础的社会利益表达机制和社会利益协商对话机制。

（一）从"社会断裂"看社会利益处理的失衡状态

十一届三中全会至今,改革开放已经进行了整整 27 年,经过长时间的发展,中国的各项事业都取得了长足的进展,良好的经济指标更是吸引了全世界的眼球。单纯从几项主要的经济指标来看,中国的发展确实引人注目:2004年,全国的国内生产总值达到 159878 亿元①,人均国内生产总值历史性地突破了 1 万元;财政收入达到 2.63 万亿元,比上年增长 21.4%;社会消费品零售总额 5.4 万亿元,增长 13.3%;进出口贸易总额 1.15 万亿美元,增长35.7%,由上年的世界第四位上升为第三位。而在 1978 年,我国的 GDP 只有3624.1 亿元、财政收入只有1132 亿元、进出口贸易总额只有 206 亿美元,居世界第三十二位。

改革开放 27 年的巨大成就意味着中国这个贫穷落后、人口众多的大国开始向全面小康的阶段前进,这是一个举世瞩目的成就,也是全球消除贫困的典范。然而,在经济高速增长、社会物质生活极大丰富的背景下,社会分化越来越明显,各种矛盾在不断孕育、爆发,社会问题层出不穷,而这些矛盾与社会问题很有可能妨碍经济的持续、快速发展,也有可能进一步造成政治不稳定。进入 90 年代以来,中国虽然宏观经济运行良好,但持续快速增长的 GDP 没有能继续改善大多数老百姓的生活,绝大部分人仍不能享受到经济发展的成果。孙立平认为,这说明了"在经济增长的成果和社会成员的生活之间,经济增长和社会状况的改善之间,出现了断裂"②。

从贫富差距来看,90 年代以来,我国城乡居民家庭人均收入的基尼系数不断提高,贫富分化在不断扩大,并有进一步提高的趋势。国际上通常认为基尼系数大约在 0.3 - 0.4 之间为中等贫富差距程度,0.4 为国际公认的警戒

---

① 引自国家统计局 2005 年 12 月 20 日公布的根据经济普查数据修正的 2004 年我国 GDP 数据。比年快报核算数增多 2.3 万亿元,增加 16.8%。由此,我国经济总量在世界的排名前移一个位次,成为第六,排在美国、日本、德国、英国、法国之后。

② 孙立平:"90 年代以来中国社会结构演变的新趋势",博客中国网站。

线。我国的基尼系数 1991 年为 0.282,1998 年为 0.456,1999 年为 0.457,2000 年为 0.458,十年上升 1.62 倍。中国社会科学院经济研究所收入分配课题组根据其第三次全国住户抽样调查的数据得出结论,1995 年至 2002 年期间,中国个人财产分布的基尼系数从 0.4 上升到 0.55,上升幅度高达近 40%。2003 年,中国人民大学与香港科技大学合作进行的调查结果表明,大陆的基尼系数是 0.53 或 0.54 左右。联合国开发计划署公布的 2005 年《人类发展报告》指出,中国目前的基尼系数为 0.45。还认为中国占总人口 20% 的最贫困人口在收入或消费中所占的份额只有 4.7%,占总人口 20% 的最富裕人口占收入或消费的份额则高达 50%。国内最新的调查统计显示,10% 的富裕家庭占城市居民全部财产的 45%,最低收入 10% 的家庭其财产总额占全部居民财产的 1.4%,另外 80% 的家庭占有财产总额的 53.6%。以上研究机构和组织根据不同的调研数据测算的基尼系数虽然有一些差异,但都超过了 0.4 这一国际公认的警戒线。这样,在短短 20 几年的时间里,我国已从一个经济平均主义盛行的国家转变为超过国际上中等不平等程度的国家。

从城乡差距来看,城乡间的差距发展到了令人不能不正视的地步,城乡差距使众多的农业人口沦为贫困群体。1998 年中国农村人口占总人口的 69.6%,是城镇人口的两倍以上,但最终消费却仅占全部居民消费的 47.9%,如此低的消费率的背后反映的是巨大的城乡居民收入差距。清华大学教授胡鞍钢在一份研究报告中指出,中国城乡居民的人均收入差距在 1995 年时为 2.5 倍,到 2003 年时扩大至 3.23 倍,如果考虑到城镇居民获得的各种转移支付和补贴等,实际的收入差距则约达 5 倍。

从地区差距来看,在 2000 年中国东部地区人均收入是西部的 2.26 倍,最高的省与最低的省差距超过 3 倍。在全国各地中,2004 年上半年人均收入最高的 5 省市是:上海(8513 元)、北京(7836 元)、浙江(7771 元)、广东(7264 元)和福建(5879 元),平均为 7453 元,是人均收入最低的 5 省区市的 2 倍还多。胡鞍钢在《中国新发展观》一书中认为:北京、上海、深圳等高收入发达地区人均 GDP 已高于世界中等收入国家水平,是中国的“第一世界”;天津、广东、浙江、福建、辽宁等沿海省份人均 GDP 已高于世界下中等国家收入水平而低于上中等国家收入水平,它们是中国的"第二世界";沿海地区的河北、东北、华北中部地区人均 GDP 低于下中等收入国家水平,位居世界 100 – 139 位之间,是中国的"第三世界"。而中国的另一半以上的地区有人口约 6.3 亿,占全国人口总数的一半,这类地区的人均 GDP 低于世界低收入国家平均水平,它们是中国的"第四世界"。[①] "四个世界"的划分突出地显示了中国地区差距的现实。

从行业间的收入差距和不同经济性质的单位职工收入差距来看,行业间平均劳动报酬最高与最低之比在 2000 年为 2.62 倍,在 2003 年为 3.98 倍,而到了 2004 年达到 4.25 倍。这还不包括工资外的福利收入。2004 年 1 月至 9 月,平均劳动报酬较高的行业有计算机服务和软件业、金融业、科技服务业等,分别为 18798 元、15982 元和 15489 元。而平均劳动报酬较低的农业牧渔业、住宿和餐饮业、批发和零售业仅有 4655 元、8057 元和 8159 元。国有经济单位中,电力、自来水、燃气生产与供应、电信业、航空运输业、铁路运输业等行业,靠着垄断经营的优势,获取比其他行业平均工资高得多的收入。

从弱势人口的数量来看,据中国人民大学社会研究报告《走向更加公正的社会》的计算,如果将城乡贫困人口、经济结构调整中的失业和下岗职工、残疾人、灾难中的求助者、农民工等各类处于弱势地位的人口加总,再扣除彼此重叠的部分,大约有 1.4 – 1.8 亿人。

(二)建立和谐社会需要树立公平处理社会利益的核心价值观

贫富分化等"社会断裂"现象是社会利益处理不公平的结果。社会不公的出现有众多的原因,如人的禀赋、能力和知识经验的差异;竞争资源的差距;自然地理条件的巨大差异;市场经济的竞争和优胜劣汰;国家在资源配置过程中实施的某些倾斜政策;不合理的战略思维和经济政策;经济体制和法律制度的某些漏洞;国家和政府对收入分配的宏观调节不力等等。但其中最主要的

---

① 胡鞍钢:《中国新发展观》,浙江人民出版社 2004 年版,第 199 – 201 页。

还是市场的不良后效性以及政府失当的政策和行为对分配不公造成的重大消极影响。

改革开放以来，以"效率优先"作为价值取向，中国进行了全面经济改革。许多学者认为市场经济虽然不是人类社会最好的制度安排，但它是人类社会至今所能发现到的最不坏的资源配置方式。

社会利益分配首先是社会资源的分配。要使社会资源得到有效利用，达到社会效用最大化，必须经由市场机制，通过市场竞争，用市场信号向经济主体提供资源信息，调整它们对资源的占有和利用，从而在满足社会需要的同时，使各自的利益协调地实现。就是要确立市场机制和竞争规则，用市场这只"看不见的手"根据社会需要来分配社会资源，按市场规则来确定利益关系，重组利益格局，协调利益的实现。由市场竞争带来的差异性实际上是一种激励机制安排，因为它造就了市场的活力和效率。

市场经济造成阶层结构的开放性和个人社会身份的流动性。财富、权力、声望等资源不断地在分化中流动和重组。对比传统的高度集中的计划经济条件下国家控制社会资源和机会，并根据人们在社会中的位置来分配资源，人的地位、身份、收入都是预先界定好的，人们一般很难通过后天的努力打破这种封闭的、僵化的利益格局。

但这只是一种市场的公平，而市场的公平不等于社会公平。市场往往更多地注重效率和活力，市场的分配是由市场上力量关系、个人能力、财产多少、利用教育机会的可能性以及在社会上的灵活性等方面决定的，通过市场竞争必然带来利益分化和资源占有的不平衡，甚至造成"马太效应"，导致贫富的过大分化，市场不可能解决社会公平问题。因此，面对这一市场失灵的领域，不能对市场带来的公正做过高的指望，必须由政府介入和干预来纠正市场的失灵，解决贫富的过大分化问题，实现社会的公平正义。

市场失灵导致的收入分配不公还表现在市场不公平竞争往往会导致垄断，垄断导致不完全竞争和价格扭曲，并进一步导致资源浪费和资源分配扭曲；市场经济的外部性造成了外部不经济，企业在攫取利润的同时，也在破坏人们赖以生存的环境、生态等，而企业本身不负责治理，致使这一成本加在无辜的受害者身上,导致其有限的收入被剥夺;市场也不能提供公共产品,而基础教育、公共设施、社会保障、公共医疗等公共产品是社会正常发展的条件和基础,对实现社会公平有很重要的作用;市场波动和经济不稳定也是市场经济的一个缺陷,由于在不完全掌握信息的情况下每一个市场主体提前进行自己行为的选择,对过高利润率的追求往往导致宏观经济的失调和不稳定,影响充分的就业和市场的效率。这些都需要由政府这只看得见的手来纠正市场的失灵,弥补市场的不足。这不是否定市场机制,这里强调的是要通过继续深化改革,进一步完善市场体制,并强化政府弥补市场失灵的作用。

失当的公共政策和政府行为往往更加剧了社会财富分配不公。在效率优先、"一部分人先富起来"原则的指导下,在经济转轨时期我国政府推进市场化改革先行一步,而通过政府纠正市场失灵和实现社会公平的政策滞后,政府的角色失位、缺位,加上我国是在公有制为主体的基础上来建立市场经济,就又往往会导致政府越位,这就加大了社会收入分配的不公平,形成了一个越来越不和谐的经济和社会关系,阻碍着经济和社会的进一步发展。

以 GDP 为第一目标的发展观导致经济发展并没有促进社会发展,使经济增长和社会发展分离,财富集中在少数人手里,多数人不能享受经济发展的成果,甚至沦为赤贫人口。政府往往只重视经济建设,而较少提供公共产品和服务,加上公共产品和服务进行的一些市场化改革,如教育产业化、医疗市场化等加剧了社会负担,特别是让贫穷人口承担了过重的改革成本。"十五"期间,全国 GDP 年均增长 8.6%,但在工业领域,高增长的同时就业增长步伐却十分缓慢,就业增长率仅为 0.7%,2004 年甚至首次出现负增长。

行政性资源配置中的权力市场化导致行政性资源配置不仅在国有经济部门依然存在,而且近年来已经出现向非国有部门渗透的迹象。从 80 年代中期利用产品双轨价差牟利到九十年代要素市场中的寻租,存在大量的权力市场化现象。近年来,在土地转让、资金信贷以及股权融资等领域,权力市场化的现象依然没有止步的趋势。

要素市场化的改革进程明显滞后。在劳动力市场方面,九十年代以后随着国有用工体制的改革,以及非国有经济的迅速发展,社会就业机制发生了重大变化,农民的非农就业不再局限于短期流动,出现了长期性、职业化、城市化特征。在这种情况下与传统的农民工的概念相联系的制度性安排已经明显滞后,劳动者基本权利的维护和社会保障成为劳动力要素市场化的突出问题。拖欠农民工工资也成为一个广泛的社会问题。在土地市场化方面,政府和土地开发商成为最大的获利者,土地使用权拥有者的利益在不同程度上受到损害。近年来在城镇拆迁和农地征用等环节发生的大量民事纠纷,主要是农民利益的补偿问题。这些问题不仅反映了政府的征用和市场化的矛盾,还反映了政府在土地市场中的功能定位及权力运行程序方面的缺陷。

经济转轨中资本与劳动关系的平衡也出现了问题。工资率过低和利润率过高就属于分配不公。在转轨过程中国外资本和国内资本的发展本身也隐含了资本与劳动的矛盾,客观上存在职工权利被侵害甚至剥夺的可能性。问题在于形成平衡资本与劳动的机制方面滞后,特别是代表劳动组织化力量的工会如何适应市场化进程仍然需要进一步探索。

社会保障制度的改革与转型也存在严重的不足。社会保障制度是市场良性运转的前提,在现代市场经济条件下,通过完善社会保障体系可以有效地避免弱势群体的扩大,促进人力资源的合理流动,还能有效调节市场竞争过程中的劳资矛盾。因此,社会保障虽以弱势群体为保障对象,但其功能实际上是保障社会。社会保障体系往往又称为社会安全体系,中国在多层次社会保障体系上已取得了一定的进步,但受到转轨时期经验有限和利益格局变化以及财政能力的影响,导致社会保障覆盖面窄,保障力度有限,以及在不同层次上企业、政府、个人的权利、职能不很确切,合理的分担机制还很不完善等。

另外,长期实行的城乡二元结构的政策和向一部分地区倾斜的政策也产生了严重的不良后效性,造成或加剧了城乡二元对立和地区发展的不平衡。从发展的观点来看,政府政策和行为不是一成不变的,社会结构和社会利益格局的变化导致社会公共问题的性质、需求和价值观的变化,政府不适当的政策,包括以前适当随着社会变迁和价值观流转而变得不适当的政策往往有导致和加剧社会不公平的效应。

当前中国经济发展已进入了人均 GDP 超过 1000 美元的阶段,从国际发展经验来看,这个时期往往是产业结构快速转型、社会利益格局急剧变化、社会政治体制不断面临新挑战的时期,也是制度变化和发展相互重合又相互互动的历史阶段。其中包括社会利益整合机制在内的体制创新是及时化解矛盾和冲突的最主要的方式,也是成功跨越这一时期的基础。

体制创新有赖于价值观的创新为先导。贫富差距过大形成的"社会断裂"和社会和经济发展不同步的现象应该及时得到解决。党和政府已经充分关注了这个困扰中国改革开放进一步发展的问题,以科学发展观和建设和谐社会的治国方略来做出了回应。在这个背景下,我国社会在重视效率、强调发展的同时,应该更加强调社会公平,把公平作为一个核心价值观,以价值观的调整来指导社会利益的整合。

特别值得注意的是,贫富分化不仅难以实现共同富裕,还很可能引发各种社会不稳定现象,对执政的正当性形成严峻的挑战。另外,迅速扩大的贫富差距还有可能危及中国未来的经济增长和社会和谐。从经济学的角度看,消费是社会再生产的重要组成部分,离开了消费,社会再生产便无法继续进行。消费既是生产的起点,也是生产的终点。而消费则取决于国民的购买能力。缺乏公共产品和欠缺包括医疗在内的社会保障网络是中国经济内需不足的重要原因之一。只有提高广大农村人口和城镇低收入人口的收入,消除未来养老、医疗及教育成本的不确定性,才能促进个人消费。在此基础上才能真正刺激内需,改变过于依赖外贸的增长方式。所以,实现社会公正不只对穷人有利,而是对整个社会都有利的事情。共同富裕不但可以治疗两极分化给我们的良知和道德感带来的创伤,而且能够真正促进我国经济的可持续发展。

(三)当前实现社会公平的主要要求

1.机会公平

绝对的机会均等做不到,事实上也不存在,但相对的机会均等应成为一项原则。机会均等原则是指社会成员拥有平等的生活机会、发展机会。机会均等保证了社会成员在竞争起点上的平等。起点的平等非常重要,它向人们昭示社会公平的存在。在社会竞争的过程中,无论是社会成员个体,还是社会集团,对社会利益的获得总是有差别的,但只要保证机会的公正,竞争的结果就会为社会成员所接受。并且,在机会均等的前提下,利益占有的差别还会成为重要的社会激励机制,差别将激发起社会成员强烈的竞争意识,增加社会的活力。强调机会均等首先要废除一系列对一部分人优惠,而对另一部分人歧视的政策,例如城乡之间二元性的社会政策,不同所有制经济的不同政策待遇等。

2. 规则公平

社会各利益群体在形成过程中相互之间必然产生利益的碰撞和冲突。社会利益群体之间有矛盾、有摩擦是客观的、难以避免的。从社会整合的角度出发,要力求使这种矛盾规范化,出现了矛盾及时予以化解,不至于使利益摩擦影响到社会整合。为了达到这一目标,制定一系列制度规则,以及确保规则公平是至关重要的。制度是一个社会中的"游戏"规则。规则对各个群体具有同等的约束力,规则具有客观、公正、同一性等特征,各利益主体在规则面前是平等的,它对任何社会成员争取利益的行为进行指导、激励和约束。

社会公平的内容绝不只是合理的财富分配,还包括公民的政治权利、社会地位、文化教育、司法公正、社会救助、公共服务和社会福利等等。要全面维护和实现社会公平,除了缩小收入差距,扩大社会保障,使人民群众享受基本的经济公平外,还必须通过法律、制度等努力营造公平的社会环境,保证全体社会成员都能够比较平等地享有受教育的权利、医疗的权利、福利的权利、工作就业的权利、劳动创造的权利、参与社会政治生活的权利和接受法律保护的权利。

3. 政策制定和执行的公平

政府是社会的管理者,社会的公平要求政府来调节,因此政府的行政应该是公平的行政,政府应该为社会和公众提供公平的公共服务。社会各个利益主体的要求是无穷的,而政府的满足能力是有限的。社会各个方面都对政府产生了很大的利益期待,都想在政府制定利益分配的政策上受到照顾,使政策对自己有利。政策无论给谁带来了利益,可能都会产生一定的效率,但也可能存在很严重的不公平。因此,在分配社会利益方面,政策的制定和执行首先强调的不是效率,而应该是公平。政策的制定应该在多元利益表达和协商对话的基础上形成社会认同,协调各方利益,而不是让一方利益最大化,其他方的利益被忽视甚至被牺牲;在政策的执行上,在相同的环境和条件下,对服务对象应该公平对待,一视同仁,进行无差别服务。总之,不能通过政策的制定和执行形成社会歧视,制造或扩大社会的不公平。

4. 向弱势群体倾斜

社会利益的分配和调整向弱势群体倾斜既是出于人道主义的关怀,也是在相互竞争的双方力量高度不均衡情况下对弱者的补偿。据测算,我国城乡处于弱势地位的人群大约有 1.4 亿至 1.8 亿人。我国只有 25% 的城镇居民和 10% 的农村居民拥有某种形式的医疗保障,由于经济原因,约有 48.9% 的居民有病不就医,有 29.6% 的居民应住院而不住院。"住不起房,看不起病,上不起学"是一个广泛存在的现象。

在深化改革的过程中,应确保社会各阶层都能从改革和发展中实现收入和福利的增进。如果某个阶层利益受到损失,就应适时地进行合理补偿,而不能长期成为利益受损者和改革代价的承担者。发展不能仅仅理解为经济的增长,更重要的是结构的优化、经济社会的协调和人的需要的满足。执政党的执政合法性不仅仅建立在经济增长的绩效上,更重要的是让最广大人民群众能共享经济发展的成果,特别表现在对弱势群体的利益关怀上。在现阶段,要从人民群众最直接、最现实的利益入手,突出解决好人民群众最关心的就业、社会保障、增加包括农民在内的贫困人口的收入、扶贫、教育、医疗、环保和安全等问题。

社会公平就是社会的政治利益、经济利益和其他利益在全体社会成员之间合理地分配,包含着广泛的内容。社会公平是社会主义的本质要求,是社会主义的核心价值之一,是衡量社会全面进步的重要尺度,是中国共产党长期追求的根本目标,也是社会主义和谐社会的深厚基础。

(四)民主化的制度性利益整合机制是实现社会公平的重要保障

社会利益因政策和制度因素分配不公往往与社会利益整合过程中民主参与的不够有很大的关系。以往我国在如何整合社会利益方面,从理论到实践都存在一些问题,导致了一些不公平的政策和制度的出台。

长期以来,我国在理论上对社会利益的认识过于笼统、抽象,缺乏深入科学的分析。建国后高度集权的计划经济体制和政治体制条件下,社会利益和资源不是由市场调节,而是由国家分配,实行的是绝对平均主义的分配政策。因此,在理论上没有对社会利益进行细化研究的必要,往往笼统抽象地认为在人民内部利益是一致的,忽视甚至否定利益的多元化和相互冲突;在国家和社会关系上,往往认为国家和社会的利益是天然一致的,采取国家——集体——个人的利益分配秩序,漠视将社会利益整合为国家公共利益的政治过程和社会过程。在实践上,社会利益的认定和处理是一个由国家单方面决定的政府过程,社会公共利益是政府决定的结果,认为国家对公共利益所在和对其进行判断的价值伦理与社会公众的看法是一致的,从效率角度出发,无需进行过多的国家与社会之间的沟通和交流、对话与协商,因此,社会利益整合的机制往往过于封闭,民主参与和协商对话不够。这些认识和做法在近年来受到了空前的挑战,已显得极为不适应社会变革的要求。

改革开放以来,市场经济体制改革导致了我国社会结构和社会利益格局的重大变化,社会利益出现了多元化和相互矛盾甚至冲突的局面,二十多年的改革虽然硕果累累,但社会利益分配不公的矛盾凸显;政策带来了经济增长的效率,但也造成了经济增长而社会发展不够的公平担忧。政府对社会利益特别是公共利益的认定和社会各方对其认定存在较大差距,双方认定所持的价值伦理存在一定的甚至重大的差异和冲突,还出现了政府尽力施为,而社会却并不认同,以及社会矛盾频出,群体性事件频发的现象。利益如何区别和处理为公平和正当等价值伦理观念的不同,带来了社会各方面政治参与的要求,期望通过政治参与和对话过程可以影响政府的决策和规则的制定以实现自己的利益。因此,计划经济时代对待社会利益的观点和做法已无力应付当下社会多元的利益诉求,对社会利益和公共利益进行深入科学的分析研究,在现有的理论认识和实践基础上,对社会利益的理论和整合社会利益的机制进行创新适逢其时,十分必要。

在市场经济体制改革和政治民主化的背景下,处理多元化的社会利益是一个开放的民主的过程,是一个政府和社会各个利益主体互动以及社会各方互动的政治过程和社会过程。政府对社会利益的处理受到社会各方利益需求和各方关于利益的价值伦理观点的影响,不是政府可以根据自己或某方面关于如何处理社会利益的价值伦理标准独断处理的过程。因此,需要建立制度化、民主化的社会利益整合机制,以方便和确保社会各个利益主体能够参与到政策和规则的制定过程中,能够通过对话来交流和对比各自对利益的看法,了解和分享各自的观点,通过协商和妥协来形成共同价值和公共利益,以及对利益的处理做出社会各方认可的解决方案,以建立社会的和谐关系以及政府和社会的和谐关系。其中,民主化的机制可以保证各方利益的公平表达和公平处理;制度化的机制可以保证社会各个利益主体通过一些法定的渠道安排去和政府沟通,强调参与方式的合法和理性,以及参与的稳定性和有效性。否则,参与渠道的不畅通和低效率只会使非制度化的寻租和非理性的以暴力抗争、群体性事件为主的参与方式泛滥甚至失控。

近年来,我国已经在大力推进政治民主化进程,在更大程度上实行决策民主和发展有秩序的公众参与,并在努力实现社会公平和正义。一方面,在理论上"三个代表"理论、科学发展观、执政能力建设、建立和谐社会等一系列治理思路已经越来越清晰,对我国当前面临的问题做出了有力的回应;另一方面,在实践上也已发展和丰富了传统的社会利益整合的过程和方式,有了很大的进步。但在社会转型时期,落实以上治理思路,还需要在肯定以往改革成果的基础上进行进一步的制度创新和重组,才能将其落在实处。

社会利益整合是一个全面的复杂的过程,包含着政策调整、利益调节、司法裁决等广泛的途径,但限于篇幅,本章主要强调建立健全社会利益的表达机制和通过法律的、政治的、行政的、社会的途径建立健全社会利益的协商对话机制。因为通过这两个机制社会利益才可以表达出来,才可以在不同的利益和有关利益的价值伦理观念的交流、对话、对比、妥协的基础上来形成共同价值和共同利益,以满足政府解决社会利益需求,代表社会公共利益的功能需要以及在各个层面来整合社会利益。

二、创新社会利益的表达机制

(一)利益群体

在当今西方代议民主制国家中,利益集团已经成为政治生活中的重要力量。当某个群体提出一项政治要求时,政治过程就开始了。这种提出要求的过程称为利益表达,利益表达的主体称为利益集团。按阿尔蒙德的观点,所谓利益集团,就是指"因兴趣或利益而联系在一起,并意识到这些共同利益的人的组合"。① 经济学家将其定义为"一个由拥有某些共同目标并试图影响公共政策的个体构成的组织实体"②我国学者对利益集团问题也作了广泛的研究,有人认为利益集团是一个不明确的概念,它是以经济利益目的相联系的一种无形组织,他们彼此认同,有着共同或基本一致的社会、政治、经济利益目的,他们有共同的主张和愿望,使自己的利益得以维持或扩大。③ 也有学者认为利益集团的核心是一定的利益主体实现利益的方式问题,由此提出了利益集团是向政府表达明确要求的有组织的群体④。

市场经济国家的历史发展表明,利益集团的产生是市场经济发展到一定阶段的必然结果。经济的发展与政治的变革是同步进行的,利益集团的出现

① [美]阿尔蒙德著:《比较政治学:体系、过程和政策》,上海译文出版社　　年版,第200页。
② [美]史蒂文斯著,杨晓维等译:《集体选择经济学》,上海人民出版社2003年版,第239页。
③ 厉以宁:《转型发展理论》,同心出版社1996年版,第7页。
④ 李景鹏:《中国现阶段社会团体状况分析》,《唯实》,1999年第8期。

是由市场经济的本性所决定的。因为市场是社会利益的驱动器,给了各方力量一个竞争与博弈的平台。只要市场存在,经济力量对比不断地改变,有限的社会资源不可避免地引起多方竞争,而这种竞争又必然要激发人们的利益追求。在追求利益的过程中,当个人的利益表达遇到困难的时候,人们便会去求助于集团的力量,希望借助于集团的力量来使利益得以充分地表达并能够得到积极的回应。而在利益表达的过程中,仅仅在经济领域中活动是不够的,它还不足以使利益得到完满实现,这个时候人们就会进入政治领域,希望可以通过对政府的政策施加影响来更好地实现利益,这样,利益集团现象便产生了。在当今社会,社会分工的程度达到了前所未有的高度,导致了各种各样的社会利益存在于经济体系中,从某种意义上讲,这些利益是相互对立的,即一种利益的实现会妨碍另一种利益的实现或损害其他利益,利益的冲突不可避免,这时的人们便组成利益集团来加强自身利益表达的能量,以实现自身的社会利益。

由以上的论述可以看出,利益集团的根本目的是通过向国家公共权力机构施加影响来维护自身利益。当一个社会集团确定了自己的利益诉求之后,立刻要面临的问题就是把这种诉求传达到制定政策的政府,希冀对公共政策的制定过程施加影响。因此,利益集团问题的核心是特定的利益主体如何表达自身利益,而如何表达的问题,实际上就是一个社会的政治参与问题①。政治参与是社会公众为实现自身利益而通过各种途径和方式对政治制度施加影响的活动。在法制社会,政治参与不仅是宪法规定的公民权利,也是现代政治制度得以有效运作的重要前提。有效的政治参与能使现有的政治制度获得公众最大限度的感情支持,加深广大民众对国家政策方针的理解,从而缓解国家与社会间的矛盾,保证国家政治的稳定。如果一个社会的政治制度无法给公众提供政治参与的渠道,那么,随着社会利益的不断分化,一旦到了矛盾激化的时刻,社会群体的政治行为就有可能冲破社会秩序,给社会带来不稳定。因此,一个合理的政治制度设计,必须安排一定的利益表达渠道并以兼顾社会各

---

① 胡俊:《利益集团理论与中国民主政治的发展》,摘自学术连线网。

方面的利益为基本前提。因此,各个不同的社会利益团体形成利益集团来进行利益的整合,正是政治制度成熟的标志之一。

我国已初步建立了市场经济体制,作为市场经济发展到一定阶段的必然结果,我国也存在着不同的利益群体并日益产生着影响。因我国特殊的经济结构和政治结构必然使得这些利益群体带有中国自己的特色,但其已具备了利益群体的普遍特征。我国的市场经济是在原有计划经济的基础上发展起来的,经济发展过程中的政府痕迹始终无法抹去,因此,当市场上的各个利益主体实现自己利益的时候,不可避免地要受到行政权力的极大影响,如果这些利益群体能够对政府及其政策产生影响,就可以实现自身利益的最大化。因此我国的利益群体虽然出现得比较晚,但是影响政府决策的做法却比较成熟。

实践中,我国的利益群体影响政府决策主要集中在以下几个方面:第一,影响政府干部人事调整。这是一些利益群体试图获取的重要资源,也是实现其利益的重要途径。通过影响人事的任免,有利于把实现本集团利益的人推举上去,从而成为其在政府中的代理人,一旦出现利益冲突可以立即站出来为他们说话;第二,影响政府公共投资。各级政府为市政基础设施建设、农田水利建设等进行的公共投资决策是一些利益群体竞相角逐的重要领域,它们想方设法要求建设对自己有利的政府公共投资项目,或使这些项目的规划更符合自己的利益;第三,影响政府财政资金的分配。各级政府财政部门负责的财政资金分配预算决策也是一些利益群体争夺的目标。它们采用多种方式,或通过主管领导打招呼,或借助上级文件依据,或通过编制发展规划等,争取获得尽可能多的财政预算资金;第四,影响政府的财政税收。不少地方企业或企业集团往往与政府税务部门公开“讨价还价”,争取少交税。一些实力强大的企业甚至干脆要求政府减免税负,扬言如果不给以税收优待便迁址公司,而政府出于经济利益的考虑,最终妥协并出台一些税收优惠政策。

根据中组部党建研究所和深圳大学当代中国政治研究中心做出的一项调查报告指出,当前我国利益群体对政府施加影响的方式包括:贿赂,个人关系网络,游说,求助于“精英人物”,通过主管部门及其领导,借助媒体呼吁,利用既定的规则、惯例或者直接诉诸法律,施压性集体行动,参与或操纵选举等①。在现实政治生活中,各个利益群体往往并非只采用单一的方式对政府决策施加影响,也未必沿用上述影响方式的一种或多种。一些利益群体可能会通过向地方政府机关捐款、捐赠交通和通讯工具等,直接或间接影响地方政府决策。某些公益性利益群体,也可能运用物质性资助等方式宣传自己的理念,以影响政府决策。通过以上介绍可以看到,当前利益群体影响政府决策采用的手段很多都是非法的、处于地下状态的做法,这些行为往往带来政府腐败的严重后果,也体现了利益群体的消极面。

要实现各个阶层的利益整合,通过利益群体来进行表达是一个必然的过程,因此需要从两个方面来推动这个进程。一方面是出台一系列的法律与政策,帮助合法利益群体的形成。我们看到,当代中国的合法利益群体主要以社会团体等形式存在和发展。据统计,我国社会团体的数量已经达到10.5万个②。数量的增长带来的是利益表达机会的增加,但是我们也要看到,还有很多阶层缺乏自己的利益代言人,如农民阶层、城市低收入群体等,这就意味着国家既要注意到现有利益群体表达的有限性,又要通过特定的措施手段如颁布相关法律、出台新的政策等,促进新的利益集团的产生,使具有不同利益诉求的群体都能够享有表达的权利和机会。

另一方面,应进一步健全利益表达机制,提供更加开放的利益表达渠道,建立利益群体表达的良好的环境条件。当前,最重要的是完善人民代表大会制度和政治协商制度,充分发挥人大和政协的利益表达功能,使之成为各利益群体进行利益表达的合法的主渠道;其次,完善和扩展决策听证制度和政务公开制度,使决策过程公开化和透明化,使相关利益主体能够获得对称性信息,并平等地参与政府决策;再次,规范利益群体的利益表达渠道,并提高弱势群体的利益表达能力,加强社会协商和对话机制的形成,发挥其表达民意、解释政策、提供决策帮助等方面的作用;最后,继续推动公众传媒体制改革,使新闻

---

① 于津涛、王吉陆:《解读中国利益集团:影响地方决策 政府如何应对》,《瞭望东方周刊》,2004年第3期。

② 引自《第一次全国经济普查主要数据公报》。

传播成为不同利益群体表达利益和要求的窗口。只有重视制度建设,才能调整和规范各利益集团的利益表达行为,我们要支持合法、正当、富有建设性的制度性表达,控制、疏导非制度性表达,从而推动社会利益的有序整合。

(二)信访制度

1.信访制度在创新利益表达机制中的作用

信访,是指公民、法人或者其他组织采用书信、电子邮件、传真、电话、走访等形式,向各级人民政府、县级以上人民政府工作部门反映情况,提出建议、意见或者投诉请求,依法由有关行政机关处理的活动。信访制度是一项具有中国特色的保障公民参与和实现对公民的权利进行救济的制度,具有广泛的作用。

首先,信访是我国党和政府密切联系群众的特殊方式,具有其他渠道不可替代的重要作用。通过信访可以为群众排忧解难,满足群众的合理要求,增强党和政府的向心力,增强党和政府的社会动员能力;其次,信访是广大人民群众享有的一项民主监督权利,是对党和政府、企事业单位及其工作人员实行的自发的、直接的、公开的、有效的民主监督形式,对查处违法乱纪,纠正不正之风,克服官僚主义,建设廉洁政府都有重要的作用;再次,信访具有调节社会矛盾和利益冲突的作用。信访是社会各种矛盾的集中体现,通过信访工作,可以及时有效地调整各种社会关系和社会利益,减少和消除不安定因素,促进社会的安定团结;最后,信访还具有反馈民意和决策参谋的作用。信访反映的问题涉及面十分广泛,而且是社会热点,解决的时间压迫性很强。通过信访可以听取群众呼声,了解群众意愿,掌握群众的情绪和群众对各项政策的态度,吸取群众智慧,在真正了解社情民意的基础上,有针对性地制定或调整党和政府的政策,切实解决社会问题,提高执政的能力。

近年来,改革与发展积压的矛盾开始爆发。据统计,全国范围的群体性事件1993年共8709宗,此后一直保持快速上升趋势,1999年总数超过32000

宗,7 年间增加了 3 倍。最近几年(2002 - 2004 年)均保持在 4000 宗以上。①
与此同时,2003 年更是爆发了被新闻界谓之的"信访洪峰",2003 年国家信访
局接待群众集体访批次和人次,分别比上年上升 41% 和 44.8% ,其中,50 人
以上的集体访批次和人次分别比上年上升 33.3% 和 39% ;单批集体访人数最
多的达到 800 多人。仅 2003 年 7 月 1 日到 8 月 20 日短短不到两个月的时
间,到中纪委门前上访的人员达 1 万多人次,集体上访 453 批,平均每天达
100 多人,最多一天达 152 人,创改革开放以来的历史新高。而且来自城市的
集体访已经超过集体上访总量的 50% ,甚至更多。信访涉及的人员十分广
泛,已从原来的基本以农民、工人为主扩大到了干部、转业军人、学生、教师、律
师、华人华侨、外商等等,②形成了形形色色的上访大军。

2. 信访集中反映的问题

综合起来,近年来我国信访反映的问题主要集中在以下方面:

企业改制、劳动和社会保障问题。包括拖欠在职与离退休人员工资;职工
下岗后再就业困难;基本医疗无保障;社保基金不到位;企业改制造成职工得
不到妥善安置以及在破产、兼并和租赁过程中的国有资产流失等等。

"三农"问题,即农民、农村、农业问题。主要是反映税费改革政策落实不
到位,农民负担没有明显减轻;村财务管理混乱、村委会换届选举不规范;违规
征占买卖土地,补偿标准较低且被层层截留克扣,失地农民得不到妥善安置;
乡村干部作风粗暴,干群之间矛盾突出。

涉法涉诉问题。主要是不服司法部门对各类纠纷的解决,特别是积案较
多,重复访、滞留访量大。

城镇拆迁安置以及开发商非法承诺,欺骗群众的问题。主要反映在城镇
建设、拆迁等工作中不严格依法办事,安置不合理;搬迁户不能及时回迁;房地
产商开发不规范,造成房屋质量差或办不了产权证;回迁后取不起暖以及交不
起物业费等问题。

---

① 于建嵘:《转型期中国的社会冲突》,《凤凰周刊》,总第 176 期。
② 中国行政管理学会课题组:《中国转型期群体性事件对策研究》,学苑出版社 2003 年版,第 62
页。

反映干部作风不正和违法乱纪问题。干部吃拿卡要,违法腐败等问题。在中央国家机关各部委纪检监察机关查处的大量违纪案件中,有90%以上的案件线索是通过信访举报渠道获得的。

基层机构改革中的问题。主要是反映一些地方借机构改革增加编制、添设副职;借竞争上岗收受好处、安排亲友;以及借精简实施报复和搞一刀切等问题。

环境污染和生态破坏问题。主要是反映搞建设急功近利,破坏环境,破坏生态的问题。

部分企业军转干部要求解决政治待遇和经济待遇问题。企业军转干部在市场化大潮和国企不景气、甚至下岗风险的冲击下,要求比照政府公务员解决其待遇;另外,抗美援朝老战士也提出解决其长期待遇过低的问题。

非法集资和股市风险问题。非法集资、非法传销、股市风险因种种原因,往往造成很大的隐患,形成信访等群体性事件。

此外,还有产品质量、食品安全、安全事故特别是矿难等往往也会引发群众上访甚至群体性事件发生。

3. 畅通信访渠道,方便公民信访

长期以来,我国信访存在着大量的问题,造成信访渠道不畅,信访工作效率低下,致使信访工作不能适应当前的形势需要,严重制约着公民的表达自由和政治参与的实现。这些问题中既有体制和机制上的问题,地方政府失灵的问题,也有信访功能错位,过于人治缺乏法治的问题,以至于在《信访条例》修改时还出现了弱化甚至取消信访的一些呼声。从上文综述的信访反映的社情民意来看,信访具有人大、政协等渠道所不具有的反映负面社会民情的特点,在缺乏社会意见表达渠道或渠道不畅的我国,取消信访是不可取的。信访作为利益表达的渠道能否发挥积极作用关键在于将信访纳入法治和理性的轨道,以制度创新的方式强化信访的民意表达功能,而逐步弱化信访的权利救济功能,将权利救济回归于司法和非诉讼性纠纷解决机制,把信访制度塑造成一个公民参与政治和行使表达自由的重要平台。

在信访的公民表达方面,我国新修改的《信访条例》专章规定了信访渠

道。条例结合社会的实际需要和我国信访工作的经验,为了方便信访人信访,畅通信访渠道,进行了以下制度创新:一是信访的相关事项和程序的公开和公示制度;二是规定了领导信访接待日制度和通过下访与信访人的面谈沟通制度;三是规定了建立全国信访信息系统,方便信访人在当地通过网络提出信访和查询信访事项办理情况的制度;四是规定了开放性的解决信访纠纷的社会化工作机制。这些制度能否起到预期的作用还有待于进一步实践和观察,还需要在此基础上创造更多能够解决信访有序性和有效性的新形式。

(三)民意调查

民意调查最早可以追溯到公元前几千年的中国和埃及,当时是为了课税和征兵而进行调查,从而掌握第一手资料和数据以便于统治者更好地管理国家。现代社会调查则是从1748年瑞典进行的全国规模的人口普查开始的。19世纪末20世纪初,在美国兴起了市场调查,用以拓展商品销路,卡其斯出版公司首先进行了这种商业化的尝试。直到1936年盖洛普进行美国总统选举预测调查以后,民意调查才开始受到重视并获得飞速发展。盖洛普第一次用随机抽样方法进行全国的调查并取得了相当不错的结果。

近些年来,无论是普通公民还是政治家都渐渐开始关心民意调查了。民意调查是与促进民主化的一系列措施紧密相连的,因为民意调查是一种民主活动,它能够客观地反映民意,同时它也是公民参与国家政策制定,对国家事务进行管理,以及对于自身利益表达的有效渠道。在日本,以总理府为首的政府各部门、大报社、通信社、NHK等都亲自进行民意调查,地方政府和企业团体也委托民间的专门机构进行民意调查,并把调查结果作为施政和经营的重要参考。

美国的历届总统运用民意调查这个工具有着悠久的历史。1940年,罗斯福总统运用调查机构收集到的民意进行公共决策。在1959—1960年的总统竞选中,肯尼迪启用Louis Harris作为他的民意调查顾问,帮助制定选举内容与策略。肯尼迪将大量的议题纳入民意测验的框架中,了解公众的观点,听取公众的意见和建议。同时他也运用民意测验的结果评估自己的优势和不足，找寻他的支持者、找寻公众关心的议题，并以此为基础制定其选举策略与内容，从而最终取得了胜利。

作为一种透视社会的工具，民意调查具有巨大的使用价值。它可以在不同场合，根据不同需求完成不同的民意测验任务。特别是在市场经济条件下，社会、经济、思想、文化都呈现出多元和动态的特征，民意调查对于准确反映社会各领域的民意具有十分重要的现实意义。一般来说，民意调查的功能主要表现在以下方面：

一是能够迅速反映社会热点，了解社会动态。一般来说，社会热点的感染力强，流行范围广，扩散的速度快，并且受之影响的人群也较大，对于社会热点问题处理得好还在一定程度上影响社会的稳定。民意调查来得快和所得资料可信度高的特点，为社会热点问题的正确处理赢得了时间。例如，有关机构对我国物价、住房制度改革、社会治安、商业投资等社会热点的调查都取得了很好的成效。

二是提高了政府决策的效率。一般来说，在市场经济条件下，人们对于错综复杂的大范围内的公众意愿的收集不可能逐个进行调查。因此，民意调查都采取抽样调查的方式，这种以样本的调查结果来推论总体的方式，在很大程度上加速了政府决策的进程。美国著名的民意调查专家乔治·盖洛普指出，只要采用科学的抽样方法，那么当样本达到一定规模后就能较好地反映总体的状况，这时再增加样本并不能提高多少精确度。

三是可以科学预测发展趋势。在民意调查的过程中通常对调查结果采用统计学的分析方法，由于统计分析有一套专门的方法和技术，因此，它能发现人们靠直觉不能悟察到的规律，进行准确的科学预测。一般来说，民意调查不只是为了认识某种社会舆论或者了解大众的心理状态等现状，更重要的是对其未来进行预测，估计其发展趋势。在市场经济条件下，尤其是我国正处于转型时期，人们的社会心态处于一种浮躁或者说是不稳定的状态，从而成为社会潜在的不稳定因素之一。这个时期，准确把握社会心态、及时实施有预见性的社会调适和整合举措就显得尤为重要了。专业人员运用民意调查技术了解社会公众意愿,又层层剖析它的生成机制、构成部分的相互关系、影响范围等特征,然后找出其潜在的规律性,再根据以往的经验材料,运用科学知识和现代化技术,对其今后的发展趋势作出某种探索性判断和估计,这就是科学预测的思路。

目前我国正由以前单纯地重视经济改革逐步转移到经济、政治和社会同步改革上来。因此,对于民意的重视也经历了一个由不重视到重视的过程。可以说,在1986年以前,中国政府基本没有系统的利用民意进行评价的机制,所有政务信息依赖行政系统内部自下而上的报告机制,不允许独立民意研究机构存在。1986-1992年在政府内部开始出现了民意测验,但是都是利用传统的网络和自己的研究人员进行研究尝试,也存在一些半官方的民间组织参与民意测验。比如官方的民意调查机构有国务院体改办属下的中国社会调查系统、国家统计局属下的民意调查机构等;半独立的民间社会调查机构有中国社会调查所、北京社会和经济研究所民意测验中心等。1992—2001这十年间,对于中国民意研究发展可以说是至关重要的。中国政府组织进行民意测验的数量明显增加,内容也更加广泛:包括与经济发展有关的地区投资环境评价、公众对个人所得税征缴体制的评价、与特定社会群体发展有关的妇女、儿童、青年群体研究等等,涉及到了社会生活的方方面面。与此同时,也允许民间独立市场研究与民意测验机构合法注册,允许民间组织从事民意调查工作。零点调查正是在这个阶段出现并开始从事民意研究工作。中国信息协会市场研究业分会——非政府性质的行业协会在2000年由专业市场研究和民意测验机构联合发起成立;媒体开始大量使用民间独立机构的相关调查数据;在1992年之前,中国媒体只使用官方数据,但是经过这一阶段的发展,各类中国媒体上能看到的独立民意测验结果80%来自零点研究咨询集团。[①] 与此同时,政府与独立调查机构也开始合作进行一些项目评价,比如有关公众安全感的调查;民间独立机构也开始介入一些对于公共项目的受益者评价,如联合国儿童基金会及其他国际组织在华援助项目的评价。

---

① 袁岳:《独立民意调查在中国的位置》,《市场研究》,2005年第3期。

民意调查在我国的发展可以说是突飞猛进的,立法和行政等部门纷纷采用民意调查方式来收集和了解民意,并取得了很好的效果。湖南省民意调查中心就是一个很好的例证。该中心成立于2004年12月6日,隶属于省统计局。其宗旨是倾听民声,了解民意,为党政官员和管理部门提供决策参考依据。中心除了资助做一些民意调查外,主要的工作是接受政府部门委托进行调查。到目前为止,该中心已经完成了两个调查项目:一是人民币加息对城市居民家庭生活的影响;另一个是公众对于湖南省政府承诺的"八件实事"的看法,这些实事包括扩大就业与再就业、解决拆迁户补偿安置问题等等。这一举措对于湖南政府部门科学地制定和实施决策都起到了很好的推动作用。

关注民生,顺从民意,是政府执政为民的基础和前提。只要做好民意调查,认真采纳正当的民意诉求,就可以在某种程度上避免或减少决策失误。同时,政府某一项决策执行得如何,落实得怎样,群众是否满意,这些都可以通过民意调查来加以监督和评估。各级领导干部的执政得失,只有基层人民群众才是亲身感受者和见证者,因此,要大力搞好民意调查,发展以公众为主体的外部评价公共部门的机制,公众的价值观、关注焦点、对施政的满意度等等对于政府的科学执政、民主执政、依法执政有着极其重要的现实意义。

(四)大众传媒

大众传媒指的是包括电视、广播、报纸等在内的传统媒介和网络这种新兴媒介的总和。它具有覆盖面广、传播迅速及时、反馈快、信息量大等特点。现代社会是信息的社会,各行各业的人们都在想尽办法利用大众传媒宣传自己的思想或商品,表达自己的利益要求。

大众传媒在现代民主政治条件下天然具有两个作用,一是反映现实生活,反映公众的意见和呼声,使当政者明确地知道社会中的利益分布,从而为制订政策提供依据;二是具有监督执政党和政府的作用,使政府的运行不至于偏离大的方向。大众传媒在沟通信息、传递信息上的独特作用,可以成为公众表达自己利益和要求的重要手段,并有可能延伸其作用的范围和领域,影响政策法规的制定和运行,把公众的利益诉求以规则的形式固定下来。事实上,大众传媒作为一种利益表达工具已在世界范围内有了成功的运用,公众尽可能地去寻找适合自己的表达方式,政府也尽可能地去摸索与自己治理方式相契合的传媒管理和利用方式,大众传媒已在政府和民众间架起了一座沟通的桥梁。

具体而言,大众传媒的出现前所未有地提高了公民利益表达的普遍性,完善并丰富了利益表达渠道。首先,大众传媒扩充了知道自己利益状态的人数,电视广播、报纸、网络等媒体铺天盖地,把各种信息以很快的速度传递到每个需要它的人的大脑中,一股脑地把利益环境、现状、变化、发展等信息传给人们,使他们知道利益是否遭到侵害,从而形成一个良好的信息基础,为下一步行动提供参考和依据,有助于提高对利益的感性认识。这是利益表达的第一步,也是最关键的一步。

大众传播媒介以它影响的广泛性和内容的丰富性弥补了政府部门可能存在的不足,它为公民提供了政治表达最迅速、最广泛、最丰富的渠道。在信息沟通和交流的过程中,通过客观报道的形式,反映不同社会群体的生活与工作情况,并可以通过公开发表的形式,使某一社会群体的政治要求广为人知。报纸、电台、电视台为人们提供了一个发表意见的天地,人们可以通过大众传播媒介来表达自己的意见和不同看法。① 这是大众传媒作用的另一个方面,它使一个公民或团体可以通过它让更多的人和团体听到自己的声音,从深度和广度上扩充了利益的表达机制。古代社会中,一个老百姓表达自己利益的方式是很有限的,击鼓鸣冤、上路拦轿是为数不多的表达方式之一。现代社会的经济结构正逐渐变革,利益多元化的趋势日益显现,不同利益单位的存在对利益表达方式提出了更高的要求,大众传媒正是有针对性的迎合了这些要求,以它影响的广泛性和内容的丰富性弥补了表达方式的单一,为公民提供了利益表达最迅速、最广泛、最丰富的渠道。

针对政府及其管理者而言,应理性地面对大众传媒,充分发挥其工具性作用,通过它引导公众与政府进行良性的互动,使公众以理性的形式积极参与到

---

① 刘华蓉:《大众传媒与政治》,北京大学出版社2001年版,第95页。

社会管理当中来,为政府决策提供鲜活的信息,从而实现治理的科学和民主。同时也应该看到,大众传媒作为一种信息传播的工具,如果缺乏必要的拘束和规范,很可能会偏离作为良性工具的方向,打破社会的良好秩序,从而影响政治的稳定性。对政府管理者而言,忽视、抑制或放任大众传媒的做法都是错误的。

我国政府及其管理者应重新审视大众传媒在治理过程中的作用,以及在促进公众正当利益表达过程中的作用,通过大众传媒体制的创新,实现公众利益表达的多元和快速。当今中国,随着改革不断深化、经济社会加速转型以及社会利益格局的调整,社会生活中出现了许多新情况、新问题。社会利益也加速了其多元化的进程,使过去的政府管理模式一时难以适应,从而造成信访案件大量增加等一系列社会问题。社会利益的多元化决定了表达方式也要多元化,而大众传媒正是具有这种多元化特征的工具,所以,如何合理地发挥传媒的作用,梳理各方面的利益关系,使其不至于在表达环节产生堵塞和淤积是我们在制度创新和理论创新中要面对的很重要的现实问题。

所谓利益表达方式的创新,一是要充分利用新兴的传媒资源,比如网络、手机短信等,这些方式比传统的传媒方式交流更直观,信息量更大,反馈更及时,因此,备受当代人特别是年轻人的青睐。英国首相布莱尔就曾用手机短信的形式和英国年青人就戒烟问题进行交流,收到了很好的效果。二是要创新制度,创新节目编播形式,使广播电视等传统的传媒工具焕发生命力,给大家一个发表意见的平台。这些栏目应注重与各方的互动,以客观的形式反映各方的呼声。这方面各地都有一些好的做法,纷纷开展的行风热线就是很好的典型,它邀请政府部门的负责人走入电台或电视的栏目中,以座谈或电话的形式和广大市民沟通。北京人民广播电台城市管理广播就是他们适应时代的发展成立的一个"老百姓自己的广播电台",是全国第一家以城市管理和服务为主要内容的广播电台。城市管理广播的《城市零距离》节目定期邀请北京市的副市长们轮流到电台参与直播节目,就缓解交通拥堵、基础教育、公共安全、建设节约型城市、奥运场馆建设等问题与市民沟通交流,市民可以在节目播出时拨打热线电话提出问题,也可以通过发短信的方式参与节目。此类节目充分利用了媒体的资源,创新了社会利益的表达机制,受到了各方的好评。三是应转变大众传媒只能为政治宣传、为意识形态服务的观念,适当加强传媒的沟通作用,使传媒的导向向基层转移、向百姓过渡,进一步实现它的利益表达功能。四是尽快出台《新闻法》等法律规制,既保证公众的表达自由,又能使大众媒体和表达机制规范化,达到繁荣和有序两种作用。

(五)网络民意

随着互联网在我国的普及率越来越高,网民的数量呈几何级数增长,截至2005 年 6 月 30 日,我国网民的数量已经突破了 1.03 亿,成为全世界网民总数第二多的国家。① 网民数量的增长也推动了整个互联网行业的发展,网络信息传播的速度与广度相比之前有了长足的扩展,作为网民利益表达方式的网络民意,因其具有的特殊功能而逐渐引起了公众的广泛注意。它的发展也是有目共睹的,通过对近年来一些典型事例的研究,我们甚至看到网络民意同国家民主政治进程产生了一定的互动。

网民民意的出现依托的是网络这个新兴媒体,网络媒体是传统媒体的集大成者,又是超越者。它的传播手段具有极大的兼容性:不仅有报纸媒体的文字、图片,也有广播媒体的声音,还有电视媒体的图像,更具有传统媒体所望尘莫及的交互性和虚拟性等特点。通过各种点对点、点对面的信息互动方式,使之成为有史以来最优秀、最具发展潜力的媒体,因而深受网民青睐,网民可以自由地发表意见和评论,聚合某种愿望或诉求,形成某种舆论,从而形成网络民意。

作为一种新兴的利益表达方式,网络民意具有以下几个特点:第一,参与主体的多元化。互联网具有开放性,参与门槛非常低,对个人意见的表达并不再是少数人的特权,因此在网上每个用户都可以充分行使自己的参与权,通过网络社区、各类 BBS 论坛、公共聊天室、个人博客等方式,形成一个广泛多元

---

① 引自中国互联网络信息中心发布的《第十六次中国互联网络发展状况统计报告》。

的意见表达网。这就形成了一个可以无视社会等级差别,允许质疑、批评公众事务的公共空间,在这里广大网民不再需要通过社会精英作为代言人在传统大众媒体上间接表达意见,而可以直接参与公共事务的讨论,为了维护自己的利益而奔走呼号。这种多元化的特征可以摒除官僚主义、形式主义的限制,网民通过表达个人意见更能直接反映社情民意,而多元化派生出来的私人化、个性化特征可以进一步调动网民参与公共事务的积极性,从而使深层社会问题得以反映。此外,网络独有的匿名性特征又能使网民无视现实生活中种种制约,畅所欲言、开诚布公地表达意见,并且在网络中这种意见可以得到即时的反馈,经充分讨论之后达成对公共事务的共识。

第二,网络话题的广泛性。网络中不仅各大网站可以设置各种各样的话题供网民谈论,网民自己也能通过在 BBS 中发布议题的方式表达自己的观点,这就使网络话题具有广泛性和全面性。我们看到,传统媒介的话题设置有一个时滞的问题,其发布之后取得的效果需要经过一段时间后才会体现出来,这种信息的反馈速度比较慢。而互联网的即时性、互动性可以使各种讨论主题的效果即时显现,并且由于对同一话题的多角度多层次探讨,以及各种不同意见与看法的冲突,进一步地调动了网民持续参与的积极性。信息的全球化传播,其速度与广度是前所未闻的,一个新闻事件通过网络瞬间就能受到全世界的关注,同时网络上也集中了大量的数据库,网民可以任意查询自己关心的问题,这些都使网民选择话题的空间大大拓展。这种广泛性可以使网络全面和充分地反映社会生活的面貌,凸显已经形成的和潜在的社会问题,表达民众的真实呼声,从而让利益表达更加全面顺畅。

第三,民意表达的向心性。大众传播的三个特质是它的累积性、普遍性和共鸣性,三者的综合会对民意产生巨大影响。在 BBS 中,当网民以个体身份参与讨论时,如果自己赞同的观点受到了相当多的关注,就会使其更加积极地参与进来,进一步强化自己的观点并促使其向更大范围扩散,在与其有相同看法的网民的推动下,最大限度地形成了一种支持这种观点的舆论声势。另一方面,一个具有争议的网络话题,网民们可以判断自己的意见是否与大多数人站在一边,然后再判断民意是否会朝赞同他们意见的方向改变。如果他们觉得自己是站在少数人的意见这一边则对该议题保持沉默,他们越沉默则其他的人便越是觉得某种特定的看法具有代表性。① 这样就能够促进主流意见的形成。此外,网络的多元化使其中还存在着众多非主流意见,这些意见也有相当多的支持者,如果这种非主流意见在虚拟社区中产生了向心力,则很有可能会上升为主流意见。因此,当网民的利益受到普遍侵害时,这时的民意可以瞬间在网上沸腾起来,用一呼百应来形容也不为过,往往可以形成一种集体舆论,给利益侵害人带来压力。

从近几年发生的且在网络上引起巨大反响的事件来看,如孙志刚事件、宝马撞人案、对新交法“撞了白撞”的大讨论等问题都可以看出,网络都已成为当今民意表达最汹涌的场所,广大网民通过发表新闻评论、在公共论坛发布观点、发起网上签名等方式,在网上迅速形成集体舆论,引起政府和各级部门的高度重视,从而间接促进了很多问题的及时解决。其中,最典型的莫过于孙志刚事件。2003 年 4 月 25 日,《南方都市报》刊发了《被收容者孙志刚之死》一文,人民网在当天以《谁为一个公民的非正常死亡负责》为题全文转载了《南方都市报》的报道后,短短几个小时内新闻评论就达到了数万条。而在纪念孙志刚的网站“天堂里不需要暂住证”建立之后仅几天,它的浏览量就达到了数十万次之多,网民们通过种种方式表达着对收容制度的愤怒以及对孙志刚的哀思。互联网的火暴也使得各方媒体迅速参与进来,掀起了一场浩浩荡荡的公民维权运动。2003 年 6 月 20 日,国务院宣布废除实行 20 多年的“收容遣送制度”,同时公布《城市生活无着者流浪乞讨人员救济管理办法》。短短两个多月,就废止了一部旧法,这在中国法制史中尚属第一次,有人说孙志刚的死推动了中国的法治进程,我们也可以说,网络民意的推动力同样不可小视。

我们还看到,网络这种自发性的民意浪潮还得到了政府的积极回应。政府等公权力部门通过网络平台,征集民意,汇集民智,并以之改进政府的政策和措施。近年来涌现出来的几种方式有:第一,政府把一些涉及公众基本利益

---

① [德]哈贝马斯著,曾卫东译:《公共领域的结构转型》,学林出版社 1999 年版,第 71 页。

的法律法规草案拿到网上征集意见。如北京市政府法制办从 2005 年 10 月 10 日到 11 月 10 日,就北京市实施《中华人民共和国环境噪声污染防治法》办法在网上公开征求意见,期间共征得 443 条意见,为北京市政府对该办法的修改、完善以及北京市人大的审议提供了民意基础。① 第二,人大和政协在召开会议之前通过网络征集议案线索,将网民反映意见比较集中的问题形成会议的提案。2005 年 10 月 10 日至 30 日之间,北京市政协提案委员会在首都之窗网站开展了向市民征集提案线索活动,据统计,共收到电子邮件 644 件,网站及媒体提供的信息 1069 件,经提案委员会筛选整理共形成各类建议 2180 条。对这些提案线索,市政协提案委员在认真分析的基础之上,将线索目录发给全体委员、参加政协的民主党派、人民团体和政协各专门委员会,同时选择一些热点问题请市民与委员、政府有关部门座谈或实地考察,并选择部分比较成熟的线索请委员调研后提出提案。② 第三,政府成员直接通过网站与民众进行交流,在线收集民众的建议并回答他们提出的问题。安徽芜湖市政府网站的论坛“市民心声”就是其中的典型代表,这个论坛定期请来市政府的高级官员在线接受公众的访谈,并即时给出回复。据统计,2004 年,该论坛的访问量达 400 万人次,共发帖 16 万多条,其中对于群众反映的各类问题,各部门“在线回复”帖多达 2000 多条,回复率在 80% 以上,不仅为群众解决了许多实际问题,而且在很大程度上也改进了部门工作作风。③ 以上这几种网络民意与政府之间的互动模式,给了网络民意以更进步的时代意义,通过这些互动,公众有了直接与政府接触并表达自己利益诉求的机会,是我们建立社会利益整合机制不可或缺的重要平台。

我们也要看到网络民意的负面效应,在互联网出现以前,世界上所有地方、所有传播媒介上的信息或言论都是经过把关人审检后才发布的,而互联网却提供了一种没有把关人就可以直接向社会自由传播信息和表达民意的新形式。各种意见都可以得到无限制的表达,大大增加了种种虚假的、非理性的、

---

① 资料来源:引自首都之窗网站 http://www.beijing.gov.cn。
② 资料来源:引自首都之窗网站 http://www.beijing.gov.cn。
③ 吴明华:《芜湖经验:政府与网络民意的互动》,《决策》,2005 年第 5 期。

情绪化的、不负责任的言论传播的机会,甚至达到泛滥成灾的地步。有学者指出:在互联网上,除了病毒,最具杀伤力的就是虚假信息的传播。① 因此,我们要进一步加强对网络民意的深入研究,引导其向正确全面地表达民众观点的方向发展,对各种意见表达都能够仔细地甄别与疏导,从而完善这种利益表达的新方式。

(六)听证制度

听证制度原只适用于司法审判,意为在案件审判的过程中必须经过听证,这种听证制度被称为"司法听证"。它又被移植到立法和行政中,作为增加立法和行政民主化以及有关当局获取信息的主要方法。立法和行政听证制度产生和发展的原因主要有两个:一是随着科学技术的发展,在环境保护、城市管理、移民、交通安全、知识产权、犯罪及其防范等领域,越来越呈现出高度的专业性和技术性,立法和行政机关人员没有受过专门训练,很难对其中的问题提出有针对性的意见。因此,在立法和行政行为之前请有关的专家参加听证,陈述他们对某项议案的观点,提供有科学根据的咨询意见,成为听证会的一个主要内容。二是随着社会关系的复杂化,形成了不同的利益集团。比如,企业中的企业家和工会;破产案件中的企业、银行、破产企业的债权人;消费者权益保护案件中的消费者等等。这些利益群体有着自己特殊的利益。在制定相关的政策和法规时,协调有关群体之间的利益是很有必要的。因此,在听证会上听取这些不同利益集团的意见,也是它的一项必不可少的内容。

我国法律第一次规定听证制度是 1996 年 3 月八届全国人大四次会议通过的《行政处罚法》,它明确规定,政府相关部门对行政相对人行政处罚之前,应当告知当事人有要求举行听证的权利,当事人要求听证的,行政机关应当免费为其组织听证。1997 年通过的《价格法》也规定了有关听证的内容,确立了听证制度。由于价格问题和千家万户的生活直接相关,使大大小小的听证会

---

① 　陈绚:《国际网络——第五种权力》,《国际新闻界》,1999 年第 5 期。

真正走入了百姓生活。总结行政听证的实践经验,《立法法》又把听证制度引入立法程序。目前,全国已有 19 个省市人大常委会举行了立法听证会,17 个省市人大常委会制定了立法听证规则,形成了比较完善的听证制度。据统计,从 2000 年《立法法》颁布到 2004 年底,全国有 24 个省级人大常委会共对 39 件地方性法规草案举行了 38 次立法听证会。实践证明,立法听证制度是推进立法民主化、科学化的有效途径,应当积极规范和完善这项制度,使之上升为立法工作制度,从而推动立法听证制度的民主化和科学化。2004 年施行的行政许可法,更是极大地扩大了听证的适用范围,按照许可法的规定,不仅具体的涉及特定公民利益和公共利益的重大行政许可事项,可以举行听政,而且在运用各种立法途径设立行政许可权时也照样可以举行听政。这些法律中关于听证的规定,对促进行政行为的公开性、民主性,减少行政偏差,收到了很好的效果。事实上这两部法律也基本上把听证的适用范围分为二类,一是针对具体的行政相对人所实施的听证,二是在人大立法或行政立法时所适用的听证。

建立听证制度,可以推进民主化进程,也可以充分反映民情,让百姓参与听证。社会公众可以就有关问题,直接陈述意见,反映情况和问题,从而使立法机关和行政机关可以了解群众迫切要求解决的困难和问题。保护人民群众的长远利益和根本利益,同时又可以提高立法或行政机关的工作效率。听证制度还可以提高政策的科学性,广聚民智。实行听证制度,可以听到法规内容涉及的利害关系人和有关行业的意见,把各种好的意见、建议吸收到法规中来,转化为立法成果,使听证过程成为一个政府与社会各方面进行充分协商的过程,使草案能最大限度地吸纳各方面的意见和建议,从源头上减少信访等矛盾事件的发生。

我国最早引进听证制度的是走在改革前面的深圳市,1990 年,深圳市成立了全国第一个价格咨询委员会,委员包括全市行业代表、专家学者、政府管理部门、人大代表和政协委员等,委员会直接参与了深圳市水价调整咨询和决策过程,这是我国听证制度的雏形。对于中国百姓而言,听证会终于不再是陌生的字眼和概念。电信、铁路、燃气等公用事业或自然垄断行业的价格听证会也已经开了不少。这方面成功的例子也不少,如北京市电力价格调整听证会,就《北京市实施〈中华人民共和国道路交通安全法〉办法》而举行的立法听证会，全国人大就调整个人所得税起征点举行的听证会，圆明园防渗水工程事件的听证会，人们关注的焦点也更多地从看重实体向看重程序转向了。

当然我们现在的听证会从各个方面来看都有很多不足之处，如听证的范围不合理，配套措施不完备，发动群众不充分，听证程序不完整、听政权不对等、利害关系人缺席、听证制度法制化程度不高等。甚至少数听证会在有关部门授意下，参加人经过精心安排，意见被事先过滤，没有实质性辩论，听证结果偏向举办部门。这样的听证会，群众的意见很大，社会反响不良。如 2004 年年终时北京市发展和改革委员会召开的故宫等 6 个世界文化遗产参观点门票价格调整听证会上，与参会 21 名听证代表支持提价的声音相反，全国各地群众和媒体对此次价格调整是一片质疑，引发了对听证代表选择问题的争议。原因在于参与听证的这 21 名代表全部是北京市民，而相当部分北京人在游园时使用月票，受调价影响的主要是外地来京人员，于是关于这种听证会公正性的争议就自然地发生了。实际上，更为重要的是，没有实际利益诉求和博弈过程的听证程序，对维护公民权益没有任何实际帮助。同样，没有真实利益之争的程序设计得再合理，也只是仿真的游戏，对真实的程序公正和真实的民主进程，没有实际促进作用。因此，无论是价格听证会上的公民与企业之争，还是立法听证会上的公民与公民之争，真实的利益之争将使所有参与者都更真切地意识到"争"的重要性。另外如何利用网络这个新兴资源，更好地发挥听证会的作用，是一个我们要面对的新课题。

三、创新社会利益整合机制

(一)人民代表大会制度

人民代表大会制是我国根本的政治制度，是在代议制民主下实现我国一切权力属于人民,保障人民当家作主的根本途径和最好形式。人民代表大会具有代表功能、议政功能、立法功能、监督功能等多方面的作用,是各个政党、各个民族、各行各业、各个阶层表达各自的民意与利益,形成公共政策、国家法律、决议决定的国家权力机关。要使社会多元利益的表达在制度层面上得到保障,并对多元利益进行整合,首先必须发挥好人民代表大会这一根本政治制度。以下主要从社会利益表达和整合的角度来谈谈人民代表大会的代表功能和议政功能的建设和完善。

1. 人大代表的构成结构

人大发挥其职能是通过人大代表的活动展开的,人民实现对国家事务的管理也需要人大代表作为枢纽与桥梁。人大作为人民行使当家作主的权力、管理国家事务的机构,必须能够听到来自社会各界的呼声,能够充分地反映民意,准确地表达民意,并能够对不同的民意进行整合。这就需要人大代表结构的设计具有广泛的代表性。我国人大代表结构的设计主要是从以下几个方面着手的:

首先是政党结构。我国实行的是中国共产党领导下的多党合作和政治协商制度,因此在我国的各级人大代表中,除了中国共产党占有较大比例以外,民主党派和无党派人士也占一定比例;其次是阶层结构。工人、农民、知识分子以及干部、妇女代表各有一定的比例。在年龄结构上也进行了一定的优化,强调老、中、青不同年龄层次的人大代表的组合;再次是地域结构。我国幅员辽阔,各个地域之间的差异也比较大,在设计人大代表结构时,我国首先采取了行政区划基数原则,在这个基本因素的基础上,我们又辅之以人口等其他因素;最后是考虑一些其他因素所构成的特殊结构,如少数民族、军队和海外华侨。我国是由 56 个少数民族构成的大家庭,汉族占全国总人口数的91.96%,其他少数民族占总人口数的 8.04%。[①] 为了保证少数民族能够参与国家管理、实现民族平等和团结,我国选举法对各少数民族的人大代表分配原则作了专章规定,以保障各少数民族都能选出全国人大代表。在我国,军队是国家政

[①] 蔡定剑:《中国人民代表大会制度》,法律出版社 1998 年修订版,第 146 页。

权的重要支柱,所以军队代表在人大有着重要的位置。为了激发华侨的爱国热忱,广泛地团结海外华侨为祖国的社会主义建设事业作贡献,在人大代表中分配一定的名额给华侨代表。

2. 人大代表的选举产生

选举制度是实现人大代表功能的重要制度,是实现人大广泛代表性的保障。不同阶层、不同团体的利益,通过选举选出代表自己利益的代表,由这些代表在人民代表大会上表达自己的利益和协调不同的利益。

我国的选举法经过几次重大修改,选举制度逐步走向完善,它确保代表的真实性、广泛性,确保每个阶层都有人发言。我国宪法和选举法都规定,除依法被剥夺政治权利的人以外,凡年满18周岁的公民,不分民族、种族、性别、职业、家庭出身、宗教信仰、教育程度、财产状况、居住期限,都有选举权和被选举权。同时,全国人大和地方各级人大中的代表名额,按各民族、各地区、各方面都有适当数量的原则进行分配。目前,我国有99.97%的18岁以上公民享有选举权和被选举权。① 从参加选举的情况来看,全国的参选率一直都在90%以上。由此可见我国的选举制度不仅体现了公民选举的平等性、广泛性,而且体现各民族、各地区选举的平等性、广泛性,以此保证实现全国各个民族、各行各业、各个阶层都有自己的代表当选。

另外,我国的选举既有直接选举也有多层次的间接选举。这种直接选举与间接选举相结合的方法,充分考虑到了我国地域辽阔、人口众多和经济文化发展水平还比较低的具体条件,从而有力保证了我国公民能有效而充分地行使自己的选举权利。

按照我国的选举法规定,全国和地方各级人民代表大会的代表候选人,按选区或者选举单位提名产生。各政党和各人民团体,可以联合或单独推荐代表候选人。选民或代表10人以上联名,也可以推荐代表候选人。我国全国人民代表大会代表的组成原则是,以区域代表和职业代表相结合并以区域代表为主,是按省、自治区、直辖市的人口比例分配名额。采取的是直接选举与间

① 朱福惠:《宪法学新编》,法律出版社1999版,第162页。

接选举相结合的办法。直接选举的人大代表选举程序一般包括:设立选举组织机构,划分选区,登记选民,提出人大代表候选人和确定正式候选人,宣传、介绍候选人,组织投票,确定当选代表和审查代表资格等步骤。间接选举是指上一级人民代表大会的代表由下一级人民代表大会的代表投票选举产生。我国选举法有明确规定:设区的市、自治州的人民代表大会,省级人大和全国人大的代表由间接选举产生。间接选举较为简单,不需要进行选区的划分和选民的登记,有关提名候选人、介绍候选人和投票程序也和直接选举的有关程序很相似。

3. 议案的提出、审议和表决

提案是人大代表反映人民意愿的重要渠道。不同的民意通过提案程序进入人大审议范围,由人大共同决定是否列入大会议程。提案程序也是各个代表或代表团背后的利益群体间的不同利益对话与协调过程。

在我国有权向全国人大提出议案的提案有两类,一类是全国人民代表大会及其机构和其他国家机关,另一类是全国人大的代表团和全国人大代表联名。并非所有提案都会列入大会议程,需要经过人大的共同审议并进行表决。其基本程序如下:

议案的提出。议案是人大代表针对某一需要予以解决的问题而提出的办法、措施、意见和方案。人民代表在人民代表大会会议期间的主要工作之一就是向大会提出属于本级人民代表大会职权范围内的议案。对人大代表来说,只要确实履行职责,就能对人民的意愿进行恰当表达,问题也会触及到人民生活的方方面面。例如当前社会贫富差距的日益加大,成为北京团人大代表关注的热点,中国人民大学校长纪宝成等39位代表提出议案,建议制定遗产税法;针对高校在不同的地方录取分数线差异情况,31名人大代表联名提案,要求各高校联考,统一分数线。这些议案提出后,不仅引起了其他人大代表的重视,而且引起了全社会的关注。

议案的审议。对于国家机关提出的议案,我国有关法律规定由全国人民代表大会主席团决定列入会议议程。对于代表团或30名以上代表提出的议案,由主席团审议决定提请大会全体会议表决是否列入大会议程或者先交有关专门委员会审议,提出是否列入大会议程的意见,再决定是否列入大会议程。审议是人大代表的一项重要权利,也是人大代表反映人民群众意见、发表自己政见的一种重要形式。

议案的表决。大会全体会议表决议案由全体代表的半数通过。宪法的修改由全体代表的2/3以上通过。表决结果由会议主持人当场公布。

目前,全国人大代表的民主意识不断提高,参政议政能力日益增强。在十届全国人大三次会议期间,代表团和30名以上代表联名提出的议案总计991件,全部为法律案。其中,提出制定新的法律的有452件,提出修改现有法律的有539件。具体而言,991件代表议案对现行法律体系的七大部门都有涉及,其中包括提出修改义务教育法,加强食品卫生安全方面的立法,制定食品安全法,农产品质量安全法,修改审计法,扩大审计监督的范围,依法加强审计监督,修改土地管理法,改革土地审批制度,实行最严格的耕地保护制度,修改邮政法,加快社会保障立法,修改妇女权益保障法等,修改代表法、选举法、组织法和全国人大议事规则等法律,要求制定监督法,修改、完善刑法,加大对犯罪行为的预防和惩罚力度,制定或者修改证券法、知识产权法、企业破产法、公司法、合同法,修改、完善行政诉讼法、民事诉讼法、刑事诉讼法、国家赔偿法等。不少提案都是涉及到群众的切身利益,其提出和审议都受到了社会的广泛关注。

可喜的是人大提案的质量不断提高,对议案的审议也越来越公开、慎重和规范。近年来,一些立法草案向社会公布以广泛征求民意;个人所得税法的修改,就个税起征点还专门召开了立法听证会,达到了很好的立法效果;物权法的审议过程更体现了人大立法的审慎和规范,人大常委会多次会议进行了审议,不但广泛征求和反映民意,在私有住房保护和住宅用地的使用权等问题上大大推进了一步,而且在其他问题上也注意了各种民意的协调和社会不同利益的保护和平衡。

由此可见,提出和审议议案是社会各种利益得以表达和在同一平台上进行协商解决的有效途径。社会利益以提案的形式进入人大,使各层级代表能够审视全局利益,在比较高的层面上对不同利益进行协调。不同利益通过人大的审议表决转换成具强制性的法律、制度或者决议而得到实现。提案程序是实现人民代表大会制度下社会利益对话的程序制度保障。

4.进一步完善我国人民代表大会的代表制度和议政制度

我国的人民代表大会制度是一个能够很好地保证人民当家作主的制度，但由于历史和现实方面的原因，其应有的作用还没有完全发挥出来，为了增强其回应社会利益需要的速度和能力，落实其代表制的真实性和有效性，有必要逐渐对其在选举制度和会议程序上进行一些改革。

应改变长期以来将当人大代表作为一种荣誉，把对代表的选举变成先进、模范人物评选的这一弱化代表功能的习惯做法。代表选举应看候选人是否愿意以及是否具有足够的能力来代表选民的利益，而非其他标准，将人大的代表性落在实处。

应逐渐改变代表选举"双轨制"的做法，不但对县以下的人大代表进行直接选举，而且逐步推进对市、省乃至全国人大代表的直接选举。进一步改进选举机制，现在候选人主要由组织产生，又缺乏实质的竞争，导致选民对其不了解和缺乏参选热情。应不断改善选举过程，增加候选人产生和参加竞选活动的自由度，加强候选人与选民之间的信息交流，以确保当选代表能真正代表多数选民的基本利益。

应改善人大代表地构成。目前，人大往往由社会中上层人士组成，工人、农民等社会底层的代表性不足，结果往往造成对工人就业、社会保障、农民工权益、外来人口权益等等涉及其直接利益的事项关注不够，反应过慢。因此，在现体制下，应考虑根据新的社会分层状况重新设计代表结构，特别是应该增加社会底层的代表人数，以反映、关注和解决其利益问题。

应建立和完善代表与选民的联系沟通制度。人大代表由选区的选民选举产生，代表要代表选民的利益要求，反映选民的呼声。选民不能只是在投出选票时有意义，还必须在选举后对当选的代表存在意义。人大是一种代表制，选民通过推举自己的代言人来参政议政，选民不是自己亲自参加人大的活动，而是委托自己所选的代表来代理自己参加。而人大代表并不是完全根据选民的意志来进行投票活动的，他是根据自己的见解来自主发表意见和投票取舍的。

在理论上,政府代表全体国民的利益,而议会代表全体国民的利益是通过议员代表各自选区和选民的利益来间接实现的,选民不需要只代表全国利益而不代表选民利益的议员。因此,必须建立人大代表与选民的联系沟通制度来保证人大代表功能的真实性和有效性。应该规定代表在人大闭会期间走访选民的次数;增加向选民征集提案来源的制度;代表每年向选民汇报的制度;可以尝试设立人大代表办公场所,经常倾听选民的意见和呼声,知道选民的主张,调整自己的工作,并为选民办事;特别是对要求连任的代表,应通过这个联系制度激励和惩戒人大代表,作为连任或淘汰的依据。

应探索实行职业代表制与提供经费等条件支持。目前,人大代表和常委会委员基本都是兼职的而非职业的,这在社会转型需要一个强大作用的代议制的今天显得难以实现选民和社会的委托,便成为制约人大发挥重要功能的因素之一。应该探讨逐渐减少代表的数量,并实行代表和委员的职业化,让其在任职期间代表人民成为其唯一的职责,确保其履行代表的职责。应该改善代表和委员的工作条件,为其开展工作提供专门场所和经费支持,并尝试为常委会委员配备助手。

应进一步完善会议制度和程序。首先,应该完善会期制度。人大每年的会期应适当前提,以保证与我国的经济和社会发展计划、财政预算年度相一致。我国人大和常委会的全年会议时间过短,应适当延长,以提高人大的工作质量和增强人大的作用;其次,应完善会议的发言制度,并尝试设立辩论制度。会议的发言应该平等,应该围绕议题,切中要害。领导的发言不能过多,更不能借此汇报工作。针对议题,民意往往是不同的,代表的观点往往也是不同的,需要反复交流、对比、辩论、磋商,才能形成多数人支持的价值,才能协调和平衡各自代表的不同利益。因此,应该改变自说自话的发言模式,提高发言质量;再次,应该完善对人大议题的提出、审议和表决制度,以确保社会关注的议题能够有效地列入议程,提高 整个过程的质量和规范性,并能处理以后越来越复杂的议案的审议和表决需求。

(二)共产党领导的多党合作的政治协商制度

1. 政协在社会利益整合中的作用

中国人民政治协商会议是中国人民爱国统一战线的组织,是中国共产党领导的多党合作和政治协商的重要机构,也是中国政治生活中发扬民主的重要形式。人民政协围绕团结和民主两大主题开展工作,履行政治协商、民主监督、参政议政职能。

中国人民政治协商会议全国委员会由中国共产党、各民主党派、无党派人士、人民团体、各少数民族和各界的代表,香港特别行政区同胞、澳门特别行政区同胞、台湾同胞和归国侨胞的代表以及特别邀请的人士组成,设若干界别,其组成具有广泛的代表性。

在我国的政治体制中,政治协商是在共产党领导下,通过把各党派各族各界代表人物聚集在制度框架内,为各民主党派发挥政党功能提供一条制度化的渠道,也为各党各派各族各界代表人士表达社会利益、解决社会矛盾提供了一个经常性、规范性的政治舞台。人民政协作为各民主党派、各人民团体、各界代表人物团结合作、参政议政的重要场所,它在协调社会利益方面起着如下重要的作用:

第一,整合社会利益的作用。通过政治协商,实现决策紧密联系社会、反映民意以及各民主党派面对社会的不同利益,在思想观念、政策主张上,相互协商、共同探讨、寻求最佳政治策略,以在协商中最大限度地达成共识。

第二,权力约束的作用。政治协商也是一种民主监督形式,它是对国家宪法、法律和法规的实施,重大方针政策的贯彻执行、国家机关及其工作人员的工作,通过建议和批评进行的一种监督。政治协商对执政党的监督作用,虽不具有质询、罢免、弹劾等刚性约束,但具有很强的影响力与号召力,因此,使执政党在处理社会问题与社会矛盾,实现利益协调时更科学、更民主。

第三,维持有序的政治参与的作用。政治协商使各政党将相互之间的利益上的矛盾与冲突摆到一个比较公平的平台上来,通过政治协商,就不同意见进行友好协商并反复研讨,最后形成共识。政治协商制度使政党之间可能出现的矛盾与冲突通过合作与协商而得到协调,从而维持各党各派各族各界代表人士的有序参与、利益的有效表达和平衡。

2. 政协职能及其履行

政治协商、民主监督、参政议政是政协的三大职能。

第一,政治协商是对国家和地方的大政方针以及政治、经济、文化和社会生活中的重要问题在决策之前进行协商和就决策执行过程中的重要问题进行协商。

政治协商的主要内容包括:中国共产党全国代表大会、中共中央委员会的重要文件;宪法和重要法律的修改建议;国家领导人的建议人选;关于推进改革开放的重要决定;政府工作报告,国家财政预算,国民经济和社会发展的中长期规划;关系国家全局的一些重大问题;通报重要文件和重要情况并听取意见;群众生活的重大问题,以及其他需要同民主党派协商的重要问题等。

政治协商的主要形式有:政协全国委员会的全体会议,常务委员会议,主席会议,常务委员专题座谈会,各专门委员会会议,根据需要召开的各党派、无党派爱国人士、人民团体、少数民族人士和各界爱国人士的代表参加的协商座谈会等。

目前,我国的政治协商正在逐步制度化和规范化。中共中央在做出重大决策之前,一般都邀请民主党派主要领导人和无党派代表人士召开民主协商会、小范围谈心会、座谈会,通报情况,听取意见,共商国是。除会议协商外,民主党派中央可向中共中央提出书面建议。在 2003 年和 2004 年两年时间里,中共领导人亲自或委托有关部门召开的各种协商会、座谈会、通报会等共有 36 次,其中由中共中央总书记主持的有 13 次。

第二,民主监督是对国家宪法、法律和法规的实施、重大方针政策的贯彻执行、国家机关及其工作人员的工作,通过建议和批评进行监督。

民主监督的主要内容包括:国家宪法与法律、法规的实施情况;中共中央与国家领导机关制定的重要方针政策的贯彻执行情况;国民经济和社会发展计划及财政预算执行情况;国家机关及其工作人员履行职责、遵守法纪、为政清廉等方面情况。

民主监督的主要形式有:政协全国委员会的全体会议、常务委员会议或主席会议向中共中央、国务院提出建议案,各专门委员会提出建议或有关报告;委员视察,委员提案,委员举报或以其他形式提出批评和建议;参加中共中央、国务院有关部门组织的调查和检查活动。

近年来,政府部门和司法机关通过聘请民主党派成员、无党派人士担任特约人员,吸收和组织民主党派和无党派人士参加党风廉政建设情况的检查、其他专项检查和执法监督工作,使民主监督的渠道进一步拓宽,监督工作不断加强。

第三,参政议政是政治协商和民主监督的拓展和延伸。参政议政的内容与形式还包括选择人民群众关心、党政部门重视、政协有条件做的课题,组织调查和研究,积极主动地向党政领导机关提出建设性的意见;通过多种方式,广开言路,广开才路,充分发挥委员专长和作用,为改革开放和社会主义现代化建设献计献策等。政协委员要努力学习,深入实际,调查研究,密切联系自己所代表的党派、团体及有关方面的群众,积极反映群众的意见和要求,在参政议政中更好地发挥应有的作用。

1989年以来,各民主党派除了大量担任各级人大和政府、司法机关的职务进行直接参政以外,各民主党派中央围绕中国共产党和国家的工作大局以及事关国计民生的重大问题进行考察调研,特别是围绕经济建设、和平统一两大任务,先后向中共中央、国务院及有关部门提出重大建议近180项,地方民主党派组织提出各项建议提案8万多件,其中许多都被采纳。

3. 提案及其处理

提案是政协委员和参加政协的各党派、团体、界别、政协各专门委员会、委员小组或联组向政协全体会议或者常务委员会提出的、经提案审查委员会或者提案委员会审查立案后,交承办单位办理的书面意见和建议。

全体会议期间,提案委员会或提案审查委员会可选择若干提案作为重点提案协商办理。全体会议可就涉及经济和社会发展的重大事项、人民群众普遍关心的热点问题向中共中央、全国人大常委会、国务院提出建议案。

经提案审查委员会、提案委员会立案后,应当根据提案的内容和有关单位的职责分工确定承办单位。提案委员会对涉及全局的重大提案,可以提请主席会议审议通过后以建议案形式向有关方面提出。

政协全体会议期间,经审查立案的提案由政协全国委员会召开提案交办会议,按归口管理的原则集中送交有关单位承办;政协全体会议闭会期间,经审查立案的提案由提案委员会及时送交有关单位承办。承办提案的中共中央有关部门、中央国家机关有关部门、军队有关部门、各省、自治区、直辖市中共党委和人民政府、有关人民团体等,根据国家法律、法规、政策和有关规定办理提案,并对提案者做出书面答复。

对提案中反映党和政府亟待解决、人民群众普遍要求改进,对推动工作有重要作用并具有较强可行性的提案,可以选作重点提案进行重点办理。

对于重点提案,可以采用提案委员会、提案者、承办单位相结合的协商座谈、实地考察、专题调研、走访等方式推动办理工作,保证办理质量。对提案中当年不能解决的重要问题,要跟踪督办,促进落实。承办单位承诺列入计划解决的,应当及时向提案者反馈。

目前,各级政协已经创设了通过网络来收集提案等新的途径,不但提案数量激增,而且质量也在不断提高。仅从政协第十届全国委员会提案委员会关于政协十届三次会议提案审查情况的报告来看,本次会议共收到提案 4508件,参与提案的委员 1990 人,占委员总数的 86.75%。经提案委员会审查,立案 4375 件,占提案总数的 97.05%。提案内容十分丰富,涉及到我国改革发展稳定中的方方面面。从提案中反映出,委员们对落实科学发展观、构建和谐社会所涉及的宏观调控、"三农"问题、区域协调发展、教育事业、就业和再就业、社会保障、收入分配、循环经济、生态和环境、法制建设、安全生产等问题格外关注。

总之,政协的提案、意见和建议集中反映了党和政府亟待解决、人民群众普遍关心的问题,因而通过政治协商以及办理政协的提案、意见和建议,使社会问题得到一定程度的解决,利益的矛盾和冲突相对缓解,从而在一定程度上实现了对社会不同利益的整合。当前应进一步优化政协议题的形成机制和协商对话机制,并探讨通过政治协商和政协的提案、意见和建议的形成和处理来增进社会的协商对话,以有效协调和平衡社会的多元利益要求。

(三)公共行政与政策机制

公共行政和政府的公共政策也是一个整合与调节社会利益的重要机制,政府通过公共政策来配置社会价值和分配社会利益。在所有的整合社会利益的机制中,公共行政与政策机制对社会利益的影响最直接、最广泛、最重要。鉴于本书有专门章节对社会矛盾调节的政府公共机制已经谈到了公共政策机制、收入分配调节机制、福利国家机制等内容,为不赘述,在此只强调以下几点。

1.代表公共利益

政府在宪政制度中是人民主权的信托者,是民主宪政的执行者,这样的宪政地位决定了政府必须回应社会公共利益的需要,代表和解决社会公共利益的要求,这是政府存在的根本价值所在,也是政府治理社会的合法性和正当性的基础。政府在任何时期都不应该背离社会公共利益的要求,不应该去追求自己的利益,也不应该成为某些特殊利益群体实现自己利益最大化的工具。

社会公共利益是社会的整体利益,是社会的共同利益,而不是某个局部利益或某个集团的特殊利益。以有限的资源去应对无限的社会利益需求是政府的困难所在。因此,政府需要在各种社会利益之间进行平衡,建立一定的考量标准和机制,使各种特殊的社会利益的解决符合社会整体利益的需要。

2.政府组成的代表性

代表性要求担任公职的许可应能充分开放,以使各层级公务人员皆能公平地反映社会的人口特征。公务人员来自社会,应该成为社会公众的代表。政府的直接代表性问题是西方国家行政改革关注的一个重点问题,它关乎政府回应社会能力的建构和政府行政的公平问题。

西方国家公务员代表性问题的改革主要是两个方面:一是对公务员中立原则的改进。过去,公务员制度是通过"公众——民选官员——公务员"的政治责任链条来达成政治回应性的,政治中立原则带来政治回应性差的问题。从上个世纪70年代以来,一些国家开始以赋予高级公务员更多责任的形式认可了公务员参与政策制定的角色。[1] 例如美国在政府中设立了一个高级行政官系统(SES),不仅意味着高层公务员以绩效工资和丧失永久性职业地位来表现对结果负责,而且意味着建立起公众直接控制公务员的制度化渠道;二是很多国家不仅建立了对公务员的社会控制机制,而且力图通过公务员的社会代表性实现其对社会的回应。[2] 在此,公务人员的代表性问题与选拔的"择取标准"直接相关。法国选取公务员的标准和途径造成高级部门的公务员几乎全是从上流社会遴选而来,而美国高级文官的职务几乎都授予社会上层或中上层人士担任。因此,就产生了官僚体系仅在反映社会上层阶级的价值和愿望,而非一般大众利益的质疑[3]。为此一些国家通过制定法案和改革来确保公务人员来源的广泛性和多样性,以确保少数民族、妇女、社会弱势群体的代表性。

随着《公务员法》的实施,我国也正在建立一个更为合理的公务员制度,但公职人员的选择标准还是过于政治化,政治背景往往成为社会人士进入政府的障碍,一些其他因素如性别因素也成为我国公务员选取的不合理标准。因此,有必要逐步对此进行改革,以使我国公务员的选取更公平,使政府更加具有社会代表性和回应性。

3.建立一个开放性的社会化的公共政策议程

社会公共利益的代表和解决,不能仅从主观上来评价,也不能指望从政策的客观结果来评价,而只能从社会公共利益的形成和解决过程来控制。政府解决社会利益需要的过程是一个政治过程和社会过程,必须在社会的多元主体参与下,在政府和社会的互动过程中来进行。因此,一个民主和公平的政府与社会的互动机制是关键所在,具体体现就是改变只把政策的制定当作一个

---

[1]　马建川、翟校义:《公共行政原理》,河南人民出版社2002年版,第255页。

[2]　魏姝:《后官僚制下的政府人事管理》,《中国行政管理》,2002年第5期。

[3]　Jong·S·Jun,黄曙曜译:《公共行政:设计与问题解决》,台湾五南图书出版公司1993年版,第31-32页。

政府过程的闭门决策模式,建立一个开放性的社会化的公共政策议程。

我国政府在这个方面已经取得了很大的进展,通过建立政务公开制度、扩大公众对政府立法的参与程度、建立专家咨询和论证评估制度、建立社会听证和公示制度等,建立了一个政府主导、社会参与、专家论证相结合的新型决策体制,强调决策过程的合法性论证、专家论证和社会的民主参与。

这里决策的合法、科学、民主的关系需要处理好,否则,合法的决策也不一定能带来公平,科学的价值有可能取代民主的价值。决策合法解决的是促进社会福祉,促进公民权的实现,而不是相反;决策科学解决的是决策的可靠性和有效性问题;决策民主参与解决的是决策的社会政治支持问题和决策价值的取舍、利益分配的公平问题。

决策合法虽然不能直接导致决策公平,但能保障不破坏社会的福祉和不侵犯公民的权利,而且将决策科学和决策民主的法制化可以保障决策的有序进行,是将各种社会力量纳入利益分配机制的法律保证。但这种保障作用只是决策的基础和条件,决策是否能有效解决社会利益的需要和是否能获得社会的支持还有待于决策科学和决策民主。

决策科学往往是通过引入一个理性的决策程序和发挥专家的作用来保障的,理性决策只是在决策目标价值确定、影响因素和损益值均可考量的情况下才较为适用,而在政府的公共领域,理性决策存在着很大的决策风险。

在公共领域,公共决策是一个主观的过程,无论是对决策问题的取舍,还是对替代方案及其结果的评估,特别是决策者对不同结果进行的偏好权衡都是一个载负价值的过程。① 公共决策的价值往往具有不确定性,需要在决策过程中通过与不同的利益群体进行对话协商来探明。因此,公共利益具有动态的、不确定性的特征,它不是政府决定的结果,而是政府与社会各方利益群体对话和协商的结果,需要政府在决策过程中与利益相关群体交流,对比和交换各方对决策目标、替代方案和取舍标准的价值看法,以协调各自的立场和观

---

① 〔美〕詹姆斯·W. 费斯勒、唐纳德·F. 凯特尔著,陈振明、朱芳芳译:《行政过程的政治:公共行政学新论》,中国人民大学出版社 2002 年版,第 251 页。

点,探明公共利益所在,使决策符合社会利益解决的需要,赢得社会对决策的政治支持,否则,无论决策的专业化程度有多高,都难以受到社会的欢迎和难以维持下去。

因此,不能以政府的专业化程度和专家的见解来排斥社会的多元民主参与,不能以决策的科学化来代替决策的民主化。改革开放以来的政府决策情况表明,建立在专家和专业基础上的决策不仅不一定导致公平,而且所选解决目标、替代方案以及取舍标准的价值也会存在很大的偏颇,甚至会引发一定的社会问题。我国已经从经验决策发展到了科学决策,现在面对利益多元化和政治民主化的时代背景,需要扩大决策的社会参与,实现决策的民主化,建立政府处理社会利益并与社会良性互动的新模式。

(四)社会协商对话机制

随着市场经济的发展和行政体制的改革,国家和社会的分野日益清晰,社会逐渐被分化出来,城乡广泛地实行了基层民主自治,自治组织日益增多,并对社会的自我治理起到了很大的作用。目前,我国已经建立了以城市居民委员会、农村村民委员会和企业职工代表大会为主要内容的社会基层民主自治体系,它们在各自的领域内通过民主选举、民主决策、民主管理和民主监督发挥着整合广大城乡基层群众利益的重要作用。

1. 城市社区居民自治

社区自治的出现表明我国传统的国家一元化结构开始了向国家、社会、社区三元化结构的转变。在这种转变的过程中,社区中不同利益的相关人,通过面对面的协商,找到利益冲突的根源,继而就解决冲突形成共识,最终达到整合各不同利益团体的力量共同治理社区事务的目的。值得注意的是,这种利益的协调机制并不需要外部力量的遏制与干预,社区处于一种自我管理、自我约束的运行状态,各个利益相关者遵循的是面对面解决问题的民主协商原则,因此,这种机制是我们进行社会利益整合所不可缺少的重要组成部分。

目前,我国城市社区自治的开展,主要依赖于一系列的自治组织,如社区居民委员会、社区成员代表大会、社区管理委员会、社区议事委员会等。其中，社区居民委员会是我国历史最为悠久的群众自治组织，它是随着我国基层民主制度的建立而出现的。依照《中华人民共和国城市居民委员会组织法》的相关规定，居委会的职权主要有：宣传权，即宣传法律法规、开展精神文明建设；自治权，包括办理本地居民的公益事业，调解民间纠纷；协办权，包括协助政府及其派出机关作为社会治安、公共卫生、计划生育、优抚救济、青少年教育等项工作；建议权，向政府及其派出机关反映居民意见、要求，提出建议。

尽管社区居民委员会是一种群众性的自治组织，它的职责应当是向政府反映居民的意愿和要求，协调并解决社区居民间的矛盾与冲突，从而给社区的居民营造一个良好的生活环境。但是在实践中，社区居民委员会却成了依附于街道办事处之下的政府派出机构，戴上了"官帽"，工作的重心完全转向了大量的行政工作，行政化倾向严重，导致其作为自治组织的功能无法发挥。因此，近年来，我国各地随着社区建设的蓬勃发展，为了改变社区管理行政化的现实局面，切实落实城市社区居民的自治权，在居民委员会的基础上结合城市社区建设的实际需要进行了建立科学完善的居民自治组织体系和机制的多种尝试，取得了良好的社会效果。

除此以外，社区居民自治还必须解决调动居民的参与热情和促进居民的实际参与问题。居民参与表现在参与社区公共事务决策、管理、监督，分担社区责任并享受社区健康发展带来的成果，其实质是使每个社区居民都有机会依靠自己的才能为本社区的建设做出贡献，因此，居民参与是社区建设动力源泉所在。只有社区居民广泛、直接地参与和治理，才能逐步培育居民的社区归属感、认同感和现代社区意识，使社区自身的各类资源得到最有效的整合和最充分的利用，从而推动社区建设健康、有序的发展。社区要想得到理想的改变与发展，社区居民就必须对社区问题和事务承担起责任，愿意发挥互助合作精神。① 近年来，我国在探索新的居民参与渠道方面有不少成功的经验，主要有：社区听证会制度；居民小组自治；协调会制度；社区论坛等等。通过加强居

---

① 甘炳光等：《社区工作理论与实践》，香港中文大学出版社 1998 年版，第 50 页。

民参与制度的建设,广泛拓展参与渠道,在自愿、平等地参与协商对话基础上建立横向的合作网络,以有效解决居民的利益表达与协调。

目前,我国居民参与的现状是居民自组织程度低,居民对组织起来参与社区公共事务管理不够热情,同时,居民因物业纠纷引发的业主维权、拆迁户维权事件时有发生,物业管理问题往往也与社区管理发生功能重叠和纠缠不清。这两个方面的密切相关说明中国城市社会存在结构性弊端,即城市社会缺乏一个衔接政府与市民的"中介"——政府与市民沟通的制度化体制。[①] 沟通的缺乏导致社会矛盾得不到及时的疏导而发生冲突。社区自治是社会发展和政府改革的结果,我国的社区自治还很不成熟,必须在政府自上而下的权力与社会自下而上的权利之间建立良好的制度衔接,才可以真正发挥社区自治这一社会网络治理结构的作用。

2. 村民自治

一般认为,我国的村民自治制度始于 1982 年的中华人民共和国宪法第 111 条规定:"城市和农村按居住地区设立的居民委员会或者村民委员会是基层群众性自治组织。"宪法的上述规定是村民自治制度存在和发展的根本法律依据。村民自治就是"农村基层人民群众自治,即村民通过村民自治组织依法办理与村民利益相关的村内事务,实现村民的自我管理、自我教育和自我服务。"[②]

根据宪法的规定,我国村民自治的自治组织是村民委员会,根据我国《村民委员会组织法》的相关规定,村民委员会的职权主要有:提供公共服务,如负责本村的公共事务,带领村民进行本村的公共设施建设;准司法职能,调解民间纠纷,协助维护社会治安;经济职能,首要是编制并组织实施本村经济、社会发展规划和年度计划,依法管理财务和属于村农民集体所有的土地、草场、森林及其他财产,合理利用自然资源,保护和改善生态环境;教育职能,宣传法律法规和国家的各项政策,帮助村民履行法律规定的义务,维护村民的合法权

---

① 姚亮:《从社区论坛看各利益主体的博弈》,《理论与改革》,2005 年第 4 期。
② 徐勇:《中国农村村民自治》,华中师范大学出版社 1997 年版,第 3 页。

利和利益,发展文化教育,普及科技知识,促进村和村之间的团结、互助,开展多种形式的社会主义精神文明建设活动等。由以上职权可以看出,村民委员会是通过民主的方式自我管理,同时兼具经济发展和精神文明提升的目的,也正是这种规定"使得村民委员会不仅具有公共管理意义上的、以民主为基础的强制力,更具有了在经济管理上的强制力和道德上的强制力。"①在实践中,村民委员会作为中国农村基层群众性自治组织,还行使法律或地方政府赋予的某些行政职能,具有"准行政机关"的特征。在保护农民权益、协调利益冲突的过程中,村民委员会是主要的力量。

目前,在我国农村内部主要存在三种典型的利益冲突,即土地纠纷、邻里纠纷和干群矛盾,这些冲突的产生都是基于农村的特殊情况。首先,土地的调整、宅基地的划拨、特别是土地征用和补偿款的合理使用都是利益冲突的焦点、上访的重点;其次,法制观念的淡薄导致邻里纠纷不断,并且往往小纠纷酿成大事件,如果加入宗族的因素,甚至可以延续几代人;再次,干群矛盾主要表现在村干部与普通村民处在工作的对立面上,导致村干部接受上级领导的命令向村民布置工作任务,村民对承担的任务有抵触,有时候村干部为完成任务采取过激手段,致使村民迁怒于村干部。此外,村干部个人品质方面、工作水平和工作作风等方面存在的问题也容易引起干部和村民之间的不信任、不合作甚至互相对立。自村民自治制度实行以来,各地的经验证明,村民自治制度在解决农村内部矛盾方面具有先天优势,可以高效率地解决上述的利益冲突。这表现在:村民在自治组织内部通过交流、协商、谈判、妥协,形成各方面都能接受的意见,保持了社会和谐;农村基层事务关系到每个村民的切身利益,村民民主决定更接近个人实际,更能反映个人要求,比领导决定更容易被村民接受;在农村,多数人的决定比上级的决定更容易被持不同意见的少数人接受,服从多数人做出的决定比服从上级领导的决定更易实现个人心理平衡。由此可见,村民自治重构了乡村社会的和谐秩序,使农民拥有了一个协调利益冲突的平台,从而有效地解决了农村内部存在的社会矛盾,保持了农村社会的相对

---

① 毛寿龙、李梅:《三农问题背景中的村民自治》,《天津行政学院学报》,2005 年第 7 卷第 3 期。

稳定,这对于我国这样一个农村人口占大多数的国家来说至关重要,农村的稳定是我国社会稳定的基石,而农民利益的维护也给社会主义经济的发展带来了新的动力。正是出于这样的原因,推动利益整合机制的建立,村民自治是不可或缺的一环。

相比城市居民自治,由于村委会掌握着农村重要的资源,与农民的切身利益密切相关,村民自治往往更能吸引群众的参与热情。在此,一方面要注意解决村委会选举的贿选等选举问题;另一方面,要在选举以后,能真正落实村民自治。要防止其异化成行政组织的附庸或异化成直接或间接侵害农民权益的力量。村民委员会应真正实行"民主选举、民主决策、民主管理、民主监督"的运行模式,做到主体产生民主规范、议事程序民主规范和村务公开等制度,在保护农民权益方面体现农民自治组织的自体性力量,从而使其在市场经济活动中更能够代表农民,更能维护农民的整体利益和长远利益。

3. 职工代表大会

职工代表大会制度是我国独特的一种利益协商对话方式,主要是在公有制企业实行的一项制度。它是指企业职工通过民主选举组成职工代表大会,在企业内部行使民主管理权力的一种制度,是我国企业实行民主管理的特殊形式,也是职工行使民主管理权力的机构。职工代表大会具有鲜明的中国特色,是我国基层民主制度的一个重要方面,是我国协调职工与企业不同利益诉求的主要方式。在我国,职工参与直接体现了社会主义劳动者的主人翁地位,是我国建立现代企业制度的内在要求。职工参与制度建立的同时就确立了职工的参与权。职工参与权的设置不仅是为了维护职工的合法权益,而且在它与其他主体的权利如公司股东的股权、企业的经营管理权融合后,在公司治理结构中还具有矫正、制约和平衡的作用。

在我国,《公司法》、《中华人民共和国全民所有制工业企业法》、《中华人民共和国城镇集体所有制企业条例》、《中华人民共和国乡村集体所有制企业条例》、《劳动法》、《工会法》和《全民所有制工业企业职工代表大会条例》等法律法规,均对职工代表大会制度作了相应规定。

职工代表大会具有广泛的群众基础,代表中不仅有工人,而且有科技人员、管理人员和其他工作人员,能够代表全体职工民主管理企业。职工代表大会闭幕后,由企业工会委员会作为职代会的工作机构,负责职工代表大会的日常工作。

在实践中,职工代表大会的主要职权是听取、审议厂长有关生产经营方面的报告,提出意见、建议;审查同意或否决企业调整工资方案、奖金分配方案、劳动保护措施、奖惩办法及其他重要规章制度;审议决定职工福利基金使用方案,职工住宅分配方案和有关职工生活福利的重大事项;评议、监督各级行政领导干部,并按照国家规定选举、罢免、聘用、解聘厂长(经理)、副厂长(副经理)。近年来,随着国企改革不断深化,企业股份制改造的进行,职工代表大会在保护国有资产不受非法侵害、维护工人权益方面起到了很关键的作用,在企业改制过程中,通过职工代表大会的参与,给了职工以选择权,由他们来选择可以推动企业发展的管理人员,随着改革的不断深化,还出现了由职工集体承包或购买企业,职工代表大会选择经理的新方式,这些都体现了职工代表大会制度的积极之处。

从利益的不同属性角度看,职工与企业的利益冲突是不可避免的,处理不当,不但影响企业的正常经营活动,而且还会影响到冲突发生地的经济秩序,关键在于要将这种冲突控制在社会经济秩序所能容忍的范围内。通过职工代表大会这种形式,给予职工与企业一个协商的平台,双方的利益可以经过这样的一个程序来进行协调,从而相互理解,预防、缓解利益冲突,并最终促成双方以公平合理的方式解决冲突,实现彼此的利益。经过近几年的国企改革,我们在企业中初步建立了职工董事、监事制度,产生了民主评议企业领导干部、厂务公开等民主管理形式,这些制度都是以职工代表大会为依托而产生的。当前,有必要探讨在现代企业制度环境中,职工代表大会与公司股东会、董事会、监事会的相互衔接、互相配合问题,解决职工代表大会在企业改制中的法律地位等问题,否则,职工代表大会将被边缘化,并因此产生一系列的劳资风波。

第六章 创新社会管理机制

　　良好的社会管理机制是有效调节社会矛盾的重要基础。在新的行政生态环境下,通过建立健全有效的社会管理体制和机制,实现社会管理的现代化,对于推进社会整合,协调社会利益关系,化解社会矛盾,保障社会安全,促进社会稳定,维护社会公平和正义,最终实现社会和谐都具有重要的作用。

一、社会管理机制及其在社会矛盾调节中的作用

(一)社会管理与社会管理机制

　　所谓社会管理,简单地说就是对社会公共事务的管理。由于对社会管理的主体和客体范围的认识不同,人们对社会管理范围的理解是不同的。

　　从管理主体的角度看,社会管理有广义和狭义之分。狭义的社会管理是政府社会管理,即政府对有关社会事务进行规范和制约,它是政府通过整合社会资源、动员社会力量,为增进公共利益,依法对社会事务实施的组织化活动;广义的社会管理除了政府社会管理之外,还包括社会自我管理和社会自治管理,即社会(即自治组织、非营利组织和公民)依据一定的规章制度和道德约

束以规范和制约自身的行为。① 在现代社会,政府无疑是社会管理的核心主体,但政府对公共事务管理的垄断正在被打破,社会自治组织在社会公共事务管理中的重要性也不断提高。

从管理客体(范围)的角度看,社会管理也有广义和狭义之分。正如有学者所分析,广义的社会管理是指政府及非政府公共组织对各类社会公共事务(包括政治的、经济的、文化的和社会的)所实施的管理活动,实际上与人们通常所说的公共管理是同等范畴的概念。狭义上的社会管理,一般与政治管理、经济管理相对,指的是对社会公共事务中排除掉政治统治事务和经济管理事务的那部分事务的管理与治理。② 胡锦涛同志在省部级主要领导干部提高构建社会主义和谐社会能力专题研讨班上的讲话中专门就"加强社会建设和管理"问题进行了阐述,他指出:"只有建立起与社会主义经济、政治、文化体制相适应的社会体制,才能形成与社会主义经济、政治、文化秩序相协调的社会秩序。"③不难看出,"社会体制"、"社会秩序"中的"社会"是与政治、经济、文化相对而言的,是狭义上的。

综合以上两个方面的情况,社会管理的概念就主体而言是广义上的,就客体而言是狭义上的,即:政府和社会公共权力组织对政治统治、社会生产和经济管理以外的其他一切社会事业、社会生活、社会组织、重大社会事务等所进行的组织、协调、监督和控制活动。

相应地,社会管理体制是与经济体制、政治体制、文化体制相对应而言的。它包含三个方面的内容:(1)制度(规则)层面上对管理职权划分和职能配置的规定,管理对象及其领域的设定,作为管理基本依据的法律法规及政策的制定等;(2)组织机构层面上管理机构系统的设立,管理组织内部结构的划分和角色定位等;(3)机制层面上管理系统模式化运行的过程、程序和方式,管理系统各子系统或要素之间模式化的相互作用等。实际的社会管理体制是上述

---

① 王郅强、靳江好:《坚持科学发展观,强化社会管理和服务职能——中国行政管理学会 2004 年年会研讨会综述》,载郭济主编:《政府社会管理与公共服务改革》,重庆出版社 2005 年版,第 1-2 页。

② 李程伟:《社会管理体制创新:公共管理学视角的解读》,《中国行政管理》,2005 年第 5 期。

③ 胡锦涛:《在省部级主要领导干部提高构建社会主义和谐社会能力专题研讨班上的讲话》。

三个方面密切互动的有机整体。其中,制度规则体系所规划的是社会管理体制的框架基础和运行空间;组织体系是社会管理职能的履行者和能动载体,而社会管理机制则是在制度和组织基础上社会管理体制具体运行的机理、模式和工作方式,它是体制之中最活跃、运动性最强的部分。[①] 基于管理机制在社会管理体制中地位的整合性与重要性,本课题一般将社会管理体制与机制并列使用。

(二)社会管理机制在社会矛盾调节中的地位与作用

一般而言,任何公共事务管理机制的基本功能都是调节、控制和平衡某种类型的社会矛盾,如政治管理机制是通过规范社会政治关系来调控社会矛盾,特别是政治性的矛盾。那么,社会管理体制和机制在社会矛盾调节中具于何种地位、发挥何种功能呢? 我们认为,现代社会管理体制和机制是调控社会矛盾的基础构件,具有日趋重要的独特价值。这是由于:

1. 社会管理机制所调控社会矛盾的广泛性

社会管理机制在调控社会矛盾中的重要性首先是基于社会管理内容的广泛性。"社会职能的内容异常丰富。一般来说,凡是致力于改善和保障人民物质文化生活的事业和措施,都属于社会职能的范畴。"[②]这虽然只是就政府的社会管理职能而言,但也充分说明,在现代社会,作为与政治性公共事务管理、经济性公共事务管理相对独立的社会管理,其领域是十分广泛的,涉及社会治安、文化教育、医疗卫生、社会保障、环境保护、道德风尚、社会服务及其他社会公益事业方面。对这些领域产生的广泛的社会矛盾进行调控是社会管理机制的基本职能,其重要性是不言自明的。

2. 社会管理机制所调控社会矛盾的独特性

也就是说,一些特定的社会矛盾只能或者必须借助社会管理机制才能有

---

① 李程伟:《社会管理体制创新:公共管理学视角的解读》,《中国行政管理》,2005 年第 5 期。
② 张永桃:《行政管理学》,高等教育出版社 2003 年版,第 65 页。

效解决。如果说市场机制能够有效解决一个社会能不能做大蛋糕的问题,那么,良好的社会管理机制可以解决如何公平合理地分蛋糕的问题、没有分到蛋糕的人怎么办的问题。在现代社会中,失业、环境污染、各种生产事故及工业化导致的其他危害等等,往往是现代市场经济发展所带来的,市场机制在调控这些社会矛盾方面存在着失灵。社会管理机制对防止社会动荡,保持社会稳定,保障社会公正,消除社会过分的两极分化等具有独特的价值。

3.社会管理机制所调控社会矛盾的具体性

也就是说,社会管理机制所调控的往往是涉及面广、关系到社会成员切身利益的具体的社会矛盾,如失业补助、养老金、退伍军人安置、残疾人救助、流浪人员收容、灾民难民救济等。以社会保障为例,它旨在保证无收入、低收入以及遭受各种意外灾害的公民能够维持生存,保障劳动者在年老、失业、患病、工伤、生育时的基本生活不受影响。显然,能否提供社会保障,涉及到绝大多数的社会成员正常生活这一根本性的切身利益。这方面的管理不到位,矛盾处理不好,会直接影响到社会稳定。

4.社会管理机制所提供条件对解决经济性、政治性社会矛盾的重要性

恩格斯在《反杜林论》中指出:政治统治到处都是以执行某种社会职能为基础,而且政治统治只有在它执行了它的这种社会职能时才能持续下去。这说明社会管理机制所创造出的条件对促进经济发展、缓和社会矛盾和实现政治统治所具有的重要价值。实际上,社会管理虽然具有非经济性特征,不能产生直接的经济效益。但是,它作为政府和其他社会公共组织提供的一种"公共物品",具有公共性与公益性、消费的非竞争性和非排他性等特征,与社会成员的生活质量密切相关;它不仅关系到经济发展过程中的交易成本,更关系到能否正常、稳定地组织社会生产、消费、交换和创新活动。也就是说,社会公共管理与社会成员生产生活的连续性、便捷性直接紧密地联系在一起,具有极强的外溢效应;它通过解决社会问题、维护公平正义、保持社会稳定和提升社会福利,为经济社会发展提供共同条件,促进社会总体经济效率的提高及社会福利的增加,从而为社会矛盾的有效解决提供重要条件。正是从这个意义上,有人指出:"如果说市场机制的基本原则是自由竞争,那么社会管理机制的基

本原则就是'协同':协商意见,协调利益,协同动作。竞争可以产生活力,和谐也能产生活力。"①

二、市场经济发达国家社会管理机制的历史演进及对我国处理社会矛盾的启示

在市场经济条件下,一些社会矛盾的产生和发展具有一定的规律性,因此,研究市场经济发达国家和地区社会管理理论知识和实践机制的历史演进,对我们认识社会管理规律,根据自己的国情创新社会管理体制具有重要的启发价值和参考作用。

(一)市场经济发达国家社会管理理论与实践机制的历史演进

市场经济发达国家社会管理理论的发展及实践模式的演进大体分为三个阶段。

1.自由竞争市场经济时期的社会秩序管理

自由竞争市场经济时期,社会管理理论与实践的主旨是如何缓解社会矛盾、追求社会和谐、社会秩序与团结。

理论上看,社会秩序理论是一种整体性社会学理论,其基本观点是将社会看作一个有机整体,认为社会整体的和谐表现为社会秩序,维持社会秩序就需要促进社会整合、实现社会团结。"社会秩序是社会科学理论问题的核心。问题出在人类的双重性——个体性和社会性并存。如果我们每一个人都居住在一个单独的星球上,我们不必忌讳他人——我们可以为所欲为。但问题不是这样,我们带有双重性,每个个体都是独立的,有自己的经验、信息、感

受和追求,但每个人又不是绝对独立的"。① "问题在于我们怎样把这些分散的个体集合起来一起生活? 这就回到了我们一直关心的秩序问题,秩序使群体和个人一起生活,并感到愉悦舒心"。② 秩序使人们在一起生活和工作。人类不仅需要协调它们的行为,而且还需要有效地互动——帮助他人,而不是伤害他人。所以高度有序的社会有能力保持人们之间的合作,进行社会管理。

　　根据社会秩序理论,社会管理是"通过意义、价值体系和规范、权力和权威自然而然地互动而形成的网络和社团"。意义在这里是指人们之间通过某种方式沟通。以上所述的管理方式因条件不同而不同,因而产生不同的社会秩序。我们可以通过对这些因素的分析来分析不同的社会秩序,并找到建立社会管理体制问题的答案。孔德奠定了社会秩序理论的基础,他提出了整体性的社会研究视角。他认为, 社会是一种有规律的结构;社会是人类生活的有机整体, 即社会有机体;这种整体结构同它的部分与要素之间具有一种"普遍的和谐",这种"普遍的和谐"的根基在于人性;社会整体的和谐性表现为社会秩序,不和谐则表现为社会冲突,因此, 社会秩序是社会最基本的整体性特征。孔德提出了"重建秩序"的构想, 即社会秩序的原则:崇尚科学与自然法则,扩大人类自然拥有的博爱的倾向;协调家庭、等级、行会、地方团体、教会、国家等组织和群体的关系, 社会分工应该考虑到每个人的本性、教育、地位与专长, 各得其所;要增强政府权威与调节, 建立"开明政府";要建立复合型的政治权威,所有的政治权力都必须要有物质基础、思想指导、道德制裁和社会控制。此外, 这一阶段的另一个代表人物杜尔克姆还提出了社会团结理论,其中心概念是社会团结。他认为社会团结是指人与人、群体与群体之间的协调、一致、结合的关系, 其基本观点是:发达社会的团结是一种有机团结;社会团结的物质基础是分工,精神基础是集体意识;法律是保障社会团结的力量;要消除社会团结所受到的威胁,实现社会层次上的整合;要防范社会失范

---

　　① Michael Hechter and Christine Horne, Theories of Social Order, Stanford Social Science, An Imptrint of Stanford University Press, 2003. p. 27.

　　② Michael Hechter and Christine Horne, Theories of Social Order, Stanford Social Science, An Imptrint of Stanford University Press, 2003. p. 31.

或社会失序等现代社会的特殊危机。

实践上看,这一阶段政府社会管理的基本特点是:(1)在管理目标上以秩序管理为主导。在自由竞争的市场经济时期,正如社会秩序理论所倡导、论证和主张的,维护社会秩序(实质是资产阶级的社会统治秩序)是西方国家社会管理的核心目标。维护社会秩序的主要目标是保护财产权,维持一种建立在财产权基础上的社会秩序,其主要手段是运用财产权利保护的法律维护社会根本秩序的基础。财产权利保护与社会秩序管理的法治基础是《民法典》。《民法典》不仅是市场经济的法治基础,也是重要的社会管理的法治基础。①(2)在管理格局上,以弱政府、强社会为特点。在"政府最好,管事最少"的管理哲学下,政府在社会管理中的作用处于被限制的状态,市场的自发作用对社会的调节起主导作用。也就是说呈现出政府社会管理组织相对较弱,作用范围有限而主要以市场、社会等市民力量在社会管理体系中唱主角的格局。(3)在管理方式上,政府自由放任,社会自我管理。社会管理以社会自我管理与社会自治为主,政府对社会基本上采取放任自由的态度和不干预的政策。教会、社团组织等各种民间组织在现实的社会管理和社会互助互济中起主要的作用。

2. 混合市场经济时期的社会福利国家

20 世纪 30 年代后、特别是第二次世界大战后,随着对世界经济大危机的反思,以追求社会福利最大化为目标的社会福利理论与福利国家理论获得了重大发展,西方国家采用了成功应对社会危机的社会政策手段,为西方经济持续增长与社会相对稳定做出了重大贡献。

福利国家理论的基本观点是:第一,市场经济存在许多缺陷,如经济危机、失业、贫困等现象, 但只要政府实行充分就业、公平分配、社会福利等政策,通过对遗产和收入实行累进所得税、举办各种社会福利事业等措施, 就可以解决社会失业、贫困和不平等问题。第二,一个国家只要致力于经济增长, 使人均国民收入达到一定水平,并使国民有社会保障和失业救济等福利

---

① 李军鹏:《政府社会管理的国际经验研究》,《中国行政管理》,2004 年第 12 期。

待遇,就算得上是一个福利国家。第三,福利国家的主要任务就是通过加强国家对社会经济活动的管理和监督,扩大社会福利,实现国民收入的公平分配。

应该说,福利国家理论及其实践的产生有其深刻的社会背景。其一,经济危机造成社会破坏。除了政府没有任何一种力量可以挽救经济危机造成的经济瘫痪、金融体系崩溃和失业、贫困等一系列社会问题。于是,拓展政府的社会管理权限,加强政府的政治、经济、文化和社会管理职能,出台金融、税收、经济政策和促进就业、提供社会保障的政策,同时加强政府的执行力,政府全面承担起社会管理职能。对于治理社会混乱,缓解经济危机引起的社会矛盾起到了决定性的作用。其二,战争的反作用力。与战争的残酷相比,福利国家向国民承诺:发展经济、充分就业、老年生活保障和提供与国情相应的全民最低收入保障,这种温馨的生活更受欢迎。国际劳工组织1950年的报告把这种国家形态称为"向广大国民提供服务的新组织",说它是"把社会当作一个整体来考虑……这个组织逐渐成为民族国家政府的一个组成部分,而社会保障政策因此就成为紧密地协调提高福利水平和促进人口活力的民族主权国家政策。"①

实践上,福利国家模式主要包括两种,一种是西欧和北欧的福利国家模式,一种是美国、日本为代表的福利社会模式。这一阶段政府社会管理的基本特点:第一,社会保障全民化。西方国家致力于建立和完善社会保障制度,纷纷推行"普遍福利型"的社会保障政策,使社会保障的覆盖面向全体社会成员扩展,逐步实现了社会保障全民化。这一阶段,西方国家的社会保障制度具有社会性、普遍性、公平性与互助性的特点。主要表现在:社会保障项目普遍性强,涉及面广,致力于实现社会保障的全民化,如欧盟各国医疗保险、养老金、失业保险等社会保障项目基本覆盖了人口的绝大多数,其中丹麦、意大利、瑞典、英国的医疗保险覆盖率已达100%,养老金基本上覆盖全体雇员。1995－1996年,英国、法国、德国、瑞典等国社会保障总支出占GDP的比重分别为

---

① International Labor Organization, Annual Report 1950.

22.8%、30.1%、29.7%、34.7%。第二,在社会管理格局中政府居于主导地位。社会福利国家模式下的社会管理格局相对于前一个阶段以社会自治为基础的格局有很大的不同。主要体现为政府的作用范围和力度都有了较大的增长,政府在社会保障和社会福利的过程中起到了重要的保障作用,对社会管理承担了更多的主动责任。在这个过程中,由于政府在社会保障和社会福利中的作用,政府的社会管理职能也得到了扩张。因此相对而言,政府也逐渐得到了较大程度的发展,在国家与社会的管理中起到了强势作用。第三,基本社会关系管理制度化法制化。表现在:建立资本与劳动合作的社会制度、完善社会主要利益集团围绕国家政府与公共支出的多数表决制度等等。

需要指出的是,从上个世纪80年代起福利国家模式在实践和理论上都遇到了难题。首先,无微不至的社会保障体制滋生了某些人的懒惰心理,对劳动道德造成威胁。政府用于社会保障的支出来自于资本或劳动征税,如果被保障的是甘于享受社会保障而懒于付出者,就与社会公正原则不符。其次,经济全球化也对福利国家模式提出挑战。在经济全球化背景下,产品、服务、资本的跨国界流动成为可能。资本的外流会影响福利国家的税源;产品和服务大批量流动引起的价格竞争,直接威胁到福利国家的高劳动力成本,迫使它们降低社会福利应对竞争;而人员的流动则会对主权国家内的社会再分配和福利国家功能有直接的影响,经济移民的涌入造成福利国家在住房、医疗、失业救济和技能培训等方面的额外负担。最后,产生于工业化社会的福利国家模式已经不再适应社会变革的需要。信息化和知识经济时代的生产方式、经济类型以及社会结构的变化,决定了社会矛盾和社会危机出现了新变化。吉登斯认为,目前的"福利国家无法及时调整自己的步伐,以便覆盖那些新的风险,比如与技术变迁、社会排斥或者不断增加的单亲家庭有关的风险。"[1]同时,产业工人减少,中产阶级成为社会结构的主导力量,使国家作为企业主和劳动者之间的协调人的作用正在减弱。正是由于福利国家在以下方面出现了脱节:

---

① [英]安东尼·吉登斯:《第三条道路——社会民主主义的复兴》,北京大学、三联书店2000年版,第120–121页。

一是福利所涵盖的风险并不符合需要,二是受到福利保护的群体本不是应该受到保护的。所以,这种治理模式在应对新的社会危机上出现了难题,其调整也成为必然。

3.市场经济全球化时期的"第三条道路"

20 世纪 80 年代以来,经济全球化趋势日益明显,为应对新兴工业国家发展的国际竞争压力,西方国家开始反思福利国家建设的理论,出现了第三条道路理论与"社会投资型国家"理论及强调政府与社会合作的治理理论。

理论上,20 世纪 90 年代以来,西方发达国家社会政策的重点发生了转移,社会政策的主题是围绕着国家、社会、社区、家庭、个人在福利中的地位和作用展开。寻求超越传统的左派(社会民主党)与新右派(新自由主义)的第三条道路理论开始占主导地位。"第三条道路"的福利思想包括的内容主要是:第一,在主张维护经济自由的同时,把平等和社会正义当作与自由同样重要的原则。要实行一系列福利国家的社会经济政策,扩大社会福利,以克服市场自发运行所带来的各种弊病。第二,以争取社会民主、经济民主作为策略,把建立和发展社会保障制度作为实现社会正义的手段。通过建立社会保障制度,国家不再是维护资产阶级利益的统治工具,而成为代表全体人民利益的"权力共同体"。第三,"第三条道路"倡导积极的福利,主张用"社会投资型国家"来取代"福利国家"。要彻底改革福利国家制度,变消极的福利制度为积极的福利制度,要把更多的资源用于人力资本的投资方面。第四,第三条道路的倡导者特别重视公民社会的地位,认为政府应该在公民社会的重建中发挥基础性作用,要同时依靠政府和公民社会双方面的力量推动社会发展。这一理论主张逐渐发展成为治理理论。"与统治不同,治理指的是一种由共同的目标支持的活动,这些管理活动的主体未必是政府,也无须依靠国家的强制力量来实现。"①"治理的概念是,它所要创造的结构或秩序不能由外部强加;它之所以发挥作用,是要依靠多种进行统治的以及互相发生影响的行为

---

① [英]罗西瑞:《没有政府统治的治理》,剑桥大学出版社 1995 年版,第 5 页。

者的互动。"①可见,治理的新含义更强调通过民主参与促使国家与社会的良性互动。在这种治理理念指导下的"善治",就是促使公共利益最大化的社会管理过程。"善治的本质特征就在于它是政府与公民对公共生活的合作管理,是政治国家与公民社会的一种新颖关系。"②由此可见,治理理论主张政府与社会在社会公共生活领域是一种合作的关系。

在实践上,这一阶段政府社会管理的基本特点是:第一,以教育、培训、基础科技领域为主要投资方向,以人力资本投资为核心,将"消极的福利国家"转变为"积极的福利国家"、"工作福利国家"或"社会投资型国家"。第二,以充分就业政策为核心,将"福利"转变为"工作",并适度限制福利支出的增长,达到平衡经济发展与社会保障发展、需求管理与供给管理相中和的社会管理与经济增长目标。近年来,欧盟国家普遍把发展经济作为解决就业的根本出路,通过大力发展中小企业和第三产业、改革福利制度、实施就业培训计划和就业促进计划、保护就业人员利益、完善政府公共就业服务机构等措施,不断强化政府就业公共服务职能。欧盟国家失业率水平不断降低,2001 年,瑞典失业率降低到 4.0%,丹麦失业率降低到 4.3%,荷兰失业率降低到 3% 以下。英国布莱尔政府 1997 年上台后,采取一系列鼓励就业的政策措施,如政府专门成立了由财政大臣担任主席的就业政策委员会,统一制定全国的就业政策;提出"削减福利开支,提倡劳动福利"的口号,实施再就业"新计划";加强职业教育和技能培训,政府新设立了学习与技能委员会,为失业人员免费提供有针对性的培训,培训后的再就业率为 60% 左右;建立就业服务机构,并对就业困难人群提供特殊服务;提高最低工资,扩大对低收入家庭的税收优惠。2006 年,法国政府为了解决青年人近 25% 的高失业率这一严重的失业问题,顶住巨大政治压力,实施总理德维尔潘提出的一项名为"首次雇用合同"的新劳工法案。法案规定,法国 20 人以上规模的企业,在与 26 岁以下青年人签订雇用合同后的最初两年内,可以随意将其解雇,无需说明原因。政府希望通过

---

① ［英］格里·斯托克:《作为理论的治理:五个论点》,《国际社会科学杂志》(中文版)第 16 卷,第 1 期,1998 年 2 月。

② 俞可平主编:《治理与善治》,社会科学文献出版社 2000 年版,第 8 - 9 页。

改革法案鼓励企业大胆地雇用青年人,借此为青年人创造更多的就业机会。[①]第三,政府主动与非政府组织等合作达到"善治"。这一时期也是非政府组织大发展的阶段,如法国1990年就有60000多个私人社团成立,而60年代每年只有11000个组织成立;在德国,每十万人口的社团数量从1960年的160个增加到1990年的475个,增长了近3倍。瑞典公民社会的参与率世界最高,创建了一个每十万人口就有2300个社团的稠密的社会网络。西方国家的政府逐渐认识到,在许多领域,非政府组织或者非营利组织可以比政府或者市场的作用更有成效,并且通过这些组织可以改善政府的管理,弥补市场的缺陷。以政府与非政府组织合作为特征的善治成为西方国家社会管理的新特征。第四,重视社会资本、重视社区建设与社区发展。20世纪80年代以来,出现了向社区回归的发展趋势,即社会社区化或社会人文化的趋势。如前美国总统克林顿所领导的EZEC行动特区和企业社会计划,就是通过自下而上的全面动员,向社区授权,从而复兴美国、重建社区和福泽人民。如英国1990年颁布了社区照顾法令,经过三年实践检验,于1993年在全英推行。[②]

(二)市场经济发达国家社会管理理论与实践机制历史演进的启示

1.必须从战略上重视社会管理

国际经验表明,在市场经济条件下,由于先天或后天的差异,人们在利用法律赋予的自由等条件去获取个人幸福方面的能力事实上是不同的。这样,随着时间的推移,势必导致社会成员之间在财富和地位分配等方面的两极分化。因为单纯的市场经济是以"能者多得"作为自己的基本运作原则的,"富者更富、贫者更贫"的马太效应是它的必然结果。而单纯的市场经济体制又

---

① 法国过去的劳工制度曾规定,企业在解雇职员时需要有一份具有法律效力的辞退证明,并且要说明动机,否则就会面临被职员告上法庭的可能。这种制度使得法国企业不敢轻易雇用缺乏经验的青年人,因此被认为是导致青年人高失业率的重要原因。

② 李军鹏:《政府社会管理的国际经验研究》,《中国行政管理》,2004年第12期。

没有对这种分化进行自动调节的机制。在缺乏其他调节手段的情况下,社会
两极分化的程度就会越来越尖锐,并引发一系列其他的社会矛盾:周期性的经
济危机、失业、社会分化、阶级对立、道德滑坡与精神危机等。这些问题并不能
随着 GDP 的增长而自动得到解决,而且,市场经济越是发展,各种经济社会问
题就会逐渐产生和凸显出来,不仅影响许多社会成员个人的生存状况、引发比
较激烈的社会冲突、破坏社会秩序,而且也会阻碍经济本身的进一步发展。因
此要从战略上高度重视社会管理。

2. 社会管理理念和制度必须与时俱进

从自由竞争的市场经济到混合市场经济再到经济全球化时代,市场经济
发达国家和社会管理理论及其实践都能随着社会经济形态的演化和社会形势
的发展适时进行调整。虽然这种调整都没有从根本上解决其社会矛盾,但在
很大程度上缓和了市场经济条件下特有的一些经济社会矛盾,反过来为经济
社会的持续发展提供了重要的条件。这就启示我们,有效的社会管理体制和
机制必须随着社会矛盾特点的变化而与时俱进,不断改革创新。

3. 官民合作善治是市场经济条件下应对社会矛盾的重要策略

以上分析表明,西方国家善治模式下的社会管理,主要体现为政府与社会
的合作格局。在这个格局中,政府组织和非政府组织都得到发展,都在各自有
效的范围内实现相互合作和互动,政府在社会管理中起到积极主导的作用,同
时各种社会组织也在共同参与中承担自己的角色和发挥自己的作用。这种政
府与社会合作共治的格局不仅相对缓解了政府单独应对社会矛盾时能力不足
的矛盾,也为社会力量参与公共事务管理提供了重要机制,是市场经济条件下
社会建设的必然趋势和重要策略。

三、我国社会管理格局的历史演变与当前面临的新挑战

任何社会管理机制的创新都不能割断历史。相反,成功的创新不仅需要
突破历史,也需要延续历史,在应对新的社会矛盾的同时能保持历史优势和民

族特色。这就需要对我国社会管理格局的历史发展进行回溯,并借助不同社会形态的分段来研究不同形态下的社会管理格局特点,从而为目前我国的社会管理体制创新确定正确的历史方位。

(一)我国社会管理格局的历史演变

在我国历史上经历最长的社会形态是封建社会,在两千多年的封建社会发展中尽管历经朝代更迭,但其制度性质是一致的,因而其调节社会矛盾的社会管理机制也基本是相同的;在封建社会走向末路、新中国缔造之前的中国近现代,社会矛盾比较复杂,而统一、稳定的国家制度却没能建立起来,因而那一时期的社会管理机制也是非常不健全的;上个世纪中叶新中国的成立标志着一个统一、稳定的国家的诞生,各项社会制度、政治经济制度也相应完备起来,与之相应的社会管理机制也逐步形成和完善。

1. 中国封建社会的社会管理格局

我国是世界上最早进入封建社会的国家,封建社会的主要社会矛盾是农民阶级和封建地主之间的矛盾,而调节这一矛盾的社会管理格局却并不是非常完备。

在封建社会形态下,中国历代君王的统治思想几乎都是"溥天之下,莫非王土,率土之滨,莫非王臣",对于皇帝来说其"家"即"天下",整个天下都是皇帝"私人"的,由此决定了皇帝垄断国家一切权力,皇权至高无上又无处不在。当然,皇帝的精力有限不可能事必躬亲,所以有"相"辅佐皇帝治理国家并管理皇帝的家事,对地方的管理设郡县两级,县之下设乡、里,大致是十里一乡,乡、里是我国封建社会的基层政权组织。这样,所有的社会管理权力都集中在皇帝一人手中,宰相参与决策,辅佐皇帝管理国家,"掌丞天子,助理万机"①,此为中央机关的运行机制,而中央对地方及基层事务的管理和决策则通过中央到地方各级、各部门的众多官僚的奏议了解,遇到特别事务的处理,当皇帝

---

① 《前汉书·百官公卿表》。

认为有必要时还会派钦差大臣代表皇帝到地方处理。可见,在我国封建社会时期来自官方的社会管理机制大体是皇帝独断一切,宰相参与决策,官僚奏议①。这种体制虽然程序严密,具有权威,富有效率,但其最大的缺点就是决策不够公开,参与社会管理决策的仅有皇帝、宰相等少数人,许多社会管理决策都是在高度保密和神秘状态下进行的,甚至皇帝只与嫔妃、母后、佞幸、仆从等人在密室中决定天下大事,因此难免决策的失误和失败,一旦失误又很难纠正。

皇权虽然无处不在,但是我国疆域广博,农村分散居住的特点决定了官方对社会的治理必然会有缺漏。在中国封建社会的历史上,来自社会自身的社会矛盾调节机制虽然没有达到非常完备的程度,但是却在调节社会基层矛盾中发挥着不可替代的作用。主要表现为家庭宗法的力量和乡绅在农村基层矛盾调节中发挥着独特的作用。我国封建社会虽然没有现代意义的完备法律,但是同样发挥着行为规范作用的"礼"却是任何国家所不能比的,在实行农业经济的中国封建社会的农村家族、宗绅之所以可以在解决民间纠纷和矛盾时有"执法"权,其依据正是高度发达的封建"礼法"。应该说,我国封建社会的家族、宗绅成为调节社会矛盾的重要力量,所以,乡权为达到其对农村社会的较好治理往往会借助乡绅或家族长老的力量。这应该说是最早的国家与社会共同治理的雏形。此外,在城市居民中,几乎一直没有形成完备的居民自治组织,除了在明朝时曾经有过手工业者之间的行会,但是由于在封建王权下没有民主生长的土壤,我国的资本主义经济并没有得到充分的发展,因此市场组织的发育很不充分,当然也就不能在社会管理中发挥应有作用了。

当然,由于皇权的无处不在和严密统治遏制了民间民主力量的自行生长,导致我国封建社会时期社会的自我管理能力较弱,社会自我管理组织也没能达到非常完备的程度。而独断一切的皇帝和发达的官僚系统也不可能随时体察社会矛盾,也无法做到对社会矛盾的防微杜渐或及时调节,所以社会矛盾的升级在中国封建社会的任何一个王朝都无法避免,而农民起义等社会动荡也

---

① 施九青:《当代中国政治运行机制》,山东人民出版社2002年版,第8页。

就成为矛盾升级的一种表现,王朝的更替当然更是不可避免的了。

2. 中国近现代的社会管理格局

近现代历史阶段的中国社会,几乎不曾有过统一的国家政权和完备的社会制度,与之相应的社会管理当然也就是几乎不成体制的,也就无所谓体系化的社会管理格局了。但是这一阶段的社会矛盾却是复杂又纷乱的:当时封建社会已经解体,新的社会制度又没有确立起来;旧的农民阶级与地主阶级的矛盾仍然存在,新的资本家与工人的矛盾也已产生;辛亥革命没能建立起统一的中央政权,地方割据与军阀混战并存;国家积贫积弱,社会动荡不安,内忧外患不断。所以,那一时期没有来自官方的统一的社会管理,在军阀割据的地区各军阀根据自己的利益需要和政策安排对社会进行管理,在有些地区存在着多种力量争相管理,在个别地区又没有正式的官方治理。因此,在这一时代背景下,调节社会矛盾的机制经常是空缺的,由于社会的动荡,民间自我治理、自我组织的愿望和能力都大受影响,社会矛盾只能处在不断激化的状态中。

中国历史进入抗日战争和解放战争阶段后,社会管理的格局又出现了新的形式,国统区与解放区的社会管理方式呈现各自不同的特点。在国民党占领区,国民党依靠乡绅进行社会管理,由于其不能代表普通民众的利益,因此根本不能发挥调节社会矛盾的作用。在解放区,由于当时的主要任务是争取和平,所以一切工作都以此为宗旨和目标,其对社会的管理是在党政军的统一领导下依靠群众进行的,由于其能代表最广大人民群众的利益,在调节社会矛盾、实现社会管理中发挥了非常积极的作用。

3. 新中国成立后社会管理格局的变迁

1949年新中国成立标志着社会主义制度的确立,其后经过社会主义革命进入社会主义建设阶段。在这一历史阶段,国际国内都发生了一系列影响社会矛盾形态的大事,而国内政治经济体制改革对社会生活造成的冲击也影响着我国社会矛盾形态的特点和表现。在政治、经济及社会变迁的大背景下,新中国成立后的社会矛盾调节机制和社会管理格局也历经变化。

新中国成立初期,国际和国内都存在着一些企图颠覆中国社会主义政权的反动势力,因此在1949年—1954年的社会主义革命时期,社会的主要矛盾仍然是敌我矛盾,而人民内部矛盾则是服从于国家统一和国内和平的,所以当时我们仍然是沿袭战争时期全民动员、全民参与的管理策略,实行党政军对社会的一体管理,这样更有利于调动社会力量,取得社会主义革命的胜利。当然,在这种高度集权化、一体化的社会管理下,民间自我管理的力量有所削弱,家族宗绅的力量在调节社会矛盾中所发挥的作用受到很大的冲击。

1954 年,社会主义革命取得胜利,进入社会主义建设时期。军队开始退出社会管理,但是党政基本是不分的,由于此时的社会矛盾主要是人民内部矛盾,而非敌我矛盾,完善社会管理格局对于及时发现矛盾、解决矛盾起着至关重要的作用,于是 1954 年在城市基层设立了居民委员会,作为基层群众自治组织管理社会事务,其行政色彩却很浓,基本上是基层政权进行社会管理的一种组织形式。与计划经济相适应,当时在农村实行“三级所有,队为基础”的管理体制,即实行人民公社、生产大队、生产小队的三级管理。在这种体制下,农民既没有生产资料的所有权和使用权也没有进行生产、生活的自主权。这里,生产小队和生产大队是作为一级行政管理机构存在的。这种管理格局对于发挥集体力量的优势是有一定作用的,但是因为农民没有自主经营权、干多干少一个样,缺乏激励机制,长久下去势必影响其生产积极性,所以人民公社制在历经二十年后终于寿终正寝。随着农村承包责任制的实行,村民自治成为一种必然的选择,于是,乡镇基层政府取代了人民公社,村民委员会取代了生产大队和生产小队,而且《村民委员会组织法》明确规定村委会是群众自治组织,它不是一级行政机关也不是基层政府的下属或派出机构。村民委员会在维护村民利益,进行村民的自我管理、自我教育中发挥着重要的作用,对于农民解决自己的问题,化解农民之间以及农民与其他组织之间的矛盾也都起着重要的组织者和代言人的作用。

1954 年到 1980 年初的二十几年间,我国社会经历了“大跃进”、十年“文革”、拨乱反正和社会主义改革的萌芽阶段,社会变迁中处处体现着社会的高度一体化、政治化色彩,一系列的政治运动既显示了中国民众的可调动性,同时也逐渐弱化了民间传统礼制和宗族力量在社会管理中作用的发挥。

4.改革开放以来的社会管理格局

社会体制改革已经起步,新的经济体制必将孕育与之相适应的社会管理模式,随着改革开放的深入,社会矛盾呈现新的态势,社会管理模式的变革也成为一种必然。

改革开放初期,人民日益增长的物质文化需要和落后的社会生产之间的矛盾是社会主要矛盾,大力发展社会生产力,进行社会主义物质文明和精神文明建设,提高人民物质、文化、生活水平是改革开放三十年来努力的主要目标。在这一目标指引下,借助良好的政治、经济、文化政策,全国人民投身于改革开放,致力于提高自身生活水平的生产和经济活动。这一时期,在稳定与发展的大局下,人民内部矛盾相对缓和,基层群众自治与政府适当管理相结合的社会管理格局基本与当时的社会需要相符。

当前,我国的社会管理有如下特点:一是政府管理仍然是主体。我国有严密的行政组织体系,其对社会的管理涵盖纵向的省市县乡,横向上涉及政治、经济、文化、教育、卫生等生产、生活的各个领域,一旦发生比较激烈的社会矛盾,凭借行政的强制力量完全可以解决;二是社会基层组织在社会管理中发挥必不可少的作用。政府毕竟不能事无巨细,面面俱到,政府职能也不可能无所不包,同时也是满足人民群众自我管理、实现其民主权利的需要,我国在城市和农村基层设立相应的群众自治性组织——居民委员会和村民委员会,在协调利益、化解矛盾、表达居民诉求上发挥了非常重要的作用;三是工青妇等社会团体。这些社会团体在我国是有一定的传统的,它们曾经在国家的社会管理中发挥过积极的协助作用。近些年随着社会主体和人们利益表达机制的多元化,工会、共青团、妇联等社会团体对人们的吸引力和影响力较以前有所减弱,但是仍然在我国社会管理格局中扮演着重要角色。其在组织相应的社会力量、代表相应人群的利益,协调特定领域和人群中的矛盾等方面都发挥着重要的作用;最后,一些新生的民间自治组织也开始在社会管理中占有一席之地。如各种中介组织、行业协会以及业主委员会等,这些组织因其与所代表的利益主体更为密切相关,往往在其成员中更有影响力和威信,可以在社会利益协调和矛盾调节中发挥着积极的作用。

（二）我国社会矛盾的新特点及对社会管理机制的新挑战

随着改革开放的深入，特别是进入新世纪以来，我国的社会矛盾出现了新的变化，社会管理体制面临着新的挑战：贫富差距、城乡差距进一步拉大；农村在经历了改革初期的快速发展后出现经济的负增长；农业增产不增收、农民贫困问题；发展的速度与质量的关系问题、经济增长与环境保护问题；等等。这些问题所暗含的社会矛盾也日益突出：大量的农村剩余劳动力和城市下岗失业人员以及其他贫困人群的出路、着落如果解决不好就可能成为矛盾爆发的焦点，可能演化为贫者与富者之间的矛盾，也可能演化为对社会的报复；随着经济生活的好转和政治文化环境的开放、民主和科学，人民群众的民主意识提高，要求实现其社会管理权利和表达其政治诉求的渠道；等等。正如有学者所指出，当前改革面临的需求是基于经济社会发展中的两个突出矛盾。这两个突出矛盾，首先是经济不发达造成的突出矛盾；其次是公共需求的全面、快速增长与公共服务不到位、公共服务产品严重短缺的突出矛盾。这种公共需求的变化有六大方面，包括收入分配、就业和社会保障、医疗教育、食品卫生与公共安全、利益表达与利益保护、环境保护。这些年我们注重如何进一步解放和发展生产力，在解决第一个突出矛盾方面有重大进展，取得了巨大成绩。但另一方面，在经济发展的同时忽略了社会发展，在创造财富的同时未能有效地解决公平、公正实行社会分配的问题。[①]

我们认为，面对上述新的形势和新的矛盾，我们的社会管理体制面临着巨大挑战：第一，能否有一个完善的能够凝聚各方社会力量的管理主体结构？在这个主体结构中，执政党及其基层组织、政府部门、社会组织和普通群众应该各自发挥有效的功能，共同构建形成合力的管理格局。第二，能否有一套完整的能够规制调节所有社会矛盾的制度规范体系，使社会秩序的维护和矛盾调控的各个方面都能有规范可循。第三，能否有一系列从信息收集传递、社会行

---

① http://www.chinareform.org.cn/cirdbbs/dispbbs.asp? boardID=2&ID=73750.

为调控、日常管理和应急处理到系统的修复和演进的社会设置。第四,也是最重要的,能否有一批能够有效地协调各方利益、整合社会关系、协同社会行动的运作机制? 这些机制既充分关注到可能产生社会矛盾的各种环节,以预防为主,把矛盾化解在萌芽状态,做到防微杜渐;又及时发现矛盾,采取最佳途径协调矛盾,实现社会矛盾的有效解决。既对某些矛盾的爆发采取强制有效的治理,又善于化解某些矛盾,维护全局利益。

应该看到,我国现行社会管理体制是在计划经济条件下形成的,带有明显的计划经济体制烙印,主要特点是政府管得过宽过多,基层社会自我管理的作用没有得到充分发挥,主要通过自上而下的压力型社会控制机制来解决社会矛盾,维护社会秩序。显然,现有的社会管理体制机制尚不能完全适应上述新的挑战和要求。因此,创新社会管理体制成为新形势下调节社会矛盾、维护社会秩序、建设和谐社会的必然要求。

四、我国社会管理体制机制创新的战略目标与方向

在人民内部矛盾出现新的特点的形势下,如何把加强社会建设和管理同推进经济社会协调发展、同群众多样化的生活需要、同推进基层民主建设、同增强党的执政能力紧密结合起来,努力建立与社会主义经济、政治、文化体制相适应的社会体制,这是进入新世纪新阶段后我们面临的一项新的任务。完成这一任务,必然要求我们进行新的理论思考和实践探索。

(一)社会管理体制机制应具有的品质:战略目标

要使社会管理体制机制能应对前述的一系列挑战,必须要符合一定的品质要求,如要具有科学性、民主性、法制性和透明性等特质。就有效解决社会矛盾的角度而言,我们强调以下几点:

1. 内源性

即深深地根植于中国社会——历史——文化条件,具有中国特色。现代化的社会管理体制必须考虑社会的环境、历史、传统等特殊国情。如果认为社会管理体制创新就是逛超级市场,到一个货架上拿来新加坡的社会保障制度,到第二个货架上拿来新西兰的社会救助体系,到第三个货架上拿来美国的社会危机管理体系,到第四个货架上拿来日本政府有效的行政职能,然后把它们装配成一部完美的管理机器,构建出完美无缺的中国社会管理系统。这纯粹是一种浪漫主义情调,要知道“江南为橘,江北为枳”。因此,新的社会管理体制及其运行机制,不是美国模式、日本模式或德国模式等所谓西方模式的翻版,而是“把民族文化当作人类创造性的环境和源泉……根据每一国人民的内在价值和本国相应的资源与潜力,探索各具特色的发展道路。”①中国社会管理体制必须虑及中国共产党的执政地位、有 13 亿人口、城乡差距较大、处于社会转型时期等特殊国情。

2. 高能性

社会管理体制要成为社会矛盾的有效调节机制,必要条件之一便是它必须具备最大限度的能量,能有效地保持自己与社会环境保持动态平衡的能力。这意味着:它具有比较丰裕的资源,如财力资源、人力资源、信息资源、权力资源和权威资源等;它能对全社会进行有效覆盖,不存在社会管理的空白领域,各种社会矛盾都能纳入社会管理体系之中;它能有效地面对复杂多样的社会矛盾,且能高质量、低成本地进行调节和化解。

3. 合作性

在现代的新行政环境下,“任何一个行动者,不论是公共的还是私人的,都没有解决复杂多样、不断变动的问题所需的所有知识和信息;没有一个行动者有足够的能力有效地利用所需的工具;没有一个行动者有充分的行动潜力单独地主导一个特定的政府管理模式。”②要使新的社会管理体制具有高能

---

① 黄高智:《参与式行政与内源发展》,中国对外翻译出版公司 1988 年版,第 1 页。
② [英]罗伯特·罗茨:《新的治理》,载俞可平:《治理与善治》,社会科学文献出版社 2000 年版,第 92－93 页。

性,必须突破政府作为唯一治理主体的思路,从单独依靠政府的能力转变为借助其他主体的能力和资源实现社会管理职能。这意味着:发展政府与民间力量的伙伴关系和合作关系,政府和社会力量合作,运用各自的资源、知识、经验和技术,在追求各自的利益的过程中共同对社会进行管理。对中国而言,政府的人民性决定了其与社会利益的高度一致性,所以应该体现更加广泛的官民合作性。这意味着在新的社会管理体制中:政府以强制性为后盾的调控机制要同社会的以自愿合作为基础的协调机制相互联合;政府的行政管理功能同社会自治功能相互补足;政府的管理力量同社会调节力量合作互动,从而形成对全社会进行有效覆盖和全面管理的网络。

4.整合性

高能性不仅要求政府与其他管理主体合作互动,而且要求管理资源的有效整合。一个现代化的社会管理体系必须能够"把那些产生于现代化并因现代化而达到新的社会觉悟的社会力量成功地吸收在这一体系中"。① 现代化的中国社会管理体制,应该充分利用各种社会管理资源,包括充分利用基层党组织和共产党员的政治资源,发挥其服务群众、凝聚人心的作用;充分利用城乡基层自治组织的社会资源,发挥其协调利益、化解矛盾、排忧解难的作用;充分利用社团行业组织和社会中介组织的社会资源,发挥其提供服务、反映诉求、规范行为的作用。通过整合各种各样的社会资源,形成社会管理和调节、预防社会矛盾的合力。

(二)社会管理体制创新的战略方向

在对我国社会管理体制机制面临的新挑战有了清醒认知和应具有的新品质、也就是战略目标有了理性把握之后,一个符合逻辑的问题自然是,如何进行创新以使得我国的社会管理体制具有上述新的品质。

胡锦涛同志在省部级主要领导干部提高构建社会主义和谐社会能力专题

---

① [美]亨廷顿:《变动社会中的政治秩序》,上海译文出版社1989年版,第153页。

研讨班上指出:"要深入研究社会管理规律,加强社会管理体制的建设和创新,完善社会管理体系和政策法规,整合社会管理资源,建立健全党委领导、政府负责、社会协同、公众参与的社会管理格局。"这一论述,对创新社会管理体制具有重要的指导价值,也指明新形势下社会管理体制创新的战略方向。

1. 执政党及其基层组织在新的社会管理格局中的功能应该有新的发展

执政党及其基层组织在社会管理机制中发挥特殊功能,这是中国特殊国情的必然要求。正如有学者指出:"构建社会主义和谐社会的着力点和责任承担机制,决定中国共产党处在重要位置。"①我们认为,中国共产党作为执政党能够运用国家行政权力整合社会领域,可以通过把自己的政策转化为国家政令法规的形式来实现自己的责任。同时,中国共产党作为一个有别于国家政权的政治组织,在不能行使行政权力的某些领域,又可以通过自己的政治威望,通过党组织和党员的服务行为对社会产生一定的影响,对社会起到凝聚、整合的作用。中国共产党的组织渗透于社会的各个角落,强大的组织力和涵盖面使其在社会整合中成为最大的整合力量,组织本身就成为强大的社会管理资源,这样的优势使党组织有可能、有条件承担起自己的责任与义务。

因此,在新的社会管理体制格局中,党是领导核心,必须要发挥"总揽全局、协调各方"的重大作用。"总揽全局"意味着各级党委立足于全党工作大局,集中主要精力抓住全局性、战略性、前瞻性的重大问题,把好政治方向、决策重大问题、安排重要人事、开展宣传教育、维护社会稳定,保证党的路线、方针、政策的贯彻落实。"协调各方"意味着党委从整体上推进全局工作的需要出发,统筹协调好人大、政府、政协等领导班子之间的关系,统筹安排好纪检和组织、宣传、统战、政法等方面的工作,使各方都能各司其职,各尽其责,相互配合,形成合力。

在新的社会管理体制机制中,基层党组织和共产党员要发挥凝聚人心、服务群众的新功能。党的基层组织和党员要通过发挥党组织的战斗堡垒作用和党员的先锋模范作用,积极组织和参与社会活动,真正地起到联系群众、服务

---

①　周知民:《政党建设与构建和谐社会》,《吉林日报》,2006年3月18日。

大众、表达诉求、化解矛盾、关怀社会、协调利益的作用,从而赢得群众的拥护和社会的支持,把广大群众团结凝聚起来,有效地实现社会整合,确保党的各项任务的顺利完成。

2.各级政府的新的社会管理格局中的角色要有新的定位

政府社会管理是对家庭、社会团体与社会自治所不能解决的社会事务的管理,这些社会事务涉及社会整体的公共利益、需要依靠国家权力与政府权威加以解决,如保障公民权利、维护社会秩序、协调社会利益、实施社会政策、管理社会组织、提供社会安全网、解决社会危机等。在现代市场经济条件下,社会管理职能是政府日趋重要的基本职能。

在新的社会管理格局中,各级政府要将社会管理职能定位在更加重要的位置,要改变政府以往介入市场过多的"越位"和在提供社会公共服务方面的"缺位"现象,顺应全球社会公共管理新趋势,从传统的以"政治统治"或"经济建设"、"经济增长"、"经济管理"为主向现代的以"社会管理"为主转变。

2004年2月,温家宝同志在省部级主要领导干部"树立和落实科学发展观"专题研究班结业仪式上的讲话中指出,社会管理"就是通过制定社会政策和法规,依法管理和规范社会组织、社会事务,化解社会矛盾,调节收入分配,维护社会公正、社会秩序和社会稳定。加强社会治安综合治理,保障人民群众生命财产安全。保护和治理生态环境。加强社会管理,必须加快建立健全各种突发事件应急机制,提高政府应对公共危机的能力。"[①]这一论述对明确我国政府在社会管理中的职能定位具有重要指导意义。根据目前的实际情况,我们认为,政府在社会管理中重点要做好几项工作:一是建立健全社会管理的政策法规,依法管理和规范社会组织、社会事务、社会事业、社会保障,建立健全社会管理的制度体系;二是实施有效的社会控制,维护社会的正常秩序和稳定;三是加大对社会管理和社会事业的支持力度,建立公共财政体制,建立基本社会安全网;四是制定各种应急预案,保障公共安全和处置突发事件等。

---

① 温家宝:《牢固树立和认真落实科学发展观》,《人民日报》,2004年2月29日。

3. 各类社会组织在新的社会管理格局中要有广阔的制度性活动空间

社会管理社会化是市场经济发达国家和地区社会管理发展的重要趋势。随着改革开放和社会主义市场经济的发展,我国涌现出一批介于政府与社会、政府与企业之间的社会组织,有行业协会、基层执法类中介组织、中介机构等,他们在政府与社会、政府与企业间发挥着联系和服务作用。中介组织作为一种新型的社会组织在优化资源配置,规范企业行为,平衡社会主体利益冲突,维护法人、公民合法权益,克服市场经济本身自发性、盲目性和滞后性矛盾中发挥着不可替代的作用。促进中介组织发展对完善社会管理体制,构建和谐社会有着重大现实意义。因此,在新的社会管理格局中,必须充分发挥城乡基层自治组织协调利益、化解矛盾、排忧解难的作用,充分发挥社团、行业组织和社会中介组织提供服务、反映诉求、规范行为的作用,为这些组织履行协同政府进行社会管理功能开辟广阔的制度空间。基于这一问题的重要性,我们在下文将进行专门阐述。

4. 人民群众参与社会管理要有更广泛可行的途径

公众参与,是加强社会建设和管理,推进社会管理体制创新的重要内容。公众参与社会建设和管理是人民当家作主的有效实现形式。公众参与社会建设和管理的渠道就是社会组织,社会组织是实现公众参与的主要载体。因此,"公众参与"在社会建设和管理中就是"社会协同"的深层展现,公众参与社会建设和社会管理是党的全心全意为人民服务的根本宗旨与人民群众为自己创造美好幸福生活的强烈愿望有机统一的具体体现。要采取多种形式、开通多种渠道让市民参与社会建设和社会管理。

五、积极发挥城乡基层自治组织在社会管理中协调利益、化解矛盾的作用

由于人的社会性决定其必然要参加各种社会生活,而各种基层组织则是其参加社会生活的重要形式。因此,在进行社会管理中,社会基层组织对于调

节社会矛盾起着直接和关键的作用。因此,在新的形势下,创新社会管理机制重点在于完善和实现社会基层管理,从源头杜绝和防范社会矛盾,并从小、低、微的状态下解决社会矛盾,达到社会安全、稳定与和谐的效果和目标。

(一)我国社会基层组织在社会管理中的重要地位和独特作用

我国的社会基层组织是指城市中的居民委员会,农村中的村民委员会,政党、国家、社会团体的基层组织,各类企业、事业单位,等等。① 实际上,上个世纪 90 年代以后,随着中国基层社会的发展变迁,"社区"成为一种重要的社会管理单位和载体。社会基层组织既是公民个人参与国家政治生活、经济生活、文化生活和社会生活的最主要渠道和载体,又是组织和调动公民积极性,进行社会管理和调节社会矛盾的重要主体。同时我国的政治文化和社会传统也决定了公民个体对各种各样的基层组织有着强烈的依赖性,因此社会基层组织在社会管理中起着举足轻重的作用。其对调节社会矛盾,进行有效的社会管理的作用主要表现在以下几个方面:

1. 社会基层组织是我国社会管理最基础的成分

毛泽东同志指出:"不能把人民的权利理解为人民只能在某些人的管理下面,享受劳动、教育、社会保险、社会福利等等权利。人民最大的权利,最根本的权利是管理国家、管理各项社会事业的权利。"②受国内外形势的影响,自建国初期我国就实现了政经一体化的高度集权的社会管理体制,这对于在艰苦环境下自力更生进行社会主义建设确实发挥了非常重要的作用。但是几十年的体制延续也形成了我国公民个体对于各种"业缘"或"地缘"组织的强烈依赖,各种社会基层组织成为公民个体参与社会政治、经济、文化生活的重要载体。另一方面,多年来我们国家的各项政治、经济、文化活动以及各种政策的贯彻实施都是通过渗透到各基层单位来实现的,也就是通过基层组织管理社会已经成为我们国家的一个传统。因此,社会基层组织既可以保护和代表

---

① 施九青:《当代中国政治运行机制》,山东人民出版社 2002 年版,第 8、517 页。
② 《毛泽东文集》第 8 卷,人民出版社 1986 年版,第 129 页。

公民个体的利益,同时也作为其成员的利益代表者维护成员的利益,甚至在必要时充当成员间或成员与组织外其他利益主体之间矛盾的调节者,从而达到社会管理的目的。正因为如此,现在"有问题找组织"仍然是中国公民的一个习惯。

2. 社会基层组织是国家民主法治建设最基础的单元

社会主义国家的民主法治建设是一项系统工程,在基层社会管理层面是否贯彻了民主的原则,是否以法治的形式进行了社会管理,这关系到社会主义的民主法治建设是否得以真正实现。首先,社会基层组织是公民参与和体验国家社会管理的直接的单位,其组织形式、工作制度、日常管理等是否贯彻民主与法治的原则,将直接影响公民对民主与法治的判断与感受。其次,社会基层组织大多是公民自愿组成的,其组织原则、办事规则原本就遵循民主与法治的原则,这本身就是对民主与法治建设的实践和宣传。最后,公共权力配置机制的变化必然引起公共权力运作的变化,社会对政府的要求更高,需要政府提高效率,增加透明度,对公众负责,依法办事等。如由农村村务公开引起的政府政务公开,村民直接选举引起的竞争机制进入政府系统,村民自治和社区自治要求政府职能的转变等。更重要的是这种权力变化主要是内生于公民需求并为国家权威所认可的结构性分化,而不是简单的、机械的分散化。实行基层群众自治是发展社会主义民主的一项根本性的基本建设、基础工作,对于调动人民群众的社会主义积极性和创造性,促进社会主义物质文明和精神文明建设,具有深远的意义。

3. 社会基层自治组织的功能:协调利益、化解矛盾、排忧解难

正如《村民委员会自治条例》中规定的,村民委员会的主要任务是办理关系群众切身利益的事情,包括:办理本村的公共事务和公益事业;调解民间纠纷,促进村民团结,家庭和睦;协助人民政府和公安机关维护社会治安,维护良好的社会秩序、生产秩序和生活秩序;作为人民政府联系群众的桥梁和纽带,向人民政府反映村民的意见、要求和提出建议,等等。可以看出,城乡基层自治组织的基本功能中都包含了协调利益、化解矛盾,为群众提供社会福利,排忧解难。这些职能基本上可以通称为矛盾调节职能。也就是说,在整个社会的矛盾调节体系中,政府的司法部门、行政部门作为矛盾的调节机制发挥作用是有终极性的,而处于矛盾调节前端和第一线的首先是连接政府与基层的各类组织:如基层政权的司法调节人员、居委会(村委会)的安保委员、社区民警以及社区联防组织等。此外,城乡的基层自治组织还具有利益代表、意见传达、民意整合等功能,这些对于社会稳定的维护、社会秩序正常化、社会压力调节等都具有基础性作用。

总之,由于社会基层组织在社会管理和矛盾调节中的基础性作用,所以在创新社会管理机制中,必须以社会基层组织作为重点和要点,建立以社会基层组织为基础的适应新形势要求的社会管理体制和运行机制。

(二)我国基层组织在社会管理中存在的问题

虽然我国基层组织以及自治管理出现得比较早,这些年也有着诸多的创新和摸索,但总体而言,基层组织在社会管理中的作用发挥得还不是特别充分,各地区的发展也很不平衡,存在着从组织到功能,从经费到运行等各方面的困难和障碍。具体而言,主要体现为以下几个方面:

1. 由于各种原因,某些地方基层组织功能萎缩、甚至面临瘫痪

由于社会经济发展的原因和市场经济带来的人员流动性,我国原来按户口所在地为基础的居民委员会和村民委员会自治管理体制受到了很大的冲击,尤其是农村,由于许多年轻、有能力的劳动力流向城市,农村出现了空心化的现象。成员不稳定、时间不保证、经费难保障,许多村民委员会名存实亡,功能萎缩,甚至面临瘫痪。组织健全、经费充足才能保障自治组织正常发挥功能。如何保障基层群众自治组织的物质保障,拓宽基层组织的经费来源,是保证其在办理社会公共事务和公益事业、协调社会矛盾、进行公民的自我管理、自我教育和自我服务、发挥其在调节社会矛盾、进行社会治理中的作用所应该研究的一项重要课题。

2. 基层自治权力过度依赖行政权力,缺乏自我组织能力和自治能力

虽然我国《宪法》和《村民委员会组织法》都明确规定了村民委员会的法

律地位是基层群众自治组织。但是一方面受建国以来一直实行的传统管理体制的影响,无论是村委会组成人员还是基层政权的国家干部,仍然习惯于用传统思维看待村委会与基层政权(乡、民族乡和镇政府)的关系;另一方面某些基层政权由于难以摆脱直接管理带来的利益诱惑,也不愿意从农村撤离其行政管理的权限。基于以上原因,在有些地方,乡、民族乡和镇政府的行政管理权仍然渗透到村、到户,对于农村仍然是高度政治化的管理,村民通过村民委员会实现自治只是一句空话,村民的自治权力根本无法得到实现。现实情况却是基层行政权无处不在,其大事小事都管,该管不该管的也都管,加上一些不良的村委会干部的副作用,就会大大损害了基层自治组织的民主参与和自我管理能力。就社会矛盾而言,不仅不能解决社会矛盾,反而导致了许多不必要的针对政府以及自治组织的矛盾。

3.基层自治的运行机制不完善,民主参与程度不够,群众利益的代表能力差

作为社会管理的最基础成分和实现民主与法治的最基础的单元的基层群众自治组织理应切实代表群众利益,具有真正科学的民主性。但是,现实却并非完全如此。许多基层组织还不能实现在其管理区域的广泛代表性,还不能真正代表群众利益。

从基层组织成员的产生程序看,村民委员会组织法规定村委会由村民大会选举产生,并且对选举程序、选举人资格都有严格的规定。但是,在现实中不仅乡镇政府的直接任免等破坏了这一民主程序,而且即便采取民主选举的形式,很多情况下也不能实现真正的民主的实质。主要表现为:第一,家族势力对民主选举的破坏。在很多情况下,民主选举往往是家庭之间的斗争,获胜的不一定是村民都信任的、能为村民谋福利的人,却是家庭势力强大或者有后台、有背景的人,这样的人一旦进入村委会是很难起到群众呼声的代言人和群众利益的维护者的作用的;第二,村民自身民主意识、参与意识较弱。受经济、文化条件的制约以及历史的影响,我国农村人口的受教育水平相当低,文盲、半文盲比例非常高,农村生活环境的闭塞和观念的落后也导致相当一部分农民法制观念、集体观念、民主意识淡薄,参政议政能力较低,既不关心也没有兴趣参加各种社会公共生活和政治活动,也不会珍惜和认真行使自己的政治权利,所以,在许多村委会选举中有这样一种奇怪的现象:行使选举权的选民绝大多数是老人和小孩而且还是被动员或者受物质诱惑前往的;第三,以物质诱惑或暴力威胁拉拢选民也破坏了选举的民主程度。由于许多农村还相当贫困,一些村民往往很容易被候选人以即期或承诺的物质利益收买,而亵渎了选举的庄严和神圣;另一种现象是村民因担心遭到某些在村里长期横行霸道的人的报复而违心地投其一票。以上种种在选举环节的不正常现象都破坏了选举的民主程序,也决定了村委会不可能真正代表群众的利益。在城市居民委员会选举中则是另外一种情况,因为居委会组成人员不是国家工作人员,不享受政府的各种待遇和津贴,而且在很多人看来居委会就是打杂瞎忙的,受此影响,很少有人愿意把它作为全职工作,所以几十年来居委会成员几乎清一色都是由退休人员组成,加上居民的不关心,即便公开竞选,也少有居民参加。居委会组成人员的单一性就决定了其代表性的局限。

从基层组织的工作程序看也存在一些影响民主程度的因素。如在村委会的决策程序和内部管理上,村委会组织法规定村委会实行民主,按照民主集中制的原则办事。村民自治的主体是全体村民,关系全村利益的事情,应由全体村民决定。但实际上,许多村委会干部仍然"官气"十足,凡事"一把手独断",独断专行,不召开村民大会,或者根本不把关系全体村民的大事交由村民大会讨论,也不向村民大会报告工作,严重影响了村民自治的参与。另一方面,由于村务不公开也影响到村民监督权的实现。还有一点也非常重要,即村民自身的参政能力也影响到村委会的民主办事程度,习惯了被人管理,没有参与村务管理的能力也没有表达自己政治权利的习惯,使农民既不能当家作主,也不敢监督和制约村里的干部,从而影响了村民自治的实现。

4. 城市社区的新型组织产生快,与原来的体制难以有效融合

面对城市社区内各种新型自治组织的出现,传统的城市基层管理体制遇到了较大的挑战。主要表现为社区、街道、居委会、业主委员会、物业公司等相互之间的职责存在交叉,相互之间存在利害关系,政府对一些新兴组织的管理还没有实现规范化和制度化,因此存在着新旧的冲突。在这些冲突以及新旧

更替的情况下,许多社会矛盾由此产生。目前物业纠纷成为当前数量最多的一类社会热点矛盾问题就充分说明了这个现状。因此需要充分考虑对原来体制与社会形势发展的兼容性问题,探求社会管理体制的创新。

(三)完善我国城乡基层自治组织,进一步优化设计社会矛盾调节机制

针对以上问题,我们必须明确思路,要把社会矛盾调节重心放在基层,必须健全和完善社会基层组织的管理体制,重点而言就是完善我国城乡基层自治组织的形式、功能和作用。

应该说,我国城乡基层自治组织是实行基层直接民主的最好形式。广大农民群众通过这种形式组织起来,自我管理,自我教育,自我服务,依法办理群众自己的事情,可以比由政府办更适当,更有效,并且有利于群众自己维护自己的合法权益,处理好群众内部的矛盾,调动群众的积极性,促进基层直至整个社会的安定团结。因此,完善我国城乡基层自治组织对于构建完善的社会矛盾调节机制意义非凡,当前,可以考虑从以下几个方面完善我国的城乡基层自治组织。

1. 加强和完善基层自治组织的立法,确认其必要的法定地位和权力

虽然我国已经颁布了《中华人民共和国村民委员会组织法》和《中华人民共和国居民委员会组织法》,对城乡基层自治组织的法律地位和权力都做了明确的规定。但是现行法律还不够完善,有些法律关系还没有理顺,尤其是对于现代城市社区新出现的各类组织之间的关系缺乏法律规定,从而影响了基层自治组织在基层群众自治中作用的发挥。这就需要通过修改相关法律或者出台与原来的法律体系相配套的法律体系,如社区组织自治法等,理顺基层自治组织和相关政府组织、政党组织以及各种非政府组织之间的关系,对于基层自治组织依法行使自治权力是非常重要的。通过法律完善进一步规范和细化基层组织的选举、罢免等,使其更具有可执行、可操作性,通过法律规定杜绝对基层自治组织人、财、事的不法干涉,保证自治的有效性和真实性;通过法律规

定确定对基层组织的考核主体和考核机制,保证组织功能的正常发挥。

2.创新基层自我组织和自我管理的机制,完善基层事务的民主决策和公共服务机制

虽然我国城乡基层自治组织是一种自我管理、自我教育、自我服务的自治组织,但由于传统上组织和管理机制行政权力作用的原因,机关作风、官僚习气盛行,政务不公开,决策一言堂、独断专行等现象还比较普遍,因此还不能有效地代表群众的利益、发表群众的声音、解决群众需要的问题。创新基层群众自治组织的组织和管理机制,在自治组织的产生、运行等环节充分发挥群众的监管作用,采取适当措施保障群众监督权利的实现,保证在组织产生和组织运行等各个环节的公开、公正、透明,实现真正的民主。在城乡基层事务管理和事关全局群众利益的重大决策中引进民主决策机制和专家参与机制。可以通过自愿报名和群众推荐相结合的方式,由自治群众组成一个咨询团或智囊团,定期对基层组织的决策进行监督提供建议等。对于社区等组织,由于其人口密集,资源集中,利害矛盾也比较尖锐,又直接与居民的财产安全、社会保障、社会福利等事务密切关联,更需要加强民主参与的程度和民主决策机制建设,创新有公信力的民间纠纷调节机制和公共服务的有效供给机制,才能做到防范社会矛盾产生和及时解决社会纠纷的目的。

3.强化基层组织的政务公开,培育社会信任,消除社会矛盾的根源

改革开放以来,随着我国计划经济管理体制逐渐被市场经济调节机制取代,我国社会资源的分配不再集中在政府手中。在社会基层,原来由主要干部来分配社会资源的方式也难以为继,人们开始反对社会腐败,并对基层社会管理机构产生淡漠、不信任,由此产生基层社会内部的干群关系紧张等。我国80年代伴随着人民公社——生产大队体制的解体,就开始探索实施村民委员会等自治组织的管理体制,也同时开始了村务公开的政治探索。就村务公开和村民自治而言,村务公开实际上是村民自治得以实施的一项基础运行机制,是村民自治所应包含的内容。① 只有对村务进行公开,村民才能在知情的前

---

① 胡仙芝:《政务公开与政治发展研究》,中国经济出版社2005年出版,第181页。

提下实现对村民自治事务的决策、监督、教育和管理。也只有基层组织全面实行政务公开,人们才能建立起对社会自治组织的信任,才能与利益相关的各方主体实行有效的理性沟通,在有效沟通和社会信任的氛围中,许多社会矛盾就不容易产生,或者即使产生,也容易沟通调节,不会造成矛盾扩大化的危险倾向。

(四)推进社区管理体制改革,通过提高公共服务水平来减少社会矛盾

受"单位办社会"传统的影响,我国城市居民更愿意通过单位实现其各种利益诉求,而社区居委会则在其生活中扮演着可有可无的角色。近些年,随着某些公共事业和公共服务的社会化,许多企业、事业单位已经不再办教育、养老、医疗等,这些都需要创新和加强社区管理体制,以进一步推行教育、就业等的社会化服务。

针对社区在新形势下的新的历史使命和需求,我们必须对新生的社区管理体制进行改革和探索。目前,我国城市社区管理必须从结构上对管理体制进行调整,遵循"社会化、协调化、专业化、法制化"的原则,从两个层面上着手构建全新的"小政府,大社会"的多元互动的城市社区组织管理体系:一是从社区组织结构着眼,根据社区内部各要素的有机联系,重构合理的社区体系;二是根据社区发展的需求,重建新型的社区组织,并赋予其独立法人地位。据此,要完成我国城市社区管理"街道体制"向"社区体制"的转化。① 此外,通过社区内部工作机制的有效落实,通过设计合理的社区工作监督机制和决策机制,确保社区在公共服务中起到应有作用,并在社区安全、社区警务、人民矛盾调节等各方面的工作得到加强和落实。

总之,对于大量具体而复杂的社会个人矛盾和纠纷来说,社会基层管理体制具有直接而重要的意义。针对社会矛盾的防范和化解需要入手,对社会基

---

① 冷熙亮:《中外城市管理体制的比较及启示》,《城市问题》,2001 年第 1 期。

层管理体制和机制进行创新,首先就是要加强基层社会组织的自治能力,使基层社会具备社会矛盾的自我解调能力。这就像一个有机体有了抗体一样,加强基层社会的自治组织功能,就给予社会具备对社会矛盾的抵抗力和免疫力。其次,要通过政务公开等机制的优化,改善社会信任,优化社会环境和政治环境,减少社会矛盾的堆积,消除社会矛盾恶化的环境根源。第三,要通过合理创新城乡社区管理体制和机制,提高社会的公共服务能力和水平,落实以人为本的科学发展观,真正做到以公民和社会为本位的公共服务。这就从经济和物质根源方面解决社会矛盾的产生和恶化问题。只有从以上各个方面共同入手,多管齐下,才能真正建立起有效的防范和解决社会矛盾的机制,才能实现减少和疏导社会矛盾的目的。

六、充分发挥社会中介组织在社会管理中反映诉求、规范行为的作用

各类社会组织都在社会管理中发挥一种社会整合以及社会结构化的功能,社会中介组织由于具有特殊的含义,在社会管理中的功能尤其需要认真研究和重视。这里主要从社会中介组织的基本性质和功能入手,论述社会中介组织对社会管理所起的不可替代的重要作用。

(一)社会中介组织的内涵、外延与特征

1.社会中介组织的内涵、外延

对于社会中介组织,存在着不同的定义。一种看法认为,社会中介组织也叫市场中介组织,是指那些介于政府与企业之间、商品生产者与经营者之间、个人与单位之间,为市场主体提供各种服务,从事协调、评价等活动的机构或组织。所谓社会中介组织是指在企业和政府、企业和市场、企业和企业之间发

挥着服务、沟通、协调、公证、监督等作用的社会组织。[①] 社会中介组织的性质决定了其范围的广泛性,它涵盖了社会的各个领域。其类型主要包括:一类是联结、沟通生产要素的供给与需求的市场中介交易机构。这类中介组织的产生与资源要素的市场化程度和范围的不断提高相联系,它为资源通过市场机制来实现优化配置提供服务、监督、沟通和调节作用,使各类生产要素在正当的渠道、合法的场所、平等的竞争以及必要的规则规范下进行流通和交易,实现交易的公正、公平、公开进行。它是市场体系的直接组成部分。一类是协调政府与企业、企业与市场、企业与企业之间关系的中介组织。它们是在社会分工高度发达的现代市场经济条件下形成的专门从事开展社会性交往活动的。它能协调联络各方面的关系,为服务对象创造良好的社会发展环境,是社会与政府沟通的桥梁。它能扶助政府维护社会安定,解决社会矛盾,具有一定的参政议政功能;一类是为政府机构和企业提供多种服务,在市场中处于独立地位的中介组织。它往往是依据一定的法律法规,针对当事人经济往来中所涉及的大量权利、义务关系来实施社会化的服务。它促进市场形成自律型约束体系,规范当事人的经济行为,保护其合法权益,强化对市场的社会化监督,与市场调节相辅相成。

另一种看法则认为,社会中介组织作为一种社会自治组织,它是处于政府与社会之间,联结政府与企业、政府与市场的各种社会组织的总称。[②] 这是一种广义的理解,其中包括了狭义的社会中介组织(包括市场中介机构)以及社会团体、事业单位、民办非企业单位、基层群众性自治组织等各种类型的社会组织。

有的学者认为,社会中存在着太多种类的"中介",而其中许多属于市场性的中介不是严格意义上需要进行公共管理学研究的社会中介组织。因为市场中介和一些公共管理意义上的社会中介组织有着本质的区别,从组织的性质、功能、运作以及所享有的权利和义务方面都应该有严格的不同。目前,学

---

① 陆伟明:《试论政府职能转变与社会中介组织的关系》,《人民日报》,2004 年 6 月 21 日。
② 梁云:《发展社会中介组织——推进行政管理体制改革的重要内容》,《人民日报》,2004 年 6 月 21 日。

术界对中介组织的划分可以有许多角度,如划分为市场中介与社会中介,划分为政府与非政府(如事业单位就属于非政府),划分为营利与非营利,还可划分为公益性组织与互益性组织。公益性组织是指为社会公益服务的,如慈善组织、基金会,不允许为内部服务。互益性组织一般是会员制的,如行业协会、学术团体,主要服务于内部会员,代表会员的利益,若服务于公益也只是其副产品。因此,对互益性组织有两个不同的研究角度:一是从规制的角度如政府规制、市场自律等研究中介组织的功能;二是从公民社会、市民社会的角度研究这些社会中介组织的民主表达以及参政议政及其影响政策的制定与执行的作用。

对于我们国家目前提倡大力发展培育的"社会中介组织",有着其共同的认识,那就是这种社会中介组织是指介于政府、企业、个人之间,并为其服务、沟通、监督的社会组织,是非政府性质的社会事务管理机构。社会中介组织基本上是一种非政府机构,它的主要职责是承担政府一定的社会性、公益性、事务性的社会管理职能,以沟通政府(管理主体)同社会(管理客体)之间的联系,为社会提供内容广泛的服务,充分发挥桥梁和纽带的作用。① 有的社会中介组织接受政府的委托和授权,配合政府做好某一方面的行政管理工作,成为准行政组织或者又称为半行政组织。一般而言,社会中介组织经常表现为社会团体、行业协会等具有辐射性的群体组织。

2. 社会中介组织的特征

社会中介组织在社会体系中处于一种沟通桥梁的位置,使社会体系构筑在政府——社会——市场这样一个框架体系下。其性质决定了它的主要特征表现在以下几个方面:

首先,社会中介组织的自主性。中介组织依法建立,而不是由政府办社会,这是中介组织成功发展的关键。政府的责任是制定和健全法律法规,而不是插手中介组织的具体事务。中介组织对其所辖范围内的事务具体负责,不受政府干预。第一,中介组织的内部运行完全自主,它有独立的运行机制和机

---

① 胡仙芝:《论社会中介组织在公共管理中的职能和作用》,《中国行政管理》,2005 年第 10 期。

构;第二,其财政预算不受政府干预,不在财政划拨之下,属于一种自主经营、自负盈亏性质的组织;第三,其对外行为在法律法规范围内进行,政府无权干涉社会中介组织的行为,政府的管理主要限定在制定有效的法律法规来规范和约束中介组织的行为。

其次,社会中介组织的自律性。中介组织的控制体系属于自我控制,遵行自控原则。中介组织处于政府和市场之间,起到一种联结纽带的作用,从而达到政府职能的实现和市场的充分发展,并且从传统的政府与市场的直接联系改变为现在的三位一体结构。政府对市场的职能通过中介组织来实现,但是并不因此可以说政府控制中介组织。基于此,中介组织自我控制,自我管理,对自己的行为负责。一方面,它不受政府的直接管理,自我控制;另一方面,他受政府颁布的法律法规约束。这样使其自身行为趋于合理合法化,有利于实现其协助政府,服务社会的职能。

再次,社会中介组织的中介性。中介组织处于政府与社会之间,发挥中观管理的作用,这是其本质所在。比较完善的社会结构应该是一种三位一体的结构形式,作为最高权力的主体——政府当然应该处于最高位置,发挥宏观管理的作用;市场是经济活动和经济体系的基础;而中介组织联结二者,使整个体系综合完整起来。这种中介作用的发挥是由其本质性质决定的。

(二)社会中介组织在社会管理中的职能与作用

社会中介组织由其性质决定,行使服务、沟通、公正、监督职能,这些职能的行使使其在经济发展、社会进步中发挥了重要作用。归纳而言,社会中介组织的公共管理功能主要表现为以下几个方面:

1.介于政府与市场之间,协助政府实现经济调节功能

社会中介组织中一类重要的组织就是市场性中介组织,如贸易促进会、商协会以及各种金融、资信评估机构和会计、审计等专业部门,这些机构联系着政府与市场,沟通着宏观与微观,在国家经济生活和秩序中扮演着重要的角色,发挥着重要的作用。这些作用具体表现为:(1)协调市场交易,提高市场

自我组织能力。如行业协会通过行业规范对组织内的企业进行约束,既可缓冲市场失灵造成的负效应,又可抗阻政府失灵对企业的损伤。(2)市场的准入、监督、公证、纠纷的解决等方面规范企业的行为,维护公平竞争的市场秩序。在减少不良市场竞争,促进交易活动的正常进行,在培育和规范市场方面有着政府不可替代的作用。(3)通过提供信息服务,实现公共服务功能。各种社会中介组织通过其收集和掌握的经济信息,为政府提供信息咨询和决策参谋服务,同时也为所属的企业和会员提供所必需的信息咨询服务。

2. 介于政府与社会之间,实现政府与民众之间的协调沟通,实现社会稳定与民主管理职能

对于许多具有社会中介功能的组织,因其具有社会性、广泛代表性,实际上或多或少地以各种不同的方式参加社会管理和公共服务。因为社会中介组织与社会、公民密切的特殊关系,从而体现出它对政府与社会、公民之间的关系起着不可替代的作用。因此说,中介组织是政府实行民主管理,在政府与社会之间建立协调沟通的渠道。通过发表意见、提出建议、协商对话影响政府政策决策过程,增强社会与政府间的信息交流和情感沟通。

3. 通过各种方式带动社会自律,在某些方面能够替代政府独立地进行公共管理

社会中介组织在社会管理中通过沟通、协调、调节、评判等手段,处理政府、市场、个人的关系,协调各利益主体的关系,他们不仅是政府间接管理企业的重要助手,而且在一些政府不必插手的领域,如对一些市场竞争领域的市场准入等,社会中介组织如行业协会等,可以通过对会员的约束而起到行业管理和规范的作用。在一些市场纠纷等事项上,社会中介组织可以独立地发挥仲裁等功能。因此,在某种意义上讲,社会中介组织在政府与社会之间充当缓冲器、调节器的作用,有利于社会的稳定和发展。

4. 在社会管理民主化、公共服务社会化的发展趋势下,社会中介组织以其特有的优势,在许多领域承担着提供公共服务的功能

学者们一般把社会中介组织在性质上分为互益性和公益性两类。公益性社会团体主要依靠成员自愿组成,为团体之外的某些特殊的社会群体服务,提供的是公共服务或称为公共物品。在市场经济不断发展的新的历史条件下,使公共物品提供主体由单一的政府逐渐转化为多元化,进而成为社会自治成长的因素之一。互益性团体主要是成员的自我服务,提供的是"俱乐部物品",其中经济领域的行业协会作为政府职能转变的替代物发展得最快。实际上公益性团体和互益性团体存在着交叉,不能将其完全分清界限,但二者都与政府之间存在一定的关系。公益性组织的存在和发展靠的是志愿者的出现,他们是社会福利和社会救济的主要承载者,其活动具有明显的公益性。互益性组织拥有一定的公共权力,主要是因其担负了一部分公共物品的提供而自然拥有的。互益性组织中最受政府支持的就是经济领域中的行业协会。行业协会发展有两条途径:一种是由政府根据其职能转变的需要,有计划地建立起来的;另一种是随着个体与私营经济的发展而由民间自发地生长出来的。从公共服务的视角来看,不管是公益性社会中介组织,还是互益性中介组织,在当前政府职能转变的背景下,在公共服务基层化、社会化的情况下,社会中介组织在公共服务领域内的重要性越来越凸显了。

总之,可以看出,作为一种特殊的社会组织,社会中介组织通过表现为各种行业组织、中介组织、公益性组织、互益性组织等多种形式,有效地发挥了政府部门和市场企业所不能独立承担的一些公共职能,如提供各种公益和互益服务,反映特定行业、群体和组织的客观诉求,规范各种行业、企业以及特定个人的行为等等。正是这些特殊的功能使社会中介组织在社会管理和公共服务方面,在为社会稳定提供调节机制方面具有重要的不可替代的作用。正如前面所说的,社会矛盾产生的原因植根于社会沟通不畅、利益整合不利、社会信任的缺乏和纠纷矛盾解决的自我治理能力缺失,从社会组织的功能看,社会中介组织正好符合了有效进行社会沟通,合理进行利益诉求与整合、培养社会公信和自律机制等,正好能有效地防止社会矛盾扩大化。由此推论,社会矛盾调节体系的构建,必须抓住社会中介组织这个核心和重点,必须全面培育和规范社会中介组织,并充分发挥社会中介组织的积极功能。

(三)发展社会中介组织是构建和完善我国社会管理和矛盾调节体系的必然选择

社会管理与社会中介组织是一种什么样的关系呢？社会中介组织对于社会管理和社会稳定来说，又发挥着如何作用？这是我们需要思考的另一个重要问题。

社会管理是一种综合的管理、多元的管理，是包括政府组织和非政府公共组织在内的各种主体互相配合与合作的结果。社会管理的核心内容是管理和规范各种社会事务(社会公正、社会稳定、社会治理等)，在当前权力重心基层化、社会化、分权化的公共管理潮流中，社会管理更体现了社会管理多元主体的整合。而在行为模式上，社会管理主要是以行政强制为基础、以法律法规为保证对社会进行调整和约束。这种管理行为比较强调政府履行义务，突出政府的主导、主动作用。

社会管理虽然突出了政府主导的行为特点，但在实际发展趋势中，政府以外的管理主体正在发挥着越来越重要的作用。正如善治理论所描述的那样，社会治理越来越体现为自治性、互动性、回应性、多元性、灵活性等特点，[①]而这些特点和趋势正说明了包括社会中介组织在内的社会组织在社会管理过程中的独特地位和作用。现代公共管理要求表明，已经不再单纯依靠政府来全面承担社会管理与公共服务的职责，而必须发育和整合各种社会主体，发挥社会各种资源，综合地服务于社会治理和发展。具体到社会矛盾的调节方面，第三部门的各类社会组织更是发挥了重要的作用，甚至构成社会矛盾调节体系的重要组成部分。下面从以下几个方面分析社会中介组织对于社会管理和社会矛盾调节的必要性和重要性：

首先，第三部门的各类社会组织在政府与公民之间发挥了桥梁和纽带作

---

① 胡仙芝:《治理理论与公共管理变革》，载《公共治理与制度创新》(董克用主编)，中国人民大学出版社 2004 年 5 月版，第 99 - 110 页。

用,上情下达、下情上报,保证信息沟通,促进社会团结,有效地预防社会矛盾的产生。当前社会矛盾产生的重要原因在于国家与社会之间缺乏一种利益整合机制,公共政策与社会成员多元化的利益诉求之间存在一定的冲突。如果社会成员对公共政策缺乏认同,同时个人又缺乏足够有效的途径来表达自己的意见和利益诉求的情况下,社会矛盾就容易聚积起来,最后爆发。在一个社会成员极端多元化、社会信息化的情况下,制度化、组织化的信息沟通和利益表达机制就成为社会秩序的一个重要保障机制。如果没有足够的组织化程度,如果没有各类各样的、功能齐全的社会组织,或者各类组织在履行自己职责、维护自身利益的过程中不够有效,社会个体的意见和愿望表达就会五花八门、互相冲突,如果再用情绪化、非理性化或者非制度化的方式表达出来,那么就会危及社会稳定。而社会组织,尤其是处于第三部门的各类社会中介组织则可以利用其非政府、非营利的特质和优势发挥整合作用,把众多散落的繁杂的个人意志聚合起来形成"公意",得以在政府决策乃至政纲中体现,从而"以一种制度化的公共利益取代四分五裂的个人利益"。具体而言,一方面可以发挥第三部门作为政府的外脑和智囊作用,集中民情、民意、民智,把分散的个人意见和利益诉求以集中的、制度化的、理性的、和平的方式向政府反馈,为政府决策提供资讯和参谋,提高政府决策和管理的公开性、民主性和科学性,使政府的决策和管理更加规范、透明,更加符合民意和反映实际情况。另一方面,通过发挥第三部门的桥梁和纽带作用,也有利于社会成员充分了解政府决策的理由和依据,从而能够认同政府的决策,增进公民与政府之间关系的和谐,使有关决策得以顺利实施,预防、减少矛盾的产生,增进社会稳定,推进社会发展。①

　　其次,通过第三部门建立理性的不同阶层、群体的利益整合机制,将社会矛盾的解决纳入理性有序的轨道。在我国从计划经济向市场经济的转型过程中,社会成员的观念和价值取向从一元化向多元化发展,社会成员独立思考、

---

①　孙辉:《转型社会与社会治理工作的转型——转型期第三部门在社会矛盾消解中的作用分析》,《教学与研究》,2004 年第 12 期。

自主抉择的自由度增加。但由于新旧观念的冲突激烈，许多社会成员的价值判断和价值选择能力弱，行为上无所适从，精神上无所寄托，导致社会凝聚力和社会动员力下降。再加上主导观念受到冲击，集体主义、整体观念和献身精神有所弱化，实用主义、个人主义、利己主义、功用主义有所加强，增加了社会矛盾。许多发生在公民与法人、法人与法人、公民与政府部门之间的矛盾，如果政府直面社会最基层而去解决矛盾，在很大程度上会出现难以解决或者即便解决成本也非常高的情况。而大量的第三部门，如各种学会、研究会、行业学会、基金会、联谊会、俱乐部等各种各样的社会中介组织，他们不但可以承担控制协调其内部的人力、物力和财力的功能，调节组织内部的关系，而且可以协调组织和组织之间、行业与行业之间、企业与企业之间以及个人、企业与政府之间的各种利益关系和矛盾冲突，从而将矛盾的解决纳入到理性有序的轨道，降低社会管理的成本。

三是政府可以用购买服务的方式，发挥第三部门在利益协调、矛盾化解中的优势作用。消除社会矛盾、维护社会秩序是政府统治得以维持而必须承担的基本职能之一。但在现实中，政府不方便直接介入到社会矛盾中间去一一解决，相反，政府要获得合法性和威信力，必须超越社会矛盾的各方，凌驾于社会利益和矛盾之外，为社会矛盾和问题的解决提供有效的自我解决机制——如提供司法、仲裁等第三方调节机制。但实际上，政府提供的司法、仲裁等法律、行政途径都是以国家权力作为后盾的，消耗的是国家的资源，而第三部门的各类社会组织则可以利用社会资源和社会信任等优势，在减少和解决社会矛盾过程中发挥重要的作用，如行业协会对于处于竞争地位的企业，行业协会通过建立行规将他们的竞争限制在一定的范围内；如顾客与消费者之间的欺诈等，消费者协会可以用组织的力量来维护市场消费秩序……，总之，在繁杂众多的具体而细微的社会矛盾中，政府不能随意地运用强制力进行干预和解决，否则不仅未能消除社会矛盾，还会激化社会矛盾。而应该更多地运用社会中介组织，通过培育社会中介组织，充分发挥第三部门的非政府、非营利等优势来解决各种社会矛盾。如果说解决社会矛盾维护社会稳定是一种公共服务，政府完全可以通过培育社会中介组织，通过对第三部门的公共服务的购买来实现职能的履行和任务的达成。

综上所述,作为第三部门的各类社会组织,由于其具有特定的非政府、非营利、公证性、组织化、自律性、中介性等特征,因此在社会管理中,作为社会自我管理的一种自组织机制,是一种必要的社会稳定和社会参与渠道,是国家和政府实施社会管理的有力依赖和工具。为此,有学者形象地把"社会组织"比喻为"社会的血脉",把拥有社会组织的多寡当作是一个国家社会化程度的重要衡量标志。[1] 正是由于社会组织在社会管理和社会稳定中的独特而重要的作用,对于面临着从计划经济向市场经济、从全能型政府向有限政府转化的中国来说,在建设我国新时期的服务型、法治型、责任型政府来说,发展社会中介组织,培育第三部门和公民社会是必然的历史选择。在社会稳定和社会矛盾调节体系方面,充分培育和发展社会中介组织,充分发挥第三部门的优势作用,也是建立健全社会化矛盾调节机制的必经之路。

(四)培育和发展各类社会组织,建立和完善社会管理和社会矛盾调节体系

我国有些社会组织虽然有着较长的历史,目前和将来在社会管理和公共服务中将发挥着重要的作用,但客观地说,目前我国大多社会组织,尤其是社会中介组织,不管是在理论上,还是在实践中都存在着这样那样的问题,距离它所应该发挥的作用还很遥远。针对我国的社会组织出现较晚,数量少和功能不成熟的现状,面对我国现有社会组织与政府理不清关系以及某些社会组织管理失范,成为潜在的矛盾因素等问题,有必要从实践出发,围绕社会管理体制的建立和创新目标,着手构建包含各类社会组织、充分发挥政府、企业以及第三部门各自功能的社会管理体系以及社会矛盾调节体系。具体而言,可以重点从以下几个方面入手:

1.明确社会管理体制建设目标,充分重视各类社会组织在社会管理和社

---

① 邓伟志:《论"和谐社会"》,《学习时报》,2005 年 1 月 3 日。

会矛盾调节体系中的重要作用

前文已经论述,社会组织是社会管理的重要主体,是政府进一步转化职能、精简机构、构建效率政府和善治目标的重要依靠力量。发展社会组织,加强行业自治,不仅可以减少政府对社会的细微管理,从而减少政府的负担,降低社会管理的成本,提高效率,这些与我国的改革目标都是高度一致的。因此,充分培育和发展各类社会组织是强化我国社会管理的必然选择。为此,在我国当前的行政管理体制改革中,要结合政府的职能转变和机构精简目标,制定相应的发展和培育社会组织规划,尤其要重点发展社会中介组织。要创造条件,逐步发挥社会组织在社会管理方面的功能,要增强社会的自治网络建设,充分发挥社会信任资源,建立社会对话和协商机制是各类社会组织能有机地融合到社会管理机制和社会矛盾的调节机制之中,成为社会矛盾调节制度的一个有机组成部分。

2. 加强我国社会组织建设,完善社会组织体系,使其具备承担社会管理职能和调节社会矛盾的组织条件和基础

社会组织是社会管理的基础。只有培育和发展了相应的社会组织,社会组织的组织、管理、服务以及协调职能才能有发挥的前提。就以社会中介组织为例,没有社会中介组织的建设作为前提,社会中介职能就不可能完全发挥,政府的社会管理职能就无法社会化。为此,政府对社会中介组织的发展要持扶持、鼓励的态度,要根据中介组织的成熟程度进行相应的配套管理,对其发展进行统一规划,使其有计划、有重点、健康地发展。中介组织的形成和发展适应于经济和社会发展的需要,科学合理的总体规划,优先、重点发展与市场经济发展关系较为密切的中介组织;从实际出发,对现已存在的中介组织进行改造和优化,有层次、有重点、分步骤地发展规划,从而避免一哄而起,对发展中介组织做好战略部署。

3. 优化我国社会管理体制,减少政府的过分干预,引导和规范社会组织的发展

对我国传统的社会管理体制要有清醒的认识,原来以政府为主导和本位的社会管理体制和社会矛盾调节机制需要在社会组织发展的基础上有所改

变,社会管理职能分配和主导格局需要优化。这就需要大力推进包括事业单位体制改革、社团管理体制改革以及社会中介组织管理制度改革,理顺政府与社会中介组织的关系,从制度上保证社会中介组织的独立性和中介性,以便社会中介组织能够以自身的名义、根据相应的法律规范承担相应的法律责任,履行公共管理中相应的职责。对于政府与中介组织之间的关系,从机构形式和组织制度上要摆脱中介机构与政府部门的从属关系,割断其与政府和其他企事业单位的"脐带",实现真正的脱钩。中介组织内部实行一套自我管理和自我约束的组织制度,无须与政府系列"对号入座"。同时,有关部门要通过制定服务收费标准来保证中介机构的独立经济来源。对于政府与中介组织的关系平衡问题,一方面要隔断影响相互之间独立与廉洁的"脐带"关系,另一方面,要通过建立公正、公开的评估机制和监督机制,保证社会中介组织独立承担起法律责任和社会责任。只有这样,才能真正解决社会组织作为社会矛盾调节的合法性和公信力问题,也才能更加有效地保护政府的资源,才能更好地促进社会的和谐建设。

4. 加快各类社会组织和社会管理的法制建设,建立包括社会组织法在内的完善的社会管理法律法规体系

和谐社会必须是法治社会,而社会组织在法治社会中要发挥职能和作用,有法可依是其必要的前提。从我国现阶段的实际情况来看,我国的许多社会组织还没有明确的法律规定,如社会中介组织等,致使其在产生建立、职能发挥、发展运作等过程中出现这样那样的问题,削弱了其应有功能的发挥。因此,必须从我国的现实情况出发,逐步制定和形成系统配套的不同层次的法律法规体系。对于社会中介组织而言,重点要设置适应市场中介组织健康发展的监督机构和执法机构,使中介组织的活动真正做到有法可依,有法必依;同时把严格的资格审查和执业登记作为一项长期的、连续的工作来进行。各类社会中介组织的自我约束和自我发展都需要完善的法制体制来保障,否则便失去了行为依据和权益保障,那么发展无从谈起。

5. 规范各类社会组织的行为体系,明确各类社会组织的参政议政地位,形成共同参与的决策和协调机制

　　社会管理需要各类社会组织,但并不是说有了社会组织就自然地实现社会的有序管理,就能自然而然地消除各类社会矛盾。相反,如果社会管理失范,各类社会组织不仅不能解决各类企业、个人之间的矛盾,相反还会使各类社会矛盾公开化、甚至激化。实施上,矛盾重在调节,解调取决于协商。因此,在培育和发展各类社会组织的同时,更重要的是要对社会组织的行为进行规范,要明确各类组织的参政议政地位,要逐步形成有各类社会组织共同参与的民主协商机制,完善决策的咨询程序,确保各类社会组织及其所代表民众的参政权,只有这样,才能有效地减少各类社会矛盾的产生,也将有利于社会矛盾的顺利解决。

　　总而言之,在日益强调政府的社会管理和公共服务职能的改革潮流中,在构建和谐社会的进程中,人民主体地位不断提高,人民的组织化程度和社会的自治化程度也将不断地提高。在这个过程中,以社会中介组织为代表的各类社会组织作为人民发挥其主体参政和自我管理的途径和方式,将会面临着非常重要的发展机遇,在社会管理和社会矛盾的调节中将会发挥着越来越重要的作用。从社会组织的社会性、中介性、自治性等特征来看,社会组织是公共管理中一个非常重要的主体,也是公共管理中可以利用和整合的社会资源,将在和谐社会的构建中扮演不可或缺的重要角色。针对我国社会管理中存在的各种问题,面对我国政府职能转变和加入世贸组织的迫切需要,我国应该深化行政管理体制改革,大力培育和发展各类社会组织,充分发挥社会组织的公共管理职能和安全稳定职能,建立各类社会组织共同参与的社会管理和矛盾调节体系,共建国家与社会合作互动的良好局面。

第七章 社会矛盾调节的政府公共机制

在社会矛盾调节的过程中,政府公共机制起着至关重要的作用。政府的公共政策机制、收入分配机制、福利国家机制都发挥着调节社会矛盾的作用,是社会矛盾调节的带有整体性、根本性的公共机制。

一、社会矛盾调节的公共政策机制

政府运用公共政策机制调节社会矛盾,主要体现在两个方面:一是政府通过公共教育政策、充分就业政策、社会政策、反贫困政策等公共政策,使利益的权威性分配更加公平、公正、公开,并适当向弱势群体倾斜,从而有效发挥公共政策的社会矛盾调节功能;二是在公共政策制定的过程中,充分发挥公共政策的利益协调功能,使各个利益团体在公共政策制定的过程中都发挥自己的作用,这样有利于建立利益均衡与权力均衡的社会结构,从根本上防止社会矛盾的产生。

(一)促进社会平等、调节社会矛盾的公共政策

公共政策是由政府及其他公共管理主体制定的、调整全社会利益关系并具有鲜明目标的政治行动与行为准则。公共政策具有重要的分配功能,就是对社会所拥有的各种资源在不同阶层、不同群体之间的分配进行调节。因而,

公共政策具有利益调节和社会矛盾调节的功能。能有效促进社会平等、调节社会矛盾的公共政策主要包括公共教育政策、充分就业政策、社会政策、反贫困政策等方面。

1.公共教育政策

公共教育政策的主要目标是促进教育机会均等,一方面有助于克服人们在天赋能力遗传方面的不均等现象;另一方面有助于那些出身于贫寒家庭的子女获得更多的教育。西方政府普遍实施了公共教育政策,其内容主要包括:提供义务教育,使每一个公民都有权利享受政府对基础教育的投资支出;发展高等教育,提供更多的接受高等教育的机会,通过奖学金政策和对教育机构的直接援助对高等教育给以支持、为学生提供有偿还义务的教育贷款等等。西方发达国家普遍重视公共教育政策的实施,欧盟国家普遍建立了 11-13 年的义务教育制度,如英国 5-16 岁为义务教育阶段,德国 6-18 岁为义务教育阶段,法国 6-16 岁为义务教育阶段。1998-2000 年,英国、法国、德国、瑞典、丹麦等国公共教育支出占 GDP 的比重分别为 4.5%、5.8%、4.6%、7.8%、8.2%。2000-2001 年,英国、法国、德国、瑞典、丹麦等国小学净入学率分别为 99%、100%、87%、102%、99%,小学、中学和大学综合毛入学率分别为 112%、91%、89%、113%、98%。1999 年,英国、德国、法国 25-64 岁劳动力人口人均受教育年限分别为 12.85 年、12.58 年、11.46 年。

2.充分就业政策

充分就业政策的主要目标是促进就业机会的均等。西方各国政府采取各种措施努力增加就业机会,尽可能实现"充分就业"。通过财政政策和货币政策刺激经济增长,以实现"充分就业"的宏观政策目标;为避免严重的失业,政府一般对濒临倒闭的大企业提供各种财务帮助;利用公营部门增加就业;通过对私人企业的资助与减免税制度,鼓励私人企业家对厂房设备大量投资,以增加就业机会;促进劳动力在全国范围内的自由流动,由政府对工人进行新职业培训;清除劳动力市场上的种族和性别歧视,通过政府补贴雇主的非歧视行为来鼓励其他雇主亦采取非歧视行为等等。近年来,欧盟国家普遍把发展经济作为解决就业的根本出路,通过大力发展中小企业和第三产业、改革福利制度、实施就业培训计划和就业促进计划、保护就业人员利益、完善政府公共就业服务机构等措施,不断落实充分就业政策。

3. 社会政策

社会政策的主要目标是:应对人们由于年老、疾病、事故以及失业而遇到收入减少或根本无收入来源的风险,国家为雇员提供养老、医疗、事故及失业保险;当一些人不能为自己或其家属获得收入或足够的收入时,由政府提供社会救济,以给予这些人维持人类尊严的生存方式所必需的物品、服务或购买这些物品和服务所需要的资金;保护弱者,力图达到普遍的社会公正,纠正市场分配过程中的各种弊端等等。西方国家的政府普遍重视完善社会政策,为公民提供充足的社会保障。西方国家的社会保障项目普遍性强,涉及面广,致力于实现社会保障的全民化,如欧盟各国医疗保险、养老金、失业保险等公共服务项目基本覆盖了人口的绝大多数,其中丹麦、意大利、瑞典、英国的医疗保险覆盖率已达100%;养老金基本上覆盖全体雇员,其中丹麦的国民养老金包括全体居民,瑞典的基本养老金也包括全体居民;失业保险基本包括全体雇员,法国甚至将囚犯、侨民、被遣返者等包括在内。

4. 反贫困政策

政府制定反贫困计划的目的在于打破贫困的恶性循环,避免穷人因为始终处于贫困陷阱之中而不能自拔;其作用是保证人们生活在某一最低生活水平线之上,并为那些目前生活在贫困状态的人提供摆脱困境的机会。西方国家的反贫困政策一般包括如下内容:面向穷人和弱势群体的培训与就业计划;以穷人、老年人、残疾人、婴儿、青少年及少数民族为对象的社会服务计划;为生活在贫困中的穷人提供医疗补助和其他卫生保健费用的卫生服务计划;帮助穷人改善居住条件的住房补助计划;向穷人与低收入家庭提供食物营养补助的"食品券计划";以及其他各种帮助穷人和低收入家庭摆脱生存危机的公共救济计划等等。

(二)公共政策制定过程中的利益均衡与利益协调功能

1. 利益集团参与政策制定过程是缓解社会矛盾与社会冲突的"安全阀"

作为公共组织,政府对环境中的政治因素和政治过程有着强烈的依赖性和敏感性。政治本质上是一种利益关系的调整和权力配置活动,政治过程实质上是利益集团之间为特定利益而展开的权力角逐和资源竞争。利益集团及其活动是影响政府组织的结构、行为及其结果的重要因素。利益集团是一种独立于政府之外,但又企图影响政府公共政策的较为稳定的组织或组织的联合体。利益集团主要通过影响与之相关的公共政策的制定过程来提高和促进本团体的共同利益。在社会矛盾调节的过程中,利益集团为自身的利益而影响公共政策是重要途径之一,正所谓"哪里存在利益分歧,哪里就存在产生利益集团的可能性"。

当代利益集团在当代社会中的重要作用,体现在它在政府与社会之间建立起了制度化的联系渠道。在政府的政策制定和公共管理活动中,利益集团的作用主要体现在如下方面:利益集团是社会中具有一定代表性的个人或组织共同体的共同利益的体现,利益集团可以为其成员与政府之间建立起有效沟通的渠道,使其成员的声音能被政府倾听,使他们向政府提出的要求具有合法性;利益集团通过与政府的对话活动,会引发公众对相关公共事务的关注和讨论,这种关注和讨论能在更大程度上提升了公民的民主意识与参与意识,从而将政府的决策与执行过程置于社会舆论和公众监督之下,因而,利益集团在现代民主社会发挥着促进政府与公民沟通的重要功能;利益集团可以为政府提供技术咨询,并为政策的有效执行提供帮助。

利益集团参与和影响政府决策,能起到缓解社会矛盾与社会冲突的"安全阀"作用,保持社会的长治久安。政府公共政策如果对社会利益分配不当或与利益群体的沟通渠道不畅,就会引起相关利益群体的不满,导致社会冲突,破坏正常的社会秩序。利益集团作为政府和公民之间的缓冲屏障,可以大大调节政策失误对社会形成的冲击力,延缓社会的剧烈冲突对政治秩序形成的破坏力量。利益集团所具有的理性思维、扮演谈判代表的角色与反应灵敏的反馈功能等特点,能使其及时缓解社会矛盾与社会冲突。因而,利益集团参与政策制定是民主决策过程中的重要环节,是保持国家政局稳定和维持良好社会秩序的"安全阀"。

2.利益集团在公共政策制定过程中的作用

公共政策是利益团体间利益均衡的结果。利益集团希望政府在制定公共政策的过程中能采纳它们的政策建议,认同它们的利益和目标,并通过政府向其他团体提出一定的利益要求。

利益集团在公共政策制定过程中扮演着非常重要的角色。20世纪60年代以来,在西方发达国家,利益集团发展迅速,无论是利益集团总数还是加入利益集团的总人数都显著增加。在美国,90%的公民与利益团体有关,利益集团通过院外活动影响政府决策是美国政府公共政策模式的一个重要特征。在美国,各行各业都有自己的组织,美国约有6000个商会和行会;此外,还有工会、新闻机构、私人基金会、研究团体和咨询委员会。利益集团围绕国会立法活动的院外活动方式主要包括:监视可能对其利益产生影响的政府活动,出席议会和管制委员会的听证会,在听证会上作证、给主要的立法者提供详尽的背景材料等等。各种利益集团对政府立法部门和行政部门的重要决策、全国经济的优先发展项目、国民生产总值的分配、各级政府的预算安排都发挥着巨大影响。

在政府制定公共政策的过程中,利益集团可以在不同的环节施加影响:第一,利益集团可以建构政策问题,设定公共议程。在美国,利益集团设立了众多的基金会,其总数在1999年超过了10000个,这些基金会按照利益集团的要求设立"重点研究问题",提供资金支持研究新的政策动向。如拥有100亿美元资产的福特基金会,对环保政策、堕胎权利运动等方面的政策制定拥有着相当大的发言权。第二,利益集团采取各种手段,促使公共政策朝着有利于自身利益的方向演化。政策制定的合法化过程,通常是利益集团之间相互角逐、讨价还价、游说劝说、妥协让步的过程。第三,在政策执行过程中,利益集团可以监督政策执行。利益集团可以对公共政策进行绩效评估,可以监督政策的执行,可以密切关注政策的调适,从而来达到影响连续性公共政策制定的目的。

利益集团影响公共政策制定的策略主要有如下方面:①游说。利益集团运用语言、文字等多种方式向立法者和政府工作人员表达各种利益要求和愿望,以影响立法和行政行为。其主要方式包括:同政府官员及其助手进行直接接触;参加包括总统顾问在内的政府官员的私人会议,使他们了解游说者的委托人的利益;出席国会委员会和小组委员会的听证会作证;出席政府规则制定机构的听证会作证;为立法者或行政官员提供大量的免费服务,包括为立法者或政府官员起草法律或规章,或提供特别详细的立法建议等等。游说不仅是向政府提供意见和要求,也直接提供有关政策制定所需要的资料、数据、详尽的专门分析。②支持竞选活动。利益集团经常为同情该团体或该团体参与选拔的公职候选人提供经费支持,动员团体成员支持候选人,并且对该候选人进行义务宣传。据统计,1998 年美国利益集团组成的政治活动委员会达到了4528 个,资助竞选总金额达到了 2 亿 2 千万美元。③宣传。许多利益集团大量投资于公共关系项目及各种宣传活动,向公众解释它们对公共福利的贡献和它们的政策为什么会符合国家整体利益。宣传的主要方式有通过媒体宣传施加压力,通过民意测验影响社会舆论等等。④游行示威。如静坐示威、游行、召开群众大会等等。

3. 充分发挥利益团体在公共政策制定过程中的作用

利益集团是现代民主社会的重要组成部分,在公共政策制定过程中发挥着重要作用,但同时也会带来导致政治不平等、利益表达的狭隘性等不良影响。因而,应该采取积极措施,引导和规范利益集团的行为,限制其消极影响,更好地发挥利益集团在社会利益均衡中的作用。

第一,加强相关立法建设,促进利益集团的行为走上法律化的轨道。如1995 年 12 月,美国第 103 届国会通过了《院外活动公开法》,对游说者、游说机构、委托人、游说活动等术语进行了明确的界定,对游说者进行登记和报告的制度作出了详细的规定,同时对管理机关的职责、违规处罚等方面也进行了规范。

第二,政府应为利益集团制定公共政策提供合法化途径。如瑞典,利益集团势力强大,规模壮观;瑞典的"皇家委员会"是大多数法令的提出者,而"皇家委员会"就是由政府官员、立法者和利益集团的代表组成的;当一项计划草拟好后,会交给各个相关的利益集团评论,听取他们的意见;某些瑞典的农民和工人的福利由各自的农民组织和工会组织来管理执行;在瑞典,最高层的商业代表和工人代表经常与内阁成员定期会面,一起决定许多公共政策。

第三,加强宣传教育,提高利益团体成员的思想道德水平;引导和鼓励公益团体的组建和发展,以推动和促进社会公共利益;加强社会舆论的监督作用,促进利益团体为社会大众的利益服务。

二、社会矛盾调节的收入分配机制

市场经济的无情竞争、优胜劣汰,必然造成两极分化和分配不公;而社会分配不公又会引起社会的不安和动荡;因此,作为公共管理者的政府就要对不公平的收入分配实施再分配,以解决收入差距悬殊和收入分配不公的问题。收入分配调节机制是政府调节社会矛盾的核心机制。政府通过完善收入分配政策大规模参与国民收入的分配是西方发达国家保持社会稳定的重要条件。二战以来,西方国家加大了政府参与国民收入分配的范围与规模,推行福利国家与福利社会政策,缓解由于收入分配差距导致的社会矛盾,在其社会阶层分布中形成了一个社会主流阶层或中产阶级,从而对国家的政治稳定、经济增长与社会和谐起到了基础性的稳定作用。

(一)西方发达国家收入分配调节的发展过程

西方国家的收入分配调节经过了一个长期发展的过程,其演变大体上可以划分为三个发展阶段:资本主义经济大危机爆发前收入分配的有限调节时期;资本主义经济大危机爆发至 1978 年左右,是西方发达国家收入分配的全面调节时期,这一时期是收入分配不平等程度逐步降低、贫富差距较小的稳定时期;1978年以后,是收入分配调节的改革时期,这一时期贫富差距又迅速增大、收入不平等程度上升。

1.收入分配的有限调节时期

在自由竞争的资本主义发展时期,为了迅速增加资本积累,促进资本主义商品经济的发展以及市场机制的完善,资本主义国家奉行"自由放任、自由竞争"的政策。在20世纪30年代以前,自由放任的经济思想占统治地位,西方国家政府对企业的经济活动是不干预的,企业的分配问题由资方自己解决。西方国家的财政政策也以国家不干预经济为特征,如减少国家支出、平衡预算、少发行或不发行公债等。

在这一时期,市场经济的运行主要依靠市场机制的自发作用,财政税收政策对国民经济与社会发展的调节作用十分有限。如美国,在20世纪30年代以前,个人所得税、社会保障税占税收收入比重极低,与此相应,各级财政支出中用于社会福利支出的比重也极低。在政府对收入分配活动很少干预的前提下,随着垄断资本的迅速发展,财富高度集中,引起了剧烈的社会矛盾。如美国在1890年和1913年间,国民收入分配的集中极为迅速,1890年,1.0%最富有的家庭占有国民收入的10.8%,到1910年已经上升到19%;另一方面,88%的人在1890年占有国民收入的65%,到1910年已下降到62%。

2.收入分配的全面调节时期

资本主义进入垄断时期后,各种社会矛盾开始激化,自由资本主义时期的相对稳定局面被打破,市场机制作用的弊端和局限性开始暴露,周期性的经济危机不断爆发,资本主义国家为了克服社会经济矛盾,开始调整各方面的关系,西方国家政府普遍采取国家干预主义政策,加大政府参与国民收入分配的规模与范围,其主要的政策手段是加大个人所得税和社会保障税的征收,推行高福利政策。

20世纪30年代以后,西方各国政府逐步介入到企业经济活动中,对企业的分配活动进行立法规制,包括确立最低工资标准、确立企业劳资谈判制度等等。如美国在20世纪30年代资本主义经济大危机后推行的国家干预主义,加大了政府参与国民收入分配的范围和规模,推行全社会的高福利制度,缓解由于收入分配差距所导致的阶级、社会矛盾;1935年,罗斯福政府把个人所得税最高税率由59%提高到75%,公司所得税率提高到15%。在这一时期,社会保障制度逐步建立与完善,收入不平等程度逐渐降低,中产阶层基本形成。而纵观同时期西欧各发达资本主义国家,在其社会阶层分布中均形成了一个社会的主流阶层,并对国家的政治与社会稳定起到了基础性的作用。

3.收入分配调节的改革时期

20世纪70年代末以来,西方国家普遍出现了"滞胀"现象,传统的凯恩斯主义的需求管理政策无法奏效。政府开始推行减税政策,削减社会福利支出,这一政策导致贫富差距急剧拉大。1970年代以来,随着西方经济陷入滞胀,经济增长和社会平等的目标发生冲突,经济学家从强调市场失败转向强调国家失败,以亚当·斯密为代表的古典经济学重又受到重视;在公共服务领域,福利国家受到自由主义的批评,这些主张个人自由和最低限度国家的经济学家和哲学家把自己称为自由至上主义,也可以称为市场自由主义。市场自由主义认为,增长是最好的社会政策,贫穷不能依靠社会再分配解决,真正有效地提高穷人生活水平的途径是依靠市场经济本身的"滴漏效应",有产者追求自己利益所产生的积极成果会层层渗透,因而也间接改善了穷人的处境。

20世纪80年代,西方各国普遍采纳新自由主义或新右派的理论作为指导思想,采取了减少社会福利支出的社会政策。如美国总统里根上台后提出经济复兴计划,其财政政策的主要内容一是减税,二是削减社会福利开支。1981年7月美国国会通过的减税法案规定,个人所得税从1981年10月1日起削弱5%,从1982年7月1日起再削减10%,从1983年7月1日起再削减10%,三年共削减25%。里根在1985年5月又进一步推出了税制改革方案,把个人所得税的最高累进税率从50%再降低到35%,并提高了所得税免税标准。从2001年起,美国全面降低个人所得税税率,并简化税率级次,最低税率由15%降低到10%,最高税率由39%降到33%;逐年增加遗产与赠与税的免征额;其中遗产税的免征额由67.5万美元增加到2009年的350万美元,最高边际税率由55%逐年降至45%。

（二）西方发达国家收入分配调节的主要政策

西方发达国家收入分配调节的主要政策包括税收调节政策、财政支出调节政策、收入分配的立法调节、政府收入管制政策等内容；其主要方法是实行高额累进所得税和各种福利性转移支出，在高收入者和低收入者之间进行收入的再分配，以实现收入分配公平的目标。如美国的收入分配调整措施涵盖了国民收入的初次分配和再分配，从最低工资制度到累进所得税及各种对穷人的现金和实物补贴、服务等，覆盖面比较广泛，且有一个较为完备的管理体系。

1. 收入分配中的税收调节

税收是政府实现社会公平正义的最重要手段。税收作为收入再分配的手段，其作用主要是纠正市场在收入分配方面存在的缺陷，维护规则公平和起点公平，缩小贫富收入差距，实现结果公平。二战以来，西方发达国家的政府通过个人所得税、财产税、遗产税与赠与税等，大规模地削减富裕阶层的收入和财富的富裕程度，在公平分配上起到了极其重要的作用。

在混合市场经济条件下，西方国家运用税收机制调节社会矛盾的方法主要包括三个方面：(1)对分配起点的调节。这是对生产要素的所有者在进入分配过程之前的状况进行的调节，其目标是使人们所拥有的生产要素尽可能平等地参与分配。政府通过发展教育和健全教育援助制度、通过征收遗产税，调节因财产分配不公所导致的收入悬殊问题。(2)对收入形成过程的调节。如立法确立最低工资制度，确立劳资谈判制度等等。(3)对分配结果的调节。政府通过对企业所得、个人所得征税，调节过高的收入，这是实现社会收入分配公平的客观要求。一是通过累进所得税制度来缩小富人与穷人之间的收入差距，包括征收遗产税，对收入和财产征收累进税等等。二是通过区别对待勤劳所得与非勤劳所得，对非勤劳所得课以较高税收来实现收入分配公平；对非劳动收入即各种财产收入，如红利和利息等，按较高的税率纳税，但对劳动收入，如工资和薪金等，则课以低税率。

现行发达国家税制结构是以所得税为主体的现代税收制度,它以个人所得税和公司所得税为核心,加上销售税、社会保险税、财产税、遗产税、赠与税等税种,构成了发达国家的现代税收体系。1995 年,个人所得税占美国联邦税收的 43.6% ,公司所得税占 11.6% ,社会保险税占 35.7% ,特种销售税占4.2% ,遗产与赠与税占 1.1% ,关税占 1.4% ,其他税收占 2.4% 。1995 年,英国个人所得税占 GDP 的比重为 9.7% 、公司所得税占 GDP 的比重为 3.3% 、社会保障税占 GDP 的比重为 6.3% 、增值税占 GDP 的比重为 6.7% 、其他商品与劳务税占 GDP 的比重为 5% 。1995 年,加拿大个人所得税占总收入的比重为37% 、公司所得税占总收入的比重为 8% 、社会保障税占总收入的比重为17% 、增值税和消费税占总收入的比重为 15% 、商品劳务特别税占总收入的比重为 8% 。

个人所得税是控制收入差距的有效手段。英国是最早开征所得税的国家。英国 1799 年就正式颁布了所得税法,1973 年英国加入欧洲经济共同体之后,开始实行累进税率,税收制度进一步完善,最高收入的所得税率为40% 。1977 - 1978 年度,英国个人所得税率共分 10 级,应税所得在 6000 英镑以下的,课以 34% 的基本税率,依次递增,至应税所得在 21000 英镑以上的,课以 83% 的最高税率。日本 1987 年以前的个人所得税率分为 15 个级距,应税所得额不满 50 万日元的税率为 10.5% ,超过 8000 万日元的实行最高税率70% 。

资本主义发展到垄断阶段后,资本的快速集中导致财富分配的差距扩大,社会公平的要求越来越强烈,致使税制设计越来越注重调节功能,边际税率趋高,扣除、减免的规定日益繁杂。美国政府建立了一套较合理完善的税收制度,加强对高收入阶层的税收征管,尽量确保社会分配公平。在 19 世纪,美国的财政收入主要来源于关税、消费税和财产税。1916 年 10 月,美国的个人所得税法正式成为法律;在随后的年度内,个人所得税的规模和征收范围不断扩大。1944 年,美国税法把个人所得税的最高税率从 1941 年的 81% 提高到94% ;公司所得税率对超过 50000 美元的所得从 1941 年的 31% 提高到1942 -1945 年的 40% ;遗产税率从 2.0% - 70% 提高到 3.0% - 77% ;赠与税从

1.55% - 52.5% 提高到 2.25 - 57.75%。到 1945 年,个人所得税已经覆盖美国 74.2% 的人口。美国政府确立了较为合理的个人所得税的累进税率政策,近年来,个人所得税一直占美国联邦税收的 40% 以上。按照个人收入的多少,美国征收的个人所得税税率差别很大,从 15% 到 39.9% 不等,收入越高,交税越多。此外,还有资本利得税、遗产税、房地产税、销售税等等。据统计,美国占纳税人口 2% 的富人承担了整个联邦税收的 40%。

战后,日本政府主要通过征收所得税、赠与税和继承税等税收制度来调整各社会成员之间的收入差距。日本的所得税实施累进税制,收入越高,税率就越高;日本在战后实施的所得税最高税率达 65%;日本政府于 1999 年修改了日本的税收制度,将所得税的最高税率由 65% 下降到 50%。1988 年以前日本继承税最高税率达 75%;1988 年以来,日本对税制进行了三次改革,到 2003 年 4 月,继承税税率起点也从原来的 200 万日元提高到现行的 1000 万日元,赠与税的最高税率同继承税最高税率相同,为 50%。

2. 收入分配中的财政支出调节

财政支出对收入分配的调节主要通过各种社会保障与社会福利支出及其效应体现。政府通过财政支出结构和对象的调整来改善社会成员之间、社会集团之间对物质财富的占有份额,促进社会财富的相对合理分配,实现社会相对公平。政府提供的那些可以使公民直接享受具体利益的财政支出,如学校教育、公共医疗、社会保障和社会救济支出等,具体地实现着公平原则。

社会保障支出是重要的政府财政支出。社会保障支出大体包括社会保险、社会救济和社会优抚等内容。社会保险是根据国家有关法律规定,由劳动者、单位或社区、政府多方共同出资以帮助劳动者及其亲属,防治他们在遭遇工伤、死亡、疾病、年老、失业、生育等风险时收入中断、减少和丧失,以保障其基本生活需求的制度,它包括养老保险、失业保险、医疗保险、工伤保险、生育保险等。社会救济是政府和社会向无收入、无生活来源、无家庭依靠并失去工作能力者,或是生活在"贫困线"或最低生活标准以下的个人和家庭,以及遭受严重自然灾害和不幸事故遇难者的家属,提供的最基本生活所需的财力物力资助。社会优抚是政府为保证其法定优抚对象的一定生活水平而实施的公共财政援助。

在转移性支出中,社会保障支付实际上将高收入阶层的一部分收入转移到低收入阶层。特别是在经济萧条时期,失业保险金等社会保障和社会福利费用增加,可增加人们的可支配收入,有助于社会有效需求的增长,恢复供求平衡;相反,在经济繁荣时期,失业率最低,社会保障和社会福利费用减少,相对地减少人们的可支配收入,减轻需求过旺的压力。因此,经济学家把社会福利方面的转移支付政策作为实现收入公平分配、反周期波动目标的主要工具。

美国的社会安全福利制度创建于1935年,经过70余年的不断修改和完善,已经建成为一个由社会保险、社会救济和社会福利三部分组成的完善的社会保障体系。美国社会保障的涉及范围很广,包括提供医疗服务、残疾保险、住房补贴、失业救助、社会安全福利金、退休金、低收入家庭子女津贴和学童营养补助等。美国政府援助穷人的计划包括直接的现金转移支付和对贫困人口的一些实物性援助,如医疗保健、食物券和住房补贴;并且援助的绝大部分是直接提供商品、服务或提供补贴以帮助穷人获得商品和服务。

在德国,1990年国民生产总值的1/3用于社会福利支付;而在1960年,这一比率即社会支付率还不足23%;德国社会福利金在这段时间增加了9倍,国民生产总值才增加了7倍(即从1960年的3030亿德国马克上升为1992年的23420亿德国马克;人均社会福利金从1960年的1235德国马克提高到1990年人均11270德国马克)。

3. 收入分配中的法律调节

法律调节包括最低工资立法、各种社会保障立法等等。西方国家对初次分配加以干预,目的在于协调国民收入中资本所得与劳动所得的比重,并使其尽可能地趋于公平。

最低工资立法是由西方国家政府采用的保护劳动者利益的重要立法,其条款包括:最低工资率或工资额、加班工资津贴、禁止使用童工等。西方国家通过这一立法的目的在于保证每一个工人得到合理的报酬,减少劳工阶级的贫困。

从20世纪30年代起(有的州政府在20世纪初期),美国联邦政府和州政府相继建立起了最低工资制度。1938 年,美国国会通过了《公平劳工标准法案》,这一法案中关于最低工资的第 6 条规定是:凡适用于本法案的雇员,其最低小时工资标准在 1938 年 10 月 24 日以前为 25 美分,1945 年 10 月 24 日以前为 30 美分,此后为 40 美分;1949 年这一条文又增加了一项修正案,即把每小时的工资标准提高到 75 美分;1956 年的修正把标准提到 1 美元。1961 年国会通过修正案,适用范围进一步扩大,标准也有所提高,每小时 1.25 美元(1963 年);1968 年提到 1.60 美元。这样到 1969 年,美国就有将近 4460 万雇员被包括在上述适用工资和工时法的适用范围之中。此后,该法不断被修正,范围也不断扩大,到 1991 年每小时提高到 4.25 美元。最低工资法规不仅影响工资最低的工人,也影响工资结构中在工资率上有相对联系的那些因素。

4. 收入分配中的政府管制政策

政府收入管制政策包括对劳资谈判、工资、福利决定等微观分配活动的干预等内容。战后,西方各国政府迫于工人运动的强大压力,从法律上承认了工会的合法存在与发展,并且推行了一种"工资集体谈判"制度,试图改变劳动在国民收入分配中的不利地位,缓解劳资矛盾。"工资集体谈判"的一方是代表工人利益的工会,另一方是代表资方的雇主联合会。谈判的内容除了工资率之外,通常还包括工时、雇佣和解雇的手续、休息时间以及生产安全和职工福利等。谈判达成的条款都必须列入对雇员和雇主双方均有约束力的协议书或合同书中。工会与雇主联合会的集体谈判主要有工会和雇主组织之间的自愿协商、劳资联合委员会、工资委员会等形式。

美国联邦法律和许多州的法律承认和维护工资的集体交涉,使得在许多行业里集体谈判工资率成为规章制度。美国联邦政府在特殊时期采用工资管制的做法,直接干预工资。一般采用工资、物价冻结,成立工资、物价检查委员会,制定工资指导方针或施加压力限制工资扩张等立法,对工资直接干预。

二战后,德国在 1953 年通过了劳资协议法案,使劳资协议制度得到普遍的推广。德国劳资谈判的双方是其工会联盟下属的行业工会和雇主联盟。劳资协议制度的推广使绝大多数雇佣劳动者受到劳资协议的保护,劳动者每年的工资、劳动条件都得到了一定程度的改善。

（三）收入分配调节在社会矛盾调节机制中的重要作用与影响

政府的收入分配调节是社会矛盾调节的重要手段和机制,政府收入分配调节对缓解社会矛盾、维持社会稳定具有重要的作用。

1. 收入分配调节缓和了资本主义的基本矛盾

资本主义的基本矛盾就是资本主义生产社会化和私人占有之间的矛盾。这个矛盾集中表现为资本主义生产无限扩大和消费能力相对狭小的矛盾。战后西方国家收入分配关系的变化,就是从调节资本主义供需关系的角度使基本矛盾缓和,它的基本点就是改变原来的分配关系,扩大社会需求。西方国家分配关系变化的一个重要内容,就是通过实行福利政策、增加雇员收入和发展社会福利设施使社会需求扩大,从而使需求相对不足与供给相对过剩的矛盾缓和。

资本主义的基本矛盾虽然是从经济问题产生的,但它必然要反映到社会方面,这主要表现在企业的劳资关系以及这种关系在社会上的反映。战后的劳资矛盾依然存在,为工资谈判进行罢工也不鲜见,但比战前缓和多了,社会也比战前稳定多了。其中一个主要原因就是分配关系发生了变化,是分配关系的变化缓和了这些矛盾。这一变化的主要表现是,雇员收入的提高和基本生活有了一定程度的保障,企业实行部分利益分享和福利补贴、社会福利制度等等。正是这些变化缓和了劳资矛盾和社会动荡,从而使资本主义的基本矛盾得到缓和。从整个社会背景来说,劳资矛盾缓和、利益认同感增强与社会福利制度的完善是分不开的。如果没有较高的社会福利,一个社会就不可能承担较高的失业率;同时,劳资关系的法律化和规范化及其完善也使很多可能产生的矛盾通过制度得到解决。

2. 收入分配调节形成了稳定的、新的分配关系

政府收入分配调节形成了新的分配关系,从而有利于建立社会稳定的基本利益结构。

第一,工人收入形式多样化,工人收入由工资制向分享制发展,工资差距

呈缩小趋向。当代西方国家工资差距总的趋向是逐步缩小,不仅是征收过个人所得税以后的实际收入,而且在征收个人所得税之前的工资收入,两者都呈差距缩小趋向。二战以后,奖金在工人收入中占的比例提高比较大,除此之外,还有工龄工资、职务津贴、技能资格津贴、特殊作业津贴、实物津贴、分红、股息等等。二战后,工人分配制度出现了由工资制向分享制发展的趋向,实行部分工资制、部分分享制的企业较为普遍。法国 1959 年开始出现分享制,1967 年政府立法规定,100 人以上企业必须实行利润分享制,用利润提成(1981 年为 2%)建立职工购买股份的专门储备基金。在英国,1986 年政府正式规定实行利润分享制。在西方国家,职工持股人数和持股量呈扩大趋向。

第二,社会福利制度不断完善,形成了一套比较完善的社会福利保障体系,社会保障费占 GDP 的比重在二战后呈增大趋势,在当代资本主义国家的国民收入中已占有相当的份额。国家占有和支配的社会财富日益增大,法国、德国、日本、瑞典、英国、美国等主要资本主义国家的平均政府支出占国民生产总值的比重,1880 年约为 10%,到 1985 年平均达到 47%,其中德国和英国的比率在这 100 年中几乎增长 5 倍。西方国家的政府通过巨额的社会福利开支,缓和了社会经济矛盾,扩大了社会总需求,刺激了经济增长。

第三,由于发展社会福利制度,国家通过税收对居民收入进行再分配的功能空前增强,被再分配的居民收入在居民收入总额中占有相当的份额。资本主义国家居民的社会福利收入在其个人收入总额中占有一定比重。据统计,1981 年瑞典全国工人的工资收入为 2633 亿克朗,而政府社会福利开支项下的"转移性支付"(不包括教育经费)为 1112 亿克朗,在瑞典工人的全部收入中,社会福利收入(包括教育经费)约占 1/3。美国职工收入中来自各种社会福利的,1959 年占 17%,1977 年占 27%,80 年代中期约占 30%。

第四,工资收入在国民收入分配中所占比例增大,资本收入所占比重有所缩小。雇员的收入普遍提高,企业职工的福利增多。从 20 世纪初到 20 世纪 70 年代,美国制造业工人的货币工资以平均每年约 4.8% 的速度增长,实际工资以平均每年约 2.2% 的速度增长。据联邦统计局的调查,美国制造业工人的平均小时货币工资在 1909 年为 19 美分,到 1968 年达到 3.01 美元,59 年间增长了近16倍。1945-1973年,美国人均收入年增长2.75%,1970-1986年,人均收入增长33%。战后以来,西方国家个人收入中,反映劳动收入的工资、薪金、福利金和反映财产收入的利息、股息和租金的绝对额均有了显著增长,劳动收入在个人总收入中的比重一直高于财产收入,劳动收入增长的速度快于财产收入。例如在德国,劳动收入与财产收入分别占国民收入的比例,1970年为62%和38%,1985年为67%和33%,1986年为68.6%和31.4%。在市场经济中,国民收入是根据生产要素劳动和资本分配的,1991年西德工资份额约为71%,利润份额约为29%。劳动力成本高,劳动收入在收入分配中比重大,是英国缩小收入分配差距政策的一个突出体现;据研究,劳动收入在英国所占比例很大,在1860年到1984年的124年中,劳动收入在国民收入分配格局中始终处于主导地位,资本要素所占比重则呈下降趋势。

3. 政府收入分配调节有效地促进了社会公平,促进了中产阶层的形成

由于政府干预收入分配,在所有的西方国家,可支配收入均要比生产要素收入分配得更为均等,可支配收入通常是通过税收和某种形式的转移支付而被拉平。仅以个人所得税而言,个人所得税都有起征点和免税额,这对低收入者的利益是一种保护。各国个人所得税对纳税人及其抚养、负担的人口都有免税额申报数,这样,低收入者可以免缴所得税。累进税率可以大大减缓社会财富分配的集中,提高中低收入者的收入比重,缩小分配差距。遗产税、赠与税、消费税的开征更大大缩小了贫富收入差距。税收、捐纳和财政支出手段综合运用,可以起到降低高收入者的过高收入而提高低收入者的生活水平的综合效应。以英国为例,1986年,在原始收入分配中,20%的最低收入家庭每户年收入才130英镑,而最高收入的20%,其家庭年收入达24790英镑,两者相差190.7倍;但经过税收、捐纳及转移支付调节后,最低收入家庭年收入提高到4130英镑,而高收入家庭降为17260英镑,两者差距缩小为不到4.2倍。

在政府收入分配调节力度不断加大的过程中,西方国家中产阶级不断扩大。处于中产阶级之上的富有者和处于中产阶级之下的贫穷者的人数都相对缩小,中产阶级的人数相对扩大,促使了中间大、上下两头小的"橄榄形"社会结构的形成;累进所得税、社会福利转移支付、政府收入政策等因素都对中产

阶级的扩大产生了重要影响。

4.收入分配调节增加了贫困阶层的收入,构筑了社会安全网

社会收入分配过于不平等将产生严重的贫困问题,从而使整个社会处于不安全和不稳定状态。在西方发达国家,贫困问题从根本上讲是收入分配问题。生活在贫困之中的人很难自救,一旦某人落到贫困线以下,将很少有机会可以改变那些最初使他置身于窘境的经济条件;并且,随着生活在贫困中的人口数量的增加,穷人由低收入阶层向高收入阶层移动的能力将被进一步削弱。因而,贫困问题的解决必须依靠国家的干预。战后以来,西方国家根据一定时期人均最低生活水准(衣、食、住、医疗、教育、娱乐)规定了贫困线,生活在贫困线以下者即为贫民,可领取救济金,并随着每年生活费用的上升而不断调整其贫困线标准。

社会保障在维护有效的需求和商业信用方面起着重要的作用,这一作用在给已失去购买力的失业工人提供失业津贴的情况下更为明显。没有社会保障津贴,随着工作丧失的第一轮多重影响而来的可能是将会深入到社区的社会结构之中的第二轮和第三轮影响,以及使得大部分社会生产在大大低于其实际能力的情况下运转。因而,社会保障有助于防止生产的过分下降以及在其劳动力队伍完整的情况下维持公司的经营,以待机会来临时进行改善。

三、社会矛盾调节的福利国家机制

市场经济离不开社会保障制度与福利国家机制,市场经济如果没有社会保障制度就无法正常运行。由于效率是市场经济的特点,追求利润最大化是市场经济的动力;市场经济中存在着较大的风险,风险的存在又给社会经济的发展和社会的稳定带来众多的问题。要解决这些问题,促进经济正常稳定发展,就必须有一种社会稳定机制,而社会保障与福利国家机制就是在市场经济中对社会的稳定和经济的发展起着积极促进作用的安全网。

(一)福利国家机制的形成与主要内容

福利国家政策的出台有其理论基础,这种理论就是福利国家理论、社会福利理念与福利经济学理论。19世纪末,德国新历史学派代表人施穆勒、布伦坦诺等人提出了福利国家理论,他们强调国家的经济作用,认为国家除了维护社会秩序和国家安全外,还具有文化和福利的目的,应该由国家兴办一部分公共事业来改善国民的生活;对于国家来说,福利国家就是应该举办一些相关的公共福利事业,调剂再分配渠道,以缓和阶级矛盾。20世纪初,英国费边主义者韦伯夫妇也提出类似的主张,主张通过国家举办公共福利事业以达到改良社会主义的目的。英国的经济学家和改良主义者主张以社会福利作为经济学的研究对象,通过税收和法律政策或国有措施,使"剩余价值"归政府所有,用于"社会福利"。1920年,英国经济学家庇古出版了《福利经济学》一书,系统论述了福利经济学理论,这本书的基本论点就是收入均等化和边际效用递减理论;他认为国民收入总量越大,社会福利也越大,同时收入越平均,福利就越多;庇古的福利经济学为"福利国家"提供了较好的理论依据。

"福利国家"一词最早是由英国大主教威廉·坦普尔(W. Temple)提出来的。1941年他在《公民与教徒》一书中,首创"福利国家"的概念,用来取代"权力国家"。1942年的《贝弗里奇报告书》正式采用"福利国家"的口号。

以普遍性和国家制度性为特征的福利国家制度的出现是在20世纪中叶。第二次世界大战后,英国推出了福利国家的初步形式。1941年,被誉为"福利国家之父"的英国经济学家贝弗里奇在向政府提交的《社会保障及有关的社会福利服务》的著名报告中认为,社会保障是指人民在失业、疾病、伤害、老年以及家庭收入获得者死亡、薪资中断时,予以生活经济的保障,并辅助其生育婚丧的意外费用的经济保障制度;贝弗里奇将社会保障视为一种以国家为主体的公共福利计划。《贝弗里奇报告》提出英国战后重建必须战胜"五大巨人",即五个严重的社会问题:贫困、疾病、肮脏、无知和懒惰。为此就需要对现行的社会政策进行修改。现行的社会政策中社会保险的覆盖面太小,社会保障的内容也不完善,而且保障的标准也太低,管理上也存在着问题。报告建议建立一个由国家组织的、尽可能包括所有雇员的社会保险体系,该体系由雇员和雇主的供款形成社会保险的资金来源。对雇员来说,通过强制性地每周按同一标准投保,在由于工伤、疾病、失业、年老等原因发生收入的暂时和长久中断时,也可以按能够保证基本生活的同一标准领取社会保险金。同时,国家对那些不能加入国民保险体系的人提供财产调查的公共救助。此外,国家对全体公民还要提供免费的医疗健康服务、对多子女的家庭提供普遍的"家庭津贴"以及对孕妇的补贴和对寡妇的补助,而且津贴的多少也应该与生活水平相适应。《贝弗里奇报告》对英国政府乃至西方各国实施"普遍福利"产生了巨大影响。

在《贝弗里奇报告》的基础上,1946年英国出台了《国民保险法》。该法规定,凡是达到就业年龄的每一个公民,都要依法参加国民保险;参加国民保险的公民在足额缴纳保险费的前提下,遇到失业、患病、伤残及其他意外事故而失去生活来源时,可以享受社会保险,得到有关津贴或救济;1946年又出台了《国民医疗保健法》,对全国医院实行国有化,全体公民接受医疗,同时允许医生私人开业;1948年颁布了《国民救济法》,该法规定没有收入或收入较低而无力缴纳国民保险金者,可申领国民救济金,在其生病、伤残、无房等情况下也可申请救济,但金额要少于参加保险的国民。1948年,英国首相艾德礼宣称英国已经建立起"福利国家"。从此,"福利国家论"在西方世界大力推广,并促进了战后欧洲社会保障的大发展。

二战以后,北欧国家和部分西欧国家的社会民主党所主张的所谓"民主社会主义"的福利社会思想,在主客观上都对社会保障和福利制度的建立和发展完善起到了积极的促进作用。瑞典学派关于国家调节经济生活的政策主张和关于"自由社会民主主义"的经济制度理论,在西方经济学界有重大影响。瑞典学派理论和政策的两大战略思想:一是依靠政府的干预,通过宏观经济调节的方式来平抑经济周期的波动;二是用收入再分配的方法,主要是利用累进所得税以及转移性支付举办社会福利设施,使社会各阶级、集团之间的收入和消费水平通过再分配趋于均等化,从而实现收入的平等。瑞典学派不仅在理论上为福利制度奠定了基础,而且在实践上也得到了应用。由此,瑞典便成为世界上第一个走上积极稳定政策道路的国家,开创了以国家干预进行"充分就业"和"收入均等"的瑞典福利模式,成为独特的"混合经济"下的"福利国家"。

20世纪50年代后期到70年代初期是西方社会福利制度的鼎盛时期;从50年代起,社会保障进入新的发展阶段,其主要标志是普遍福利政策的广泛实施、"福利国家"的纷纷出现。随着英国首先宣布建立福利国家,其他欧洲国家、北美洲、大洋洲和亚洲等许多发达国家相继宣布实施"普遍福利政策",这样,普遍福利成为全世界公认并为各国共同采用的经济社会政策。"普遍福利型"的社会保障政策,使社会保障的覆盖面向全体社会成员扩展,逐步实现了社会保障全民化。同时,社会保障项目系统化,除了社会保险项目之外,还设立了社会救济项目和各种补助制度,项目达几十种,甚至达百种之多。社会保障水准也不断提高,并开始采用社会保险金随通货膨胀按物价上涨指数而调整的办法,以保证享受社会保障的社会成员不因物价上涨而降低生活水平,使全体社会成员享受经济发展的成果。这一切都表明社会保障发展到了它的最高发展阶段,这种全面的、高程度的社会保障,有利于社会公平与社会稳定,是社会进步的表现。但是,普遍福利政策也带来了许多弊端,特别是社会福利支出超过了国家的经济实力,在1960年至1975年间,欧盟国家的社会保障支出扩张速度比国民生产总值的增长速度快1倍左右,而这种快速扩张为以后的福利危机埋下了祸根。

福利国家理论产生几十年来,其基本的中心思想可归结为三点:国家应当以福利国家为目标;强大的国家财政手段是实现福利国家的保证;福利国家能给全体国民带来福利。福利国家论的基本观点是:第一,市场经济存在许多缺陷,如经济危机、失业、贫困等现象,但只要政府实行充分就业、公平分配、社会福利等政策,通过对遗产和收入实行累进所得税、举办各种社会福利事业等措施,就可以解决社会失业、贫困和不平等问题。第二,一个国家只要致力于经济增长,使平均每人的国民收入数量达到一定水平,并使国民有社会保障和失业救济等福利待遇,就算得上是一个福利国家。为了消除资本主义社会中存在的贫困现象,国家应该举办一些社会福利事业,建立社会福利制度,以便当居民因失业、疾病、伤残、年老等原因失去工作,丧失或部分丧失劳动能力而无法维持生活时,政府给予适当救济,使其生活得到一定的保障。社会福利包括社会保险、失业救济、卫生保健、家庭补助、养老金以及提供公共住房、教育文化活动等,通过建立较为完善的社会福利保障制度,就可以保障人民的最低生活水平,并使大多数人享受到较好的物质生活。第三,福利国家的主要任务就是通过加强国家对社会经济活动的管理和监督,扩大社会福利,通过高额累进所得税去限制私人资本,实现国民收入的公平分配,实现社会经济生活的民主化。

(二)福利国家机制的改革

1973年,战后资本主义世界最严重的经济危机爆发,全球经济增长明显下降,失业率的财政赤字大幅度上升,"福利国家"陷入困境,出现了被称为"福利病"的现象。于是,福利国家危机论出现了。在这种背景下,福利国家相继都采取了一系列措施调整其社会保障制度,从此,福利国家的发展进入了改革时期。

福利国家的"福利病"主要体现在如下方面:第一,经济全球化对福利国家提出了挑战。随着东南亚新兴工业化国家和地区、东欧国家、拉美国家越来越多地参与全球竞争,这些国家和地区以低劳动成本吸引发达国家的资本转移,从而使福利国家面临着低劳动力成本、高效率方面的竞争。第二,福利国家福利增长普遍快于经济增长。如瑞典GNP增长率从20世纪60年代的5.7%,降到20世纪90年代初的0.3%,而福利开支增长率年均为7%左右;同时,高失业率导致失业救济费扩大,从而推动政府赤字扩大。第三,老龄化提高造成依赖保障收入的受养人口增加。人口老化,必然带动社会保障费用增长。这是福利国家改革的整体背景。

福利国家改革的措施主要包括如下方面:(1)通过对原有社会保障规章制度的修改,削减社会保障总支出。适当减少支付范围,缩小某些社会保障项目的覆盖面;提高退休年龄并缩小男女退休年龄的差距;降低社会保障金的发放标准,降低支付水平;将享有津贴的资格条件严格化;缩短失业津贴的有效期;压缩医疗开支;加强对享受福利者的经济情况调查,以确保把福利发给那些需要的人。(2)加强管理,完善管理制度,从而提高资源的使用效率,减少不必要的浪费。改革管理模式,加强政府监管,促进社会保障组织管理社会化。(3)实行私营化,扩大福利提供领域的市场经济成分。政府采取优惠措施鼓励私人机构参与社会保障管理与运营,如在养老保险方面鼓励私营养老金的发展,在医疗保险方面积极发展私营医疗等等。(4)调整社会保障项目的支出结构,注重个人和企业特别是个人的负担,从而减轻政府压力。(5)注重社会保障质量的提高,强化政府的公共服务职能。如英国布莱尔政府提出发展社会保障的新思路,重点将不再是增加社会津贴,而是增加社会服务,向社会提供更好的公共服务,如提供教育和保健等公共产品。在医疗保险方面,各国普遍都设立特别制度以大力改善老人医疗服务,如德国设立"年金受让者疾病保险",荷兰则专门设立"老人健康保险"。在失业保险方面,各国政府采取措施进行职业培训,以提高劳动者的素质和转化劳动岗位,完善劳动岗位转换机制等等。

随着福利国家作用领域的改变,福利国家的措施和手段也发生了一些变化:第一,发展科技,促进科技进步。当今世界,知识的生产力已成为决定物质生产力、竞争力和经济成就的关键因素。因此,主张为了增进大众的福利而实行技术革命,为了实行技术革命,就必须实行国家干预,大力发展科学研究和教育事业;基本措施是:政府增大对科技和教育事业的投入、国家对全国的科技发展进行规划与协调、国家直接投资于重点科技研究项目、政府采取鼓励科技发展的政策措施等。第二,增加对人力资本的投资。重视人力资本的投入、重视教育和在职培训以及"边干边学"等形式的教育,不断地积累人力资本,把生产的重心放在对经济研究与发展的投资上;只有这样,一国才能实现长期的、稳定的、均衡的经济增长,增强提高社会福利的基础。第三,"后福利国家"主要考虑发展文化、教育,以改善公民的生活环境,提高公民的生活质量;社会福利作为再分配的工具,不一定必须遵循统一与平等的原则,可以多样化;对社会福利的管理也可以多样化等。应该在保持国家管制的同时,改革现存的社会福利制度,减少可以普遍享受的优惠服务,改善低工资工人的处境,增加给予穷人的补助。也就是说,应该继续维持和发展"福利国家",通过"福利国家"的调整与改革来维持和发展社会福利保障事业,在兼顾社会公平的同时提高其经济效率。

尽管 20 世纪 80 年代以来许多国家都削减社会福利支出,但总体上看,西方国家的福利支出还是在增加,只是在增加速度上有所降低。如欧盟国家社会福利支出占 GDP 的百分比 1980 年平均为 24.3%,1990 年为 25.4%,1997 年则为 28.2%。这说明,社会福利改革主要是结构性的变化,而不是开支数量上的减少。2001 年,美国政府用于社会保障、医疗保险与补助等社会性公共服务支出占政府预算支出的比重仍然高达 50% 以上。如英国福利国家改革在最初阶段取得了显著效果,公共支出占 GDP 的比重从 1983 年的 45% 下降到 1989 年的 37.5%。这也大大降低了所得税边际税率以及公债数额和财政赤字。然而,到 20 世纪 90 年代初,英国的公共支出又急剧增加。1996 年,公共支出总额仅低于 1983 年高峰时的 2 个百分点,补贴和转移性支出达到了与以往同样高的水平。

英国公共支出改革后的情况(主要指标占 GDP 比重,%)

项目	1983	1989	1995－1996
公共总支出	44.7	37.5	42.8
政府消费性支出	21.7	19.4	21.2
利息支出	3.9	3.3	3.6
转移性支出与补贴	21.9	17.3	22.0
资本性支出	2.0	2.1	2.3
财政平衡状况	-3.4	-1.2	-4.7

第八章 权利救济与
纠纷解决机制

　　矛盾的存在是社会发展中的正常现象,这些矛盾通常表现为各种形式的纠纷,其中既包括严重的刑事犯罪,也包括大量琐细的日常民间纠纷,乃至公民与国家权力之间的冲突。① 纠纷的出现表明合法权益的实现受到了阻碍,并会对社会秩序的稳定造成一定的影响。对此,社会必须建立起相应的权利救济和纠纷解决机制,使各种纠纷能及时得到化解。我国目前正处于社会转型期,各种利益冲突和社会矛盾集中多发、复杂激烈,在这种情况下,更需要重视建立健全以司法为核心的多元化纠纷解决机制,维护正常的法治秩序,保证社会和谐和稳定发展。

一、权利救济与纠纷解决

(一) 权利救济与纠纷解决的概念

　　权利救济,是指当合法权利受到侵害、无法正常实现时提供的一种法律补救机制。法律救济的作用是通过国家设立的一系列权利救济制度,确定权利

---

　　① 法律意义上的纠纷与政治意义上的敌我矛盾以及人民内部矛盾所使用的是不同的概念和范畴,不可混用。

义务和法律责任,保证法律的实施,是法律机制中必不可少的环节,体现为法律的可诉性和权威性。权利主体有权通过特定的救济机制和程序提出请求,以获得救济、消除障碍,恢复权利,从而使法律的目的得以实现。权利主体因其权利受到侵害而要求恢复原状或损害填补的请求权称为救济权。在法治社会,权利应具有客观性和现实性,即应保证权利主体可以切实享有和实现法律赋予的权利,这种现实性是通过义务方履行义务的必要性,法律责任的明确性和救济机制的有效性实现的。所以说,没有救济就没有权利。在现代法治国家,获得救济已经被视为公民的一项基本权利;而为社会主体提供救济机制则是国家的义务。

权利救济与纠纷解决,是两个有所不同但又密切相关的概念。权利救济概念较纠纷解决的内涵和外延更窄,其重点是法律权利的保护与实现。随着社会的发展,司法机关的社会功能更加多元化,诉讼本身的目的也不再仅仅定位于权利救济。[①] 其特点是,首先,越来越多并无法律依据的利益纷争和新型诉求已经被纳入司法及其他救济机制的管辖范围,各种救济机制在纠纷解决过程中的功能也不再限于确认和实现既有权利。其次,司法机关不再仅仅是严格适用法律规则,而是承担起从纠纷解决到参与决策、进行司法审查等多重使命。再次,从司法到其他权利救济机制都已不再仅仅强调国家权力的作用,而更多地强调社会化、民主化和当事人自身的参与,被视为国家为公民提供的社会性服务,使民众有选择利用这些机制或程序解决纠纷,寻求多元化的正义和救济。从社会纠纷处理的实践看,司法裁判在纠纷解决总量中所占的比例将越来越小,协商性解决结果也与传统的权利救济有所不同。[②] 如果不扩大视野,必然无法找到解决社会矛盾的合理之路。实际上,在当代世界各国的社

---

① 例如,迄今,世界各国民诉法学界关于民事诉讼的目的的学说经过了多次变化,从维护私法秩序、权利救济说,逐步发展为纠纷解决说,并开始出现了诉讼与非诉讼纠纷解决实践的高度融合,以及司法社会化和协商性司法的趋势。

② 即使出现所谓"诉讼爆炸"的国家,也不可能通过扩大法院、简化程序等无限制地提高司法解决纠纷的能力。为了保证司法的质量,世界各国最终都走向了以 ADR 分流司法功能的改革之路。尤其在美国,近年的趋势是法院的判决比例越来越低(联邦法院不到 5%),绝大多数纠纷通过和解达到解决。

会治理实践中,权利救济已经被涵盖在纠纷解决的范畴之中,二者通常体现为同一个过程和目的;当代权利救济问题(Access to justice)已经与纠纷解决问题相互融合。本章探讨的纠纷解决,基本上可以涵盖权利救济(但重点在于非刑事案件)问题,所涉及的范围和功能更大。

(二)纠纷与纠纷解决

社会矛盾的存在是不以人的意志为转移的,纠纷的发生是社会的正常现象,而尽可能降低纠纷给社会带来的风险和危害,减少解决纠纷的成本和周期,使纠纷解决的效果达到最佳程度,则是法治社会所追求的目标。

纠纷,是特定的主体基于利益冲突而产生的一种双边(或多边)对抗行为。纠纷的发生,意味着一定范围内的协调均衡状态或秩序被打破。纠纷是一种社会现象,纠纷的产生及其解决是一个动态的社会过程。对于社会的总体发展而言,纠纷具有一定的积极意义,在一定条件下,不仅是权利与法的发展契机,甚至可能成为社会变革的先导或动力。然而,在社会正常发展的情况下,纠纷通常表现为利益冲突或权利实现中的障碍,是对正常秩序的破坏或局部权利义务关系的重组。纠纷解决的目的,是通过一系列规则、行为和程序,来消解纠纷,恢复或建立秩序。

在一个社会中,纠纷不是孤立产生的,其解决过程也不是独立的。在这个过程中,诸多社会因素会直接或间接地影响着纠纷解决的过程及其结果。一般而言,影响纠纷产生及其解决的社会因素至少包括:

1.社会结构,包括社会的基本生产方式、政治制度、组织结构等,这些因素决定着社会秩序的状况和社会成员的行为方式,以及参与纠纷解决的组织、方式和规范等等。我国社会转型期之所以纠纷频发、激烈程度高并较难解决,很大程度上与社会结构的变化直接相关——熟人社会的解体,原有的社会控制失效,而新的社会治理机制尚未奏效。

2.纠纷的原因,包括纠纷的主观原因和客观原因。主观原因主要是指纠纷主体通过纠纷所期望达到的意图和目的等。当事人对其理由、力量的确信,所受到的损害等都属于主观原因的范畴;纠纷的原因还取决于社会或共同体成员的生活方式和价值观。客观原因,即利益的冲突,是纠纷产生的基本原因。利益的冲突首先是与社会的物质生产资料及资源的分配方式及其结果直接相关的;同时,纠纷发生的具体社会环境、时代、地域、传统习惯、风土人情等都与纠纷的产生、形式及解决方式息息相关。当社会处于转型期,利益冲突和社会分化加剧,道德及传统价值观失范,自治、自律和社会诚信程度低,国家权力腐败现象严重,执法效率低,法律不够健全,以及社会心理相对不平衡(如失落感、过高预期后的挫折感、急功近利的心理等)等等多种社会因素,都导致纠纷发生的原因错综复杂,矛盾冲突多发且复杂激烈。

3. 纠纷的社会价值,是指纠纷对于社会的积极作用和消极作用,在不同的历史条件和时代背景下,纠纷和冲突的作用是不同的,其评价价值也随之不同。在现代法治社会中,为了保证社会的稳定和发展,一方面,必须建立健全能够及时妥善解决纠纷的机制;另一方面,社会用于纠纷解决的成本应该控制在一个合理的限度。在社会矛盾积聚的社会转型期,应慎重对待和妥善处理纠纷和诉求,充分利用各种纠纷解决机制(包括诉讼和非诉讼机制)实现社会治理;同时必须将社会稳定与和谐作为最重要的价值标准,避免过高估计纠纷和诉讼的价值及司法的功能,以减少纠纷带来的社会风险和成本,防止对秩序带来过大的冲击;同时应注重通过民主程序建立法律规则和秩序,通过积极预防、调控和早期介入减少纠纷发生的几率、缩短其解决的过程。①

4. 纠纷解决机制,在人类社会发展的任何阶段,都需要与之相适应的纠纷解决机制。在不同的社会发展阶段,针对不同的社会需求,根据社会主体的选择建立适应本国需要的多元化纠纷解决机制是人类社会发展的共同规律。

① 分析纠纷的社会价值应作定性和定量分析,我国法院民事诉讼案件绝大多数仍属于普通民事纠纷,1978 年至 2001 年间,合同纠纷在民事诉讼(包括经济诉讼)中增长最快,所占比率最高,其次为婚姻家庭继承案件,占民事诉讼的 42.9%,年平均增长 7.3%,占 24 年间民事诉讼率增长的 30.99%。分析其原因,主要还在于法律以外的社会机制和规范机能丧失,即所谓"失范",而所谓新型诉讼和权利主张仅占极小的比例。(参见中国人民大学冉井富博士:《当代中国民事诉讼率变迁研究》(中国人民大学博士论文),2004 年 6 月)。这说明对诉讼寄予过高的期待、对纠纷与诉讼在提高社会权利意识和权利保障方面的意义估计过高是缺乏依据的。

纠纷解决是通过特定的方式和程序解决纠纷和冲突,恢复社会平衡和秩序的活动和过程。影响纠纷解决的因素是多方面的,主要包括以下重要的因素:

第一,纠纷解决机制的状况。包括各种制度、程序、机构、人员及其运作状况,尤其是司法机制(法院)的状况,直接决定着当事人对纠纷解决途径的选择。一个社会的纠纷解决机制发达,其多元化程度就相应较高,当事人选择的机会和余地也就越多,越有利于公正与高效地解决纠纷。机制越便利,则纠纷越易在发生初期得到迅速处理,社会治理越有效。

第二,规则,即纠纷解决的依据。在纠纷解决中适用何种规则会直接影响纠纷解决的结果。法律规则的明确性、具体性和完善性,对于纠纷解决结果具有决定性的作用。法治社会首先要求法律规则相对健全,明确、公开、具有确定性和可预测性,而且应该是良善和公正的。同时,当事人之间的约定或合同,道德、习惯等民间规范和自治性规范,只要不违背法律的精神和社会公共利益,都可以在纠纷解决中发挥重要的作用。

第三,社会环境与条件。社会环境包括文化和传统,以及社会主体的法律意识等多种因素,对纠纷解决而言至关重要。司法的运行需要与之相适应的制度条件和社会环境。如果社会公众、当事人在心理上不能接受现代司法程序公正的理念,司法机关不具有足够的权威和能力,法律与社会观念和情理经常发生冲突,社会诚信和执法环境差,则司法追求的正义就很难实现。纠纷解决的效果并不仅仅是指法律效果、甚至主要不是指法律效果,而是指当事人的满意程度、参与程度、纠纷解决的彻底性、社会反映和影响、成本与效益、实质公正性与程序合理性等等,如果不考虑个案纠纷解决的实际效果和社会效果,而单纯强调法律效果(即规则是否严格适用、程序是否严格遵守等),那么纠纷虽然在形式上得到了处理,有时不仅没有真正解决,反而可能酿成或酝酿着更多更大的纠纷。

(三)权利救济及纠纷解决的多元化机制

当代世界各国的权利救济及纠纷解决机制都呈一种多元化的格局。多元化纠纷解决机制,是指多样的纠纷解决方式以其特定的功能和运作方式相互协调地共同存在、结成一种互补的、满足社会主体多样需求的程序体系和调整系统。多元化是相对于一元化和单一性而言的,其意义在于避免把纠纷的解决单纯寄予某一种程序,如诉讼,并将其绝对化;主张以人类社会价值和手段的多元化为基本理念,不排除来自民间和社会的各种自发的或组织的力量在纠纷解决中的作用;目的在于为人们提供多种选择的可能性(选择权),同时以每一种方式的特定价值(如经济、便利、符合情理等)为当事人提供选择引导。人类社会的纠纷解决机制自古以来就是多元化的,当代法治社会也不例外,这种多元化的形式主要包括:

1. 根据纠纷解决与权利救济主体的性质和地位,可以将其分为三种基本类别

公力救济,其核心是司法救济,主体是司法机关和司法程序,此外还包括行政机制或者准司法机制,即行政救济程序(如行政决定、裁决、行政复议等)以及行政法院或法庭,但一般隶属于行政系统。

社会救济,指由依法建立的公益组织、民间组织、社会团体、中介机构提供的救济或纠纷解决方式。这类机构在当代发展最快,体现了民主参与和当事人自治的理念。其中一部分由国家司法功能转化而来,被称之为司法的社会化。更多的则是根据其性质,通过多种渠道(如社团组织登记,组建为公司性机构,由国家授权、政府出资成立;自愿者组织,行业协会组建;由各类基金会建立的公益性组织等等)建立,一般可分为公益性和营利性(市场化)两类。

私力救济(自力救济),即所谓"私了"。合法的私力救济指国家不禁止甚至鼓励当事人在法律的框架之内自行通过协商解决纠纷,也包括一些由非正式的或临时性民间人士或组织参与的解决。违法的私力救济则是法律严格禁止的,例如严重刑事案件的私了。然而,二者之间通常还存在着许多中间地带,私力救济在这些领域往往很活跃并在不断发展。私力救济不意味着可以完全脱离法律的约束,一般均是在法律的框架下或边缘进行的,否则就会受到禁止。然而需要注意的是,如果社会的纠纷解决机制过于单一,甚至仅仅依靠司法诉讼,那么,如果当事人利用司法遇到困难或不愿采用这一途径时,由于没有其他替代方式,就不得不去求助于私力救济。也就是说,公力救济过于单一反而会刺激私力救济的发展。①

2. 由协商、调解和裁决构成的多元化纠纷解决方式

协商是双边的,指当事人双方自己谈判解决纠纷,强调当事人双方的合意。由第三人作为中立第三人主持的纠纷解决,通常可分为两类,即调解和裁决。调解解决是协商的延伸,由个人或者机构作为中立调解者,调解者不作出决定,最终处分权由双方当事人掌握。调解机构的性质也是多样化的,包括民间调解、行政调解和法院调解(即诉讼调解)等等。在不同的调解中,功能取向及调解人的作用各有不同;每一种纠纷解决机构或人员,在纠纷解决的不同阶段、各种程序中都可以运用调解方式。裁决性解决,是由纠纷解决机构作出处理决定,主要指仲裁裁决、行政裁定和司法判决。裁决者必须拥有权威和裁决权,其权限可以是法定的,也可以源于双方当事人的共同委托。协商、调解和裁决三种方式体现了纠纷解决手段的多元性,可以满足当事人对纠纷解决方式的选择。其中,裁决是一种终局性权威性的解决。协商调解因有可能获得双赢的结果,在当代受到特别推崇。

3. 纠纷解决的规范多元化

法治社会提倡法律至上,是指当各种规则之间发生冲突时,唯有法律具有最高权威。然而,法律调整往往会留有很大的空间,例如通过各种任意性规范,让当事人自由发挥其创造力,进行协商、约定等。同时,在法治社会,还存在着与法律并行不悖的多元化规范体系,包括道德、村规民约、民族习惯、宗教、行业性规范、商业惯例等等。社会越发展,法律越健全,就越应具有一定的宽容度,尊重当事人自己对规范的选择,允许在纠纷解决中同时适用多种社会

---

① 有关私力救济的研究参见徐昕:《论私力救济》,中国政法大学出版社 2004 年版。

规范。在国家法律允许的范围内和不违反人权保障及强制性规定的情况下，允许当事人有选择规则的自由，有利于激励当事人自主、灵活与合理地解决纠纷，有利于达致情理法的协调、改善纠纷解决的效果，也有利于社会的和谐。

4.地方或区域纠纷解决机制的多元化

当代世界各国的政治体制通常都是多元化的，尤其是实行联邦制和特定区域自治的国家，在其基本法中往往授权各地方可根据自己的实际制定特殊规则、建立专门的程序和制度。我国实行一国两制和民族区域自治，地区间的社会经济发展程度、文化传统、风俗习惯等方面千差万别，中心城市及发达地区与西部边远地区以及少数民族地区，在司法资源配置和纠纷解决需求方面的差异非常明显。在这种情况下，多元化不仅具有因地制宜的意义，而且能够起到适度分权的作用。因此，应允许和鼓励各地创立适合本地实际的多元化纠纷解决机制，并允许各地包括司法机关在内的机构及其人员标准保留一定差异。

5.纠纷解决程序的多元化

司法程序的设计应充分考虑到当事人的利益、司法成本以及社会公共利益等多方面的因素，实现程序多元化。例如，民事诉讼程序需要繁简分流，对诉与非诉程序加以区分，同时，建立家事、人事程序，法院调解和裁判机制，简易程序和普通程序，一审、二审乃至再审程序等的多元化。非诉讼纠纷解决程序则更应以灵活多样的方式满足公众需求。

另外，随着新型纠纷不断出现，根据纠纷类型而设立专门化纠纷的解决机制越来越多，这也是一种程序多元化。随着某些类型纠纷数量和发生频率的增加，司法资源不足以应对，而且法官由于其专业知识所限，解决专门性纠纷的能力也明显不足，不得不依靠各种各样的专家鉴定。同时，诉讼成本过高、周期过长等特点也不利于此类纠纷的及时解决。因此，当代世界各国都开始通过实体法与程序相结合的方式寻求特定类型纠纷解决机制的类型化（集中化、专门化），如劳动争议、消费者纠纷、环境纠纷、人事纠纷、医疗纠纷、交通事故纠纷等专门程序。我国的劳动争议解决机制就是在《劳动法》中同时规定实体规则和程序制度，此后又专门对劳动监察制度做出了规定。《消费者权益保护法》则根据国际惯例,规定了五种纠纷解决途径:协商、调解(消协的调解)、仲裁、①行政申诉、诉讼。今后,更多的针对特定类型的多元化综合性程序还将继续发展。

(四)纠纷解决决策及制度设计

在当代法治社会,享有稳定的社会秩序及多元化纠纷解决途径,被视为公民应享有的基本权利和社会公共利益,也是任何政府应承担的不可推卸的义务和职责。国家的职责主要在于:首先,决策者应通过民主程序建立合理的法律和各种制度,调节利益冲突,保证社会分配的公平,预防和减少纠纷的发生。其次,合理配置纠纷解决资源,建立司法和非诉讼纠纷解决机制,为当事人提供各种便利和帮助,使纠纷在发生后能够及时妥善得到解决。决策者在考虑任何社会政策和规划方案的同时,都应同时考虑相应的纠纷解决机制,并在实践中根据需要进行调整。第三,国家应制定相关的法律,并授权地方政府、权力机关和社会组织酌情制定具体的规则和制度,实现纠纷解决机制的多元化和合理化。② 鼓励民众合理选择纠纷解决途径,规范相关程序,保证纠纷解决制度独立和公正地运行。最后,在突发事件、群体性事件和公共安全事件发生时,及时采用应急措施稳定社会秩序、对受害人提供直接救助,并在事后启动责任追究机制。各级政府和司法机关都应对纠纷解决的状况及效果承担相应的责任。

---

① 但由于《仲裁法》中对仲裁的界定过窄,所以消费者纠纷的仲裁实际上被虚置,没有真正发挥作用。

② 近年来,我国各地的立法、司法机关和政府不断适合本地实际进行纠纷解决机制方面的探索,已经出现了一些具有特色的经验和模式。如山东、江苏的"大调解"模式;上海市一些区政府"购买"社会专业化调解服务;厦门市人大通过地方立法形式促进多元化纠纷解决机制的建立,等等。

二、司法救济及诉讼制度

在纠纷解决机制和权利救济体系中,司法具有核心地位,其存在及作用直接关系到一个国家法律调整和社会治理的有效性,并决定着整个纠纷解决机制的运行。

(一)司法制度

1.司法制度的概念

司法(Justice),指由专门的国家司法机关根据法定职权和法定程序,具体适用法律、处理案件的专门活动,特别是指法院的审判活动。司法是一个国家法律体系(legal system)的重要组成部分。司法的概念,有广义与狭义之分。

狭义的司法,即形式意义上的司法,特指法院的权限及其审判活动。在这个意义上,司法与法院的审判活动具有基本相同的内涵和外延,司法即审判,司法机关即法院,司法程序即诉讼程序。根据狭义概念,我国的司法活动主要是指各级人民法院的审判活动。

广义的司法,即实质意义上的司法,指与立法和行政相对的、通过适用具体法律规范解决争讼的一种国家的专门活动,在这个意义上,除法院以外的许多国家机关或机构也承担着一定的司法功能(或准司法功能)。一个国家的司法系统或体制,首先是由宪法和相关法律所确定的,但是,除了法定的司法机关(法院)外,往往还根据习惯或功能标准,将其他具有司法功能和权限的机构及其活动也涵盖在司法范畴中,如检察机关和侦查机关及其职权活动,并进一步将与司法活动相关的制度、程序和活动等(如行政裁决、仲裁、调解和公证等)都置于广义司法范围之内。我国的"人民司法"体制就是指广义的司法。①

在当代法治社会,司法逐步从封闭和垄断走向开放,表现在:首先,司法活动分工日益细化,司法职能分由多种司法机关及辅助性法律机构或职业共同分担,如审判机关、检察机关、警察机关、司法行政机关、裁判执行机构及律师的分工协作。其次,纠纷解决的功能开始从国家司法机关更多地向社会分散,许多社会团体、机构实际上都承担了广泛的司法职能,例如,仲裁、调解、鉴定、公证、法律咨询机构等,而这种司法社会化的趋势还在继续发展。因此,广义的司法概念更适于全面把握司法的功能,符合当代社会司法功能转移和扩大的时代趋势。在研究纠纷解决问题时,在以狭义的司法作为重点的同时,亦应将广义的司法制度及活动纳入研究的范围。可以将司法视为一种以法院审判权为核心的、包括各种纠纷解决机制的开放性体系。在这个意义上,许多非诉讼程序及制度也兼有司法或准司法性质。

2. 司法的特征

当代世界各国的司法体制依国情、政体和传统各异,但又具有一定的共性。其特点可概括为:

第一,被动性。又称司法消极主义,是由司法权的性质决定的。首先,要求司法机关尊重国家权力机关之间的权限划分,尊重立法及行政机关的权限及其行使。依据分权原理,司法机关应严格恪守自身的权限和定位,有所为而有所不为,不能主动行使权力、特别是审判权,不能主动对社会生活进行干预,也不能任意地扩张自己的权力以及主管和管辖的范围。其次,司法被动性原则具体体现在司法权的启动上,应严格遵守"不告不理"的原则,只有在接到起诉人、公诉人等提出的诉讼请求时,才可以受理案件;只有在自己的主管和管辖范围内,才能对案件依法作出裁判。最后,司法的被动性还体现在诉讼程序中,法院的职权受到当事人权利的制约,必须严格在程序的框架内行使其权

---

① 我国人民司法的组织体系由国家审判机关(法院)、国家检察机关(检察院)、行使司法职能的行政机关(如公安、司法、劳动、民政、工商、税务、海关等)及社会组织(如仲裁、律师、公证、人民调解等)构成。参见范愉主编:《司法制度概论》,中国人民大学出版社2004年版,第二章。

力,应是有限度和有节制的。①

第二,中立性。这是司法公正的要求。首先,要求确保司法的独立性,司法机关独立行使职权,不受其他权力机关的干预,不受政治、社会舆论和其他非法律因素的左右和不当干扰。其次,司法的中立性要求审判机关在双方当事人之间居中裁判,在司法活动和过程中,平等对待双方当事人,不偏不倚,以中立性追求司法的公正和平等。

第三,合法性与程序性。首先,司法必须以法律为基础和依据。司法活动必须以法律规范作为纠纷解决和案件处理的基本标准,严格遵守实体法的基本原则和规范,以避免司法裁判的恣意。其次,现代司法以程序公正为基本价值,并以此作为制度、程序设计的标准和司法公正的评价标准。程序公正,一方面要求司法机关的设立、职权行使符合法定程序和形式;另一方面,要求司法机关的活动严格遵守正当程序的规范,注重证据、保障双方当事人在程序上拥有平等的机会、受到同样的保护。同时,程序性的要求还体现在司法权行使的公开性和当事人参与等原则上。

第四,专属性。又称司法的独占性,是指司法权只能由国家司法机关(法院)独立行使,并由宪法加以确认和保护。但是,根据法律授权可以允许一些行政机关或社会团体有条件地行使司法权。

第五,职业化。指司法人员的职业化,是司法专属性对司法主体的必然要求,指司法权的行使必须由具有司法官资格的专职人员通过专门的程序进行。司法官必须经过专门的法律教育与培训,经过特定的遴选和任命程序才能任职,其职务行为及身份受到法律的特殊保护。司法官不仅应掌握娴熟的法律思维和技术,并应具有丰富的社会经验,更重要的是受到职业道德规范和法律程序的严格约束。司法官是直接决定司法运作效果的重要因素,同时也是现代法制保证司法公正和法律的统一与连续性的基础条件。

第六,终局性与稳定性。首先,唯有司法(审判)机关对具体案件的处理

---

① 当代西方一些国家随着司法功能的扩大,出现了某些司法能动主义的倾向,并引起了激烈的争论。参见[美]克里斯托弗·沃尔夫著,黄金荣译:《司法能动主义——自由的保障还是安全的威胁?》,中国政法大学出版社2004年版。

和决断具有最终的和最高的法律效力和执行力。司法可以对立法和行政行为进行审查,法院所作出的生效判决具有最高的效力,可以彻底结束对某一事项的法律处理,阻却其他程序重新启动。其次,司法机关作出的生效裁判产生既判力,不仅对作出判决的法院和当事人产生拘束力,并且对其他社会主体和其他司法机关产生一般的拘束力。再次,司法裁判具有可强制执行的效力。这种执行力不仅应该是指它是由国家强制力加以保证的,并且要求国家应该通过各种机制和措施使其成为一种现实可能性,社会的一切机构、组织和个人都必须协助司法机关裁判的执行。如果司法裁判无法得到正常执行,就可能危及司法的权威。此外,必须保证司法活动及其结果为社会一切主体所尊重并履行,司法诉讼程序原则上不应重复或反复启动,以保证司法的稳定性和权威性,以此形成并维护正常的法治秩序。

3. 司法的功能

司法的功能主要是指法院通过诉讼程序和审判活动所发挥的作用。就原理而言,司法的基本功能实质上是多层次的,主要包括:

第一,纠纷解决。司法的直接功能是解决纠纷、调整利益冲突,保护社会主体的合法权益。现代司法制度和司法诉讼程序是社会主体权利实现的根本保障,近现代以来司法权的统一与强化和救济手段的不断完善,表明权利保障机制的日益完善。尤其是行政诉讼机制的建立和运作,使得社会主体的民主权利得到了更为切实的保障,堪称法治进程中的里程碑。司法活动和司法程序一般都是通过具体的纠纷或诉讼案件启动的。司法审判是纠纷的"法律"解决的典型形式,通过司法裁判向社会宣示法律处理的结果,昭示法律的精神、原则和规则,通过解决具体纠纷所确立和维护的规范和秩序,可以促进更多的纠纷据此自发地得以解决,从而长久地、间接地实现纠纷解决的功能。

第二,法律适用和规则确认。司法活动是一个法律适用的过程,在这个过程中,司法具有确认、实现或发展法律规范,保证法律调整机制的有效和正常运转,从而建立和维护稳定的法律秩序的功能。相对于静态的法律规范体系,司法诉讼是法的动态运作方式之一,在建立和维护社会秩序方面,与法的创制活动具有相辅相成的作用。具体而言,司法活动通过解决纠纷,保障社会的安全和正常的生活秩序、经济秩序以及行政管理秩序。

第三,维护政治秩序和权力的合法性。司法是国家司法权的行使和法的实现的重要环节,因此,司法的最深刻的社会功能还在于维护整个社会的政治秩序和国家权力的合法性。由于司法向全社会宣示和承诺了公平和正义,就使包括统治者在内的社会成员都接受了法的普遍约束。同时,这也是向民众进行法制宣传教育的最好形式。通过司法过程,可能把社会中存在的激烈矛盾和利益冲突转化为具体的诉讼问题加以解决,从而缓和剧烈的社会动荡及避免大规模的动乱和社会的崩溃。而如果一个国家的司法体系得不到社会的普遍信任,不能独立发挥诉讼的这一功能,则法在社会生活中的地位必然相对低下,同时,社会危机也容易趋向激化。

当代世界各国司法权限和功能在不同的体制下各有不同,然而一般而言,在司法活动中,解决纠纷的功能最为直接可见并存在于任何形态的司法活动中,而其他两种功能与之不可分割。相比之下,上诉法院、最高法院和宪法法院的决策功能则显得更为突出。近现代以来,诉讼和审判在纠纷解决机制中的正统地位和价值已得到确立,公正权威的法院已经成为法治社会的象征,国家总是不遗余力地建立并维持司法的正常运行,并努力通过加大对司法的投入、法律援助和司法改革等,不断拓宽和保障公民诉诸司法的权利和机会。

我国宪法对司法机关的设置、权限和基本职能都作了明确的规定。1980年代以后,司法机关逐步走上正轨,各级人民法院系统的制度、机构、人员乃至物质条件都有了极大的改善,司法在社会生活中的地位和作用日益提高。在解决各种纠纷的同时,也能在一定程度上发挥填补法律空白、发展法律规则和灵活变通等重要的社会功能;并可以通过司法实践为立法积累经验,纠正或补充立法的不足。目前,司法制度存在的主要问题是尚未完成现代化建设,司法权的独立行使尚存在一定障碍,法院管理高度行政化,司法人员职业化程度和道德水准相对较低,司法权威尚未真正确立,法院在参与社会决策、进行司法审查方面正当性和能力还十分有限。今后,国家一方面应该加强国家对司法资源的投入和法院建设,另一方面应注重提高法官的素质,兼顾司法的公正与效率,满足社会公众通过司法解决纠纷的需求。但由于许多深刻的问题源于体制,因此只有逐步进行体制性的司法改革,实现司法的现代化,才有可能进一步提升司法的社会功能。

(二)司法救济及司法程序

司法救济的基本方式是诉讼,诉讼必须依司法程序进行。司法程序,指司法活动中必须遵循的法定形式、步骤和方法,主要是指司法诉讼程序。司法程序概念可以作广义与狭义的理解。广义的司法程序,可以涵盖司法机关的组织规范、行为准则、司法行政程序和部分非诉讼程序等;狭义的司法程序,则特指诉讼程序。主要包括刑事诉讼程序、民事诉讼程序、行政诉讼程序和违宪审查程序(或宪法诉讼)。司法救济属于事后救济,裁判者原则上采取"不告不理"的消极立场,必须严格依法采用正当程序。

一个国家的各种司法程序之间存在着内在的统一性,可以衔接和贯通——各种司法程序都需要通过国家的司法机关进行运作,受到司法独立等体制上的保障;需要遵循司法活动的共同规律,必须依法定程序进行证据调查,依法进行审判和判决;具有许多相同的基本原则,如平等、公开、当事人对抗与法官中立、司法独立、保障当事人诉讼权利、公正与效率等,各种诉讼程序之间需要根据法律的规定保证其协调性。各种程序都具有规范性和复杂性的特点,往往需要借助律师的帮助;都采用以辩论主义为核心的对审结构、相同的审级制度等等。

另一方面,三大基本诉讼程序及违宪审查程序之间,又存在严格的区别和分工。首先,各程序所解决的纠纷性质不同。刑事诉讼解决的是犯罪与刑罚问题,即被告人的刑事责任问题;民事诉讼解决平等民事主体在财产关系、人身关系方面发生的民事纠纷及经济纠纷;行政诉讼解决的问题是国家行政机关与公民、法人和其他组织之间因行政管理活动而引起的纠纷。违宪审查程序或宪法诉讼则是对现行法律规范及各种规则及权力的行使是否存在违宪问题的审查和判定。其次,依据的实体法律规范不同,法官在处理案件时的法律解释的方法也存在较大的差别,例如,刑事诉讼严格恪守罪刑法定原则,而在民事诉讼中法官拥有较多的自由裁量权。第三,具体程序、原则和方式不同,即根据所涉及纠纷的性质采用不同的解决手段,例如程序的自主性、灵活性和调解与和解的应用等。第四,举证责任和证明标准不同。刑事诉讼的举证责任主要由原告或国家司法机关承担,并且要求达到接近确信无疑的证明程度;民事诉讼强调谁主张谁举证,证明标准达到高度概然性即可;而行政诉讼的举证责任则在被告,即行政主体,证明的目的仅针对行政行为的合法性。第五,诉讼主体不同,在不同的诉讼程序中,当事人之间的权利义务和诉讼地位也有所不同。最后,审理结果不同。刑事诉讼追究的是被告人的刑事责任;民事诉讼追究当事人的民事责任;行政诉讼的审理结果则是撤销或维持行政机关被诉的具体行政行为,或者判决被告在一定期间内履行其法定职责,给予或不给予原告人以行政补偿等。

我国目前已经建立了刑事、民事和行政三大诉讼体系,这些司法程序在权利救济和解决社会纠纷中占有核心的地位。随着法制的发展,程序公正的理念已经逐渐深入人心,将进一步保障司法程序的功能。同时,通过审判监督和国家赔偿机制构成了对司法活动、诉讼程序、司法结果的监督制约,一旦出现错案等司法过错,能够启动法定的纠错机制,在追究司法责任的同时,对受害者给予赔偿或补偿。

1. 刑事诉讼

刑事诉讼,是国家司法机关在当事人及其他诉讼参与人的参加下,依照法定程序依法处理犯罪案件,定罪量刑的活动。刑事诉讼程序,是国家以法律形式制定或认可的调整刑事诉讼活动的法律程序,具体体现为各种刑事诉讼程序法律原则、法律规范及法律制度。根据刑法和刑事诉讼法对危害社会的犯罪行为追究刑事责任,关系到受害人权利救济和社会公共利益及秩序的安定,是法律救济中最为重要的部分。公诉案件由检察机关起诉,自诉案件由被害人或其法定代理人起诉。刑事被告(犯罪嫌疑人)有权获得辩护。刑事诉讼中所要解决的是追究犯罪行为并对犯罪施以刑罚制裁,在这一过程中,对于实体法(即刑法)和程序法(包括当事人的权利保护、证据的确定性等)两方面都要求尽可能严格的确定性,体现为"罪刑法定"、"罪刑相适应"、"违法必究"

等原则。原则上,国家对犯罪的追究是不容妥协和交易的,涉及刑事犯罪的纠纷,除自诉案件外,一般不得采用私了和其他非诉讼方式处理。刑事诉讼在对犯罪行为造成的各种权利侵害进行保护性救济的同时,往往还会涉及其他形式的权利救济,例如,在追究犯罪者的刑事责任的同时,受害人可以同时向其提出民事赔偿请求;有关国家机关可以依法追究其行政责任等。

1979 年 7 月,我国第一部刑事诉讼法典和刑法正式颁布,1980 年 1 月 1 日起开始施行。1996 年 3 月八届人大四次会议对《刑事诉讼法》作了较大的修改,1997 年 1 月 1 日起开始施行,即现行《刑事诉讼法》。目前面临的问题是,需要遵照《公民与政治权利国际公约》所确立的国际标准,进一步修改《刑事诉讼法》,完善刑事程序中对司法权力的制约和对犯罪嫌疑人权利的保障机制。同时,面对社会转型期社会治安的严峻局面,提高刑事司法的公正与效率,加强对刑事案件受害人的保护和救济,保障社会秩序和安全。

2. 民事诉讼

民事诉讼,是审判机关在当事人及其他诉讼参与人的参加下,依照法定程序依法处理民事案件、解决民事纠纷的活动。民事诉讼程序,是国家以法律形式制定或认可的调整民事诉讼活动的法律程序,具体体现为各种民事诉讼程序法律原则、法律规范及法律制度。

民事诉讼的主要功能是解决民事纠纷,诉讼对象是有关民事权益的争议。民事诉讼程序不仅是保证民事实体法律规范的适用、处理民事权利义务纠纷的程序保障,还能够直接保障当事人的程序权利,并为民事实体法的创制和发展提供实践的机会。民事诉讼的主体是法院和当事人。当事人居于诉讼的主动地位。首先,民事诉讼的发生,基于当事人向法院提起诉讼,即解决民事纠纷的请求。法院不能依职权主动开始民事诉讼,恪守“不告不理”的原则。其次,当事人拥有充分的处分权,包括对实体权利和诉讼权利的处分,可以反诉、和解、撤诉、放弃权利等等,法院应该最大限度地尊重当事人自由行使其处分权。此外,双方当事人的诉讼地位及权利义务平等,其主张即实体权利的实现,主要取决于自身主张、证明责任的完成,法院主要是居中裁判,其指挥权和调查权都受到当事人的制约。在审判过程中,法院(法官)居主导地位,指挥和推动着诉讼的进行。在民事诉讼程序中,法院和当事人都应该严格遵循《民事诉讼法》的规定。

我国第一部《民事诉讼法》于1982年10月1日起在全国试行。1991年4月9日公布实施的《中华人民共和国民事诉讼法》,即现行民事诉讼法,确立了我国民事诉讼制度及其模式。在经历了多年诉讼程序改革之后,目前,《民事诉讼法》的修订已经进入了立法议程。

我国民事诉讼具有便民、简易的特点,但是随着社会发展和司法改革,民事诉讼正在不断走向正规化和程序化,这必将导致诉讼成本(特别是律师或法律服务费用)不断提高。同时,社会仍在不断要求法院扩大受理范围、提高司法效率、简化诉讼程序,法院的压力在不断增大,而现有的司法资源和司法能力以及体制问题,更使得这种压力难以释解。根据最高人民法院2004年向全国人大提交的工作报告,2003年全国法院共审结各类民事案件4,834,350件。从民事诉讼案件的构成来看,传统民事纠纷占据了绝大多数,其中最多的是债务纠纷和婚姻家庭纠纷(包括家庭关系、婚姻关系、赡养抚养、继承等),以及邻里及相邻权纠纷。在城市增长较快的是物业纠纷,而在农村,土地山林、水利、生产经营和干群纠纷也占了一定比例。这些案件虽然在一定意义上体现了社会主体权利意识的增长,某些带有公益性和探索性的民事诉讼为法律和社会的发展做出了有益贡献,但是,主要还是体现了社会失范和原有的纠纷解决机制失效,反映出社会纠纷解决渠道的单一和不畅。

对于民事纠纷的增长,既不应简单依靠扩大法院来解决,也不应一味追求程序的简易化;[①]同时更不宜采取"堵",即简单限制诉讼的方式,而应该加以疏导。目前,我国法院民事诉讼的受理范围还不能满足社会需求,司法资源亦不足以应对诉讼的过快增长。因此,今后在继续扩大法院管辖范围、保护民众

[①] 过快发展和扩大法院必将影响到司法人员素质及其裁判的质量,而程序的高度简化则可能在提高效率的同时减少程序的制约,影响司法水准与公正。因此,法治国家在司法的发展道路上都是谨慎发展、注重质量,而通过大量非正式制度或程序处理小额或简单的财产纠纷。我国目前程序与制度的建构尚未完成,与西方国家的司法改革目标存在很大的区别甚至逆向性,为了保证司法的健康发展,不应过度追求量的扩张。

的诉讼权利的同时,应加强法院与社会非诉讼纠纷解决机制的衔接,使民事纠纷得以分流解决。① 2002 年以来,法院调整了司法政策,重新重视诉讼调解的功能和司法的社会效果,在程序上繁简分流,提高效率,并注意借助社会力量的参与,使得纠纷解决的效果有所改善。②

3.行政诉讼

行政诉讼,是审判机关在当事人及其他诉讼参与人的参加下,依照法定程序依法解决行政纠纷的活动。行政诉讼程序,是国家以法律形式制定或认可的调整行政诉讼活动的法律程序,具体体现为各种行政诉讼程序法律原则、法律规范及法律制度。行政诉讼的对象是行政案件,即对行政机关作出的具体行政行为(包括作为与不作为)的合法性发生的争议。行政诉讼的目的在于审查该具体行政行为的合法性。行政诉讼的原告是不服行政行为的行政相对人,即认为行政机关的具体行政行为侵犯了自己合法权益的公民、法人和其他组织。行政诉讼的被告是做出具体行政行为的行政机关或法律、法规授权的组织。

行政诉讼的主要功能是:首先,平衡公共利益与个人权益,既保障公民的权利,又监督和维护行政权的合法行使。行政诉讼制度的设立,可以纠正行政机关在执法中的违法行为,平衡行政执法机关与行政相对人之间法律地位的不对等,保护行政相对人的合法权益;同时,法院通过确认具体行政行为的合法性,可以有效地支持和维护行政机关依法行使职权。其次,保障行政相对人的权益、进行司法救济。法院通过审查,可以撤销违法的具体行政行为,变更显失公正的行政处罚行为,责令行政机关对其违法行政行为给行政相对人造成的损失承担责任,从而对滥用国家权力对公民权利造成的侵害给予司法救济。

---

① 需要注意的是,我国法学界与司法实务界(法院)在民事案件受理制度问题上存在许多截然对立的观点,在民诉法的修改中,是扩大法院受理范围,不做任何审查,还是继续进行立案审核成为争论的焦点,实际上问题的关键还是在如何界定一个合理的度,不加限制地进入法院大门对当事人和社会都未必就是幸事。

② 参见范愉:《调解的重构——以法院调解改革为重点》,载《法制与社会发展》,2004 年第 2、3期。

1982年《民事诉讼法(试行)》颁布并适用于行政诉讼案件,标志着中国现代行政诉讼制度的诞生。1989年通过的《行政诉讼法》,使中国行政诉讼制度进入了一个新时期,表明我国依法行政原则开始付诸实现。我国的行政诉讼由普通法院管辖,但是在普通法院内设立专门的审判组织(行政诉讼审判庭及合议庭),适用专门的行政诉讼程序审理。行政诉讼是处理公民与行政机关之间行政纠纷的基本途径,对维护公民的合法权益,监督行政机关依法行政,规范国家权力的合法行使具有非常重要的意义。2003年全国各级人民法院共审结行政诉讼案件114896件,其中城镇房屋拆迁、农村土地征用、社会保障等案件较为突出。此外,还审结国家赔偿案件3214件,同比上升18.24%。

妥善处理行政纠纷,提倡政府及行政机关正确对待行政诉讼,主要负责人积极参加行政诉讼审理,对于改善政府与民众之间的关系,提高行政执法能力,缓解社会矛盾具有重要的意义。行政诉讼案件量和行政机关胜诉率的增加,在一定程度上标志着依法行政意识和水准的提高。行政诉讼的成本一般相对较低,并能够发挥公益诉讼的功能,因此,随着社会发展其作用仍将继续提高。

我国行政诉讼程序也存在一些不足,如缺少公益诉讼设置,禁止调解限制了纠纷解决的灵活性等。同时,一些涉及自治团体内部,例如学校管理,村民自治组织内部的纠纷,是否可以通过行政诉讼解决,尚存在着一些争议和实际难题。目前,《行政诉讼法》的修改同样已经进入立法议程。

4. 集团诉讼(group litigation)

集团诉讼概念有广义和狭义的理解与界定。广义的集团诉讼是指各类群体性诉讼,与集体诉讼和群体诉讼等概念同义。在这个意义上,集团诉讼,即群体性诉讼或集体诉讼,是当代世界各国处理群体性纠纷案件所适用的诉讼制度。法学界在狭义上使用的集团诉讼概念,一般特指美国的"class action"或与此相似的制度(group litigation)。本章采用的是广义的概念。①

---

① 集团诉讼与公益诉讼并非相同概念,集团诉讼主要以人数、规模和运作方式为特点,其中既可能包括部分公益性诉求,也可能是以特定集团利益为出发点,与社会公共利益存在一定冲突。

当代世界各国的群体性诉讼或集团诉讼制度尽管具体形式、制度和程序各有不同,基本理念也存在一定差异,但是,其价值和必要性已为世界各国的法学界和实务界普遍认同。集团诉讼制度主要有三种类型:(1)美国的集团诉讼模式(class action);(2)选定当事人(如日本)和其他代表人诉讼;(3)德国的团体诉讼(verbandsklage)。

在司法实践中,集团诉讼实际上可以以四种基本形态进行,即:(1)共同诉讼或诉讼合并;(2)代表人诉讼;(3)团体诉讼;(4)实验或典型诉讼。

从社会原因上看,当代世界各国对集团诉讼的需求主要来源于集团性侵害的频繁发生和小额分散利益保护的需要,如环境污染、产品责任、消费和服务合同、劳动争议等等;从诉讼技术上而言,则主要是追求诉讼经济的产物。这些问题在经济全球化背景下,已经成为世界各国普遍面临的共同问题。面对这一时代课题,很多国家都进行了积极的尝试和改革,其中美国的集团诉讼和德国的团体诉讼制度代表了两种不同的思路和价值取向,其共同点都是为了实现诉讼经济的目标而建立,并都可能被作为现代小额多数侵害的救济途径而发挥作用。然而,目前每一种制度也都各有利弊,并存在着明显的局限性和诸多难以解决的问题。尤其是美国的集团诉讼,在具有非常明显的优势和功能的同时,也具有极高的成本、风险和负面作用,乃至在其本国正在受到严格的限制和制约。因此,各国在探讨集团诉讼问题时都显示出极其慎重的态度,将其使用限制在一个合理的范围内,并积极尝试以各种替代性的方式实现其功能。

在我国,"集团诉讼"不是一个准确的法律术语。一般是指我国《民事诉讼法》第54条和第55条所规定代表人诉讼,特别是第55条所规定的当事人在起诉时人数不确定的代表人诉讼。近年来的很多群体性诉讼属于行政诉讼,有些则是民事诉讼与行政诉讼相互关联。尽管《行政诉讼法》中并没有规定代表人诉讼制度,但是《行政诉讼法》第26条规定,当事人一方或者双方为二人以上,因同一具体行为发生的行政案件,或者因同样的具体行政行为发生的行政案件,人民法院认为可以合并审理的,为共同诉讼。最高人民法院《关于执行〈中华人民共和国行政诉讼法〉若干问题的解释》(2000年3月起施行)第14条第三款规定,"同案原告为5人以上,应当推选1至5名诉讼代表人参加诉讼;在指定的期限内未选定的,人民法院可以依职权指定"。根据以上规定,实际上行政诉讼中也可以采用代表人诉讼方式。此外,近年来通过最高人民法院的有关司法解释和一些法院的实践,在一些涉及上市公司虚假陈述的股民诉讼中形成了一种有行政处理前置的、通过共同诉讼及诉讼合并形式进行的集团诉讼模式,取得了较好的效果。

我国目前的群体性纠纷及诉讼的主要特点是:首先,从纠纷性质而言,虽然有一些属于现代性纠纷,如股东诉讼、环境诉讼等,但绝大多数仍属于传统的民事纠纷,如合同纠纷、劳动争议、收费争议等等。其次,少数新型消费者或股东诉讼中的群体当事人主要为中等阶层;而大量群体性纠纷中人数众多的当事人往往属于弱势群体,在经济、社会地位和心理上都处于明显的弱势。第三,许多纠纷的原因来源于政策性调整或社会转型期间特有的利益冲突,有些主张缺少明确的法律和事实依据,使法院处理非常困难,为了保证处理取得较好的社会效果,往往必须通过与政府及有关部门的协调妥善解决。第四,某些群体性纠纷增长较快,反映了立法的滞后,但同时也反映出我国纠纷解决渠道的单一。例如,近年来一些大城市收费(物业、取暖、水电等)诉讼不断增长,众多的欠费人被告上法院,导致法院诉讼压力增大,这实际上是社会信用制度和收费技术管理方面的问题,此类诉讼的过快增长属于对司法资源的不当使用,不宜采用集团诉讼的方式。最后,由于城乡和不同地区群体性纠纷和诉讼的类型、当事人以及社会承受力的不同,各地法院在处理此类案件中采用了不同的司法政策和技术,其核心是保障社会稳定以及公平和效益兼顾。其中既有成功的经验,也有一些做法受到了法律界和媒体的批评。目前,在民诉法修改中,代表人诉讼制度的改革也引起了热烈的讨论。从集团诉讼本身的功能、效益和成本与风险以及各国的经验看,我国目前应对群体性纠纷应采取更为慎重的态度和多元化的替代性解决方式,不宜大力提倡和扩大集团诉讼。然而,法院也不应将群体性诉讼一概拒之门外,而应根据案件的具体情况和各地实际,分别采用代表人诉讼、共同诉讼或分案等方式立案受理,同时注重调解及与有关部门协调,以达到较好的社会效果。①

5. 公益诉讼(public interest litigation)

公益诉讼概念与私益诉讼相对。传统民事或行政诉讼都要求当事人本人必须在诉讼中有具体的诉的利益和请求权,并应符合当事人的要件;而公益诉讼的诉求,往往并不专属于原告自身的利益(如为群体利益或公共利益),其目的并非或主要不是为了寻求个人权利救济,而是希望借诉讼主张某种公共利益,制止或制裁某种侵害公共利益的行为,或由此确立某种新的公共政策原则或规则。公益诉讼的主要诉求一般不是损害赔偿给付,而是停止侵害、确认权利义务和法律原则,其处理结果可以是预防性的、禁止性的和确认性的。②

公益诉讼可以以民事诉讼或行政诉讼的方式进行,体现了诉权的扩大。目前世界各国公益诉讼制度存在多种形式,例如:检察官提起的公共诉讼(民事或行政);特定社会团体(如环保组织、消费者团体等)提起的公益诉讼(团体诉讼);公民个人为公益目的提起民众诉讼(一般为行政诉讼);以个人诉讼形式提起的公益诉讼以及代表人诉讼等。

公益诉讼在诉求的公益性、所代表的利益群体人数众多和涉及法律关系的重要性等方面,与现代集团诉讼有许多共同之处,二者也都面临着一些相同的理论实践难题和争议。在许多国家,公益诉讼只能由特定团体提起,在这种情况下,公益诉讼与团体诉讼可能趋于统一。与其他形式的集团诉讼相比较而言,公益诉讼既能够解决集团诉讼的某些基本诉求、给社会带来利益,同时又比集团诉讼成本更低、风险更小、效益更高;因当事人获利机会较小而滥用的危险相对较低,也更便于进行制约。因此,建立公益诉讼制度往往比集团诉

---

①　有关集团诉讼的理论、国际比较和我国群体性诉讼的司法实践等问题的详细资料及分析,参阅范愉:《集团诉讼问题研究》,北京大学出版社 2005 年版。集团诉讼的替代性方式包括行政协调、以基金先行赔付、集体谈判、公益诉讼等。其中基金先行赔付方式在我国目前矿难、公共安全事件的处理中实际上已经采用。但这并不意味着政府完全"埋单",而是优先使受害人得到救济,在补偿后由政府行使权力追究责任人的相关责任,以减少诉讼的成本和对受害人救济的延误。

②　在这个意义上,以"打假"为名、目的并非消费、而在于获利的一些诉讼,虽然似乎也在打击违法和不诚信的市场行为,但由于同样是以违背诚信的方式进行的,因此在世界多数国家很难承认其属于公益诉讼。

讼更容易被社会公众所接受、也不致带来较大的社会风险和操作上的难题。有些国家尝试以公益诉讼作为集团诉讼的替代;一些发展中国家(如印度),虽然没有建立集团诉讼,却有着非常发达的公益诉讼制度和实践,取得了较好的效益。

公益诉讼还可以同行政及立法听证程序相结合,例如一些国家在环境听证制度中规定,参加听证的团体,在其意见被否决之后,除可以申请复议外,还可以向法院提出公益团体诉讼的请求,通过司法审查对听证程序的合法性乃至原告的诉讼主张进行最终审查。这类程序旨在事先通过积极努力避免违法行为或损害结果发生,对合理解决新型纠纷具有重要的意义。

我国目前的民事诉讼和行政诉讼中虽然没有建立公益诉讼制度,但实际上在司法实践中,由公民个人或共同诉讼方式、通过民事诉讼和行政诉讼程序提起的公益诉讼已经屡见不鲜,少数由检察院提起的公益诉讼案件也引起了社会的关注。目前,我国正在修改的《民事诉讼法》和《行政诉讼法》都已经将公益诉讼提上了法律修改议案。这种制度比较符合我国实际,但仍需要对其启动和运作的方式及其防止滥用的机制做出妥善的设计。

(三)法律援助与救助制度

1. 法律援助制度的概念和宗旨

司法活动需要依靠复杂的法律技术和程序,以及专业的法律职业来运作,因此是一种昂贵的纠纷解决方式。司法资源的短缺及供求失衡是世界各国普遍存在和无法根本解决的问题。当代法治社会一方面要求保证每个公民平等地利用司法、获得救济的权利,另一方面,又不得不适当对诉讼进行控制和调节。主要手段一是通过诉讼收费加以控制,减少甚至限制微小民事纠纷进入诉讼的机会,另外就是通过法律服务市场的调节,促使当事人理性地权衡诉讼成本、进行选择。成本和技术因素也导致了法律制度的不可避免的弊病,即公民在司法利用上的事实上的不平等。法律援助制度就是为了解决这一问题应运而生的。

法律援助制度,又称法律扶助、法律救济或司法援助制度,是为无力支付诉讼费用的公民或特殊当事人提供法律帮助的一项法律制度,目的是维护他们的合法权益,实现"法律面前人人平等"。法律援助不仅致力于使经济困难的当事人得到所需要的法律服务,即消除其经济障碍;还努力消除其心理和地域障碍。法律援助制度的根本宗旨和目的是实现司法公正,保障法治秩序的正常运行;使公民平等地获得利用司法资源的权利,以维护其各种基本权利。

2. 法律援助的形式与内容

法律援助制度是当代世界许多国家普遍采用的一种司法救济方式。广义的法律援助,指国家为需要帮助的当事人所提供的各种法律帮助,包括法院的诉讼费用减免缓交措施、公职辩护人和律师的法律援助。狭义的法律援助,则特指在当事人确需律师的法律服务,但无力支付律师费用时,由国家或律师为其所提供的专业法律服务。

法律援助的内容是为援助对象提供法律帮助或服务,包括为贫穷的刑事案件被告人提供辩护,为确需帮助的民事当事人提供代理等法律服务,以及减免诉讼费用等。第二次世界大战以后,法律援助逐渐成为一些福利国家的一种社会权利,其所涵盖的范围也扩大到法制运行的各个环节,对因经济困难而难以通过法律救济手段保障自身基本社会权利者给予多方面的法律帮助。在诉讼中,法律援助主要是通过减免法院诉讼费、免费为当事人提供辩护和代理等法律服务,以保证那些权利受到侵害的当事人通过法律途径获得救济和保护。当代法律援助在法庭外和非诉讼中的作用日益重要。

3. 法律援助的主体与责任主体

法律援助的主体,是指具体实施法律援助的机构或个人,法律援助的主体是具有法律技能的法律职业人员,特别是律师和法院。最初的法律援助主要是建立在律师的道德义务和慈善事业基础上的,而当代的法律援助事业已经建立在更广泛的社会基础上,参与法律援助事业的包括国家和社会的各种机构,工会、福利机构、新闻媒介、银行以及其他非司法机构,它们都已成为法律援助的主体。

法律援助的责任主体,是指由谁来承担对需要援助的对象提供法律援助的义务和责任,在当代主要是指国家或政府。随着法律援助事业在现代法治和人权保护中的意义不断提升,提供法律援助逐渐被作为国家为公民提供的一种福利、保障,成为国家的责任。当代的法律援助事业已经逐步变成国家司法制度的组成部分,成为公民应该享有的一项基本社会权利。我国2003年9月1日起实施的《法律援助条例》明确规定:法律援助是政府的责任。国家作为现代法律援助的责任主体,需要通过立法和财政投入保障法律援助制度的运作。与此同时,原有的志愿义务式法律援助事业仍继续存在,共同构成多元化法律援助网络和机制。

4. 我国法律援助制度

我国法律援助事业创立于1980年代。2003年7月,国务院制定公布了《法律援助条例》(2003年9月1日起施行),使其进一步走上了法制化道路。目前,我国法律援助制度包括两个部分,即法院诉讼费用的减免缓交和指定辩护人,以及由律师及法律援助机构提供的法律援助服务。在程序上,涉及法院与法律援助机构及律师事务所之间的相互协调。

当代世界各国法律援助的重点是刑事诉讼辩护,其范围已经扩大到一切刑事案件,一般由公职律师(public lawyer)为符合条件的刑事被告提供减免费用的辩护。我国目前的刑事辩护法律援助还限制在特定的刑事被告人范围内,法律援助的律师仍由一般社会律师担任。在刑事诉讼中,公诉人出庭公诉的案件,被告人因经济困难或者其他原因没有委托辩护人,被告人是盲、聋、哑人或者未成年人而没有委托辩护人的,或者被告人可能被判处死刑而没有委托辩护人的,人民法院应为被告人指定辩护人,由法律援助机构提供法律援助。

在民事诉讼中,根据民诉法规定,当事人交纳诉讼费用确有困难的,可以按照规定向人民法院申请缓交、减交或者免交。是否缓交、减交或者免交由人民法院审查决定。当代世界各国法律援助的一个重要原则是审查原则,即只有在申请人符合条件、并具有合理的诉讼理由(有可能胜诉)的情况下才能够给予援助。这一原则是避免鼓励滥诉,合理使用司法援助资源的重要保障。然而,我国法院民事司法救助的审查比较困难,往往更多是为了使弱势当事人能够进入诉讼,实际上很多获得救助的案件仍因为法律依据或事实依据不足而败诉。但是,不能因此简单地判断这是对司法援助资源的无效使用,因为,现阶段必须高度重视一些作为弱势群体的民事当事人希望获得司法救济的急切心理及其由于经济状况导致的障碍,如果简单将其拒之法院门外往往会激化矛盾。使弱势群体进入法院本身具有重要的社会意义,但同时对此不能寄予过高的期待,事先必须做好疏导和协调,以避免诉讼结束后进入新的纠纷状态,例如上访缠诉等。

我国律师的法律援助主要采取以下形式:(1)法律咨询、代拟法律文书;(2)刑事辩护和刑事代理;(3)民事、行政诉讼代理;(4)非诉讼法律事务代理;(5)公证证明;(6)其他形式的法律服务。《法律援助条例》详细规定了法律援助机构、申请程序、资金来源及其使用管理,以及有关法律责任等内容。

5.法律援助制度的问题及发展战略

目前,我国法律援助工作面临的主要困难是:法律援助的供需矛盾突出;法律援助工作发展不平衡,农村及不发达地区法律援助资源极度短缺。① 建立机构和经费保障机制,适度向不发达地区倾斜,将是未来法律援助工作发展的重点和难点。

法律援助需要制度的支持,也需要依靠大量资金的支持。法律援助资源的紧缺是世界各国的共同难题,并且是无法根本解决的。因此,法律援助的发展不可能超越社会实际和经济发展水平。而且需要认识到,诉讼特有的局限性和司法利用上的不平等是法律与生俱来的问题,并不可能通过法律援助制度彻底根除。应在充分肯定法律援助制度的社会功能和意义、尽可能扩大对弱势群体法律援助的范围并提高其便利性的同时,应尽可能将有限的法律援助资源合理地配置于最重要的地方。首先应确保对刑事被告辩护权的法律援助;在民事行政纠纷方面,则应严格遵循审查制度,减少法律援助的无效使用,不断拓展法律援助的范围和方式,从单纯的诉讼代理更多地向非诉讼纠纷解

---

① 律师及法律资源集中于中心城市是世界各国的普遍规律,解决基层和农村的问题并不意味着必须大规模地在这些地区发展律师和正式司法制度,简单地采用司法扩张的战略是违反社会发展规律和实际需要的。

决法律援助过渡。目前一些新的援助形式,例如帮助弱势群体参与谈判协商,直接主持调解斡旋,提供事先的合同审查、制定规则与公约,乃至于律师参与信访等等,都具有很好的社会效果和效益。

(四)司法体制与诉讼程序的改革

1.我国司法改革的特点及基本目标

1980 年代,我国法院开始进行以落实民事和刑事诉讼法为主要内容的"审判方式改革",以后逐渐发展为司法程序、司法机关的工作原则和方法、司法机关组织等方面的诉讼程序和诉讼制度的改革。中共十五大之后,司法改革被确定为国家的政治目标,中共十六大再次提出深入进行司法改革的目标。我国司法改革与当代西方法治国家的司法改革有所不同,其特点是:改革的总体目标和统一规划尚未形成,司法改革与政治体制改革尚未形成联动①;改革的主体主要是司法机关,社会公众并未参与到改革的进程中;改革的推进主要依靠司法机关的政策文件和实验性措施,缺少法律的支持;司法改革的重点是诉讼程序,其趋势是追求司法程序的正规化和程序公正。与此同时,我国已经加入、即将获得全国人大批准的《公民与政治权利国际公约》中对司法制度、司法程序规定了一系列具体明确的国际标准,一旦该条约获得批准,我国就必须遵守承诺,对司法制度和司法程序进行相关的改革,这对于我国的司法和政治体制都将是一个严重的挑战和考验。

我国司法改革的目标实际上是建立现代司法制度。然而,这一目标不可能仅通过对现有的诉讼程序和司法机关内部的改革和调整来完成,而最终必须通过政治体制改革,从宪政和司法体制上进行根本性的建构。改革应从国

---

① 2005 年有关司法机关在中央的协调下开始了统一部署和联合行动,但这一部署并未通过法律形式进行,也没有经过民主和立法机关的论证,既未动员社会的参与,也没有涉及政治体制改革,基本上仍属于司法机关的内部行动。从某些措施看,其积极意义是不言而喻的,但是缺少社会动员和民主论证的改革,其意义和合理性也是值得置疑的。在这一过程中,也比较容易出现所谓"良性违法"的情况。

家权力的配置、司法机关的组织及权限,司法制度和程序的功能等方面进行规划和建构,在制度上至少要实现以下具体目标:

首先,理顺司法机关与立法机关的关系,切实实现司法权独立。实现司法机关在人财物管理体制上的独立,使法院不再受地方的钳制,杜绝法院通过纠纷解决获利寻租的机会;减少权力机关对司法活动、特别是个案的直接干预介入,提高司法权威,扩大司法的社会功能。

其次,建立专门的违宪审查机构和程序(例如在立法机关成立宪法委员会或专门的宪法法院),使立法、司法和行政权限的划分更加合理,使宪法诉讼成为现实的、可操作的制度。

再次,在提高法官素质的同时建立和切实落实法官的身份保障制度,逐步实现法官独立办案。通过物质待遇、任职条件、职务豁免等各方面的身份保障,使司法官在办案中没有后顾之忧,不致受各方面的干扰和压力,独立地依照法律和良知公正办案,并独立承担责任。

最后,加强对司法工作的监督,惩治司法领域中的腐败。应注重通过法定的程序进行监督,例如重构审级制度和再审制度,更好地发挥审级和上级法院的法律监督和统一法律的功能,减少党政机关、个人或社会舆论的任意干预。同时,发挥人民陪审员制度的功能,增加司法的民主性和社会公众的参与。

2. 诉讼程序的改革及问题

由于我国诉讼程序体系尚未真正建立健全,仍需要适应社会和法制发展进程继续进行改革完善。一方面应以我国承诺接受的国际通行的程序正义标准建构公正的程序制度,保障当事人的合法权益(例如在刑事诉讼中注重保护被告人的权利、杜绝刑讯逼供,逐步达到为所有刑事被告提供法律援助);另一方面,应注意我国的社会和当事人的实际情况及其承受力,循序渐进。随着民事诉讼程序的改革,我国原有的大众司法模式正在向正规化的、以程序正义为理念的正规司法制度转化,司法资源不足与纠纷解决需求高速增长之间的供求矛盾将进一步激化;诉讼的成本和负担也随之加重,诉讼自身的局限性将进一步凸显。在这种情况下,不仅应该在繁简分流和优化诉讼程序方面努力;还应充分发挥我国诉讼调解的特有功能,力求在效益和纠纷解决的社会效果两方面彰显其价值。①

3. 基层司法制度的建构

世界各国现代司法制度和诉讼程序通常是以普通程序为基点的,为了节约司法资源,往往限制微小民事纠纷进入正式的诉讼程序。对于基层大量的纠纷解决需求,则采取非正式的方式解决,例如,治安法院、农村法院和社区法院、小额(简易)法院等。基层司法应以非正式、低投入、社区化(地方化)、非职业化、简易化为特征,诉讼程序则主要由当事人本人参加,不须借助律师,从而同正式的司法制度及诉讼程序保持区别。我国民事司法历来对民事纠纷仅有主管范围的界定,而不对数额和类型等方面加以区分和限制。同时,我国基层法院是以行政区域和级别来划分的,法院体系不尽合理。截至 2003 年,共有 3123 个基层法院,占全国法院总数的 79.3%,基层法院审判案件的数量占全国法院审理案件总数的 90% 以上,其中民事案件简易程序适用率平均达到 80% 以上,其中多为小额债权或家庭纠纷等案件,属于基层司法的范畴。但目前城乡基层法院的功能存在着极大的差别,真正意义的基层司法主要是指农村乡镇一级的法庭。目前基层民众的纠纷解决需求较为突出,而司法改革带来的程序正规化、成本增加和农村法律服务不足等问题加剧了解决途径的阻滞,因此需要改变简单的以增加法院和诉讼解决的政策,重新审视基层司法制度的设计。

目前,针对法庭建设存在着两种截然不同的思路:一种是正式司法退出乡村,完全撤销农村基层法庭,以保证司法的正规化和非地方化。但这并不意味着减少基层法律服务或纠纷解决功能,而是适应基层乡土社会的特点,将乡村派出法庭(甚至部分基层法院)与基层司法所合并,改造为类似治安法院、小额法院、简易法院的司法调处机构,以纠纷解决为基本功能,以调解为主要方式。在规范适用上采用以法律规则为主导的多元化(可以参照地方风俗习惯、乡规民约);在主体上可以吸收非法律职业人员、志愿者,或由原有的乡土法官、司法助理员或人民陪审员担任;在制度和程序上强调简易化、常识化、非

---

① 参见前引笔者:《调解的重构——以法院调解改革为重点》。

诉化和灵活性;在特点上可以保持社区法院的特征——以此区别于正式司法制度,并以后者作为救济机制。这种思路面临的最大障碍并不是其可行性,而在于权力配置和博弈:作为改革的主导者的法院显然不会轻易退出已经占领的势力范围,而其他权力的进入无非是希望将其作为一种公共资源和权力资本,无法确信新的机制是否真的能够实现上述预期。

另一种思路则是在现有的经过撤并的基础上加强法庭建设,使其走向正规化,这也是最高人民法院 2005 年的工作重点之一。① 然而,基层司法虽然具有为公众提供便捷、经济和大众化的司法纠纷解决渠道的功能,但如果将其视为正式司法诉讼程序的组成部分,不仅会增加国家的司法资源投入(在无力实现的情况下,很容易使其沦为市场化的寻租机构);也很难承担起沟通国家法与地方社会规范之间协调关系的职能;同时高度地方化的法庭也难以承担处理公私权利(力)之争的责任。随着法庭建筑日益走向豪华以及审判程序的正规化,乡土法庭的特色是否能够留存,也是值得怀疑的。②

从我国基层农村的现状看,司法对于乡村的过快或过多渗透未必非常必要,与其大幅度增加对农村的法律资源投入,不如让法庭适应地方的实际,采取灵活的程序,注重调解,尊重地方习惯,提高纠纷解决的社会效果。同时积极发展各种非诉讼纠纷解决机制,以缓解司法的压力和能力的不足,由法庭加强指导各类调解、尤其是基层人民调解,减少民众的讼累,提高纠纷解决的实效。

---

① 参见《人民法院报》2005-09-28 的有关系列报道:《〈最高法院作出关于全面加强人民法庭工作的决定〉及其具体内容和解释》。

② 上述规定要求法庭要有不少于 150 平方米的建筑面积,从许多边远地区的实际看,这一标准显然过于奢侈。在许多西方国家,有些乡村法庭设在政府机构的综合建筑之内,甚至只有一间法庭或非正式的办公室。

三、非诉讼纠纷解决机制(ADR)

(一)ADR 的理念及形式

替代性纠纷解决方式(ADR)概念源于美国,原指本世纪逐步发展起来的各种诉讼外纠纷解决方式,现已引申为对世界各国普遍存在着的非诉讼纠纷解决程序或机制的总称。这一概念既可以根据字面意义译为"替代性(或代替性、选择性)纠纷解决方式",亦可根据其实质意义译为"审判外(诉讼外或判决外)纠纷解决方式"或"非诉讼纠纷解决程序"、"法院外纠纷解决方式"等。当代 ADR 的适用范围已经从传统的民事纠纷、外交争议和国家贸易纠纷扩展到行政纠纷乃至部分刑事诉讼领域,并仍有继续拓展的趋势。

当代国际比较法学家将 ADR 的共同性特征及价值概括为以下几个基本要素①:第一,程序上的非正式性(简易性和灵活性)。主要是针对诉讼程序的复杂性和高成本及延迟等问题强调 ADR 的程序利益。第二,纠纷解决基准上的非法律化。即无需机械适用实体法规定,在法律规定的基本原则框架内,可以有较大的灵活运用和交易的空间。第三,纠纷解决主体的非职业化。无论是调解或仲裁,乃至简易小额诉讼和专门法院的主持者都可以由非法律职业人士承担,并可由非律师代理、或完全由当事人本人进行,使纠纷解决脱离了职业法律家的垄断。第四,性质和形式的民间化或多样化。ADR 以民间性(社会性)为主,同时兼有司法性和行政性 ADR。第五,纠纷解决机构的非权力化。在包括仲裁在内的 ADR 程序中,纠纷解决者与当事人之间的关系属于平等性构造,参与解决纠纷的中立第三人并不是行使司法职权的裁判者(法

---

① 参见[日]小岛武司著:《裁判外纷争处理与法的支配》,东京:有斐阁,2000 年,183 页以下。其中前四个要素为美国学者所总结,而后两个要素则是其他国家的学者补充的。

官),具有决定意义的是当事人的处分权和合意。第六,纠纷解决过程和结果
的互利性和平和性(非对抗性),有利于获得双赢互利的解决结果。

　　现代 ADR 的目的绝非取代司法和诉讼,但其发展与司法改革却在一定程
度上不谋而合,并成为司法改革的重要内容。① 这一改革潮流所预示的趋势
是:其一,在法律框架下 ADR 的广泛应用,为社会主体解决纠纷提供了更为便
捷和适宜的渠道,实际上扩大了司法利用的范围。其二,ADR 与诉讼的衔接
使法院的功能将进一步发生转变,从纠纷解决更多地向规则的发现和确认、利
益的平衡乃至决策的方向转化,而纠纷解决的功能将更多地由 ADR 承担。法
院则由此承担起对 ADR 进行协调和监督的职能。② 其三,司法 ADR 的广泛
应用,导致了传统的诉讼文化的某种转变,将大大缓和诉讼的对抗性,使其更
多地向和解性转化,平和地解决纠纷的价值更加受到推崇。同时,ADR 理念
将会进一步促进法官职权行使方式的变革,调解的价值被普遍认同,法官会更
加积极地促进当事人和解。其四,ADR 的理念将进一步促进在纠纷解决程序
中当事人本人的参与程度,并强调纠纷解决过程中的诚实信用原则,使程序保
障理念得以升华。最后,ADR 的理念和实务改变了法律教育和法律职业的传
统思维方式和技能,这将进一步促进司法观念的变革。

　　当代世界各国存在的非诉讼程序(ADR)形式多样,根据主持纠纷解决的
主体或第三者,即 ADR 机关,主要可分为:(1)法院附设非诉讼程序,即司法
ADR。(2)国家的行政机关或准行政机关所设或附设的非诉讼程序,即行政
性 ADR。(3)由民间团体或组织进行的非诉讼程序,即民间性 ADR。

---

　　① 　日本法学界关于 ADR 目的论主要有三种观点:提高司法效率说;扩大权利救济即"利用司
法"(access to justice)政策说;纠纷解决质量优越性说。垣内秀介:《国家对 ADR 的促进》,收入山田文
等著:《ADR の基本的视座》,[日本]不磨书房 2004 年,71 页以下。
　　② 　在 20 世纪,法治国家特别是福利国家,围绕着怎样更好地保障社会成员"利用司法"(access
to justice)的权利,进行了持续不断的努力,迄今已经历了三个阶段的改革,其中第三个阶段就是 ADR
的发展,它标志着随着法院功能的进一步转化,而 ADR 则获得了宪法上的地位。从纠纷解决的量的比
例而言,ADR 甚至可能成为纠纷解决的主渠道。参见[意]莫诺·卡佩莱蒂编,刘俊祥等译:《福利国家
与接近正义》,法律出版社,2000 年。

（二）当代世界 ADR 的发展与我国的社会现实

当今世界各国尽管都存在着不同形式的 ADR,也都在积极鼓励当事人利用 ADR 解决纠纷,但其中的思路各有不同。通过 ADR 对诉讼进行补偏救弊的动机也出自两个基本取向:一种是通过 ADR 为当事人提供一种与诉讼异质的纠纷解决途径,从而从"质"的方向缓和或改善司法和诉讼的固有弊端。另一种,则是迫于大量的诉讼案件带来的法院资源匮乏、诉讼延迟和高成本等方面的实际压力,试图以 ADR 作为从"量"上对诉讼进行分流的策略。当代各国 ADR 的发展格局并非千篇一律,其制度和运作完全取决于特定社会的纠纷解决需求及其整体机制的设计,并不存在一种完美的、适用于任何国家和社会的模式,也没有放之四海而皆准的普遍规律。

ADR 这个概念产生不过短短数十年,然而,非诉讼纠纷解决的实践,在世界各地却无处不在,几乎与人类社会的历史同样悠久。我国的调解就是这样一种既古老又现代的社会机制,在 1980 年代之前,我国调解的发达既有效地完成了社会治理的使命,又被视为法制不发达的象征。1990 年代以后,我国社会很自然地把法院和诉讼作为建立法治权威的制度性象征,把向基层社会全面推进司法作为提高社会法律意识、建立法治秩序和信念的进路;同时积极地以诉讼统合、替代传统的调解、行政裁决等纠纷解决方式。然而,在这一进程中,出现了急功近利的倾向,忽视传统纠纷解决机制,因而造成了社会秩序的失衡与混乱。2002 年以后,经过阶段性的反思,国家和社会重申综合治理,强调社会和谐,法院则开始从法律理想主义向现实主义回归,对司法政策进行了相应的调整,重新开始重视调解、提倡和解,加强与民间性 ADR 程序的衔接,人民调解协议的效力得到了认可。与此同时,有关机构和部门正在积极重构纠纷解决机制,人民调解等传统非诉讼机制焕发生机;各种新型的 ADR 也在蓬勃生长,信访等具有特色的制度也得到了重构。尽管形成一个合理有效的多元化纠纷解决机制尚需时日,但可以肯定地说,我国也正在融入到世界性的 ADR 潮流之中。

我国发展多元化纠纷解决机制的社会背景,与西方国家既有一定的共性,但更应是一种基于自身特定需求和条件的理性选择。确实应充分认识我国的社会环境,正确看待 ADR 与诉讼的关系,客观评价现行 ADR 的运作情况并努力改进其存在的问题,探索适合我国纠纷解决需求并具有可行性的合理模式及路径。应该实事求是地研究中国的纠纷解决机制及 ADR 的发展问题,而不是照搬某国的经验和模式。同时必须明确,ADR 的价值和意义并不仅仅与诉讼爆炸相联系,也不仅仅在于解决诉讼成本和效率的问题,而主要在于满足现代社会和当事人基于利益,价值观、偏好等方面的不同而产生的多元化需求和社会治理的需要。因此,即使是诉讼的压力并不明显,法院的诉讼程序运作良好,或者社会主体并不积极利用诉讼的情况下,ADR 也仍然有其存在的正当性和合理性。

我国现代法治的建立和发展应是一个循序渐进的过程,不顾社会发展和纠纷解决的需要盲目快速推进司法,尽管一定程度上能够带来法律繁荣和普及,但其中也隐含着许多问题甚至危机:诉讼的高增长在成功地进行社会启蒙和司法原始积累的同时,也会助长诉讼万能的思潮、忽略多元化的价值,不仅不利于奠定现代司法的基础,而且可能过早地引发西方法治中的一些固有弊端,并损害社会整体的和谐。现代法治的弊端正如过度开发对环境造成的破坏一样,必须从发展初期就给予高度关注。通过多元化纠纷解决机制保证社会和法治的"可持续发展"的意义在于:一方面,追求一种纠纷解决的生态平衡、而不是司法对纠纷解决的垄断,提倡充分发挥社会主体和当事人的自主性,提供更多的可供选择的纠纷解决方式,以满足不同的需求和价值取向,更好地解决各类纠纷。并以此缓解法制现代化与本土社会和传统文化之间的冲突,促进社会的自治与和谐发展。另一方面,司法机关不应仅关注自身和眼前的利益,更应关注法治的未来和长远发展。通过多元化纠纷解决机制分流法院压力,保证司法资源的有效利用,避免滥诉,促进社会诚信及协商,为司法现代化创造一个稳定发展的时间和环境。

(三)我国多元化纠纷解决机制的建构

我国目前纠纷解决机制的构成主要包括三种类型:

第一类,民间社会性 ADR,主要包括:

(1)人民调解,是根据《宪法》建立在基层群众自治制度(村民自治和居民自治)基础上的社会组织。2002 年司法部《人民调解工作若干规定》对人民调解组织形式作出了新的规定,将其扩展为:①农村村民委员会、城市(社区)居民委员会设立的人民调解委员会;②乡镇、街道设立的人民调解委员会;③企业事业单位根据需要设立的人民调解委员会;④根据需要设立的区域性、行业性的人民调解委员会。从而把各类调解都纳入到人民调解的范畴之中,并形成了这种多层级的人民调解网络,但其中村居委的调解仍占绝大多数。此外,社区业主委员会、农村合作社等一些新出现的社会组织,以及法律志愿者和各种"民间调解人"也能够承担一部分纠纷解决功能,亦可归入民间调解范畴。

(2)仲裁、公证、律师事务所、社区基层法律服务所等依法设立的自律性机构。近年来一些乡镇、街道、社区成立的由政府或司法行政机关主持或由其资助的专业化司法调解中心或类似机构也可划归此类,有些机构兼有或间接具有纠纷解决功能。

(3)一部分附属于行政机关的社会团体或机构(性质介于民间性与行政性之间),尽管其依靠政府财政支持,甚至人员亦属于公务员系列,但在职能和法律地位上仍属于社会团体,例如消费者协会和劳动仲裁机构等。今后,这部分非诉讼程序将会更多地脱离行政管理体系,成为民间性和中立性纠纷解决机构发挥作用。目前,消费者协会调解的权威和作用已为广大消费者认同[1]。

(4)行业性 ADR。我国的行业自治正处于初建阶段,与行政管理并未完

---

[1]　消协的功能本身是多元化的,它既可以代表消费者群体行使特定的权利,也可以受双方当事人委托调解消费争议,在调解的情况下是作为中立机构参与纠纷解决的,本质上属于民间调解。

全脱钩。目前行业自治化速度正在加快,诸如会计师、医师、金融、房地产、家电、建筑、化工、旅游等行业都已逐步建立或正在建立行业自治组织,制定或正在形成各自的行业规范或标准,并开始建立起相应的纠纷解决机制。但这一部分机制得到社会认同仍有待时日。

民间性 ADR 主要以调解(或促成和解)方式解决纠纷。民间调解能够较好地缓解法律与社会规范之间的距离,沟通国家权力和法律与民间社会的联系,更好地发挥传统习惯、地方民族社会规范、自治规范和道德、情理、亲情等多方面的规范作用,并在纠纷解决实践中增强社区凝聚力,有效地减少法律规则本身的不足和缺漏,更好地实现社会治理效果。提高民间 ADR 的地位,发展更多的民间 ADR 机构或程序,提倡鼓励当事人的积极利用,是实行综合治理、有效解决社会矛盾、建构社会和谐的重要一环。同时,国家对于各种符合社会需求的私力救济和市场化机制,应在适度鼓励提倡的同时,加以规范和引导,逐步培养和发展社会自治与自律机制。

第二类,行政性 ADR,主要包括:

(1)行政调解。属于行政机关在行使管理职能时附带的纠纷解决功能。例如,公安机关(派出所)根据《治安管理处罚法》处理因违法对他人造成的人身和财产损失的赔偿责任;有关主管行政机关处理的消费者争议;交管部门在处理交通事故中对损害赔偿进行的调解;以及医疗卫生主管机构对医疗事故的调处等。处理结果一般采用调解协议的形式,行政机关既是调解人和见证人,又是监督执行机关。调解不成,行政机关则终结调解程序,由当事人向人民法院直接起诉。基层政府对民间纠纷的调解也属于行政调解范畴。

(2)行政裁决。属于行政机关的职权处理,即行政裁判,具有准司法性质。近年来,随着行政法制的健全,各种涉及公民民事权利的行政处理逐步被置于司法审查或普通诉讼程序之下,行政裁决失去了终局性和强制执行效力,但仍保留了一些作为司法前置程序,包括林木、土地权属纠纷,土地征用和房屋拆迁纠纷,专利商标注册争议的处理等。对于行政机关的专属性纠纷处理结果,当事人一般可以通过提起行政诉讼的方式寻求司法救济。

(3)行政复议制度。是指公民、法人或者其他组织认为行政机关的具体行政行为侵犯其合法权益,依法向上级行政机关提出申请,由受理申请的行政机关对具体行政行为依法进行审查并做出处理决定的活动。行政复议以行政争议为处理对象,因此也具有纠纷解决的基本功能,性质属于一种行政司法行为或"准司法行为"。行政复议程序简单、不收费、迅速及时,以便民为原则;其决定一经做出即可依行政权力履行或执行,有一定的权威性和效力;在一般情况下不具有终局性,不剥夺当事人的诉权。目前,关于行政复议程序是否属于 ADR,仍存在一些异议,多数意见认为无疑可以将其列入广义的 ADR 范畴,实际上许多国家的行政法庭或法院也有类似功能。

(4)信访。国务院公布实施的《信访条例》调整的主要是各级政府和行政机关所设立的申诉或信访机构,[①]它们虽不是纠纷解决的专门机构,但由于与职能部门工作密切相关,既可能直接解决问题,也有可能在下一步转入 ADR 程序或司法程序。而且这种方式通过对当事人的心理影响和疏导,在预防纠纷扩大和升级的意义上具有重要的作用。因此,也可以被列入广义的 ADR 的范围。

自 1990 年代以来,我国对于行政性纠纷解决机制实际上存在着两种基本思路,一种是彻底否定行政机关和基层政府解决纠纷的必要性和权力(职责),主张最终将其完全取消。另一种思路则是,明确行政性纠纷解决的性质、地位,将其作为基层政府及有关行政机关的职责,并赋予其处理结果高于民间调解的效力,充分发挥其优势。前一种思路既不符合当代世界纠纷解决的历史潮流,也与我国实际相悖,但实际上已经极大地影响到了纠纷解决机制的建构。目前权利救济和纠纷解决机制的阻滞,很大程度上与权力争夺与责任推卸、行政权怠于行使,及对民众疾苦漠不关心直接相关。

当前,发展或重构行政性纠纷解决机制的思路不仅符合我国国情和纠纷解决实际需要,也符合当代国际社会纠纷解决机制发展的历史趋势。行政ADR 在纠纷解决机制中具有特殊的价值和不可或缺的功能,其成本低、高效、

---

① 司法机关及立法机关的信访不属于《信访条例》的调整范围,但是在习惯中往往被混为一谈。实际上这些信访与行政机关的信访有本质的区别,往往与审判监督程序有关。

便利、及时,主管机关可以依法主动介入,并拥有一定的调查权,鉴定权、处罚权,其人员具有专家优势,其处理结果有一定的权威性,行政裁量权则有利于直接帮助弱势群体,更符合实质公正和效率,而且还可以及时将纠纷处理的经验制定为规则或标准,对此后同类问题的解决提供依据。行政 ADR 在一般情况下不具有终局性,不会剥夺当事人的诉权。如果把行政机关的这种解决处理作为其职责和义务,并辅之于相应的责任和司法审查程序,将能极大改善目前纠纷解决不利的现状。

此外,随着环境纠纷、校园伤害、医疗纠纷、产品质量纠纷等等特殊纠纷的增加,专门性的行政处理机制愈发显得重要。例如,环境保护机构面对环境污染投诉和纠纷,积极介入、及时解决处理的能力远不能满足社会需要;而环境诉讼往往举证艰难、旷日持久。这种局面要求加强行政监管、行政裁决和行政处罚的权力和职责,同时也有必要赋予其处理其中的民事纠纷的职权与能力。在解决拖欠建筑行业农民工工资的问题上,劳动监察部门的积极介入远比诉诸司法更为高效、经济,对农民工权益的维护效果更好。当代世界各国应对各种专门性纠纷,往往特别强调发挥行政救济和行政裁量的优势,而不是仅仅依靠司法救济。在我国,主管行政机关对于相关法律法规的掌握和本领域专业问题的了解及事实判断能力,并不比司法机关更弱,而且其调处本身并不能排除司法审查,既不会危及司法机关的权威,也不致造成无法挽回的不公正。一味降低行政机关的纠纷解决职责、权限和能力,不仅不会带来司法的权威和维权的积极效果,反而会使民间纠纷的处理积重难返。目前,尤其需要重新规范和确认行政机关与基层政府在民间纠纷处理中的地位和职责,将其与人民调解等民间社会纠纷解决机制区分开来,充分发挥其特有功能。

第三类,法院附设或司法性 ADR。

我国没有法定的此类程序,某些程序中虽然有调解前置的要求(如离婚诉讼),但并非独立的程序,也并无专门的调解机构和人员。近年来,随着法院对调解的重视,开始积极尝试以多种方式引进社会力量参与诉讼调解,如在法院开设人民调解窗口,法院委托人民调解员、人民陪审员或其他社会组织协助调解等等,法院自身也通过繁简分流和简易程序的改革,建立了审前调解、立案前调解或调解庭等设施,其中部分具有法院附设 ADR 的某些功能。①

司法 ADR 的另一个方面,是保证司法与非诉讼程序的衔接和协调,实现诉讼与非诉讼机制的良性互动,为此可以充分发挥原有机制的作用。2002 年以后,基层法院加强了对人民调解组织的指导和培训,无疑是一种积极的政策和态度。浙江省诸暨市枫桥镇在大调解格局建立后,在各级调解组织调处纠纷增加的同时,法庭受理案件数则呈下降趋势,2004 年前 10 个月,共审理案件 459 件,同比下降 31.3%。② 而行政程序的良性运作也可以导致这种效果,例如《婚姻登记条例》(2003 年 10 月起施行)简化离婚程序后,当事人开始更多地选择行政登记程序离婚,法院离婚诉讼比例也呈下降趋势。今后,通过调解法和诉讼法等相关法律体系将会进一步完善这种衔接互动机制。

目前,我国以司法为核心的多元化纠纷解决机制已经初见端倪,但民间性与行政性 ADR 的功能和分工上仍需要继续进行整合。在 ADR 的建构上其大致框架应该是:在价值取向或功能上,一端是社会自治取向,另一端则是法律服务和司法利用取向;在运作方式上,分为公益型和市场型两种基本类型,而中间不同层次的社会或行政性纠纷解决机构,则可以为当事人提供多种选择和利用司法的途径(见下图)。随着社会的发展,其中一部分可能会逐渐消亡、衰落或重构,每一种机制的利用率也会呈现此消彼长的动态过程,决定这些变化的因素,包括社会纠纷解决的需求,各种权力之间的博弈和竞争、国家的资源配置和社会公众、当事人的选择,其中效果、成本效益、价值、利益等等都是不可否定的因素。目前仍应该充分鼓励各种积极的实践和尝试,经过一段时间的探索,则应通过法律确定其基本原则以及每一种具体制度、程序的地位、组织形式、人员构成、基本程序、效力、相互间衔接及司法审查的方式和程序,以保障其有效和规范地运行。

民间非正式机制、自力救济等。

---

① 具体情况可参见范愉:《调解的重构》,《法制与社会发展》,2004 年第 2 - 3 期。

② 见《"枫桥经验"薪火相传——记诸暨市枫桥人民法庭》,《人民法院报》,2004 年 11 月 21日。

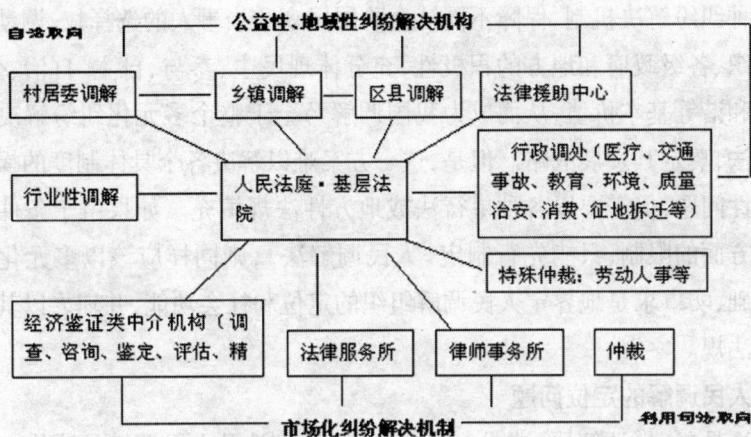

多元化纠纷解决机制示意图

(四) 有关调解法的制定

目前,制定调解法或人民调解法的议案已经提上了立法日程。毫无疑问,一部科学的调解法有利于确立、重申、提倡社会和谐理念,提升调解以及其他非诉讼纠纷解决方式的法律地位,并可以在建构多元化纠纷解决机制中起到至关重要的作用。其立法精神应该是在统一的前提下促进各种地方性和专门性纠纷解决机制的发展,并保证其稳定性、连续性和规范性。通过确立调解的基本原则和规范,提高调解的正当性、合理性、公平与效益,减少调解的弊端和错误,并提供必要的司法审查和救济机制。目前调解法的制定中存在着许多不容轻视的重要问题。① 主要是:

1. 立法体例的问题

目前,已经提出了《人民调解法》和《调解法》两个基本提案,其中各有利弊,并都有一些难以解决的问题。综合性《调解法》旨在明确调解的基本制度框架和原则,奠定多元化调解机制的基础及其发展空间,协调民间、行政和司

---

① 具体问题和论证参阅范愉:《有关调解法制定的若干问题》,《中国司法》,2005 年第 10 期。

法等多种纠纷解决机制,保障不同社会阶层民众和当事人的选择权,调动基层社会组织、各级政府和地方的积极性,充分体现民主、参与、自主、自治、公平、效益与和谐等基本价值,从而成为我国调解乃至于整个多元化纠纷解决机制的基本法,奠定其发展战略。但是,这一方案难以解决各个具体制度的操作性和特殊性问题,仍需要以各种单行法或地方性法规填充。如果由于条件和立法技术方面的限制,只能先行制定《人民调解法》,则同样应该以多元化的理念为基础,实事求是地界定人民调解组织的定位和社会功能,并辅之以其他相关法律法规。

2. 人民调解的定位问题

无论是制定《调解法》或是《人民调解法》,都涉及人民调解的法律定位和制度建构问题。

根据 1982 年 12 月制定的《中华人民共和国宪法》第 111 条规定,人民调解组织是一种建立于基层群众性自治组织,村、居委会的附属性纠纷解决机制;1989 年 6 月国务院颁布的《人民调解委员会组织条例》和 1990 年《民事诉讼法》则将人民调解委员会定位为调解民间纠纷的群众性组织,突出了人民调解组织作为解纷机构的独立作用。实际上,从人民调解制度发展的历史、设立的初衷和实际承载的社会功能看,至少包括三个相互关联的方面:

首先,社会治理和政治功能。人民调解依托于村、居委会组织,具有群众性和自治性,属于社会治理系统的一个基本环节,这些基层组织在实现社会自治功能的同时,还承担着重要的政治和行政以及意识形态功能,即对基层民众的组织、管理和教育(包括普法)等。可以说,在我国,人民调解是基于社会调整需要而产生的一种不可或缺的社会治理手段。今后,一些依附于斯的某些政治功能可能弱化,但人民调解的地域性和依附于社会共同体的特点将成为未来社会自治的基本要素,由此可能孕育出更多社会活力、民主意识和自控能力。

其次,传承文化、道德和社会组织(自治)功能。调解在解决纠纷时依据的规则不仅有法律与政策,还有大量公共道德、习俗、情理等社会规范。调解对这些规范的应用和依赖,实际上起着传承与维系传统文化、维护公共道德和公共利益、培养社会凝聚力及健康的人际关系和社会联系的社会功能。经历了文化大革命之后,我国传统文化在社会中的影响日益淡漠,道德失范成为当代社会的切肤之痛,在社会治理中更加依赖国家法的权威和强制力。尽管调解在文化方面的功能曾经一度被淡忘或忽视,但是其潜在的深远意义决不应被否定或遗忘。随着近年来道德与社会共同体的重建,调解的这一功能对于未来的中国社区建设而言,将是极其重要的。

再次,纠纷解决功能。① 相对于政治与文化方面的功能而言,纠纷解决是人民调解制度最为基本和重要的功能。调解作为一种具有平等、自愿、参与、自主选择和灵活便利经济的纠纷解决途径永远具有不可替代的魅力,在当代法治社会中,调解的价值则进一步得到了提升。尽管在我国社会转型期,调解的功能一度弱化,但人民调解经过适当的转型与改造,其纠纷解决功能必将重新得到社会的认同。②

实际上,上述三种功能不可分割地并存于人民调解制度及其实践中。人民调解就其原有的制度设计、性质及功能而言,属于一种以地域(社区)组织为依托的纠纷解决方式,但是它又与治保、管理与协调等多方面的自治性功能密不可分。也正因为如此,才能起到防范、预警和早期直接介入的作用,而这些功能都是其他纠纷解决机制所不具备的。因此,人民调解应该坚持宪法的定位,强调其作为民间自治组织的性质、功能和价值。一方面,不应试图将其统合为国家的正式司法行政制度,避免国家权力过多地向人民调解组织的强力渗透或介入。另一方面,人民调解应定位为公益性的社会组织,不应以市场

① 这种纠纷解决的范围主要指民间纠纷,既包括一般意义上的民事纠纷,也包括轻微的治安和刑事案件,同时涉及大量非法律调整的民间纠纷,其范围和作用都比诉讼和法院管辖的范围大得多。
② 关于多元化纠纷解决机制及调解的理论问题,参见前引笔者:《非诉讼纠纷解决机制研究》第一章。

化机制将其转化为营利性机构,也不应仅以效益标准作为衡量其价值的依据。① 同时,为了使各种调解分别发挥出各自的特点,不宜以人民调解统合所有的民间调解和非诉讼机制;即使采用"大人民调解"的概念,也应将村、居委会调解作为基点,分别保留不同层级和形式的人民调解的不同特色,不宜在调解人员资质和程序等方面作出统一的规定。

3. 确立和理顺行政机关和基层政府的纠纷解决职能、机制、程序及责任

目前的纠纷解决机制中,最为混乱和急需规范的是各类行政性程序和机构。不言而喻,一部调解法不足以完成这一任务,但可以通过调解法对行政调解的基本地位、功能、程序、效力以及同司法和民间程序的衔接等作出原则性规定,使各种独立的机制形成一种有机的联系。今后则需通过不同的实体法(例如《劳动法》、《环境保护法》等)和程序法以及单行法,针对不同类型的纠纷分别加以设立专门性的处理程序。

4. 司法程序与各种非诉讼调解之间的衔接

调解法的一个中心任务是促进调解的发展、提高调解的效力,使非诉讼调解与法院的民事诉讼程序形成衔接。在这个问题上,必须综合考虑我国纠纷当事人的需求、纠纷解决的效果和司法资源的合理利用等几个方面,保证既能为当事人提供更多的选择,又不会损害其诉讼权利,同时能有效地制约调解的滥用,提供合理的救济机制。

---

① 由于村居委会调解的纠纷解决与其他职能融合一体,因此不能简单地将其与法院和其他专门程序等同,以其人员、组织和实际解决纠纷的数量作为衡量其效益的指标,应特别重视基层人民调解的预防、主动介入和早期介入的作用。同时,尽管人民调解确实缺乏资金和资源,但是一旦走市场化和所谓"自律"机构的道路,其优势立即会大打折扣甚至不复存在,甚至会危及其正当性。一些基层司法所和法律服务所的实践已经提供了前车之鉴。

第九章 创新社会矛盾调节工作机制

社会矛盾调节工作是一项极为复杂而艰巨的社会系统工程,需要调动各种社会力量,运用各类社会资源,形成反应灵敏、运行有效的工作机制。灵活、高效的社会矛盾调节工作机制是应对复杂局面、提高化解和处理社会矛盾能力的有力保障。长期以来,在调节各类社会矛盾,尤其是处理人民内部矛盾过程中,我们已经逐渐形成了包括预警机制、治安防控机制、人民调解机制、社会心理调节机制、应急机制以及社会矛盾调节的考核、监督和追究机制等在内的一整套比较完整的工作机制。结合新时期的矛盾特点和全面建设小康社会的历史任务,深入探索健全、完善和创新社会矛盾调节工作机制的新途径,具有十分重要的意义。

一、健全社会矛盾预警机制

所谓社会矛盾预警机制是指在社会矛盾处于潜伏时期,能够及时察觉、预告有关迹象,并予以恰当处置的组织体系和制度设计。建立、健全灵敏有效的社会矛盾预警机制,努力掌握矛盾调节的主动权,是调节和处理社会矛盾的重要前提。

美国著名公共管理学家戴维·奥斯本指出,政府管理的目的是"使用少

预警信息
（政府部门与非政府部门）

矛盾及冲突　一般、较大社会

大、特别重　重

人民调节
（各级调节组织）

信息报告
（党和政府机关）

应急处置措施（事发地政府和有关部门）

社会心理调节
（社会舆论、公众传媒）

治安防控
（城乡基层组织、治安部门）

监督、考核和责任追究
（纪检、监察部门）

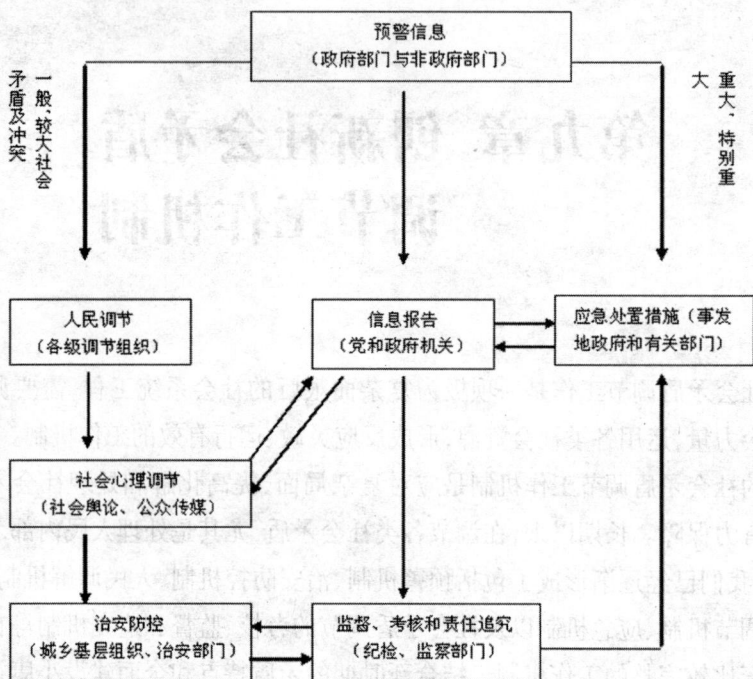

社会矛盾调节机制结构示意图

量钱预防,而不是花大量钱治疗"。① 社会矛盾预警的价值在于防患于未然,其效应不像社会矛盾发生后的应急处理那样引人注目,其效果也多以隐性方式存在。所以,在不少人眼中,成功的公共管理只是意味着在社会矛盾爆发后政府有关部门如何及时应对、妥善处理。实际上,当代公共管理的首要之义在于社会矛盾初露端倪时,就能及时察觉,采取措施,果断处置。实践证明,随着社会矛盾的爆发越来越频繁和加剧,社会矛盾预警机制的建立势在必行。在当今世界上,越来越多的国家投入大量的人力、物力和财力用于建立社会矛盾

---

① ［美］戴维·奥斯本、特德·盖布勒:《改革政府——企业精神如何改革着公共部门》,上海译文出版社 1996 年版,第 205 页。

的预警机制,力求防患于未然。显而易见,要防止社会矛盾的恶化及社会危机的爆发,就必须建立畅通的反应机制,及时、准确地做出监测和预警。下面我们从一件真实的案例,来说明建立社会矛盾预警机制是何等的重要。

2000 年 11 月 25 日中午,陕西省白水县西固镇器休村,农税员收税时被农民打了一拳。当天晚上,农税干部带着十几名警察、两辆警车来到村里,没有找到打人的农民,他们便连踢带打,强行铐走该农民家中其他四人,包括一个十几岁的孩子。为了救人,几百农民冲进镇政府,打砸了镇政府和镇派出所,酿成了震动全国“11 · 25”恶性事件。

微风起于青萍之末。这一事件从表面上看是由于农税员与纳税户之间的偶然冲突,实际上在其背后却反映了当时由于农林特产税征收不合理以及个别政府工作人员工作作风粗暴而导致的干群关系紧张所引起的社会矛盾的尖锐和激化。事后,据该县县委组织部长马银录率领的工作队的实地调查证实,器休村是白水县 10 个苹果生产基地之一,同时也是上缴农业特产税最多的村之一,在苹果效益好的时候,全村税收任务基本可以完成。可是 1998 年以后,苹果市场价格连年下滑,农民收入锐减,但当地税务部门仍然不顾实际情况,强行征收高额税款,许多农民被迫向银行贷款完成税收任务,造成不少家庭债台高筑,由税收问题引起的诸多矛盾在该村一触即发,“小康村”变成了干群关系最紧张的一个村①。诚如该村一位村民所说,“这样发展下去迟早是要出事的”。

然而,对这些潜在的矛盾和危机,当地政府部门缺乏足够的认识,没有采取任何防范措施,以致最后酿成恶性事件。值得注意的是,在现实生活中,这样的例子比比皆是。事实昭示我们,绝不能等待矛盾激化后,才采取措施,而必须健全社会矛盾预警机制,变“亡羊补牢”为“防患于未然”。

在健全社会矛盾预警机制过程中,政府扮演着十分重要的角色,发挥着不可替代的主导作用。因为政府是公共权力的行使者,拥有大量的社会资源,具备建立社会矛盾预警机制的合法性与权力。我们认为,面对社会矛盾多发的

① 参见马银录:《向农民道歉——一个县委组织部长的驻村手记》,西北大学出版社 2002 年版。

严峻形势,各级政府应采取以下具体措施,努力健全社会矛盾预警机制。

(一)健全社会矛盾信息收集和处理机制

准确、成功的预警是建立在大量的数据、信息和资料的基础上的。因此,必须及时、全面、准确地收集各种可能导致社会矛盾爆发的信息,并及时地处理这些信息,以便政府部门能够识别出危机的最初状态,并且能够准确地估计和衡量危机发生的可能性和严重程度。政府在日常生活中要对所有可能会对社会造成潜在威胁的事件及时跟踪,分类排查,据此收集与之相关的各种信息,并根据情况的变化随时掌握和更新有关信息。尤其要对有可能直接威胁整个社会稳定和发展的信息进行优先处理,通过整理分析,做出科学预测,分析爆发的可能性、发展趋势、进一步恶化的几率以及出现后可能产生多大的副作用等等,并将这些信息分析结果作为制定公共政策,及时化解社会矛盾的重要参考和基本依据。

在信息收集中,要注意信息来源的多方面性,既要重视政府部门的,又要关注民间的;既要重视正式组织的,又要关注非正式组织的。信息是通过自上而下的行政层次来收集,而信息的汇总却是通过自下而上的层层传递来实现的。长期以来,一些地方政府和有关部门在信息传递方面喜欢欺上瞒下,报喜不报忧,内部信息渠道严重阻塞。有些影响社会发展和稳定的深层次矛盾的信息很难传达到政府的决策层,结果就会使政府失去在矛盾早期控制其发展的机会。所以,各级政府部门应健全信息收集机制,简化沟通层级,扩大信息覆盖面。同时,还应建立全方位的信息网络系统,覆盖各级政府部门、基层组织、科研机构、事业单位以及其他社会组织。为此,我们走访了西安市长安区,该区近年来认真做好社会矛盾情报信息的收集报送工作,三年共报送《稳定工作情况》30 期,累计信息 288 条,报送工作动态和重大信息 63 条。没有出现信息的迟报、漏报现象,及时掌握社会动态,了解社情民意,有力地保障了各类社会矛盾的及时化解,保持了社会的安定团结局面。

(二)完善社会矛盾监测机制

预警机制能否发生效力直接取决于能否对社会矛盾进行科学监测。对社会矛盾的科学监测以长期观察研究为基础,只有研究达到量的积累,才能从纷繁复杂的现象中找到本质的存在,揭开矛盾内在的发展趋势。据有关资料介绍,南京市玄武区为切实维护社会稳定、化解矛盾,在全国率先建立起重大矛盾纠纷的监测与预警机制。目前,玄武区警方已成立重大疑难问题调解中心,对辖区内的社会矛盾进行监测并根据轻重缓急分级处理。例如,11 个街道相继成立人民调解委员会,对情况紧急、肯定会发生群体性事件的列为一级预警信息,实行一级管理,由区公安分局、司法局、信访局、主管单位、街道和所属派出所负责,组织力量靠前指挥,同时做好处置预案及各项准备工作,及时有效地化解社会矛盾;对问题比较突出,可能出现群体性事件的列为二级预警信息,实行二级管理,由街道调委会、司法所和派出所进行疏导和法制教育,力争将群体性事件化解在萌芽状态;对有不稳定苗头的纠纷信息列为三级预警信息,由社区管段民警、社委会主任及社区志愿者负责疏导和化解①。假如像南京玄武区一样,建立健全社会矛盾监测机制并妥善化解矛盾,也许就不会发生上述陕西白水的"11·25"事件。

(三)及时编制预警方案

根据收集和处理的社会矛盾信息,精心制定化解和处理各种社会矛盾的预警方案。上海市宝山区政府在这方面积累了丰富的经验,他们在对上海已经发生或可能发生的社会矛盾进行归纳分析的基础上,制定了 19 类 25 种社会矛盾的预警方案。从而有力提高了区政府处理和化解社会矛盾的水平和能

---

① 《南京市玄武区政府工作报告(2004)》,http//www.xuzf.gov.cn。

力①。

西安市长安区政府组织针对影响稳定的社会矛盾,实行"一个问题、一名领导、一套班子、一个方案、一抓到底"的工作机制和责任追究机制。对绝大多数重大隐患和突出问题,都采取发现在基层,落实在基层,解决在基层。对影响稳定的重大问题,区委、区政府及有关部门及时化解与处理。三年来,共有9起重大事件被"区维护稳定办公室"下发预警单,督促相关部门进行了认真处置并反馈上报。为了构筑社会矛盾纠纷排查调处网,成立了区维护稳定工作领导小组及办公室,建立健全了区、乡镇(街道)、村(居)委会三级情报信息网络,建立了要情报告制度和零报告制度。全区25个乡镇、街办建立了矛盾纠纷排查调处工作机构,明确了稳定工作联络员,为加强排查,努力消除矛盾纠纷,发挥了积极的作用。

值得强调的是,除了各级政府在健全社会矛盾预警机制方面发挥主导作用外,传媒预警也是社会矛盾预警工作机制不可或缺的组成部分。传媒预警是指在社会矛盾即将来临或处于萌芽状态时,大众传媒以社会预警为直接目的进行信息的采集和处理工作,并将采集和处理后的信息传播出去,以起到防患于未然、最大限度地减少损失的活动。众所周知,社会稳定需要全体民众的共同参与,社会矛盾的突然爆发暂时打破了社会的稳定局面,要重建稳定的社会秩序就必须将信息告知公众,帮助他们采取合理的应急措施,以防止事态的进一步恶化,从而保障他们的生命和财产免受侵扰,最大限度地减少损失。我国的大众传媒正是作为联系党和人民群众的桥梁和纽带,担负着上情下达、下情上达的任务,在社会矛盾爆发时期的作用尤为突出。因此,在健全社会矛盾预警机制的过程中,政府应该重视媒体的预警功能,紧密合作,共同促进社会的和谐与稳定。

---

① 《上海市宝山区政府工作报告(2005)》,http//www.bshq.sh.gov.cn。

二、健全完善社会治安防控机制

　　所谓社会治安防控机制是指在地方党委、政府的统一领导下,组织有关职能部门和社会各界力量,运用侦查、预防、控制、管理、打击、教育、疏导等多种手段,在政治、经济、文化、科技等领域建立起来的,以人防、物防、技防、意识防相结合的反应快速、防范严密、控制有效的社会治安综合治理的组织体系和制度安排。

　　社会治安防控机制是有效调节社会矛盾的"第一道防线",在化解社会矛盾、预防社会犯罪中发挥着重要作用,一是对可能酿成社会矛盾的主体进行有效预防和控制,避免或减少破坏性的社会矛盾发生;二是对易受侵害的目标实施安全保护,增强其抗侵害能力;三是对已发生的各种案件能及时侦破,并对犯罪分子予以有效打击。由此可见,它的性质既不是消极防范,也不是单纯打击,而是打防结合、以防为主的"攻势性"防控机制。[1]

　　在全面建设小康社会的进程中,健全、完善社会治安防控机制对于化解和调节社会矛盾具有十分重要的意义。

　　首先,健全、完善社会治安防控体制是建设社会主义和谐社会的迫切要求。构筑严密的社会治安防控机制是建设社会主义和谐社会的基础工程,也是维护稳定、营造良好治安环境的重点。社会治安是经济发展的重要环境,开展人民治安防控机制建设,可以为"和谐社会"建设构筑牢固的根基,有效维护社会稳定,营造良好的发展环境。因此,必须把建设人民治安防控机制工作摆到突出的位置,采取强有力的措施,重点突破,强力推进,发挥效能,不断完善。这样才可以使"和谐社会"建设的基础更加牢固,工作更加主动,实现社会主义和谐社会建设的宏伟目标才更有保障。

　　其次,健全、完善人民治安防控机制是落实社会治安综合治理方针的必要

---

　　① 宋华君:《对社会治安防控体系建设的理性思考》,《公安研究》,2004 年第 9 期。

举措。建立健全人民治安防控机制,是建立和保持良好社会治安秩序、维护社会政治稳定的必要举措。实践表明,要从根本上扭转"打不胜打、防不胜防"的被动局面,必须把"严打"与"严防"有机结合起来,加强治安防控机制建设。我国各乡镇(街道)、村(居)委会及厂矿企事业单位,拥有一大批维护社会治安的社会力量,但由于缺乏有效地组织牵头指导,各种社会力量处于条块分割、各自为战的松散状态。如果通过人民治安防控体制建设有效地发挥组织、协调、指导职能,整合辖区各种治安力量,系统地开展多时空、多层次的社区防控工作,依靠社会治安力量形成较为严密的打、防、控一体化体系,必然会有效提高社会治安综合治理的威力与成效。

再次,健全、完善社会治安防控体制是应对动态复杂社会矛盾形势的有效手段。随着我国改革开放的不断深入,城市化进程的加快,经济结构的战略性转变和利益格局的调整,人、财、物流动不断加速等原因,社会矛盾呈现动态化、复杂化的趋势,不安定因素和群体性事件大量出现,使得社会治安管理的难度较以前更大;突发性事件处置工作以及人口、场所、行业的动态管理工作,比以往任何时候都要艰巨繁重,这必然要求社会治安管理的模式由静态管理向动态管理转变,由以块为主向区域协作联动转变。全面加强人民治安防控机制建设,实行"专群结合"、"动静结合"、"点线面结合"的方式,才能增强社会各方面驾驭社会矛盾的能力,才能及时应对社会矛盾形势动态化、复杂化所带来的各种问题和情况,保障社会的长治久安。

针对我国当前社会治安防控体制的运行实际,进一步有效落实治安防范的各项措施,着力加强新形势下的人民治安防控机制建设,必须立足于我国现阶段的基本国情,坚持"打防结合,预防为主"的原则,在各级党委、政府的统一领导下,充分发挥各部门、各单位特别是政法综治部门的职能作用,广泛动员社会公众参与,通过抓试点、抓热点、抓难点、树立典型、以点带面,扎实推进,保证质量和进度;通过实现城乡互动,整体推进,坚持在经常性"严打"的基础上,以加强基层基础工作、增强社会治安防控能力为重点,以保障社会的安全和稳定为目标,建立维护社会稳定的长效机制,为我国全面建设小康社会创造和谐、稳定的社会环境。①

(一)加强农村社会治安防控机制建设

在广大农村,紧密围绕社会主义新农村建设,建立、健全专门的治安防控队伍,促进村民的积极参与,形成群防、群治的治安防控队伍,实现农村治安工作的制度化、规范化,全面提高治安防控区域的覆盖率。所有的村(组)都要组建专职的治安巡逻队伍,开展经常性治安巡逻;建立、健全治保会组织,农村基层组织要充分发挥安全保卫职能,加强所辖区内的治安防范和矛盾纠纷排查工作;公安派出所要指导在住户相对集中的村落建立永久性的护村值班室,由专职治安巡逻队轮流值班;在住户分散、地形复杂的村落要选择适宜地点,设立护村卡点,由专人巡逻值班;各村(组)还要结合实际,在夏收、秋收、瓜果蔬菜成熟季节,自发组织义务治安巡逻队伍,轮流执勤,建立季节性治安防范机制;并且要逐步推行"警铃入户"的防范措施,实现一家有警,全村出动的防控网络,及时化解农村社会矛盾,共同维护农村社会治安。

(二)加强城镇社区治安防控机制建设

城镇社区的社会治安防控机制,要坚持专门工作与群众路线相结合的方针,构建严密的防控网络,以小区域的治安稳定带动和促进整个城镇社会治安的稳定。要深入开展安全防范宣传教育,充分利用群众喜闻乐见的宣传方式,宣传安全防范知识,增强群众的自我防范意识。要认真抓好群防、群治工作,积极指导、组织居民小区保安、治安信息员为主的群防群治队伍,因地制宜地开展纠纷调解、治安巡逻等行之有效的群防群治工作。要切实搞好安全防范设施建设。在住宅楼内应全部安装防盗门、楼道照明设施等;有条件的小区,要积极推广防盗工程,安装闭路监视系统、楼宇程控门、电子报警、红外报警设

---

① 金其高:《论社会治安防控的基本模式》,《上海公安高等专科学校学报》,2004 年 2 期。

施等;住宅小区都要建立自行车棚,有条件的还应有机动车停车场。另外,社区居委会还应根据实际情况,建立专职治安联防队,在社区民警的组织下,实行昼夜巡逻看护;所有居民楼、院要设立治安员、护楼、护院员、楼长等,散居区可设治安中心户长;以社区为单位,建立健全人民调解委员会和治保会。封闭小区要设立门卫室或值班室,配备专职值班人员;物业管理小区应按一定比例配备保安员,实行着装上岗。

(三)抓好公共场所的治安防范机制建设

公共场所是社会矛盾的易发地,要重视公共场所的治安防范质量,提高公共场所治安管理的科技含量,在制度管理的基础上,有关部门要对公共娱乐场所和特种行业开展经常性的安全检查,及时发现和解决治安管理工作中存在的问题,从严整治违规经营的行业场所,剪除引起社会矛盾激化的各种"导火线"。有关部门要明确规定各大中型超市、商场、集贸市场、宾馆饭店等人员集中地区和场所必须安装监控系统;金融储蓄网点,证券交易场所、金银珠宝商店,机关、团体、企事业单位钱财物集中的重要部位,都要安装防盗门、防护栏等防范设施,确保技术报警设施的安装,尽快实现与"110"报警、接处警中心联网,以保证公共场所的治安稳定。

(四)加强情报信息工作,强化隐蔽战线斗争

以情报信息为纽带,发挥其在治安防控机制建设中的整合功能。采取有效的措施,鼓励广大民警和信息员要在兼顾各自重点的同时,拓宽情报信息工作渠道。特别注重对违法犯罪类情报信息的采集和处理,不断延伸信息采集的触角,有重点地开辟情报信息渠道。加强情报信息的研析和通报,建立健全情报信息定期通报、各警种联席会议等制度,定期沟通情况,强化情报信息主导警务的观念,加快建立健全全方位、多层次、宽领域的情报信息网络,提高预警的灵敏性和准确性,牢牢掌握维护稳定的主动权。

(五)做好矛盾纠纷排查调处工作,妥善处置群体性事件

加强矛盾纠纷排查调处制度化、规范化建设,进一步完善县、乡、村三级调委会(调解中心)和企事业、区域性调委会组织网络建设,对矛盾纠纷排查调处实行分级负责、归口督察的办理制度,形成党政挂帅、部门联动、各方参与的大调解格局。坚持抓源头、抓苗头,充分发挥基层人民调解的作用,综合运用法律、行政、经济和教育等手段,理顺群众情绪,解决合理要求,切实增强排查调处的针对性和实效性,最大限度地减少和避免矛盾的发生,做到小纠纷不出村(居)、大纠纷不出乡镇(街道)、重大疑难纠纷不出县(市、区)的矛盾调节格局。

(六)加强法制建设,推进依法治理

要把依法决策、依法治理、依法办事的要求贯穿于人民治安防控机制建设的全过程。做出的任何决策部署都要符合法律的原则,采取的工作措施要符合法律的规定和要求。要加强社会法制意识和氛围,深化普法教育,扎实推进"法律下乡"、"送法进社区"、"送法进校园"等活动,不断增强干部群众的法治意识,特别要加强对青少年的教育管理,将青少年法制教育基地建设纳入基本建设规划,努力营造"有法可依、有法必依、执法必严、违法必究"的民主法治环境。

(七)把握正确的舆论导向,提供强大的舆论支持

充分利用各种形式宣传建设人民治安防控机制的重大意义、目标要求、方法步骤;宣传建设中的有效做法、经验典型。要树立人民群众是人民治安防控机制建设主体的意识,相信群众,依靠群众,充分调动人民群众参与的积极性,真正把人民治安防控机制建设变为人民群众的自觉行动。大力挖掘和整合社

会人力资源,通过行政、法律、经济、教育等手段,动员和组织全社会力量共同做好各项工作,提高人民群众自我防范意识和防范能力。

(八)落实领导工作责任

建立健全由各级政府、党委总体负责组织实施、号召各方参与、形成运转有序的工作机制。各级领导要亲自抓督察工作,适时派出督察组,对各地、各部门在人民治安防控机制建设中的组织领导、措施落实、工作绩效等方面开展检查,了解掌握情况,及时"查漏纠偏"。落实工作责任制,建立"纵向到底、横向到边、上下联动"的责任网络和决策目标、执行责任、考核监督三个体系。对在人民治安防控机制建设中成效突出的地方、单位及其领导要给予表彰奖励;对工作落后的要实行督促、激励,督促整改;对因思想不重视、责任不明确、措施不到位、工作不落实,造成重大群体性事件、重大治安案件和恶性刑事案件的,应追究主要领导、分管领导和责任人的责任。

(九)提供物质技术支持

各级党委、政府要高度重视人民治安防控机制建设的人、财、物保障。适当配置人员,精简机构,充实基层。要把人民治安防控机制建设的工作经费列入专项预算,并随着地方财政增长相应加大防控基础设施建设、科技强警建设的经费投入。按照"谁受益、谁出资"的原则,采取财政拨一点、受益单位和个人适当出一点的办法,解决好"群防群治"所需经费,确保建设人民治安防控机制的顺利进行。

三、健全完善人民调解机制

所谓人民调解是指在各级人民调解组织的主持下,依据国家法律、法规和社会公德,用说服教育、规劝疏导的方法,促使纠纷各方互谅互让、平等协商,自愿达成协议,消除纷争的活动。人民调解是一项具有中国特色的社会主义法律制度,是人民群众进行自我管理、自我服务、自我教育、自我约束的基层民主自治活动,是化解社会矛盾纠纷、维护社会稳定的重要措施。

人民调解的基本组织形式是人民调解委员会和调解小组。具体包括乡镇(街道)调解委员会调解、村(居民、企业)调解委员会调解等。内容涉及到家庭纠纷、劳动争议、集市贸易、行业欺诈等社会生活、生产方面的各种纠纷和矛盾等。

随着社会主义市场经济体制的逐步建立和我国社会生产、生活的多元化发展,"人民调解"的概念已向更广阔的领域不断延伸。实践中调解组织已经多样化,除传统的人民调解外,还有劳动争议调解、消费者协会调解、仲裁调解、行业协会调解、社团组织调解、流动人口调解、集贸市场调解、跨区域调解。此外,与房管、妇联、计生委、公安、工商等部门联合成立的专项联合调解等等,构成了一个解决社会矛盾和纠纷的调解网络。

人民调解机制是具有中国特色的社会矛盾调解工作机制之一。它与法院和行政机关所形成的调解机制相比,具有以下基本特征:

首先,它是在各级地方政府和基层司法机关指导下进行的调解活动。人民调解组织坚持党的领导方针、政治路线,依国家法律、法规和规章制度作为行为准则。在法律法规没有规定的地方,依据社会公德作为行为准则。

其次,它是自愿性的群众组织活动。人民调解作为人民群众自我管理、自我约束、自我教育、自我服务和及时化解民间纠纷的有效途径,它以人民自愿接受调解和自愿履行协议为前提,调解结果不具有强制性。在人民调解中,当事人有很强的选择性,对调解的方式、规范、程序和结果进行自主选择,其选择的动机也是多方面的,既可能是基于成本效益、便利、快捷方面的考虑,也可能是对情感和长远关系的顾及;既可能是对于诉讼的回避,也可能是对理性公正的追求。

再次,基本功能是解决纠纷,化解矛盾。区别于一般组织或行政机构的管理性、职能性活动,人民调解以其快速、灵活、便捷的方式处理一般民事纠纷与轻微刑事案件,并通过调解进行政策法令的宣传教育。一方面能够使人民内部矛盾得到便捷、有效的解决,节约诉讼成本,缓解法院等国家机关的压力;另一方面,具有普及法律知识,协调社会发展的作用。

人民调解制度是在党的领导下,在继承、发扬我国民间调解传统的基础上,经历革命、建设和改革各个历史阶段的实践,不断发展和完善起来的一种社会自律机制。早在第二次国内革命战争时期,人民革命政权就曾在解放区先后建立过各类群众调解组织,颁布过有群众调解组织和活动的条例、法令、指示和决定。中华人民共和国成立后,1954 年中央人民政府政务院发布的《人民调解委员会暂行组织通则》是建立人民调解委员会的法律依据。1956年全国农业合作化高潮以后,在很多地区的人民调解委员会一度曾与民政委员会合并,设置为民政调解委员会。1980 年国务院重新发布《人民调解委员会暂行组织通则》,该通则规定,调解委员会的任务为调解民间一般民事纠纷与轻微刑事案件,并通过调解进行政策法令的宣传教育。1982 年,我国宪法规定城市和农村按居民居住地区设立的居民委员会或者村民委员会是基础群众性组织。居民委员会、村民委员会均设人民调解委员会,调解民间纠纷,协调维护社会治安,并且向人民政府反映群众的意见要求和提出建议。2004 年宪法进一步重申了这些规定。

目前,我国的人民调解委员会主要有以下几种:(1)农村村民委员会的人民调解委员会。根据具体情况,小村(200 户以下)设 3 - 5 人;中村(200 - 500户)设 5 - 7 人;大村(500 户以上)设 7 - 9 人为调解委员会委员;(2)城市居民委员会的人民调解委员会。城市居民委员会下设人民调解委员会,由 5 - 9人组成;(3)厂矿一级设调解领导小组,在车间设调解委员会,在工段、班组设调解小组或调解员。随着改革开放以来社会结构的变化,在实践中还产生了一些适应需要的调解委员会形式,如消费者协会、行业协会、社团组织、集贸市场等都设立了专门的调解机构。此外,房管、妇联、计生委、公安、工商等部门成立的专项联合机构调解等等。

据不完全统计,我国各类人民调解委员会达到 90 万多个,有专兼职人民调解员 800 余万人。全国城乡各类调解组织平均每年调解社会矛盾和纠纷达

600 多万件,制止群众性械斗 3 万多起,防止群众性上访 4 万多起,涉及 100 多万人,防止民间纠纷激化为刑事案件 6 万多件,防止民间纠纷引起自杀 4 万多人。[①]

根据我国《人民调解委员会暂行组织通则》规定,人民调解委员会委员除由村民委员会成员或者居民委员会成员兼任的以外,大部分由群众选举产生,每 3 年改选一次,可以连选连任。多民族居住地区的人民调解委员会委员中,应有各民族代表参加。为人公正、联系群众、热心调解人民工作,并有一定法律知识和政策水平的成年公民,可以当选为人民调解委员会委员。

人民调解工作的基本程序是:

1. 受理纠纷

(1)受理范围。人民调解委员会调解的民间纠纷,包括发生在公民与公民之间、公民与法人和其他社会组织之间涉及民事权利义务争议的各种纠纷。(2)申请方式。当事人申请调节纠纷,可以书面申请,也可以口头申请。(3)地域管辖。民间纠纷,由纠纷当事人所在地(所在单位)或者纠纷发生地的人民调解委员会受理调解。

2. 调解纠纷

(1)告知当事人权利义务。(2)纠纷当事人享有的权利:自主决定接受、不接受或者终止调解;要求有关调解人员回避;不受压制强迫,表达真实意愿,提出合理要求;自愿达成协议。纠纷当事人承担的义务:如实陈述纠纷事实,不得提供虚假证明材料;遵守调解规则;不得加剧纠纷、激化矛盾;自觉履行人民调解协议。(3)人民调解委员会调解纠纷,在调解前应当以口头或者书面形式告知当事人人民调解的性质、原则和效力,以及当事人在调解活动中享有的权利和承担的义务。调解期限。人民调解委员会调解纠纷,一般在一个月内调结。

3. 履行协议

(1)经人民调解委员会调解解决的纠纷,有民事权利义务内容的,或者当

---

① 张福森:《推动全面改革,完善人民调解制度》,《求是》,2005 年第 22 期。

事人要求制作书面调解协议的,应当制作书面调解协议。(2)人民调解委员会应当对调解协议的履行情况适时进行回访,并就履行情况作出纪录。(3)当事人无正当理由不履行协议的,应当做好当事人的工作,督促其履行。(4)如当事人提出协议内容不当,或者人民调解委员会发现协议内容不当的,应当在征得双方当事人同意后,经再次调解变更原协议内容,或者撤销原协议,达成新的调解协议。(5)对经督促仍不履行人民调解协议的,应当告知当事人可以提请基层人民政府处理,也可以就调解协议的履行、变更、撤销向人民法院起诉。

值得注意的是,随着社会转型,人民内部矛盾越来越多样化、复杂化。社会流动人口加快,许多社会主体逐渐脱离原有的地域和单位,人际关系从原有的亲近和相互依赖转向了陌生和彼此独立,传统的说服、教育、规劝已不能发挥应有的作用。纠纷数量和类型的大幅度增长,如农民工工资问题,城市征地、房屋拆迁,家庭和睦等社会问题日益复杂化。所有这些使得原有人民调解组织和机制已不能适应当前社会经济发展的需要,从一组统计数字:调解与诉讼的比例在上世纪 80 年代约为 17:1,而这一比例在 2001 年已经下滑到 1:1,可以看出人民调解工作有削弱的趋势;一些地方对加强人民调解工作的重要性认识不够,抓落实不够,使制约人民调解工作发展的主要问题没有得到真正解决;一些地方村(居)调解组织建设不健全,有名无实、瘫痪半瘫痪、不发挥作用的调委会依然存在;有的乡镇、街道人民调解组织建设不够规范;人民调解员队伍整体素质有待进一步提高;一些地方人民调解经费、培训、场所不健全等等,都制约着人民调解作用的发挥①。显而易见,改革、创新和健全人民调解机制势在必行。

关于健全和完善人民调解机制,理论界发表了不少意见,如张卫军在《法学》2002 年 12 期上发表的《人民调解完善与发展路径》,史长春在《烟台大学学报》2003 年 4 期上发表的《市场经济条件下人民调解的地位重构》以及缪晓宝在《中国司法》2004 年 9 期上发表的《关于人民调解工作的思考与实践》等

---

① 林险峰:《当前人民调解工作的困境与出路》,《中国司法》,2004 年第 11 期。

等。参考学者们的观点,结合我们的调研实际,我们认为,健全和完善人民调解机制,当前应着重采取以下措施:

1. 发展多种形式的人民调解组织

村民委员会人民调解委员会、居民委员会人民调解委员会是人民调解工作的基础,是广大群众民主自治的较好形式之一,要巩固组织,规范工作,增强活力。要结合农村基层组织建设和城市社区建设,使其得到进一步巩固和发展。要适应新形势下化解民间纠纷及维护社会稳定的需要,积极推动建立和完善乡镇、街道人民调解组织,将乡镇、街道的司法调解中心逐步规范到人民调解的工作范畴。乡镇、街道人民调解组织可以由辖区内公道正派,业务能力强,热心人民调解工作,群众威信高的人民调解员、退休法官、检察官、律师、法学工作者及司法助理员等组成。企业、事业单位设立的人民调解委员会也要巩固和完善组织,充分发挥作用。要积极稳妥地发展行业性、区域性的自律性人民调解组织。人民调解工作要采取多种组织形式,便民利民,及时化解民间纠纷。

2. 拓宽人民调解的工作范围

积极引导人民调解组织在调解公民与公民之间的婚姻、家庭、邻里、房屋宅基地等多发性、经常性民间纠纷的基础上,还要主动介入公民与法人、与社会组织之间的矛盾纠纷以及社会热点、难点纠纷的化解,建立健全矛盾纠纷排查调处工作机制,采取各种措施,防止矛盾激化。

3. 规范人民调解委员会的工作

要结合新时期人民调解工作的实际情况,进一步规范人民调解的工作方式、工作程序、工作纪律,增强人民调解程序的公正性,提高人民调解委员会的工作水平和社会公信力。人民调解工作应遵循的三项基本原则是:依据法律法规、规章和政策及社会主义道德进行调解;在双方当事人自愿平等的基础上进行调解;尊重当事人的诉讼权利,不得因未经调解或者调解不成而阻止当事人向人民法院起诉。人民调解委员会调解纠纷,要坚持公开、公平、公正,及时化解矛盾纠纷,按规定进行登记和制作笔录,根据需要或者应当事人的请求,制作调解协议。可以邀请公安派出所等有关单位和个人参加调解工作,被邀请的单位和个人应当给予支持。人民调解委员会调解民间纠纷不收费,人民调解员要严格遵守《人民调解委员会组织条例》规定的纪律。

4. 依法确认人民调解协议的法律效力

各级人民法院特别是基层人民法院及其派出的人民法庭,应认真贯彻执行《最高人民法院关于审理涉及人民调解协议的民事案件的若干规定》,对在人民调解委员会主持下达成的调解协议,一方当事人反悔而起诉到人民法院的民事案件,应当及时受理,并按照该司法解释的有关规定准确认定调解协议的性质和效力。凡调解协议的内容是双方当事人自愿达成的,不违反国家法律、行政法规的强制性规定,不损害国家、集体、第三人及社会公共利益,不具有无效、可撤销或者变更法定事由的,应当确认调解协议的法律效力,并以此作为确定当事人权利义务的依据,通过法院的裁判维护调解协议的法律效力。

5. 提高人民调解员的素质

人民调解员应该具有较高的思想道德水平,公道正派,热心人民调解工作,能够联系群众,在群众中有威信,并有一定的法律知识和政策水平。要按照不同类型、不同层次人民调解委员会工作范围的特点和要求,明确各类人民调解员必须具备的法律水平和文化程度,定期进行培训,不断提高人民调解员的综合素质。乡镇、街道人民调解委员会可以通过民主选举与聘任相结合,不断优化人民调解员的队伍结构。

6. 加强人民法院对人民调解委员会的指导

根据《中华人民共和国民事诉讼法》、《中华人民共和国人民法院组织法》的规定,指导人民调解委员会的工作是人民法院的职责。各级人民法院特别是基层人民法院及其派出的人民法庭要不断总结经验,深入探索研究,切实加强和改进对人民调解委员会工作的指导。人民法院审理涉及人民调解协议的民事案件,调解协议被人民法院生效判决变更、撤销或者确认无效的,可以适当方式告知当地司法行政机关或者人民调解委员会;发现人民调解员违反自愿原则,强迫当事人达成调解协议的,应当及时向当地司法行政机关或者人民调解委员会提出纠正的建议;要积极配合当地司法行政机关加强对人民调解员的业务培训,帮助人民调解员提高法律知识水平和调解纠纷的能力。基层人民法院及其派出的人民法庭可以通过举办培训班等方式对人民调解员进行培训或组织他们旁听案件审判,可以安排人民调解员参与庭审前的辅助性工作,也可以聘任有经验的人民调解员担任人民陪审员。

四、健全社会心理调节机制

社会心理是指未经过理论加工和升华的、流行的大众心态。社会心理直接受物质文化和制度文化的影响与制约,并与行为文明交融互摄,相互影响。健康的社会心理是通过主观适应和客观调节过程逐渐实现的。

世界卫生组织(World Health Organization)认为,"健康是一种生理、心理和社会的良好适应,而不仅仅是没有疾病或残缺。"当今社会,社会心理健康问题已成为人类社会健康发展的重要方面,同时也是消解社会矛盾的心理基础。

改革开放以来,随着我国社会经济的持续增长,综合国力的不断增强,各阶层人民生活水平得到普遍提高,逐渐形成了积极向上的、健康乐观的社会心理。诸如对社会改革的社会心理承受力和心理抗力大大增强,已逐渐适应了社会主义市场经济建立的自主意识、竞争意识、平等意识、民主法制意识和开拓创新意识;在各种文化形态的相互碰撞中,越来越多的国民的心理取向和行为取向有了现代化的趋向,突出表现在强调个体在群体及社会中的地位和价值,强调个人主观能动性的发挥,强调个体权利、权益的维护,行为取向显现出强烈的现代性;有部分人已经或正在完成自尊型人格向自我实现型人格的转变,而大量具有独立人格和独立意志个体的存在,是中国市民社会发育成熟的基础。社会心理的主导方面对于改革的反应日益走向成熟和理智,朝着积极维护改革、发展、稳定,推进我国社会日益走向社会主义现代化的方向演进。

但不容忽视的是,由于我国社会仍然处在转型过程之中,改革的深入带来利益格局和分配关系的深刻调整,适应社会主义市场经济的相应政策、法制尚不健全,各种深层次的矛盾及改革的负面效应也逐渐显露出来,不仅人们的生活方式呈现出多样化的特点,人们的心理需求也由改革初期集中体现在解决温饱和提高生活水平这一层面上,变得更加纷繁复杂,由此出现了一些较为消极的社会心理。例如,由于近年来社会经济结构的重组,改革所带来的利益分化特别是贫富分化日益加剧,以及对于就业需求和下岗的恐惧,对于社会不公、腐败屡禁不止、治安混乱等问题的担忧,致使一些居于社会弱势或心理较为脆弱的社会成员心理上难以承受,由此而产生了巨大的心理抗力,产生了一些消极不满情绪甚至是对抗情绪,从而引发了不同程度的社会心理动荡和社会行为失范,进而产生社会矛盾和社会纠纷,甚至威胁社会稳定①。

显而易见,我们必须密切关注我国转型期的社会大众心理承受能力和国民心理动态趋势,努力健全社会心理调节机制,针对国民心理在走向上呈现出的不同特点,有的放矢地开展社会心理调节工作,尤其要加强党和国家的政策导引和控制,社会舆论的引导以及社会先进分子的示范作用,以避免无谓的社会心理震荡或国民心理失衡,为我国改革的进一步深化,为现代化战略的顺利实施建造稳固的社会心理基础。

社会心理分为积极效应和消极效应两种形式。社会心理调节工作要发挥积极效应,尽量减轻和转移消极效应。具体来说,对体制转型期的正面的、积极的社会心理,要努力提倡、发扬和强化,而对于那些与市场经济发展不同步的、甚至起障碍作用的负面消极的社会心理,要不断调适、化解和转移。

现阶段,完善和健全社会心理调节机制,应着重做好以下方面的工作:

(一)加强社会主义精神文明建设,营造健康的、积极的社会心理氛围

公民素质的提高是优化社会心理的关键。要提高人的素质就必须加强社会主义精神文明建设。社会主义精神文明是我国社会主义社会心理主导方面

---

① 参见李景华:《全面建设小康社会时期异型经济心理分析与导控》,《华北水利水电学院学报》,2004年4期;史炳军:《变迁中的陕西社会心理》,《西北大学学报》,2000年3期。

的体现和升华。大力加强思想道德、社会公德和家庭美德教育，"以科学的理论武装人，以正确的舆论指导人，以高尚的精神塑造人，以优秀的作品鼓舞人"，才能提高全民族的科学文化素质。只有公民的思想文化素质提高了，才能把带有自发性、不定型的社会心理引导到更加自觉、更富有建设性的方向上来，才能实现社会心理的优化。

在社会主义精神文明建设中，我们一定要大力建设反映时代精神的科学文化来影响社会公众。一方面，通过提供健康、文明、高雅的影视欣赏和娱乐休闲，为公众提供排解压力、舒缓心情的场所和机会；另一方面，要不断净化暴力、枪杀、黄色等消极文化的影响，杜绝、取缔那些充斥文化市场中的低级趣味的影视作品，为公民提供一个健康、轻松、积极的文化氛围。

同时还要大力宣传心理健康理念，引导公众积极体验和乐观对待生活，增强生活的自我效能感。自我效能感就是个体对自己在组织、执行行动，达到目标的过程中的能力的判断和信念。自我效能感是个体自身潜能的最具有影响力的主宰，它激发个体为达到目标所付出持久的努力；勇于面对各种挑战；不怕困难和失败；力图实现成就目标。研究发现，自我效能高的人，其沮丧等消极情绪较低，因而，提高自我效能感，就会增强其心理免疫和生理免疫。现代心理学通过对心理疾病的预防和干预问题的广泛研究发现，有效抵御心理疾患的最终力量来自于人类自身的积极力量：勇气、乐观、人际技能、信仰、希望、忠诚、坚韧等；尤其要学会维持乐观的生活态度，不断克服和避免抑郁情绪，提高健康水平。

（二）健全信息传播机制，建立起政府与社会公众之间的信任机制

把握好舆论开放与控制的动态平衡。各级政府要通过正式渠道对社会进行管理和引导信息传递。正式的信息渠道具有导向和安定人心的作用，是社会秩序化的功能性手段。但是如果社会矛盾激化，人们对从正式渠道得到的信息不满意或不足以解除心理上的紧张和压力，那么它就会造成流言的迅速

传播,而且各种流言通过种种非正式渠道并借助现代化通讯手段(如互联网、手机短信),迅速蔓延开来。这种流言在传播过程中搀杂融汇进了参与者个体的动机和情绪,有可能成为更加威胁民众心理安全感的力量。如果没有强有力的沟通手段进行澄清和干预控制,往往会导致人心惶恐、造成局面失控的严重后果。因此,政府应高度重视信息时代大众媒体和公众舆论对社会心理的影响,通过大众传播媒介及时地、有针对性地发布信息,以正视听。

实行信息封锁不仅无助于社会矛盾的解决,而且可能导致对政府的信任危机。现代管理学认为,政府信息公开的程度与公民对政府的信任程度是成正比的,准确及时的信息沟通,不仅能极大地提升政府的形象与威望,增强政府在公众中的凝聚力和信誉度,而且能让民众远离谣言,克服恐惧心理,减少不安定的因素。因此,当突发性社会矛盾事件发生后,政府要加强与各社会机构的联合,通过各种媒体工具,进行冷静、克制与理性的舆论引导,发挥心理干预的作用。具体来说,一方面,应及时通报事件的发展现状,重点详细地说明事件变化的原因和控制的效果;另一方面,积极解答群众的疑难,安抚心理,引导人们分清是非,辨别真假,增强社会的安定。

(三)建立有效的社会心理支持系统,特别是要加强对社会弱势群体的精神慰藉和心理帮助

社会心理支持是指一个人通过社会联系所能获得的他人在精神上的慰藉和心理上的帮助。社会联系是指与主要社会成员,包括家庭成员、朋友以及社会组织之间的联系。当某些社会成员生产、生活或学习遇到暂时困难时,家庭成员、朋友、特别是政府组织,除了给予他们以物质上的帮助外,还应及时给予精神上的慰藉和心理上的帮助,使他们随时感受到党和政府的关怀、社会的温暖,而不会产生被社会遗弃和政府政策"边缘化"的逆反心理和挫折心理。从某种意义上说,心理上的慰藉比物质上的支持更为重要。

为此,除了各级党政部门领导干部和工作人员经常深入基层,倾听群众呼声,关心群众疾苦,提供优质服务外,还应大力加强农村和城镇社区民政工作,

支持各类公共组织进村、入寨、驻小区,建立心理咨询(室)站,有针对性地开展心理咨询活动,使一些因际遇不顺、人生坎坷、生活困难而长期压抑、积累起来的破坏型心理能量,能够得到合理、适当的发泄或倾诉;要关注未成年人的健康成长,为他们提供良好的社区居住、生活、学习和娱乐环境,促使他们完成正常的"社会化"过程。学校、医院、流动人口居住区等人口稠密的地方,要定期请一些心理学专家举行心理知识讲座,开设心理咨询工作室。还应利用社会力量(如广播、电视、网络等),积极开通各种各样的"心理咨询热线"或"心理咨询讲座"和"心理咨询论坛",加强公民的社会心理沟通,矫正心理疾病,减少社会矛盾产生,避免社会矛盾激化。

特别需要指出的是,各级政府应高度重视对社会弱势群体的社会心理支持工作,除了政府本身做好扶贫济弱工作外,还要动员社会力量,为下岗职工、进城民工和贫困群体提供各种物质上的帮助和精神上的安慰,积极支持医疗机构,大众传媒等为这些人提供心理咨询服务,提高他们战胜困难的勇气和信心。

五、健全社会矛盾调节的应急机制

所谓社会矛盾调节的应急机制是指当社会矛盾发生激烈冲突,甚至酿成严重群体性事件时,能够及时调动社会力量,积极应对,妥善处理,迅速恢复社会秩序,并将事件带来的危害尽量降低到最小程度的组织体系和制度安排。

社会矛盾激化大多是一些社会成员向政府部门或服务单位提出群体性利益或个人利益的诉求,当这种诉求因各种原因一时难以得到满足或无法满足时,往往采取极端行为以达到目的的行为。对于此类突发事件,在相当时期内,由于政府部门调节社会矛盾的应急处理机制不够健全,面对突如其来的群体性事件,往往沿袭惯常思维方式,依据一般的行政经验进行处置,表现出方法的简单化和作风的粗暴性。这种处理方式的弊端是显而易见的:一是事发突然,留给政府部门的时间有限,由于缺乏应急处理机制,应对中难免紧张失序,以致酿成严重后果;二是处理突发事件需要有专门机制和工作人员,在事件发生后,用一般的行政经验进行处置,往往会给政府工作和形象带来负面影响;三是事发后,仅在小范围内通报或隐瞒不报,社会公众容易产生猜疑和误解。显而易见,健全社会矛盾调节的应急机制,尤其是建立有效防范和妥善处置各类群体性事件的长效机制具有十分重要的意义。

在全面建设小康社会的征程中,各级政府应该从我国社会经济、政治和文化发展的实际水平出发,积极借鉴国外先进做法,建立、健全具有中国特色的社会矛盾调节的应急机制和管理模式。

(一)调动整个社会力量,提高应急效率

20世纪80年代以来,西方国家政府的治理理念和范式发生了巨大变迁,人们对于公共行政产生了信任危机,由此掀起了轰轰烈烈的"政府再造"工程。其中一个核心的理念就是公共组织的非官僚化,也就是通过分权和非集中化,尽量削减中央政府的职能,并将中央政府的公共管理职能转移到地方政府和半公共组织之中去。在这种思想的影响下,一些学者认为,改进我国社会矛盾调节应急机制的最终思路,应该是借鉴西方新公共管理体制的基本思路,走社会化、开放化的路子,即要求政府放弃在应急管理中充当领导角色的地位。

这种主张不无道理。但历史唯物主义常识告诉我们,衡量一种应急机制和管理模式成功与否的关键,在于看其是否适应所在国的经济、社会发展的实际水平,是否能符合现实国情的需要。目前,我国的社会经济形态正处于从自然经济和半自然经济向市场经济转型的过程之中,尚处于工业化中级阶段,这就决定了政府在社会生活中发挥十分重要的、无可替代的主导作用。与此同时,考虑到我国历史上形成的"强国家、弱社会"、"大国家、小社会"的趋势不可能在短时间内得到根本性的改变,所以我们认为,现阶段继续依托政府作为社会矛盾调节的主体力量是毋庸置疑的。但另一方面,随着社会的进一步发展,政府改革的方向必然是变"全能政府"为"有限政府",变政府中心为公众

中心,加强公共服务中的顾客导向,倡导全社会的共同治理。所以,政府在社会矛盾调节的应急处置中要尽量利用和培育社会力量,而不要将一切事情都揽到自己身上。突出自己的主导职责,淡化自己的主体地位,学会调动整个社会的力量,努力提高社会矛盾调节的应急效率,尤其是应对各种突发性群体事件的能力。

(二)发挥公民社会组织在应急中的重要作用

公民社会组织是指各种非国家和非政府所属的公民组织,主要有非政府组织、公民的志愿性社团、协会、社区组织、利益团体和公民自发组织起来的运动等。它们在现代社会中被称为"第三部门"。它们具有非官方性、独立性和自愿性三个主要的特征。改革开放以来,随着我国以市场为导向的经济体制改革的不断深入,经济结构上实现了多种所有制的并存,公民生活水平极大提高,公民社会组织在中国悄然兴起,不断发展壮大。

在社会矛盾调节的应急管理中,相对于政府的大包大揽,公民社会组织的积极参与的优越性是显而易见的。

首先,公民社会组织可以起到很好的联系和沟通政府和群众之间的管道和桥梁作用。平时它们可以成为及时疏导社会不良情绪的"减压阀"和提示突发事件到来的"预警器",而当突发事件真正到来时,又可以协助政府进行社会管理和紧急救助,由于自身就是非官方性质的,所以很容易在公众中产生亲和力,更容易得到公众的积极响应和配合。同时也可以使政府从矛盾的焦点和旋涡中脱身出来,更好地进行全局性的指挥和调度。

其次,公民社会组织在知识、技能、人员、网络等多方面具有政府很难具备的特长,在应对具体的突发事件时效率更高、成果更显著。

再次,公民社会组织的兴起是一个世界性的现象,国际公民社会组织之间的联合和合作也是方兴未艾。利用这一桥梁和纽带,我们还可以很容易得到国际上在资金、技术、信息和管理等诸多方面的支持,仅仅依靠国家间的合作是很难做到的。

最后,公民社会组织还是推动政府改革的强大动力源。这突出地表现在对于应急管理过程的全方位客观的监督,在应急管理结束之后独立的评估,这是政府机构自身很难做到的,对于政府减少决策上的失误是大有裨益的。

(三)要把常态管理与应急处置有机地结合起来

社会矛盾的存在和发展往往不以人的意志为转移,要及时调节和应对社会矛盾以及由此带来的社会危机,就必须把应急处置和常态管理有机地结合起来,寓应急处置于常态管理之中,居安思危,防患于未然。

从我国应对突发性群体事件的实践来看,尽管大多数突发事件的爆发都带有相当的偶然性和不可测性。但细细分析,人们便不难发现,实际上很多突发性群体事件的"导火索"和"助燃剂"都是和我们现行的行政体制中的诸多弊病有着直接联系的。正是这些弊病致使我们对这些突发事件的苗头发现迟、反应慢。对于已经发生的危机推诿扯皮、敷衍拖延,最终导致危机发生。现在的政府管理体系中存在着严重的奖励机制和惩罚机制的"错位"问题,甚至出现"默默无闻避免危机者得不到奖励,而轰轰烈烈解决危机者迅速成为英雄"的奇怪现象。一场危机实践后,不是认认真真地总结经验,而是大张旗鼓地表功受奖。正由于现行的政绩考核体系存在的不足造成各级政府在对社会矛盾调节的应急管理中往往是事先千方百计"捂盖子",事后大张旗鼓"表功绩",不认真总结经验和吸取教训,不清除和克服造成社会矛盾的根源,这种现象和做法对于调节社会矛盾,防范群体性事件是十分不利的。

事实充分证明,只有时刻保持清醒头脑,喝彩声中想问题,成绩面前找不足,繁荣背后看危机,切实把应急处置和常态管理有机地结合起来,扎扎实实做好各项工作,尽量减少群众不满意的环节和工作,理顺关系,化解矛盾,把问题消灭在萌芽状态。这样即使发生了社会矛盾,甚至导致冲突,也能做到社会矛盾出现时及时调节,酿成危机后从容处置,保持社会的持续向前发展。

（四）高度重视社会"安全阀"系统的建设

改革开放以来,随着人们利益的多元化,各种社会矛盾的频度和烈度都比以前有较大的增加。而能够疏导矛盾、减缓和削弱社会不满情绪的社会"安全阀"系统建设却严重滞后。许多突发事件正是由于得不到及时的疏导,才迅速膨胀并不断恶化,最终给社会带来了巨大的灾难。所以应急管理只是治标之策,建立完善的、制度化和法律化保障的社会"安全阀"系统才是治本之路。

具体来说,社会"安全阀"机制应该包括如下几个方面:(1)社会保障机制。建立失业、养老、医疗等社会保险制度,不断扩大覆盖率,尤其是消除现有的城乡二元结构,真正保证全民都能享受到充分的社会保障权利。(2)上下沟通机制。长期高度集权的政治经济制度使社会的信息传递呈现出鲜明的"纵式结构"的特征,这样就使得信息的传递成为单向的和局限的。尤其突出的是向上的信息传递渠道极为狭窄。在信息时代的今天,要广泛地利用各种先进的技术手段,建立制度性的上下沟通渠道,使老百姓的意见和建议能够及时反映到上级,并得到及时的处理。同时,已有的如信访这样行之有效的好传统还要继续坚持和继承下去。(3)"第三方"调停机制。即在具体发生冲突的当事人之间,适当设立中立的"第三方"机构或组织进行调停,而政府应该避免直接担当这样的调停人,这样就可以避免政府同时成为当事人和调停人双重身份的尴尬。(4)分配调节机制。在发展经济的同时,注意发挥政府在进行二次分配时的主导作用,减少和控制贫富悬殊和两极分化的现象,最终实现大多数人共同富裕。

（五）坚持做好深入细致的思想政治工作

思想政治工作一直是我党的一项优良传统,在以往艰苦的革命战争和新中国的建设历程中,在调节革命队伍内部和人民内部矛盾,团结和凝聚革命力量过程中发挥了不可取代的作用。在全面建设小康社会的新的历史条件下，做好深入细致的思想政治工作仍然是发现问题、解决认识偏差、端正公仆意识、增强集体观念的关键所在。尤其是对于由于人民内部矛盾直接引发的突发事件的应急处理，思想政治工作更是有其他方法所不可比拟的优势。在中共湖南省委 2000 年进行的《关于造成部分地区党群、干群关系紧张原因》的问卷调查中，有 1/3 的受访者将思想政治工作的薄弱作为重要原因，有超过 1/10 的受访者将其作为最主要的原因，这是很有道理的[①]。

思想政治工作要想跟得上时代的发展，就应该不断创新、与时俱进。在以往道德教化和理想熏陶优势的基础上，应该注意提高思想政治工作者的政策水平、法律水平、知识水平，不断改进工作手段。要从建设和谐社会的高度，把党中央的各项大政方针，尤其是和群众生活息息相关的有关政策原原本本地传递到群众中间去，给群众吃下政策的"定心丸"；要注意运用法律的武器来解决现实中的问题，许多地方在处理群体性事件时组织法律顾问团和法律服务中心介入冲突的调解和调查工作之中。不仅为群众，也为各级领导干部提供各种法律上的咨询，这样有效地树立了依法行政的理念，容易使群众口服心服；要努力提高思想政治工作者自身的素质，使他们本身成为某一方面的专家，成为生产和科研上的领头人，这样他们的工作开展起来就更容易得到群众的拥护；还要积极探索利用信息技术等高科技手段，使思想政治工作真正深入到群众的日常生活中去，突破时间和地域的限制。

(六)综合灵活地运用好各种手段

我国各地政府在调节社会矛盾和处理社会危机中引进和采用了不少先进的科学手段，取得了良好的效果。但应该承认，目前我国政府在应急管理中，对于各种先进的高科技手段的运用还刚刚开始。在利用信息技术、网络技术建设科学高效的预警机制和决策机制方面我们还有很长的路要走。这方面最

---

① 王平：《关于化解当代中国社会矛盾的若干思考》，《上海交通大学学报》，2002 年 4 期。

快的方法就是学习和借鉴西方发达国家的经验和技术。例如南宁市就利用摩托罗拉公司的先进技术,创建了现代化的城市应急联动系统。这套系统由计算机骨干网络、数据库、计算机辅助调度系统、地理信息系统、无线调度通信系统、无线移动数据传输系统及应用软件、有线通信子系统、图像监控及大屏幕显示系统、语音记录子系统、卫星现场图像实时传送子系统、联动中心安全系统、无人值守机房集中监控系统、其他相关配套等 14 个子系统组成。在此基础上建成了高度集成的信息接收和处理平台。这是一个成功的范例。[①]

当然,我们决不能完全依赖和盲目迷信高科技的作用。应该看到,高科技自身也有其"盲点"和"误区"。例如信息技术固然极大地提高了工作效率,但同时也加大了决策泄密的风险,由于技术资源的不对等,很容易实现对于网络信息的干扰和控制等。而且,我国还是一个发展中的大国,各个地区、各个部门之间千差万别,不可能一下子建成完全现代化的、整齐划一的现代化应急管理体系。所以必须要借鉴和运用多种方式,尤其是在长期的实践中被证明了是适合我国国情的、行之有效的形式。例如农村的村民委员会、城市的居民委员会和社区组织就发挥了十分重要的作用。在实际的应急管理中,如何将现代科技的优势和我们传统的政府动员能力、社会自助能力有机地结合起来,需要我们在调节社会矛盾的实践中不断的探索和研究。

六、健全社会矛盾调节的监督、考核和追究机制

公共管理学原理告诉我们,责任主体能否完全履行自己责任,离不开有力的行为监督、科学的绩效评估和必要的责任追究等方面的制度安排。不言而喻,搞好社会矛盾调节工作,还必须不断地建立、健全社会矛盾的监督、考核和追究机制。

根据我们的实际调研,我们认为,健全我国社会矛盾调节的监督、考核和

---

① 余国林:《当前社会矛盾的主要特点和处理方法》,《江西社会科学》,2004 年 3 期。

追究机制,现阶段应采取以下具体措施:

(一)切实加强对社会矛盾调节工作的领导,明确职能和职责

健全由各级党、政领导为责任人的责任监督领导机构,完善组织领导体制和工作机制,实行"谁决策,谁负责"、"谁主管,谁负责"。明确事故责任人,做到权利与义务,权力与责任的统一。

要明确各有关部门的职能、职责,责任体系,协调各职能部门和执法机构的工作责任。各职能部门要根据其职能权限和责任要求,切实承担起相应的部门责任和个人责任。真正做到事事有人问,时时有人管,大家都负责,齐心求和谐的局面。尤其要强化监督主体责任。我国监督的主体有权力机关(人民代表大会及常设机构)监督、司法机关监督、行政机关监督、党派监督、社会团体及社会舆论监督等等。要按照党的十六大和十六届四中全会关于发展社会主义民主政治的要求,把坚持党的领导、人民当家作主和依法治国统一起来,落实各种政务、司法等公开制度,落实民主选举、民主决策、民主管理和民主监督的各项措施,保障广大人民群众知晓和依法管理国家、社会事务的权利。要加强和改进信访工作,研究和规范群众表达意愿的法定渠道,依法妥善处理群众上访,息访止诉,消弭矛盾。要深入研究新情况新问题,把反映群众诉求、解决群众切身利益的工作逐步引上规范化、制度化、法制化的轨道,使处理人民内部矛盾的各项工作依法有序地进行,努力保持社会的和谐稳定,巩固党的执政地位,确保建设有中国特色社会主义事业的顺利进行。

(二)加强全程实时监控

对社会矛盾调节行为要进行全过程实时监控,并根据情况及时调整管理行为。这种全程监控,一方面要根据社会矛盾的性质、特点和演变发展情况,及时发现调节活动本身所存在的弊病和不足,迅速作出调整。这中间的关键环节是要充分保证信息传输渠道的双向性和有效性,也就是说要保障信息来

源的多元化和客观性。不仅要依靠政府机关内部的信息系统提供信息,还要广泛依靠学术单位、民间机构、新闻媒体的广泛参与和提供信息。尤其要注意,一些地方行政机关由于出于自身利益的考虑,提供的反馈信息往往不够真实和准确,多报喜少报忧,从而造成信息上的误导。

(三)形成科学的绩效考核指标体系

绩效考核与评价作为管理的一个环节,它既是决策的重要依据,又具有积极的导向作用。社会矛盾调节的绩效考核指标体系,既是一种评价机制,又是一种绩效管理机制。

建立科学的社会矛盾调节绩效考核指标体系,必须以科学的发展观和正确的政绩观为指导,调节社会矛盾要有利于经济和社会的全面、协调和可持续发展;坚持用全面的、实践的、群众的观点看待调节成果和政绩,深入实际,察实情,讲实话,不虚报浮夸,不作表面文章;立足当前,着眼长远,不急功近利;淡泊名利,务求实效,视人民利益重如泰山。绩效评价指标应符合全面性、客观性、可操作性、定量分析与定性分析相结合、动态性等原则,实现经济、环境、社会可持续发展等综合指标的有机结合。

与此同时,还应健全绩效评价的方法体系。综合运用成本—效益方法、零基预算方法、目标管理方法、全面质量管理方法等各种现代科学技术方法,针对具体社会矛盾情况,进行科学准确的评价和考核。

(四)完善事后调查分析制度

对社会矛盾的调节,尤其是对由于社会矛盾的激化而引发的突发事件的应急处理活动结束后,还要做好积极的事后调查分析工作。调节一个社会矛盾工作结束,特别是处理突发事件结束并不意味高枕无忧,调节工作最终结束。要认真总结经验教训,尤其是要认真剖析导致矛盾和事件发生的深层次原因,找出工作中存在的失误和不足。要亡羊补牢,采取一系列行之有效的措施,有针对性地做好补救工作。要以此为鉴,举一反三,认真反思其他地方、其他方面是否也存在同类问题,只有这样,才能从根本上防止此类矛盾和事件的再次发生。所以,在社会矛盾调节工作结束,特别是处理突发事件结束后,要变以往的"庆功""奖英"为深入反思,总结经验教训。要对社会矛盾形成的原因和突发事件本身进行深入细致的调查研究,从中总结经验、吸取教训,为今后更好地防御和调节社会矛盾,开展应急管理工作提供宝贵的指导意见。

在对社会矛盾和应急活动进行事后的调查时,除了政府有关部门自身的总结和调查之外,还应该注意建立有别于政府和民众的"第三方"独立调查制度。这需要一个独立于行政之外的司法体系和相对独立的新闻舆论监督制度的支持。在这种支持下,独立的调查机构有一定的权威性,而且可以将调查的结果通过多种形式向社会公布,以起到监督政府管理的目的。独立的调查机构应该指出,事故发生的原因以及造成的危害情况,查清事故的性质和具体责任,提出对于事故责任人的相关处理意见,从技术、管理、组织结构和运作程序上提出今后预防此类事件的具体措施。这样一方面可以将事故的真相向公众有一个交代,使民心安定;另一方面,有利于从中吸取经验和教训,为今后对此类矛盾和事故的防范打下良好的基础。目前西方各国都先后设立了独立于政府系统之外的督察机构,监督国家法令的执行情况并独立地开展各种调查工作。如瑞典议会监察员公署是最早的履行法律监督功能的专门机构。后来芬兰、新西兰、日本、英联邦各国和美国各州也先后效法。而我国这方面的工作还比较薄弱,往往是危机一旦平息,调节活动和应急管理就宣告结束,这不利于调节社会矛盾和应急管理工作积累经验,走向科学化和制度化。

(五)健全责任追究制度

对社会矛盾调节中的各种失职问题,尤其是对各级政府官员的行政过错依法进行追究,越来越成为社会各界关注的重要问题之一。健全我国社会矛盾调节过程中的责任追究制度具有十分迫切的实践意义。

首先,它有助于抑制和减少我国目前不少地区和部门的政府官员在不同程度上存在的"行政不作为"或"乱作为"的现象。行政不作为,在多数情况下往往会构成严重的失职或渎职,给人民群众的生命财产和国家利益造成巨大损失。人们还清楚地记得,2002年冬天,当非典危机在我国部分地区袭来时,有关部门主要行政领导未能及时采取有力的应对措施,贻误了控制非典的最佳时机,致使疫情迅速扩大,感染人群大量增加,给国家和政府形象以及人民群众的生命造成不可弥补的损失。事实证明,在对有关部门行政领导采取责任追究和处理之后,全国上下抗击非典的战斗在所有地区和部门中都得到了高度重视,在较短的时间内我们就控制了这场突发性公共卫生事件给全国造成的冲击。至于行政乱作为,主要指的是某些政府官员在施政过程中构成的行政违法、行政失当、行政损害现象。此前披露的安徽省阜阳市劣质奶粉事件、广东省兴宁市特大矿难事件以及农民佘祥林因所谓"杀妻罪"蒙冤服刑事件,均是与行政乱作为相联系的。对涉及这些事件的有关政府官员给予相应的责任追究和处分,不仅能顺民愿、申民冤,而且能使更多的政府官员感受到他们所掌握的公权力背后所体现的沉甸甸的社会责任,客观上起到了罚一儆百的效果。

其次,责任追究制度有助于明确与行政活动相对应的责任主体。责任追究,首先要明确的是追究谁的责任。在这个问题上,过去很长一段时间并不是完全清楚的。其原因盖出于我国不少政府机构的职能并不明确,职能交叉重叠的现象还十分普遍。举例来说,2005年上半年,"麦莎"台风肆虐上海,某居民小区内的一些大树被刮倒或刮歪了。这些大树的善后处理究竟应该由谁来管? 区房管局官员说,大树属于绿化的事,应由区绿化局来处理;区绿化局官员则说,他们只管行道树或公共绿地上的树木,居民小区内的树木应由区房管局来处理。最后,在小区居民的强烈呼吁下才由区政府出面协调解决了问题。责任追究制度的实施,将在实践中有助于减少此类现象的发生。责任行政要求将行政机关的各种活动与责任相连,不存在无责任的行政活动。

再次,责任追究制度有助于约束和规范各级政府官员的个人行为,提高我国公务员队伍的整体素质。掌握公权力的政府官员的个人行为既需要道德的"软约束",同时也需要诸如纪律、制度、法规的"硬约束"。对那些由于失职或渎职而酿成国家和人民重大损失的官员,对那些违纪违法、滥用权力以谋私的官员,不能仅仅通过教化来感动他们的德性。从某种意义上说,责任追究制度设计与安排,正是为了从源头上遏制和减少责任追究的对象,保护和纯洁我国的公务员队伍。有了责任追究制度这样的硬约束,再加上对公务员个人行为的道德软约束,两者才能珠联璧合,相得益彰。

最后,责任追究制度有助于形成新的行政文化和行政生态。责任追究制度体现的是行政学中的责任行政理念和公共责任理念,从这个意义上说,它既是一种行政制度,又体现为一种行政文化。行政文化的核心是行政的价值取向。对国家利益、集体利益和人民群众利益始终保持高度负责的自觉性,应该是我国行政文化的根本性的价值取向之一。责任追究制度的强化和完善,将会在我国的行政实践中极大地增强"责任重于泰山"的价值取向,形成与之相应的新的行政文化和行政生态,从行政意识形态的层面有力地促进我国当前责任政府的建设。

健全责任追究制度,在现阶段必须把行政问责与司法问责有机地结合起来,让法律成为责任追究的制度根据和制度依托。《公务员法》、《党政领导干部辞职暂行规定》等,均构成目前对政府官员责任追究和行政处分的主要依据,标志着我国行政责任追究正向制度化、法制化方向深入发展。

为了使责任追究制度发挥更大的制度效果,在今后的制度实践中还需要切实破解两个具有"瓶颈"性质的难题:

一是规制问题。我国当前正经历从计划经济向社会主义市场经济的转轨。与此相适应,过去的计划指令型体制也正在向国家规制型体制转变。由于上述转变还远未完成,从而给现实中的责任追究造成不少困难。例如,一些发生在经济领域内的责任性事故,常常是因为设备或零部件出现问题造成的。而制定设备和零部件技术标准的规制却忽略了这些可能出现的问题。这实际上和主管行政部门的行政责任并不相关,单从责任追究出发是解决不了上述问题的。这就需要更为基本的规制建设,而规制建设在我国还有很长一段路要走。

二是行政责任与法律责任的问题。由于行政责任追究的责主要是行政责任而非法律责任,因此在该项制度的实践中往往会使人们产生不可避免的困惑。例如,某个政府官员因贪污受贿、买官卖官而触犯法律,当然要负法律责任。但某个政府官员由于渎职而造成一场重大的、甚至涉及人命的责任事故后,除了必须面对行政责任追究和处分外,还应进入法律程序,让其承担应该承担的相应的法律责任。总之,把行政责任追究与司法责任追究结合起来,让法律成为责任追究的制度根据和制度依托,这样既能增强责任追究的震撼力,同时也有利于责任追究制度的进一步完善。

如何使法律成为责任追究的制度根据和制度依托,海南省人民政府制定的《海南省行政首长问责暂行规定》,给我们提供了一种新的思路和途径。该《暂行规定》大致涉及以下四个方面:

1. 由谁来追究,即法律行为的主体是谁。海南省认为,行政首长责任追究的主体为省人民政府。这诚然不错。但在我国现行法律体制中,有权追究行政责任的组织有三个,即权力机关、人民法院和行政机关。一为国家权力机关。它由从中央到地方的各级人民代表大会及其常务委员会构成。根据宪法第 67 条、第 104 条的规定,权力机关可以通过改变或撤销形式来追究行政机关的责任。二为人民法院。它在行政诉讼范围内有权追究行政主体的行政责任,但仅限于撤销和行政赔偿。三为行政机关。行政机关追究行政责任的权力比以上两者广泛:从主体上看,它对行政主体、行政人均有追究权;从责任形式上说,所有的责任形式一概适用。因此,人大、人民法院与政府一样,都是行政责任追究法律行为的主体,都应该切实行使其责任追究的权力。

2. 追究谁的责任,即法律行为的对象是谁。据海南省的规定,追究责任的对象为省政府所属部门和市、县、自治县人民政府行政首长。同时规定,市、县、自治县人民政府可以参照《暂行规定》,对本级人民政府部门的行政首长和乡长、镇长或者街道办事处主任进行责任追究。实行省以下垂直领导体制的省人民政府部门可以参照本规定,对本系统所属行政机关的行政首长进行责任追究。这里需要注意的是行政主体与行政人之间的责任的划分。根据责任主体不同,行政责任可以分为行政主体的责任与行政人的责任。从理论上说,行政人以行政主体名义代表国家实施行政权,它的行为效果由行政主体承受。行政主体对行政人的行为(即使是过错行为)承担连带责任,即先由行政主体出面对相对人承担责任,然后行政主体根据行政人的过错程度,追究其责任可向其行使求偿权。这就是当今世界各国行政法普遍确立的行政连带与求偿制度。我国行政诉讼法和国家赔偿法关于行政侵权赔偿责任的规定也充分体现了这一原则。根据行政连带与求偿制度确立的原则,行政人行为引起的行政责任有两种情况:在行政人本人有故意或重大过失的情况下,行政责任最终由行政人承担或由行政主体与行政人分担;在行政人本人无过错或仅有一般过失的情况下,行政责任最终由行政主体承担。但有的地方,行政人往往是不承担实际责任的。所谓不承担"实际责任",是指以一纸自我检讨书代替实际的惩罚。这简直连封建法制下的"官当"也不如了。"官当"者,就是以官职的免除或降级("贬官")惩处为官者,比写一份检讨书要严厉得多、实际得多也有效得多。

3.追究什么责任,即法律行为的具体内容是什么。根据海南省的规定,要具体查问海南各级行政官员的决策失误、违法行政、执行不力和效能低下、疏于管理和处置不当等四类情形。这些都是行政失责的表现。如果从行政责任的构成要件上看,则要关注:一是行为人是否已经构成行政违法及部分行政不当。行政责任是行政违法所引起的法律后果。因此,行政违法的构成及客观存在是追究有关行为人行政责任的前提。行为人如未构成行政违法,行政责任便无从发生;对尚未构成行政违法的行为人追究其行政责任,其本身便是一种行政违法。二是行为人的主观恶性程度。行为人的主观过错(故意或过失)是行政违法的构成要件,而不是行政责任的构成要件。行为人的主观恶性程度,如动机、目的、事后的态度等。承担行政责任的轻重与行为人主观恶性程度相关联。三是行政违法的情节与后果。同类行政违法,情节不会完全相同;不同的行政违法侵害不同的行政管理关系,因而有不同的危害结果。违法行为的情节与后果不仅影响行政责任的轻重,而且有时直接决定行政责任的形式。如行政赔偿责任的承担,直接取决于财产权利实际损失这一后果。

4.责任追究后的处理,即关于法律责任的规定。根据海南省的规定,当查出上述四类情形时,责任人将受到诫勉谈话、通报批评、责令作出检查、责令公开道歉、责令辞职、建议免职等6种方式的处分。这些处分确实较为具体。但是,过去常说的"上有政策、下有对策",现在某些地方已被"打法律擦边球"所取代,更有甚者,则被"人情官司"所取代。因此,依法实施责任追究,是一项任重道远的艰巨任务。

第十章 社会矛盾调节
的国际经验

　　研究市场经济条件下资本主义社会矛盾的演变,特别是现代资本主义社会基本矛盾以及社会矛盾体系运动的客观进程和现实状况,需要结合所有制变革、政治制度变迁、生产力与科学技术的发展、社会变迁、政府社会政策与宏观调控等重要因素来研究,从而才能对资本主义社会矛盾演进的基本趋势作出预测。

　　在市场经济条件下,决定社会矛盾演变的主要因素是所有制形态、政治制度、生产力与科学技术发展、社会变迁、政府社会政策与宏观调控五个方面。这五个方面因素的发展变化决定着市场经济条件下社会矛盾演变的方向、性质与程度。首先,所有制形态决定了社会矛盾的基本性质。因为所有制的限制,资本主义社会的两极分化、贫富悬殊是不可避免的;但是,私有制形态也在不断变化,资本的资本家私人所有向资本的社会所有、国家所有、多方所有方向发生转变。所有制形态的变化决定了社会矛盾变化的基本性质。其次,政治制度的变化也决定了社会矛盾的程度与解决的方式。普选权的落实是社会矛盾缓和的政治条件。第三,生产力与科学技术的发展带来了产业结构的调整与社会形态的变化,并最终影响到社会矛盾的表现形式。第四,社会变迁的过程影响着社会矛盾的主体与客体的变迁。白领队伍的壮大与中产阶层的形成对社会矛盾的影响极其深刻。最后,资本主义国家与政府为了解决私有制度所固有的各种弊端,进行了一系列改革,在经济发展的同时,资本主义国家的政府着手解决劳动者与公民的教育、劳动、福利待遇等一系列问题,缓和各种社会矛盾,对社会矛盾的解决起到了良好的作用。

从英国资产阶级革命算起,资本主义已经有了360多年的历史,大体上看,资本主义社会矛盾的演变经过了三个大的发展阶段:第一个阶段是20世纪30年代之前,自由竞争的资本主义及其向垄断资本主义过渡的时期,社会矛盾主要体现为劳资矛盾,社会矛盾的焦点是无产阶级维护自身经济利益和政治利益的斗争。在这一时期,资本主义国家的政府采取了一些满足工人经济与政治要求的局部性社会矛盾调节的措施。第二个阶段是20世纪30年代至20世纪70年代末的福利国家与福利社会建设阶段,社会矛盾主要体现为社会阶层矛盾,社会矛盾的焦点是社会各阶层追求平等的公民社会权利、政治权利与经济权利的斗争。在这一阶段,政府从公共政策、收入分配调节、福利国家建设等方面对社会矛盾进行了全局性的调节。第三个阶段是20世纪80年代以来全球化的市场经济时期,社会矛盾主要表现为新型的社会矛盾,社会矛盾的焦点是公民关注生活质量的斗争。在这一阶段,政府公共服务改革成为重点,提高公民享受的公共服务质量与水平成为社会矛盾调节的主要措施。总体来看,西方社会矛盾经历了一个从尖锐到缓和,再到相对稳定的过程,其中,积累了许多社会矛盾调节的成功经验,可以作为我国建设社会主义和谐社会的借鉴。

一、20世纪30年代以前的劳资矛盾阶段和社会矛盾的局部性调节阶段

资本主义制度的基本矛盾是社会化大生产和生产资料私人占有制之间的矛盾。社会化大生产与私人占有制之间的矛盾导致了多次经济危机,如1825年发生于英国的世界历史上第一次经济危机、1847年蔓延于欧洲的工商业危机、1857年发生于美国的第一次世界性经济危机等等。资本主义制度的基本矛盾决定了其他社会矛盾的产生与发展,其中,突出的社会矛盾是劳资矛盾。劳资矛盾的突出表现形式是现代工人运动风起云涌。

(一)劳资矛盾与现代工人运动

现代工人运动最早开始于 19 世纪三四十年代。19 世纪工业的突飞猛进推动了席卷全欧的工业化浪潮,社会结构发生了根本性的变革,出现了现代资产阶级和现代工业无产阶级。劳动阶级不足糊口的工资、恶劣的居住条件和生活环境使工人家庭的境况十分悲惨,疾病、发育不全和死亡率不断增加,导致劳资矛盾和冲突不断加剧。

19 世纪中后期,西欧工人运动走向有组织、有理论、有明确纲领的斗争阶段。规模巨大、气势磅礴的罢工运动是这一时期的标志,这是阶级矛盾和社会矛盾激化的产物。罢工的原因常常是工资过低;生活和劳动条件恶劣;地方行政当局、某些资本家及其管理人员对工人的残酷压制等等。各国罢工工人所提出的要求在很多方面都是一致的,如提高工资,实行八小时工作日,对疾病、残废和老年实行社会保障,限制雇用女工和童工,采取必要的劳动保护措施,规定企业主要对工伤事故负责,改善居住条件等等。从 19 世纪 80 年代中期开始,工人争取八小时工作日的斗争逐渐普及。19 世纪 90 年代的罢工运动提出了政治上的要求,群众性的罢工斗争和争取普选权运动开始结合在一起。1891 年比利时 25 万人大罢工后,议会通过了给成年男子以普选权的法律,这使参加选举的人数几乎增加了 9 倍。19 世纪末 20 世纪初期,西欧工人运动继续高涨,罢工的获胜率不断提高,经济要求与政治要求紧密地交织在一起。

1877 年 7 月,美国爆发了全国性的铁路工人大罢工,全国 8 万多铁路工人和其他行业的 50 多万工人参加了美国历史上第一次全国规模的罢工行动。1886 年,美国劳工联合会正式成立,这就是当今劳联——产联的前身。从此,美国的劳工运动成为一种有组织的全国性的群众运动。在 19 世纪末到 20 世纪 40 年代,美国劳工运动的暴力斗争事件不断,劳资冲突尖锐,同期相继爆发了钢铁工人大罢工、铁路工人大罢工、煤矿工人大罢工以及汽车工人大罢工等一系列的抗议活动。

（二）社会矛盾的局部性调节

随着英美全面进入生产力发达的工业社会,资本主义发生了由自由竞争的资本主义向垄断资本主义的转变,旧的社会调控机制日益失灵。1901 年,美国总统西奥多·罗斯福承认巨大的工业规模导致了"非常严重的社会问题",调控财富积累和分配的旧方法不再有效。资本主义国家旧的社会矛盾和宏观调控机制存在着一系列的缺陷,如国家社会经济职能极为有限,经济危机被动地依靠"市场自动调节",贫富分化悬殊等,难以适应新的社会关系发展的需要,从而导致西方社会发展与经济发展的"失控"不断。

在这种新的历史条件下,英美统治阶级不得不寻求适应现代工业社会和垄断资本主义的新的社会矛盾调控机制。为维护社会稳定和经济增长,西方国家不断调整公共政策,不断扩充国家机器和政府职能,从局部改善资本主义民主政治的运行机制,初步建立社会保障体系以缓和阶级矛盾,有限地扩大政府的经济调控职能,在理论上开始提倡国家干预经济等等。这些"调整"对资本主义的社会关系和利益分配产生了一定的影响,在维护资产阶级的统治和促进经济发展方面发挥了一些积极作用,初步建立了现代社会矛盾调节机制的基本框架。但是,这一时期的资本主义社会矛盾调节机制是以局部性调节为特征的,还相当不完善,从更长的时间跨度、更大的社会范围和长远效果看,这些公共政策的"调整"也是极其有限的和不稳固的。例如,面对日益严重的经济危机,政府依然缺乏宏观调控的政策和能力;"自由放任"的经济理论在西方国家的政府施政理论中依然占据主导地位,国家干预受到了很大的限制;西方国家初建的社会保障系统规模小、不健全,还不足以解决劳资冲突等尖锐的社会问题。这些都暴露出资本主义社会矛盾调节机制的局限性,这也充分说明,这一时期的政府社会矛盾调节能力不足、社会矛盾调节政策不完备,不足以预防和控制大规模的社会经济危机。

自由竞争的市场经济时期,经济上,政府采取自由放任政策,实行自由竞争的市场调节机制;法律上,突出私法对私有财产的确认和保护,强调法律面前人人平等;社会管理上,初步建立了社会保障制度。这一阶段政府社会矛盾调节机制是一种局部性的调节机制,其基本特点与主要经验是:

第一,社会管理以社会自我管理与社会自治为主,政府对社会基本上采取自由放任的态度,对社会自我管理采取不干预政策。地方自治特别是市镇自治是政府社会管理的基础和主要方式。

第二,政府的社会矛盾调节职能主要是进行社会秩序管理。维护社会秩序的主要目标是保护财产权,维持一种建立在财产权基础上的社会秩序,其主要手段是运用财产权利保护的法律维护社会根本秩序的基础。资产阶级革命胜利以后,为了巩固其政权,先后在宪法中确定了人民主权、权利神圣、"三权分立"、司法独立等原则。资产阶级一方面通过公法调整公民和国家之间的关系,确定公民享有的基本权利;另一方面,通过私法或曰民商法,调整平等主体之间的财产关系和人身关系,其中最典型的是 1804 年由拿破仑主持制定的《法国民法典》,该法典把自由资本主义时期商品经济的规则变成法律规范,确立了私有财产神圣不可侵犯、契约自由和过错责任三项基本原则。在自由竞争资本主义阶段,政府在经济领域实行不干预的自由主义政策,扮演着"消极政府"、"守夜人"的角色,这一自由主义政策与法律对政府职能的限制有主要关系。正如英国 18 世纪著名法学家布莱克斯通所说:"法律对私有财产关怀备至,以至于法律不会授权对财产加以侵犯,即使为了全社会的一般利益也不会加以侵犯。"资本主义法治严格区分公法与私法的界限,资本主义国家的主要职能是维护私法自治,保护私有财产权和契约自由的权利,从而有效地保护和促进了自由市场经济的稳步发展。

第三,社会保障体系初步建立。19 世纪末期以前,西方国家政府承担起了济贫的职能,但济贫职能的履行尽量利用非政府组织进行。1870—1914年,英国社会经济的变化导致社会问题的严重化,贫困问题、老年问题、失业问题、健康问题成为英国主要的社会问题;传统的济贫法制度难以有效地解决这些社会问题,英国需要建立一种更加有效的新型社会保障制度,即社会保险制度。如果说 19 世纪中叶英国社会问题出现和加剧是由于社会发展的相对落后,那么 20 世纪初,英国社会问题的出现与加剧则是社会高度发展过程中的伴生物。这一时期英国贫困问题的加剧主要不是由于社会财富的匮乏,而是由于社会财富的不合理、不公平分配造成的,是由于社会收入的过分两极分化造成的。1908 年养老金法和 1911 年国民保险法的颁布实施,标志着社会保障制度在英国的建立。在美国,在劳工运动的强大压力下,美国政府于 1898 年通过了"埃尔德曼法",取代 1888 年的对工会活动和雇员的歧视法案;1903 年,国会通过成立商业和劳工部的法案;1913 年,美国劳工部正式成立;1916 年,联邦童工法付诸实施;1932 年,威斯康星州通过了美国第一个失业保险法;1934 年起,美国劳工部每年举行一次"全国劳工立法代表大会";1935 年通过"全国劳工关系法",规定了第一个全国性的劳工政策,对工人的组织选举权给予保护;1936 年通过"公共契约法",规定了最低工资标准、八小时工作日等劳动、卫生条款;此后又相继通过了全国学徒工法案、公平劳动标准法、退休法等一系列保障劳动者权益的法律。

二、20 世纪 30 年代至 70 年代的社会阶层矛盾与社会矛盾的全局性调节阶段

(一)20 世纪 30 年代的经济大危机促使西方社会矛盾调节机制走向全局性调节

20 世纪 20 年代,西方国家的社会经济虽有较大发展,但少数垄断组织控制着国民经济命脉,资本家为了攫取高额利润,千方百计降低工人的工资,使广大劳动人民的收入增长水平远远赶不上经济发展水平,这就限制了社会实际消费能力的增长,造成市场的相对狭小和产品的相对过剩,进而导致了经济危机。由于经济萧条(经济萧条是指经济活动长期处于低迷,失业率上升,购买力急剧下降),20 世纪 20 年代中期英国失业问题十分严重,1921 - 1939 年英国的年均失业率为 14%,其中,1932 年高达 22.1%;失业与贫困的英国工

人在1926年爆发大罢工。20世纪30年代,美国经济大萧条;在1929-1933年,按1958年美元计算的国民生产总值来衡量,从2030亿美元减少到1410亿美元,直到1939年,国民生产总值才略多于1929年的数字;1932年,美国约有1200万人失业,约占全国劳动力的24%;而时任总统胡佛还对自由放任哲学深信不疑,他总认为:政府对经济事务的干预应该保持在最低限度,政府的主要职责在于为私人企业创造良好的发展条件,而失业救济总量应由地方政府和私人慈善机构来处理。

在20世纪30年代,以美国为中心的世界性经济危机及劳资矛盾尖锐化,极大地影响了社会稳定。这次经济危机宣告了自由放任主义的彻底失败,它说明仅靠市场力量和自由竞争来决定生产资源合理配置的市场机制具有极大的局限性,也充分说明了国家干预的必要性。经济大危机暴露出资本主义的严重弊病,社会矛盾大规模激化,强化社会矛盾调控机制势在必行。

在理论上,自由主义发生了分裂,一些经济学家提出了国家干预学说。英国经济学家凯恩斯于1936年发表了《就业、利息和货币通论》,提出通过国家干预,扩大公共福利支出和建设公共基础设施等措施,促进经济增长,实现充分就业,又提出建立累进税制和低工资制达到均贫富的目的。

1933年3月4日,罗斯福就任美国总统,他认为:联邦政府在国民经济中应起到比以前积极得多的作用,甚至可以担负起较为公平地分配全国财富和全国收入的责任。罗斯福新政包括救济贫民和失业者,恢复工商业和农业,改革银行业和控制投资业务,以及改善劳资关系等方面的政策。1935年,通过了社会保障法,根据该法律,美国采取了重大举措建立公共安全网,为美国公民提供基本的经济保障。美国罗斯福政府的“新政”只是1929至1933年经济危机爆发以后,资本主义制度运用国家政权的力量大规模地干预和调节经济生活的开始。二战中,美国的再工业化刺激了经济的发展,使失业率大幅下降,从而结束了大萧条,到1941年,失业率已降到10%,1944年则为1.2%,降到了20世纪的最低水平。

（二）20 世纪 30 年代至 70 年代的社会阶层矛盾

二战后，西方社会矛盾总体上趋于缓和，特别是劳资矛盾趋于缓和。20世纪 50 年代是西欧资本主义发展的"黄金时代"，西欧各国的工人运动相对较为平静，罢工次数不多，规模也不太大；20 世纪 60 年代，西欧工人运动蓬勃发展，罢工次数与罢工规模都比 50 年代大，达到了工人运动的新高潮，工人反对剥削、要求增加工资、改善生活条件的罢工及游行示威占了相当大的比重；1968 年 5 月，法国巴黎学生掀起的"五月风暴"不仅震撼了法国，也把西欧的工人运动不断引向纵深。

二战后，美国工人运动的主要目标是增加工资和改善劳动条件。据统计，仅从 1945 年 8 月到 1946 年 7 月，全美国 1 万人以上的罢工就有 42 次；在这两年中一共发生大约 5000 次罢工行动，参加人数达 460 万，损失工作日达1.16 亿。这是美国建国以来规模最大的一次罢工浪潮。在美国 1949 年和1950 年，工人为增加工资、缩短工时、改善劳动条件和福利待遇等进行了大规模的罢工；1959 年，美国钢铁工人进行了历时 16 天的罢工，成为美国历史上最长的罢工之一。20 世纪 60、70 年代，美国劳工运动有所回落。1961 年，肯尼迪总统成立了劳资政策顾问委员会；1963 年，成立了"全国劳资关系小组"，以协调资方与工会的关系。

二战后，西方国家社会矛盾演变的规律是：劳资矛盾趋于缓和，工人运动有所缓和，而争取平等的社会权利、经济权利与政治权利的社会运动趋于高涨，社会阶层矛盾成为这一时期的主要矛盾。20 世纪 60 年代起，欧美相继出现了民权运动、学生运动、女权运动等社会平等权利运动。二战后，美国民权运动高涨，主要是黑人及有色人种争取自身权利的斗争。富裕社会中的贫困成为美国社会不满的一个重要根源；而在穷人中最多的是黑人，他们的贫困更因各种种族歧视而加剧。1960 年 1 月，北卡罗来纳农业和技术学院的四名黑人大学生在一家餐馆就餐遭拒绝，引发了一场黑人民权运动，黑人民权运动从反对种族隔离发展到大规模的武装抗暴斗争。在空前的黑人抗暴斗争中，政府一方面实行大规模的军事镇压,另一方面也作了一些让步,改善黑人区的生活条件,取消种族隔离等。黑人争取平等权利的斗争极大地推动了美国群众运动的高涨。

(三)社会矛盾的全局性调节

这一时期,西方社会矛盾总体缓和,根本原因在于西方国家政府针对各种社会矛盾采取了全局性的调节措施,通过福利国家建设、收入分配调节、社会政策调整等各种措施完善了全局性的社会矛盾调节措施。资本主义国家的全局性社会矛盾调节主要体现在如下方面:

1.社会改良

为了缓解资本主义社会固有的内在矛盾,西方资本主义国家对生产关系的某些方面作了一些较大幅度的调节与改良,包括学习社会主义国家的一些做法,推行了许多有利于提高工人生活水平的社会政策,如实行劳动法、最低工资法、公共福利、公共卫生体制、遗产税和累进所得税等措施,逐步建立了一套比较完善的社会管理体制。

二战后,主要资本主义国家为了缓解社会矛盾,不同程度地推行社会福利政策。英国工党政府通过了"国家保险法案"、"国家健康福利法案"、"国家医疗法案",对健康、老年、失业保障等都做了规定。此外,福利措施还包括扩大教育设施和新建住房等方案。德国政府建立了失业帮助、工人及其家属公费医疗、多子女补助和养老金制度。意大利由国家承担了维持最低水准的卫生、住房、教育及福利责任。美国约翰逊政府时期,也正式建立了社会保障制度。北欧五国和法、荷、比等国也推行福利国家政策,成为"福利国家"。"福利国家"在消除社会不公、保障居民基本生活条件、促进社会民主与公平方面发挥了重要影响和作用;同时,它也起到了缓和社会矛盾、促进政治安定的重要作用。

在社会生活上,国家加大了对国民收入再分配的调控职能,减少乃至在相当程度上避免了社会上大多数劳动者的贫困化。具体的收入分配调节手段有:第一,在国民收入的再分配中,通过财政、税收政策适当向劳动者阶层倾斜,使绝大多数下层群众从中得益。主要方法是提高收入所得税和企业法人所得税。在北欧国家,个人收入所得税高限一度高达60%多。目前,西方国家每年通过税收集中起来的国民收入大约占国内生产总值的1/3以上,其中欧盟国家已接近50%;在以国家财政形式集中起来的这一部分国民财富中,大约50%以上主要用于贫困救济、免费医疗、失业补贴、养老金发放等社会福利开支,使工人的生活得到较大改善。第二,通过建立日趋完善的社会福利网,推行社会保障制度和社会福利制度,给社会上大多数人的工作与生活提供一种基本的保障。如对大公司征收超额累进所得税,确定最低工资限额,实行低收入补贴、失业与残障者保险等等,以缩小财富分配的差距,保证贫困者生活水平的最低限度,安慰弱势群体,缓和资本和劳动的对立,维持社会稳定。同时,还实施"向贫困宣战"的应急措施。第三,注重发展经济来提高整个雇员阶层特别是中下阶层人民的生活水平。政府在发展经济的基础上,"把蛋糕做大",实行高工资、高消费政策。

　　在劳动管理上,由单纯依靠强制力、规章制度和纪律条文进行管理逐步转变为强调激励手段,在管理中渗透情感和精神等因素,从而在一定程度上改善了劳动者(人民)的工作环境。在企业的组织和治理结构方面,为适应大规模生产制向灵活生产制的转变,要求把工人由"会说话的机器"逐渐转变为"经济人"、"社会人"、"文化人"和"决策人",以调动其生产积极性的需要,资本主义国家推行了多层次和多形式的职工参与决策和管理制度,建设现代企业文化。

　　这一时期,资本主义的社会阶级结构发生了深刻变化,阶级合作与对话成为社会生活的主流。在阶级关系方面,发达资本主义国家通过实施"人民资本主义"、"混合经济"和"福利国家"等措施和手段,使阶级矛盾得到缓和、阶级利益得到调整。经过几十年的努力,资本主义国家通过多种措施不断调节社会各阶层的利益,普遍建立了比较完善的社会保障体系,初步形成了缓和社会矛盾的调节机制,使劳资矛盾得以缓和。

2. 政治民主

政治民主是社会矛盾调节的重要途径。这一时期,西方国家逐步完善了代议制民主、三权分立制等一整套政治体制,通过两党或多党轮流执政的选举制度来体现资产阶级民主。西方政治民主的发展主要体现在如下方面:西方国家内部政治趋向民主化,非执政党、反对党地位合法化;国家或地方政府官员由公民直接选举,或由公民选出的代表选举产生,这从客观上强化了社会成员对国家事务的参与和对政府的监督;国家政权结构及其运行日益法制化,资产阶级国家通过宪法和法律使国家权力的构成、各权力主体的活动及官员的任免、提升、奖励和监督等都纳入法制的轨道。政治民主的发展有效地维持了社会政治稳定。

在上层建筑领域,国家还通过组织雇主和工会谈判、完善签订集体合同制度,建构一种争执、协商和妥协的社会结构,建立社会利益均衡机制。同时,还允许工人运动中的改良派、社会民主党组织内阁去管理资本主义社会。

3. 经济改革

资本主义的基本矛盾是生产的社会化同生产资料的私人占有之间的矛盾。随着科学技术的进步与生产社会化程度的不断提高,传统私有制形态越来越不适应社会经济发展的需要,迫使资产阶级对所有制结构进行改革。改革的基本措施就是加快资本分离过程,使所有制形式多样化,促进股权日益分散化、平民化和社会化。资本主义所有制形式逐渐多样化,出现了部分国有经济;还出现了合作制、混合制、跨国公司制等等;出现了股权社会化、职工持股及工人投资基金等一系列新现象。资本的社会化改变了私有制的实现形式,突破了传统的纯粹私人占有制的狭隘界限,在一定程度上缓和了生产的社会化同资本主义私人占有之间的矛盾,缓和了工人阶级同资产阶级之间的阶级矛盾,从而有利于社会矛盾调节与社会稳定。

这一时期,资本主义经济改革主要体现在如下方面:第一,在生产资料所有制领域,美国等发达资本主义国家通过所有权和经营管理权的分离,通过推行"雇员持股计划"等措施,逐步实现资本主义企业从以股东为中心到兼顾"利害相关者"(经营管理、雇员、供应商、顾客、社区和股东等等)的转移,以调整私有制的实现形式。第二,发展国家政权与垄断资本相结合的国家垄断资本,如在部分重要企业实行国有化经营或控股,在某些行业实行国家专营等等。第三,重视加强国家干预,加大宏观调控力度,在一定程度上减缓了市场经济的波动性、盲目性和破坏性。如 20 世纪 40 年代以复兴经济为目的的复兴计划,50 年代从宏观上调节有效需求的短期计划,60 年代综合性的长期发展计划,70 年代针对"滞胀"制定的稳定计划等等。

全面的社会矛盾调节机制的建立使资本主义经济运行日趋有序化,经济发展周期进一步可控化,也使资本主义国家获得了相对的稳定发展,有时还呈加速发展的趋势,劳动生产率和经济发展的水平有了很大提高。现在,西方发达资本主义国家的国内生产总值占了全世界的 3/4,仅美国的国内生产总值就约占世界的 1/4。马克思主义创始人当年曾经指出,资产阶级在它不到一百年的阶级统治中所创造的生产力,比过去一切时代创造的全部生产力还要多、还要大;然而,经过二战后 50 多年的发展,西方发达国家所创造的生产力,又远远超过了以往数百年间资本主义所创造的所有生产力。同时,经济发展的波动性有所减缓。二战以前,美国平均每个发展周期为 50 个月,而战后则延续为 75 个月以上;而且,每个周期中经济增长的时间在延长,危机持续的时间在缩短,所造成的破坏力也有所下降。

4. 科技创新

从 20 世纪初开始,资本主义国家越来越重视科技,并不断克服科技进步的体制性障碍。西方国家对科技开发投入不断增加,促进了新技术、新材料的发明和应用,从而几倍、几十倍甚至几百倍地提高了劳动生产率。以美国为例,用于科技研究和开发的支出在国民生产总值中所占比重,1920 年为0.2%,1940 年为 0.6%,1975 年为 1.5%,1990 年上升到 2.7%。西方主要发达国家比较充分地利用新科技革命的机遇,使科技革命的成果直接作用于资本主义财富创造。

20 世纪中期以后,西方出现了以信息技术、原子能技术、材料科学、宇航技术和生物工程为标志的新科技革命,使科学技术同生产力发展的关系越来越紧密,也使生产力的各个要素发生巨大变化,促进了新兴产业群的出现,创造了新的消费热点,扩大了市场容量,提供了新的就业机会。新科技革命极大地促进了当代资本主义社会生产力的发展。随着整体经济实力的增强,西方发达资本主义国家先后进入了以高消费为主要特征的"富裕社会",资本主义统治下的政治矛盾与社会矛盾也有所缓和,社会呈现出相对稳定与繁荣的景象。

5. 法治建设

法治建设是社会矛盾调节机制的重要内容。西方国家为全面建立社会矛盾调节机制,采取了如下加强法治建设的措施:

第一,通过经济法律来加强国家对经济的干预,以弥补市场机制的缺陷。如1933年罗斯福入主白宫以后,要求国会授予总统"紧急时期特权",先后颁布了《产业复兴法》、《农业调整法》、《紧急银行法》、《紧急救济法》等法律,对经济生活实行全面干预,使美国经济在经历了严重的危机后仍能快速走向复兴。西方国家也加强了对私有财产权的限制,国家为了公共利益的需要可以征收或者征用私有财产,甚至推行"国有化",规定国家可以直接拥有企业、事业,从而使得对私有财产的绝对保护转变为相对保护。

第二,通过社会法律缓和紧张的劳资关系,实行"从摇篮到坟墓"的社会福利制度。如1935年美国国会通过了历史上第一部《社会保障法》,建立了包括老年保险、失业保险、贫穷盲人补助、贫穷老人补助、贫困未成年人补助等一系列社会保障制度。社会保障制度的建立,对于西方资本主义国家的经济发展和社会稳定起到了重要作用。

6. 精神控制

精神控制也是西方国家社会矛盾调节机制的重要内容。西方国家的精神控制有如下内容:第一,重视利用宗教手段作为维护社会稳定的工具。当代西方的基督教,对其教义、思想重新作了解释,紧紧抓住当代人共同关注的重大问题,如人类环境问题、物质生活与精神追求关系问题、社会正义与仁爱精神的关系等等问题进行探索。第二,充分利用新闻媒体的宣传和导向作用。国家主要不是依靠强力,而是通过加强意识形态领域的"领导权",宣扬资产阶级统治的合法性、合理性和优越性来维持与巩固他们的阶级统治。第三,大力发挥文化教育等手段的规范和教化作用。

三、20 世纪 80 年代以来的新型社会矛盾与社会矛盾调节机制的调整完善阶段

二战后,西方国家通过大规模发展现代政府职能、调控市场经济、实行福利政策,缓解了社会危机,完整地建立了社会矛盾调控机制。但是政府大规模干预社会经济生活,又产生了国家干预过度和"政府失灵"等问题,难以适应社会经济在新科技革命条件下的发展。美英资本主义在 20 世纪 70 年代陷入新的危机,被迫进行了新的调整。

(一)20 世纪 80 年代西方国家社会矛盾变化的新趋向

20 世纪 80 年代以来,欧美国家社会矛盾变化的背景主要是:战后以来西方社会阶级结构的变化尤其是由经济结构变动所引起的中间阶层的壮大与分化;西方社会 20 多年来的两极分化与贫困化的新发展与新变化;冷战后国际国内形势的重要变化;科技革命的大发展;经济全球化的迅猛发展;欧美国家战后以来社会调节手段的变化,等等。这些因素是决定战后欧美国家社会矛盾发展变化的最根本原因,也是影响欧美国家社会矛盾发展走向的主要因素。其中,起决定作用的变化主要是如下方面:

1. **经济结构开始向第三产业和信息产业倾斜与过渡**

新科技革命促进了当代资本主义生产力的迅猛发展和经济的快速增长。这种发展和增长过程不仅表现为社会财富的增长,而且也表现为包括产业结构和就业结构在内的经济结构的巨大变化。就产业结构来说,第一产业(农业)比重不断缩小,第一产业占 GDP 的比重已在 3% 左右;第二产业(工业)由 20 世纪 50—60 年代的上升到逐渐下降,第二产业占 GDP 的比重在 30% 左右;第三产业即服务业迅猛发展,第三产业占 GDP 的比重接近 70%。

2.劳动者队伍出现了知识化、脑力化的新趋势

与产业结构的变化相适应,就业结构也依次从第一、第二产业向第三产业倾斜。劳动力结构也发生了较大变化,第一、第二产业工人数量减少,第三产业从业者大幅度增加。知识经济的发展使生产力结构由传统的物质要素主导型转向智力要素主导型,有较高文化素质和较高技能的知识工人成为了社会的重心。工人阶级的增加量在20世纪80年代达到顶点,此后开始下跌;法国工人阶级队伍在20世纪50年代初为1120万,90年代降至600多万。产业工人与蓝领工人自20世纪70年代以来呈现绝对减少势头,英国制造业的从业人员从1971年的30.6%下降到1996年的18.2%,整个蓝领工人占总就业队伍的比例仅为20%左右。白领工人队伍不断壮大,已超过蓝领工人成为工人阶级的重要力量;美国的白领工人从50年代的大约35%上升到70年代的45%,90年代超过了60%。

3.阶级结构与阶级关系复杂化

资产阶级出现了复杂化和多层次化的趋势,二战后形成了高级经理阶层、高级专家官员阶层以及以巨额股息、利息为生的食利者阶层。战后,由于"管理人革命"或"经理革命"的兴起,造成了资本主义国家大部分公司由专业经理人员控制,使传统资本家在社会经济生活中的绝对垄断地位被打破。50年代,美国企业界掌权的上层人物中有30%为家族资本家,90年代则降至5%左右。新中间阶层的地位与作用在扩大,伴随以小业主、小商贩、手工业者和自由职业者为代表的传统的中间阶层的萎缩,以科研人员、教师、医生、社会福利人员、文艺工作者为代表的新中间阶层崛起。战后以来,中间阶层在欧美国家普遍呈现明显的上升势头。据统计,70年代初美国的中间阶层占整个就业队伍的大约25%,90年代则达50%多,英国中间阶层队伍占就业人口的比例从1968年的33.5%上升到1997年的65%。工人阶级扩大化与多层次化,出现了新的以熟练工人与技工为主体的新型工人阶层、以工程技术人员为主体的工程技术人员阶层,以"白领工人"为主体的职员阶层,以"蓝领工人"为主体的体力劳动者阶层等。知识分子社会集团迅速扩大,边缘阶层、流动阶层等的作用也日益显现。

4.经济全球化事实上导致了西方贫富差距拉大,相对贫困现象日益突出

在20世纪90年代末,占美国家庭总数1/5的最富有者的收入占美国总收入的一半,而占总数1/5的最穷者在总收入中所占份额还不到4%。20世纪90年代,西欧各国政府宣称为适应经济全球化的新形势,发起了一场空前的福利制度改革,即便社会党这类的左翼政党执政也不例外,均在致力于减少雇员目前所享有的福利水准,降低养老金的领取额度,缩小雇员所享有的较好的医疗保险的范围与待遇,降低雇员所享受的病假工资的领取比例,提高雇员自身交纳各种社会福利的比例;同时,在劳动体制上进行较大幅度的改革,扩大劳动市场的灵活性,大幅提高短工和临时工在雇员队伍中的比例,扩大雇主聘用和解雇职工的权力,减少劳动者的休假时间。在经济全球化趋势下,欧美国家大多数职工的福利水平有所下降,劳动条件较前有所退步,工资的增长速度明显低于同期国民收入的增长率。

(二)20世纪80年代以来新型社会矛盾与新社会运动

20世纪80年代以来,西方国家的社会矛盾主要体现为提高生活质量方面的矛盾,突出形式是各种新社会运动,如生态运动、和平运动等等,这一阶段西方国家开始了社会矛盾调节机制调整完善的过程。

1.工人运动出现总体弱化之势

二战后,资本主义国家的社会生产力由于科学技术的进步而获得发展;西方国家大多数人的生活水平得到较大提高,工作条件和环境明显改善;资本主义的基本矛盾总体上讲不是在趋于尖锐,而是走向缓和;国家的调控手段与调控能力进一步拓展和增强,社会的稳定性明显改观。20世纪70年代以后,欧美国家的社会运动特别是传统社会运动大都走向低潮,社会运动总体上呈现出一种缓和的态势。

西欧各国20世纪70年代末、80年代初先后陷入经济危机,危机持续时间长,几乎席卷所有西欧国家,大批企业倒闭,失业创战后新纪录。据统计,欧洲各资本主义国家的失业工人达到40年来的最高峰。1982年8月,欧洲共同体的失业人数达到 1090 多万,占劳动力总数的 9.6%。工人生活水平下降,实际工资增长速度下降,工人工资收入在总值中所占份额减少;社会保障待遇下降,保障税提高。资产阶级为了转嫁经济危机,采取大量解雇工人、压低工资、加强劳动强度、抬高物价、增加税收等办法,使西方国家的无产阶级贫困化日益加深。进入 70 年代以来,西欧各国反对失业、保卫自身权利的工人罢工斗争蓬勃发展,使这些国家的政局发生激烈动荡。这一时期,罢工斗争规模之大、范围之广、时间之长,都是过去所没有的。1970 年,英国共发生近4000 次工人罢工,是 1926 年以来的最高记录。工人斗争的主要目标由增加工资转为反对解雇、要求保障就业、保持现有生活水平,实行 35 小时工作周等等。20 世纪 90 年代,西欧工人运动的规模缩小。1995 年法国的罢工浪潮曾使西欧工人运动达到一个小高潮。针对法国政府提出一些社会福利改革方案,法国公众举行了多次示威游行,甚至罢工;1995 年 10 月,法国 500 万公共服务人员举行了总罢工,这是 1996 年以来法国最大规模的罢工运动。21 世纪以来,西欧工人运动在 2002－2003 年又出现了一个新的高潮。这时,由于西欧大多数国家的政府特别是新近上台的右翼政府把推动社会福利及劳动市场政策的改革视为其革新重点,特别是它们所推行的劳动法改革、养老金改革及私有化在西欧引起了强烈抵制,在许多国家爆发了工人罢工与抗议示威运动。2002 年,在法国、意大利、德国、西班牙、比利时、英国等国,均发生了有数十万乃至数百万人参加的罢工甚至全国性的总罢工。

20 世纪 80 年代以来,美国劳工斗争还有着相当的规模,由于当时政府采取的新自由主义的经济社会政策,对劳方利益严重挤压与侵害,因而这时劳工运动主要围绕自身的经济利益进行。进入 21 世纪以来,美国的劳工运动又趋于进一步弱化之势。

2. 新社会运动的发展

20 世纪 60、70 年代以来,新社会运动不断产生和发展。20 世纪 70、80 年代出现了环保运动、新女权运动、反核战运动,它们是西方社会运动向新的阶段发展的重要标志。到 80 年代后,产生了越来越大的影响,主要有:20 世纪 80 年代以来的争取公民权利的运动,如反饥饿与济贫运动;90 年代开展的拯救穷人运动、教育运动、生态运动、宗教运动、反全球化运动等等,如欧洲的绿色运动与美国的生态运动、新女权运动、和平运动、反种族主义运动。反全球化运动是21世纪西欧社会运动的一个新的亮点,2002年,由欧洲社会论坛组织、在意大利的佛罗伦萨召开了第一次年会,在会议期间有近百万人参加了游行活动。

新社会运动的产生与欧美国家产业结构的变化有紧密联系。当代社会,欧美国家产业结构出现了巨大变化,以服务业为核心的第三产业比重上升,普遍占60%以上,传统的产业工人已经不再是劳动者阶层的主体力量,白领工人超过蓝领工人,特别是中间阶层力量的壮大,使劳动者扩大到第三产业的服务人员和知识型的"新中间阶层"与"白领工人"。信息化的发展使个人受到强大的社会控制力量的监控,个人越来越富裕,越来越自主,但也越来越孤独,越来越异化,这就促使人们的价值观念由关心经济和人身安全转向"生活质量",即从关心物质价值转向关心精神需要。广大公众的关注力与关心的重点必然会发生变化,关注的中心将逐步从原来的阶级、意识形态、党派斗争、战争慢慢转向关系整个人类生存与发展的生态环境、可持续发展、社会的和谐、民主人权以及伦理道德问题。这些问题包括:经济长期滞胀,政府财政赤字与国债居高不下;两极分化日益严重,社会畸形发展,各种犯罪愈演愈烈;生态问题日益突出,环境危机加剧;官僚主义泛滥,军备竞争不断升级,核战争威胁笼罩全球等等。20世纪80年代以后,经济全球化加速发展,西方国家劳动者和其他阶层遇到了一系列新问题:在金融贸易日益全球化后,出现的外国商品的大量涌入而对本国就业岗位的保护;由资本跨国流动所造成的产业向第三国转移而带来的结构性失业,以及信息产业大发展对外国人才的引进而对本国雇员的冲击;经济全球化发展带来的全球性的生态与环境危机问题;西方新自由主义盛行所带来的对劳方利益的侵害,特别是贫困问题、两极分化现象的严重化等等。这样,社会矛盾主要表现为新型的社会矛盾,社会矛盾的焦点是公民关注生活质量的斗争。

自20世纪70年代以来,传统社会运动总体上对立的激烈程度趋于缓解,新社会运动增多。多数新社会运动与统治者之间不是一种对立关系,而是一种在总体利益一致或基本一致基础上的监督、协商与平衡的关系。这就使得政府和统治阶级对于多数社会运动的政策与态度发生改变,开始注意利用此类社会运动作为其了解民意、把握民众新动向的重要渠道。欧美国家政府处理社会运动的基本政策是:第一,当发生社会运动时,政府主要是发挥仲裁与利益的协调作用,平衡利益双方的关系,尽量采取措施防止矛盾激化而危及社会的稳定;二是通过社会运动发生所表现出的新的社会动向,进行相应的政策调整,出台相应的政策举措;三是通过社会运动所带来的挑战与冲击,对政府有关政策进行反思,纠正偏差,采取措施进行补救。

(三)社会矛盾调节机制的调整与完善

在新的历史条件下,西方国家政府普遍调整和完善了社会矛盾调节机制。主要采取了如下措施:

第一,重新审视和调整国家的职能作用。首先是 20 世纪 80 年代"撒切尔——里根改革",强调市场机制,减少国家干预,大规模地重新调整了国家与企业、市场、社会的关系,以求恢复和增强社会经济的活力。20 世纪 90 年代,盛行"第三条道路",英国"新工党"及其思想家吉登斯认为治理方式必须适应新时代,超越"把国家当敌人"的右派和"认国家为答案"的左派;放弃市场受制于政府的"老式"混合经济,主张兼顾市场机制和公益的新混合经济,谋求国家干预与市场、社会的"平衡"。

第二,以教育、培训、基础科技领域为主要投资方向,以人力资本投资为核心,将"消极的福利国家"转变为"积极的福利国家"、"工作福利国家"或"社会投资型国家"。20 世纪 90 年代以来,社会政策的重点发生了转移,社会政策的主题是围绕着国家、社会、社区、家庭、个人在福利中的地位和作用展开。"第三条道路"理论成为主流理论。在社会政策方面,第三条道路的倡导者主张要彻底改革福利国家制度,变消极的福利制度为积极的福利制度;改革的目的不是要削减福利方面的支出,而是要把更多的资源用于人力资本的投资方面;通过在风险与安全、个人责任与集体责任之间建立一种新型的关系,来应对全球化时代的新问题;第三条道路的倡导者特别重视公民社会的地位,认为政府应该在公民社会的重建中发挥基础性的作用,要同时依靠政府和公民社会双方面的力量推动社会发展。

第三,以充分就业政策为核心,将"福利"转变为"工作",并适度限制福利支出的增长,达到平衡经济发展与社会保障发展、需求管理与供给管理相中和的社会管理与经济增长目标。如英国布莱尔政府采取了许多有效促进充分就业的措施,在政府专门成立了由财政大臣担任主席的就业政策委员会,统一制定全国的就业政策;提出"削减福利开支,提倡劳动福利"的口号,实施再就业"新计划";加强职业教育和技能培训,政府新设立了学习与技能委员会,为失业人员免费进行有针对性的培训,培训后的再就业率为 60% 左右;建立就业服务机构,并对就业困难人群提供特殊服务;提高最低工资,扩大对低收入家庭的税收优惠。

第四,主动利用基本社会组织、社会利益群体、非政府组织进行社会协作治理。福利国家改革时期也是非政府组织大发展的阶段,如法国 1990 年就有60000 多个私人社团成立,而 60 年代每年只有 11000 个组织成立。在德国,每十万人口的社团数量从 1960 年的 160 个增加到 1990 年的 475 个,翻了近 3倍。瑞典公民社会的参与率世界最高,创建了一个每十万人口就有 2300 个社团的稠密的社会网络。

第五,注意利用国际经济法制和国际经济规则维护本国利益,并从经济全球化中牟取更多的本国利益。如注意主导与参与制定世贸组织规则、世界知识产权规则、世界劳工组织的规则以及联合国环境组织的规则等等。

第十一章 案例与阐释:社会矛盾调节机制的实证分析[①]

当前我国正处于全面建设小康社会进程中的关键时期,社会转型与经济转轨同时并存,各类社会矛盾都浮现在表面,展开对立,显得错综复杂。众多领域发生深刻的社会变革,经济成分、组织形式、利益关系、就业和分配形势日益多样化,社会活动方式和生活方式发生了前所未有的新变化,出现了利益博弈的局面,在新旧体制转换磨合的社会阵痛期,各类社会矛盾和冲突频繁出现。在这一过程中,如何发挥社会矛盾的调节机制,政府的作用与地位日渐提升,政府介入社会各个领域的范围越来越广,影响程度越来越深,与政府行为相关的社会利益矛盾数目急剧增长,成为一大趋势。

我们知道,研究社会矛盾的调节机制存在着多种分析路径,通过由点及面的个案研究,从某一现实发生的社会矛盾入手,剖析矛盾的起因、过程以及发展趋势,着重观察矛盾事件的转折点,寻求矛盾中的利益协调与和谐秩序,找出当前社会矛盾调节过程中的共性所在,可以为我们研究全面建设小康社会进程中的社会矛盾调节机制提供一个样本阐释。基于全面建设小康社会进程中出现社会矛盾的原因,相当部分是政府的决策和行政作为直接引发的特点,政府在一些重要领域和关键环节寻求改革的新突破时,往往没有注重改革决策的科学性以及改革措施的协调性,使得改革没有兼顾到各方面。没有注重发挥社会矛盾调节机制的重要作用。因此,本课题在选取案例的时候,注重了

---

① 考虑到课题案例的普适性与代表性,本书出现的金河、西山、林原均为化名,但均为现实客观存在。

案例的典型性和阐释力,分别选取了在改革中由于政府决策缺乏科学、措施缺乏协调所引发的"金河出租车停运事件";政府没有协调好经济发展与环境保护之间关系所引发的"西山'4·10'突发事件";以及转型中政府的体制、资源等客观条件与人民期望要求之间的差距的所引发的"林原'84元'事件",试图以这三个实际发生的事件为出发点,着重研究社会矛盾调节过程中的政府组织运转过程,研究社会矛盾与政府作为之间的因果联系,扩大分析的范围,明晰社会冲突过程中的相关特点,从正反两方面评析三个案例社会矛盾调节机制的得失,以便对更普遍意义上的社会矛盾调节的方法与程序加以研究,最终构建一种扩散型的理论框架,形成对全面建设小康社会进程中社会矛盾调节机制进行普遍性分析的体系。

一、案例一:"金河出租车停运事件"

2004年夏天发生在金河的出租车事件,成为近年来国内最为瞩目的社会矛盾和公共危机事件之一,数千名出租车司机持续五天的停运,影响了金河这座城市正常的交通秩序。停运期间,一些正常运营的出租车和中巴车遭受破坏,40多辆车被砸,使金河的公共交通多处陷入瘫痪状态,给市民的出行带来了极大的不便,特别是对来金河旅游的游客影响甚大。这次出租车停运事件震动了整个国家,引起了海外舆论的高度关注,同时也为我们提供了研究全面建设小康社会进程中社会矛盾调节机制的样本案例。

(一)事件发生的背景

进入全面建设小康社会之后,政府应该如何对出租车进行管理,如何应对城市环境的变迁,应该制定怎么样的出租车政策,是每一个城市都需要面对的公共问题。然而,我国目前还没有统一的法规。正是这一原因,国务院和国家相关部委先后出台了出租车管理的指导性政策,这些政策成为各地制定相关细化政策的决策背景。如1988年,建设部、公安部、国家旅游局发布《城市出租车管理暂行办法》、1989年建设部发出《关于加强城市个体出租汽车管理工作的通知》,对城市出租汽车的车辆管理、站点管理和对个体出租汽车的管理,均作了明确的规定;1999年国务院办公厅转发建设部、交通部等部门《关于清理整顿出租汽车等公共客运交通意见》的通知,对出租车管理进一步提出了指导性意见;2002年,建设部等五部委出台了《关于进一步加强城市出租车行业管理工作的意见》,明确规定对城市客运出租汽车实行总量调控,保持行业稳定,严格规范经营权有偿出让和转让;2004年,建设部发布了《市政公用事业特许经营管理办法》,明确规定出租车经营权属于特许经营,出租车数量必须与城市总体规划建设和人口总量相适应,出租车经营权属政府所有,经营者必须按照政府规定的出让方式获得经营权。2004年7月1日实施的《行政许可法》又进一步明确了政府对特许经营权的出让必须采取公开出让的方式。

金河市改革开放以来,城市基础设施建设不断加强,自上世纪80年代初期,金河就开始发展城市客运出租汽车业务,城市交通运输业有了很大的改善和发展。出租车行业的发展为市民、外来宾客的出行带来了方便,同时解决了部分市民的就业问题。当时出租车经营者通过行政审批手段,获得最初经营权,经营期限是一年,并按期交纳道路有偿使用金,1996年3月,实施道路经营权有偿使用后,由过去的行政审批过渡为通过市场化运作的方式取得经营权,进一步规范了金河市出租汽车行业的管理。1998年金河市政府制定了《金河市城市客运出租车管理条例》,有150辆出租车通过竞拍取得了经营权,值得一提的是,由于经营者对有关政策、法规了解不够,尤其是对经营权的有偿性和有期性的认识非常淡薄,认为一经取得出租车经营权,按期交纳经营权有偿使用费,就可永久性地享有使用权,一时间盲目贷款、借债投入出租车经营的现象在金河市开始普遍出现,在民间交易中甚至已将一块出租车牌的价格炒到12.5万元左右,要使一辆出租车在马路上跑起来,需要20万元左右,加之政府部门对出租车行业的管理不规范,致使包括下岗工人和失地农民在内的一些人高价购买使用权即将到期的出租车。到2004年3月,五年前按市场化运作取得的经营权相继到期,当时传言出租车经营权将被收回,曾引发了2004年3月群体性上访事件。此后,这些出租车通过顺延的方式获得了经营权,平息了危机。

面对日益膨胀且混乱的金河市出租车行业,为了合理掌控出租行业,金河市开始着手制定相关的政策,试图明确规定出租汽车经营权有偿出让标准,对出租车行业收益情况实施动态管理。与此同时,金河市相关部门加快了出台出租车管理政策的相关步伐,从2004年3月开始,金河市建设局组织了10个调研组在客运出租行业从业人员中进行了调研,此次调研有1500余名出租车业主参加了调研会议,占整个行业业主的31%,共收回征求意见表1200余份,根据建设局提供的资料显示,业主几乎都反对政府将经营权收回。调研中业主反映的意见主要集中在两个方面:一是企业管理薄弱,协会职能不能充分发挥;二是政策宣传工作的滞后造成了经营者对经营权认识的不足。4月初,金河市相关部门分别对西安、太原、长春、吉林、杭州、南京六个城市的出租车经营权有偿使用管理工作进行了为期8天的调研,之后,金河市建设局起草了《金河市城市客运出租汽车经营权有偿使用管理办法》、《金河市城市客运出租汽车更新管理规定》(以下简称《办法》、《规定》)的第一稿。7月,市政府常务副市长白雪山主持了各出租车公司经理、业主代表参加的会议,就即将出台的第一稿的有关政策进行了讲解。会上各公司经理和业主代表反映强烈,表示不能接受,政府的政策目标与出租行业利益诉求之间存在着巨大分歧。这为出现出租车停运事件埋下了伏笔。

(二)事件回放

最终引起出租车停运事件的导火索是2004年7月28日金河市政府正式出台了《办法》与《规定》。其主要内容如下:

1. 出租车经营权实行有偿使用;

2. 1999年9月8日通过竞拍取得5年期经营权的经营者,自2004年9月8日起,给予5年经营权有偿使用期;

3. 经营者应按每车每年 3600 元标准一次性交清 1.8 万元的有偿使用出让金,逾期不缴纳者,视为自动放弃经营权;

4. 在经营期内经营者申请中止出租汽车客运,客运管理部门按标准退还其经营权剩余期限的出让金;

5. 对于出租车更新,要求更新车辆必须是排气量在 1.6 升以上的新车或排气量在 1.3 升以上、自带清洁燃料装置的汽车;

6. 车身颜色必须执行行业规定;

7. 管理办法和管理规定自 2005 年 8 月 1 日起实施。

文件的公布,澄清了之前的很多小道消息,结束了人们对出租车行业的很多猜疑,却带来了新的更为严重的、更反映社会现象的危机性情况。由于《办法》与《规定》从公布到执行,其间仅有短短的 4 天时间,这加大了这次事件对抗的激化程度,事件由最开始的小规模群体上访到后来的大规模砸车、阻塞交通等事件,引起了政府、出租车司机,各大媒体乃至城市居民相当多的关注。特别是出租车司机们对《规定》中关于出租车经营权有偿使用的相关规定表示出强烈不满,认为新《规定》损害了他们的利益,当天就有出租车开始"停运"。7 月 30 日,全市大部分出租车"停运","上访"人数增加,交通出现堵塞,并有 300 余名出租车经营者在自治区政府门前、北京东路太阳神宾馆十字路口、市建三公司十字路口等处拦截过往车辆,同时还有上访人员手持标语自市政府沿街游行,造成金河市区 14 个路口被非法封堵,市区主要交通要道严重不畅,整个金河的交通已基本瘫痪。当日中午,金河市政府在自治区公安厅的鼎力支持下,出动武警果断采取措施疏通了全部被堵塞的交通,共抓获闹事嫌疑人员 127 人,处理 75 人,其中依法逮捕 4 人。

8 月的金河,将举办"金河国际摩托车旅游节"、"中国摇滚的光辉道路"、第 13 届金鸡百花电影节等重大活动,出租车事件的解决如何将直接决定着这些活动的成败。因此,金河市政府在风波中所充当的角色始终引人注目。事发后,金河市政府办公厅发出紧急通知,政府也采取措施集中统一调度车辆,增加公交车营运密度和停靠点,延长营运时间,调整营运线路,使全市每日运行公交班次达到 2449 个,比以往增加了 98 个,26 个公交线路每条平均每日延长营运时间 30 至 45 分钟,方便市民出行。市政府还从各部门抽调车辆,协助全市各大宾馆解决游客的交通问题。与此同时,金河市副市长出面与出租车司机进行对话斡旋。市政府组成 23 个工作小组深入全市各出租汽车公司,调查研究,宣传政策,统一思想。并对司机出台一项奖励措施:只要司机们上路跑车,即便没有营运,也给每人补助 100 元。随后市政府发布通告:表示原定于 8 月 1 日实施的《办法》、《规定》暂缓执行。此时金河市客运管理处主任申书德连同三位副职被认为对这次事件"负有直接领导责任"而被免职。但这并没有打消上访者心中的疑虑,他们认为"暂缓"就是无限期的拖延问题,并不是在解决问题。8 月 1 日,《金河晚报》刊登金河市政府秘书长白建平答记者问,再次重申"在新办法出台前,出租车的运营管理仍按原有的规定执行。"同日,金河市市长刘学军发表电视讲话,向因停运而给广大市民带来的不便表示歉意,随后,市政府明确表示《办法》和《规定》不再执行,继续执行原有的出租车经营管理的有关规定。此时,《办法》、《规定》公布仅 4 天,生效不足 48 小时。

至此,为期近一周的金河出租车事件暂时告一段落,全市交通已基本恢复。回顾这场风波,金河市政府旨在通过《办法》、《规定》,试图确立通过市场竞争机制选择经营者,以期达到对出租车经营权实行有偿使用管理,实现政府宏观调控发展出租车行业的政策愿望和目标。这原本符合出租车经营权有偿使用性和有期性的特点,这项政策如果得到贯彻将会使出租车行业能够逐步适应市场经济发展,减少市场炒作和经营者的盲目投资,从而确保出租车行业稳定、健康和可持续发展。然而,这项试图调整、处理好公共利益与局部行业利益关系的政策,最终以出租车停运而终结。其中的处理过程和具体行政行为上,反映出政府在社会转型期,其原有的执政理念、政府思维、工作方法等多个方面都有可能成为引发社会矛盾和公共危机的诱因。这次事件不仅需要金河市政府总结反思,更值得各级政府、各个部门深刻警醒。

(三)矛盾调解过程中政府的措施与作用

1. 政府调节社会矛盾的理念出现变化

事件发生后,金河市委、市政府立即召开会议,要求各部门统一认识,一定要依法执政,公开透明地处理问题,正面回应了群众利益要求。在解决问题的过程中,市政府派出了 23 个工作组深入全市的各个出租车公司,在更广泛的范围内听取出租车经营者和广大市民的意见和建议,特别是对出租车经营者提出的延长营运期的问题,主动与出租车业主见面、对话,展开沟通。在此基础上,自治区和市政府有关方面积极听取社会各方面的反馈意见并予以采纳,决定成立由自治区和金河市有关部门共同组成的出租车行业规范管理领导小组,在充分调研、听证、听取各方面意见和借鉴外地经验的基础上,制定有关出租车运营新的管理办法,以及随后的一系列从"暂缓执行"到"停止执行"《办法》和《规定》的行为,都体现了金河市积极协调沟通的姿态。在解决这场社会冲突中,金河市委、市政府组织大量干部,深入出租车经营者、司机和上访群众中,详细了解有关情况,走访面达 80%;金河市长、副市长分别与 23 个出租车公司经理和上访群众面对面地对话,听取意见;期间政府还通过新闻媒体,公开向市民通报有关情况。这都反映出政府在处理社会矛盾和应对公共危机上的良好的心理准备和成熟的组织措施。在事件的处理结果上,《办法》、《规定》从生效到终止仅仅只有四天时间,政府在这么短的时间里做出"停止执行"的决定,在中国的历史上是少见的,政府及时纠错是社会进步的表现,政府敢于认错的行为不但不损害其形象,反而有助于问题的解决。金河市政府处理出租车停运事件中的应对措施为我们展现了法制政府、责任政府的应有形象,值得肯定。

2. 政府对社会矛盾的利益定位把握准确

金河出租车事件实质是一场社会利益冲突,冲突目标指向是利益问题,不存在政治或意识形态的因素,属于理性的冲突的范畴,利益冲突的目的是利益博弈和解决问题,冲突的结果往往不是哪一方的彻底胜利,而是协商和让步,协商和让步往往是通过谈判的方式实现的,因此,政府在处理社会矛盾和应对公共危机时,准确定位冲突的性质至关重要。金河出租车停运案例中,政府对利益冲突定位准确,事件发生后,政府并没有回避自身的责任,而是采取了疏导、恢复交通的各项措施,一方面,解决了事件带来的交通不便,减少了市民因突然出现混乱局面产生的心理恐慌;另一方面,暂缓执行两个文件,也是抓准了事件产生的轴心问题。我们看到金河市政府一直没有将事件政治化或意识形态化,没有把出租车司机反对某个政府部门的一个具体规定等同于反对政府,没有将出租车停运的集体事件上纲到扰乱社会生活、破坏社会秩序上来,从而为解决冲突的方式设下了基调。

3. 运用组合化处理方式促进社会冲突形态的转化

出租车停运事件初始,金河街头出现大量的出租车经营者在主要路口拦截过往出租车、中巴车阻塞交通的情形,给市民出行带来很大的不便,致使旅客大量滞留火车站。更有相当数量的上访人员手持标语沿街游行,非法封堵市区要道,造成全市交通瘫痪。冲突双方到了剑拔弩张的状态。金河市政府处理出租车停运事件中运用了组合化处理方式,改变了过去对集体事件要么全盘肯定要么全盘否定的习惯做法,体现出一种理性化解决问题的思路,具体包括三方面的处理方式:第一,实事求是地承认有关部门的《规定》或《办法》存在问题。事件发生后,金河市人民政府立即组成23个工作小组深入全市各出租汽车公司,调查研究,宣传政策,统一思想。随后就发布通告:表示原定于8月1日实施的《办法》、《规定》暂缓执行。第二,对大规模的停运事件没有采取激化矛盾的做法,而是用暂缓执行有关规定的退让或协商的方式化解了冲突。金河市市长刘学军在电视讲话中的道歉,就体现了政府协商解决出租车停运事件的诚意。第三,在冲突中,出现了拦截、袭击仍在运营的出租车和小中巴以及其他的暴力行为,金河警方针对这类违法过激行为,毫不手软,依法坚决打击。这三种组合方式有效地促进社会冲突朝着和谐有序的方向转变。

4. 社会矛盾解决中运用了问责机制,体现了职、权、责的统一

政府在行政管理中必须增强"有其职必有其权,有其权必尽其责"的观

念,实行责任行政、民主行政、法治行政。从案例来看,金河市之所以发生出租车集体停运和上街游行直至最后酿成严重的社会冲突,使这座自治区首府城市多处陷于瘫痪,并持续近一周之后方告平息,这与出台《办法》与《规定》的金河市客运管理处有直接的因果关联,体现出这个部门出台法规条例前期准备不详、调研不充分、预计情况不周等问题,在行政管理中没有理顺职、权、责的关系。金河市委、市政府为了提高政府的科学管理水平与行政效率,在事件的处理过程中,运用了行政责任追究机制,市客运管理处主任申书德连同三位副职被认为对这次事件"负有直接领导责任"而被集体免职,体现了行政首长负责制、集体负责制等制度的实施,体现了政府试图通过问责优化权力配置,提高办事效率的意图,推进政府机关从管制型政府向服务型政府转变,从官本位向民本位执政的转变。当然,在问责机制的运用上,以市政府名义颁布的《办法》和《规定》最终是由客运管理站承担责任,是其不完善的地方。

(四)事件引发政府调节社会矛盾的反思

1. 政府部门盲目追求自身利益最大化

金河出租车停运事件的发生与当前流行的政府经营城市的思维存在必然的联系。在市场经济中,政府自身成为利益竞争的主体,干预市场领域的利益分配,普遍把城市当企业来经营,在改革中一昧的考虑经济利益,但是企业与政府存在本质的区别,"经营"中的经济效益是企业的生命线,而政府施政却应该先把社会责任放在第一位,如果政府偏差地理解"经营"的含义,忽视公民的切身利益,最终将会变成逐利的企业家,丧失公众信任。从我国城市当前面临的形势来看,政府工作的重点应是发挥其社会责任的职能,在政策的执行过程中兼顾到各个方面、照顾到各个方面,而不是忽视相关群体的存在与想法,想当然的去"经营城市"。具体到该事件,金河出租车新政策出台,如果从经济利益的角度看,是为了规范出租车行业的管理,是为了解决目前存在的诸种问题,但新办法实施实际减少了出租车司机的收入,增加了政府有关主管部门的收入,假设金河市政府的两个"新规定"能够执行的话,单是重新拍卖

4600多个出租车牌照,"就是数亿元的收入",因此,很自然的联想到政府出台政策是在为自己增加收入,而不是单纯的规范市场。由此反思政府经营城市的思维,可以得出结论:倡导"把城市当企业来经营",只能是提倡运用企业经营的某些精神,如追求行政成本降低,增加行政效率等,绝不是单纯的让那些只有买得起牌照的"富有"的车主继续经营出租车,而大部分出租车司机却不得不丢掉饭碗,甚至使行政部门从中获利。如果这种错误的理念被广泛推广,必然会造成这样的后果:大部分市民被迫从经济过程中被剥离和排斥出来,市民因为贫困而无力消费,产品没有出路,社会再生产遭到极大破坏。

2. 政府决策缺乏科学性

对于政府科学决策,国务院有要求,其中包括合法行政、合理行政、程序正当、高效便民等等。2004年7月1日,我国的《行政许可法》开始实行,其中规定:"凡涉及人民群众切身利益的,一般应通过社会公示或听证会等形式听取意见和建议;行政法规实施前必须有30天的准备期。"案例中金河市出租车新政策、新规定的出台从公布到执行,其间仅有短短的4天时间,并未向社会公示,也没有召开听证会。另外,金河市欲实行的出租车经营权有偿使用证制度,其实质是将有偿使用变成了行政许可。然而,在国务院保留的500项行政许可中,涉及出租车方面的仅有3项:出租汽车经营资格证、车辆运营证和驾驶员营运资格证核发。显而易见,金河市所说的"有偿使用证"不在此范围之列。1999年国务院办公厅下发的文件中也提到,确需保留有偿出让和转让经营权的城市,经省、自治区、直辖市财政、物价部门审核后,重新报省、自治区、直辖市人民政府批准,并报财政部和国家计委备案,而金河市在这一条上没有做到。金河市在管理办法中还提出,要对使用证进行年检,《行政许可法》实施后,行政机关实施定期检验必须有法律、行政法规的规定,且定期检验的对象限于直接关系公共安全、人身健康、生命财产安全的重要设备和设施,对使用证进行年检同样不符合规定。显然,地方政府和职能部门如何科学决策、依法行政,还有很多需要"补课"的地方,当前地方政府在决策的过程中时常出现与国家现有法律抵触的情形,这样的状况长期存在,会使民众对法律产生疑惑,在遵守国家法律与地方法规之间无所适从,客观上降低了法律的权威。金河出租车事件就是一例因决策不符合法律规定引发的利益矛盾,民众对决策合法性的质疑导致政府的公众形象受损,大幅度地提高了行政成本。

3.相关措施缺乏协调性

金河出租车停运事件之所以爆发,在很大程度上是政府相关部门在出台出租车政策时,没有注意到相关措施的协调性,政府没有对出租车政策的出台可能造成的后果有一个充分的估计和前瞻,在设计相关社会预警机制的同时,没有实现公平合理的利益分配机制,没有预防弱势群体的利益表达演化为失去控制的破坏力量。在金河出租车停运事件发生后的调查中,我们可以发现正是由于官方宣传不到位,管理不规范,导致了一些人对出租车转让政策的长期误解,致使相关的公共政策得不到公众的支持。出租车司机群体,一直在反对新政策,这不纯粹是因为该政策触及了司机们的利益,更是由于出租车司机根本就认为,政府新的决策和以前他们所认可的政府政策(即"一旦拥有经营权就永久使用经营权")相背离,或者说出租车司机们依照他们的观点可以认为政府的决策失去了连续性,这是他们断然不能接受的。特别是,在金河出租车新政策出台前期,有消息传言政府调整出租业政策的时候,就有小规模的上访发生,金河市出租车司机也曾经通过不同形式向政府表达了诉求,但相关政府部门当时并没有给予足够的重视,没有全面考量新政策给出租车行业带来的多重影响,忽视了相关措施的协调性与社会冲突预警机制的建立。总之金河市政府出台出租车新政策时,相关措施的协调性不够,决策的前期工作与宣传力度欠缺,针对政策的实施,缺乏与公众之间的沟通,最终导致了公民对政府决策的理解大大偏离。

4.缺乏足够的处理社会冲突和应对公共危机的能力

我国的人均 GDP 已超过了 1000 美元,进入了国际公认的风险社会,政治体制改革与经济体制改革进入了攻坚阶段,社会转型、经济转轨时期所带来的诸多矛盾与问题日益暴露。近些年来,在三农问题、大学生就业问题与行业收入分配等问题上发生了多起社会冲突事件,并且还潜伏着爆发类似社会冲突的可能性。因此,在建构社会主义和谐社会的过程中,必须提高政府对社会冲突事件的预防、处理和应对能力。然而,金河出租车案例中,暴露出政府的不少问题,比如认识上的不统一,一些人认为政府出面道歉会损害形象,一些人主张对"停运"实施强制措施;在处理事件时,从一开始的"暂缓执行"到后来的"停止执行",政府始终处于被动局面,被形势拖着走。这说明政府在日常行政中还缺乏足够的处理社会冲突和应对公共危机的能力,在事件发生后无法及时做出应对措施,以至于使这起严重的停运事件持续了五天。整个处理过程暴露出政府部门存在着诸如责任意识不强、办事效率不高、部门之间配合协调机制不健全等问题,在如何疏导、协商、缓解社会冲突方面缺少有效的办法,在行政管理中没有理顺处理社会冲突过程中的责任,导致社会冲突应对能力不强、危机管理能力太弱。

5. 没有充分利用 NGO 在解决社会矛盾中的作用

任何一个社会的良性发展,都会有政府机制、市场机制与社会机制发挥作用,政府机制主要发挥综合协调与宏观调控的作用,市场机制主要发挥以市场配置资源、按经济规律办事的作用,社会机制则主要通过社会中介组织、民间社团和公民参与等方式来发挥作用,作为沟通政府机制与市场机制的桥梁与纽带,形成一种良性互动、为社会提供"安全阀"的机制。在日渐成熟的市场经济社会中,政府如果直接管理作为一个个独立个体的行业经营者,所付出的监管成本几乎必然高于社会所获得的总收益,而培育、发展与健全社会中介组织能作为缓冲,在政府和每个经营者之间保持适当的张力,使政府的回旋余地大大增加。当今世界各国在行政改革过程中,也出现了政府向社会分权、还权的倾向,并逐步形成了"小政府、大社会"的格局,非政府组织(NGO)的地位和作用得到了进一步的发挥,由此带来了政府治理的新态势,带来了政府与社会、政府与公民的良好沟通和合作。但是,在本案例中,政府收集到出租车行业协会的反对意见后,没有充分重视这些意见,没有充分尊重由利益相关人组建而成的行业协会,以发挥他们的协调作用,更没有预见到新政策可能引起的强烈反弹,而是继续推行原来的政策,最终导致政府和行业经营者的利益都受到了损害。在我国不少城市都组建有出租汽车的行业协会,在法律允许的范围内,作为本行业的代表与政府就关系到本行业生存和发展的重要问题进行协商,从而在政府与特定行业之间建立有效的对话机制。这样可以有效解决政府在管理中的缺位、错位与越位现象,促进社会公众、利益团体有序的政治参与,达到缓解社会矛盾、减轻社会压力、确保我国经济与社会的持续、协调、稳定发展的目的。

二、案例二:西山"4·10"突发事件

如果说金河出租车停运事件,在一定程度上是为我们展现了社会矛盾调节机制如何发挥作用、最终实现成功化解矛盾的话。那么,2005 年 4 月 10 日,发生在浙江西山"4·10"突发事件(以下简称"西山事件"),则从另一侧面为我们展现了当社会矛盾调节机制运行受阻时的情形,3500 余名执法人员与上万名民众之间的冲突,造成数十名执法人员和村民的受伤,数十台执法车辆的被毁,多位行政官员因此而被问责,数名村民因冲突而获刑,特别是这次事件被海外媒体广泛报道,给国家形象带来了严重的负面影响,成为近年来国内外最为瞩目的社会矛盾处置失当的突出案例,同时为我们对加强全面建设小康社会进程中的社会矛盾调节机制的建设提供了更加深远的内涵。

(一)西山事件发生的背景

当前我国环境污染已经极其严重,亟待出重拳治理。据有关资料统计:我国每天产生垃圾 17857 吨,人均每天 1.28 公斤,至今已有 1/3 的国土被酸雨污染,主要水系的 2/5 已成劣五类水,3 亿多农村人口喝不到安全水,4 亿多城市居民呼吸着严重污染的空气,1500 万人因此患上支气管炎和呼吸道癌症。现实中,经济发展与环境保护之间的矛盾日益突出,由环境问题引发的社会冲突事件,数量巨大且处理难度呈逐年加大之势。环境污染不仅危及公众的健康与生命,影响经济的可持续发展,而且还可能成为破坏社会稳定的政治性隐患。政府如何在经济迅速发展过程中处理好环境保护工作,怎样处理由环境恶化引发的社会矛盾,成为政府在社会调解机制建设中的新课题。西山事件

就是在此种背景下产生的。

西山市位于浙江省中部,为一县级市,与义乌同属金华地区,素有"歌山画水"之乡的美誉。西山辖区内经济发达,化工业是西山市的支柱产业,西山市每年13.9亿元的工业利税总额中,近四分之一的财政收入来自化工业。西山辖区内各工业园区分功能而建,其中引发西山环保纠纷事件的竹溪化工功能园区占地约千亩,位于群山环抱之中,依画水河而建。园区内共有13家化工、印染和塑料企业,其中化工企业有8家。可见化工产业对于西山市经济发展起的至关重要的影响。

一般而言,化工企业对生产环境的要求相对较高,产品生产线的管壁内外温差必须控制在一定范围,然而,西山按照国际流行的产业集聚和环保集聚思路,建立起来的竹溪化工功能园区,在规划设计之初却存在严重缺陷:一是四面环山的地理结构阻隔了工业废气或泄漏的化学气体稀释与排放,特别在下雨前后或气压较低之时,不利于工业园区内部空气流动;二是功能园区附近人口稠密,河对岸是一个有4000多人口的西山村,东侧不到1000米的地方是有8000多居民的王坎头村,且两村与功能园区共饮一水,形成了"居民包围工厂"的局面,一旦污染,所造成影响波及范围很大;三是全市的工业园区缺乏整体性的规划。最突出的问题是一些功能园区之间的环境污染相互影响。画水河处于南江在西山市境内的末端,沿岸分布着各个乡镇功能园区的化工、电镀等企业,在它上游横溪镇还有占全国产量70%的稀土产品制造商东磁集团,承受的污染量极大,功能园区在2002年正式运转之后,这里的水质等级被金华市环保局定为连农业都慎用的劣V类水。

另外,按照国际发达国家发展化工业的流行做法,通行的化学工业区集聚方式,园区内化工企业的项目、物流传输、公用工程和集污应是整体性地进行监控,并按照各个企业的产量和排污量核算出每个企业应承担的环保费用,用于为周围地区作环保补偿。然而西山竹溪化工功能园区内企业的净化、排污设施却各自为政,独立运行,产业聚集演变为污染聚集。发生污染事件之时,环保局经常确定不了某次污染事件的直接肇事人,使环保补偿遥遥无期,建设工业园区的产业聚集优势并没有发挥。另一方面,由于功能园区采取由原画溪镇政府以租赁土地的形式启动,对农民土地的补偿价格过低,租用期间,承租方仅向出租方"上交每年每亩 800 市斤,以现金结算兑付,价格按当年、当地粮食部门的议购价收购为准。"事实上村民得到的补偿,一共才每人 120 元。在经济方面,功能园区的修建并未给当地的农民带来相应的利益回报,而且化工厂对于污染给农民带来损害的补偿也十分的不到位,为功能园区引发冲突埋下了伏笔。

自功能园区正式运行以来,附近几个村庄就发生了多起大面积的蔬菜及农作物不明原因死亡的事件,大多是农作物氟含量超标所致,与功能园区有直接关系,2003 年 7 月 2 日一场雨过后,甚至整个西山村绿色的稻田突然一片枯黄,成片的水稻、叶片塌落,西山农业局当时的鉴定认为这和化工区内生产的除草剂产品有关。另据当地村民反映,"化工厂、农药厂常常排出大量的废气、废水,发出难闻的气味,刺鼻又刺眼。特别在闷热天气,化学气体驱之不散,在严重的时候刺得孩子们睁不开眼睛。"而离园区仅三四百米的画溪初中和画溪小学的师生,则常常关着门窗上课。化工企业带来的环境污染日趋严重,附近镇中的学生无法正常使用学校用水,自己带水上课……化工厂的生产对当地环境造成了严重的污染,对功能园区附近农民的生产、生活和健康造成了巨大的伤害。

(二)矛盾冲突过程的回放

功能园区与农民由于污染问题而产生冲突由来已久,自功能园区修建之后,就有村民多次到西山市、金华市、浙江省的环保部门、国家环保总局投诉、上访,阻止功能园区运行,但问题仍没有得到有效解决。2005 年初,时任西山市市长汤勇在其所作的政府工作报告中,强调要继续加大对化工业的扶持力度,在土地、能源等要素上优先安排。这引起了当地民众与政府企业矛盾的进一步深化。部分民众开始准备与政府及企业对抗,搭棚围坐在化工企业的出入口处,禁止化工企业发货及进货。只要鞭炮一响,成千上万的村民便会汇聚至化工企业出入口,协助老人做禁止化工企业正常收发货的工作。有时候甚至直接采取封路等方式阻止工厂原材料、工业成品的进出。导致功能园区企业正常生产时常受到干扰,企业开工率不高。

4月5日,画水镇团委、妇联、老龄委、残联发出一份倡议书,称要"坚决与少数扰乱社会正常秩序的不法分子作斗争,并积极劝说少数盲目跟风的人及时回头。"4月6日,画水镇委和镇政府"致全镇人民公开信",内称:"针对画溪等村部分村民在极少数别有用心之人煽动下,聚众扰乱竹溪工业功能园区企业和周边村庄生产生活秩序的情况,公安机关通过前一段时间的侦查和深入细致的调查取证,掌握了大量事实,并对若干名涉嫌违法犯罪的人员采取了刑事拘留的强制措施……严正警告那些极少数不法分子悬崖勒马,积极主动地配合政府做好工作,否则,对策划、参与、继续制造事端、扰乱社会秩序者一律从重从快予以严惩。"与此同时,西山市公安局也发出通告:"限令滞留在画水镇竹溪工业功能园区路口的群众尽快撤离现场,所设置的路障(毛竹棚、石头等)尽快拆除清理,立即停止一切违法行为。否则政府公安机关将采取措施予以强行带离现场、强制拆除清理。妨碍执行公务的,将承担一切法律后果。"同日,有村民被拘。

4月9日晚间,当地镇政府派出10多名执法人员来到画溪村出路口,说夜里要刮风下雨,劝村里老人离开毛竹棚,未果之后,地方政府采取了清理行动。次日凌晨,政府共出动100多辆执法车辆,运送包括公安、城管及保安人员约计3500人来到现场,封锁了毛竹棚所在地。期间,对峙双方开始出现远距离零星互扔石块的对抗,但随着村民越聚越多,人数高达两三万,村民情绪越来越激愤,局面开始失控。警方使用了催泪弹,并撤离现场。但有部分执法者被堵在学校里,被村民用石块、用学校的板凳砸中,大部分执法车辆被村民掀翻,车窗被砸碎,车胎被刺破,有的引擎被破坏,在村民情绪激动的追打之下,一些执法人员纷纷扔下警棍、橡皮棍、盾牌、砍刀,并脱去钢盔和制服,撤离现场。据事后统计,此次冲突共有约140名人员受伤,其中大部分是执法人员,包括当地一名副市长和派出所所长在内的执法人员被打成重伤。

西山事件发生后,为维护党纪、政纪的严肃性,省纪委、省监察厅会同有关部门对此事件进行了认真调查,对时任西山市委书记汤勇、市长陈丰伟免职,并给予党内严重警告处分;给予原西山市委常委、常务副市长郭巧范行政记过处分;给予西山市环保局局长华伟跃行政记大过处分;给予西山市环保局副局长俞中强、蒋锦青行政记过处分;给予原西山市画水镇党委书记张忠鸣撤销党内职务处分;给予西山市画水镇镇长曹正标行政记大过处分。八位村民被西山市检察院以涉嫌寻衅滋事罪名被起诉,2005年5月9日,法院宣判八位村民全部有罪,刑期从八个月到五年不等。

对于群众呼声高的环保问题,省、市、西山市党委政府高度重视,成立环保专家评审组,对竹溪工业功能园区内的企业进行论证普查。西山市委、市政府多次召开工作会议,部署落实功能园区十条整治措施,明确要求,对于那些无法达标排放的化工企业,该关闭的坚决关闭,该转产的坚决转产。西山(市)各环保、交通、水利、组织等部门积极组织力量落实十条措施,各项善后工作有序进行。

(三)案例中社会矛盾调节机制受阻的症结

1.环境保护目标存在易位

经济发展与环境保护是一对孪生子,是任何地方发展必须要面对的问题。两者相辅相成,不可偏废。如实现两者协调,环境保护能为经济发展提供坚实的物质基础,经济发展所带来的成果反过来能优化环境和巩固生态,反之则会破坏经济发展基础,危及人类基本的生存空间。当前我国环境污染现状堪忧,但治理效果不佳,呈现出"一边治理,一边污染;这边治理,那边污染"的尴尬。一个时期以来,地方政府对GDP的片面追求,更加促使相关部门将目光放在经济总量的增长上。在此作用下,对经济发展质量、社会公平、资源利用效率等指标通常视而不见。不顾环境保护的经济增长,其内在的支撑力量,一是民众求生存、谋发展的自发冲动,二是市场机制所释放出的企业家逐利本能;其外部支持条件则是地方政府追求GDP的政绩竞争。因而,环境治理在一些地方政府迫切实现经济增长的公共目标面前,往往成为牺牲品。治理环境的目标在现实条件下发生冲撞,当二者不能兼顾时,往往舍弃环境治理。西山事件就是其中的代表案例。

在"效率优先"的大旗下,西山经济的高速增长已经积淀了巨大的环境欠账,案例中,要使社会矛盾调节机制真正发挥作用,西山市有关部门就必须从源头上解决问题,关停一大批制造污染的化工企业以防事态进一步恶化,但由此造成的代价却又是现阶段西山市财政和经济承受不起的。正因为如此,西山市似乎一直立足于"在发展中解决问题",尽可能兼顾经济增长与环境保护两大目标,努力使治理污染的速度快于新增污染的速度。这是一场生态癌变与保守疗法的较量,这种较量具有长期相持、长期对峙的特征,最终结果取决于双方力量的消长。正是由于环境保护的目标,意味着企业成本的大幅提升,意味着市场竞争力的丧失,从赢利出发的投资者便选择了对有关法律法规阳奉阴违,头上套着 GDP 紧箍咒的西山市政府,也选择了对污染现象的漠视,导致环境保护目标产生易位,最终使得社会矛盾调节机制在这场环境纠纷中无法发挥作用,无法从源头上解决问题。

2. 缺少经济发展的利益普惠机制

西山事件这一由环境污染产生的社会矛盾事件最终以群体对抗的场面结束,从另一侧面说明我国当前还缺少经济发展的利益普惠机制。社会矛盾的调节机制要发挥作用,必须实现经济的均衡发展,政府必须为贫困弱势群体提供相对公平的机会与基本社会保障,而西山事件中恰恰缺乏这种矛盾调节机制发挥作用的前提。西山事件实质反映的是地方政府、相关企业与农民在价值与利益上的冲突。这种价值冲突集中表现为政府的 GDP 至上与民众的环境生存权之冲突、企业利益与民众的环境生存权之冲突。缺少经济发展的利益普惠机制的重要表现是形成以 GDP 为核心的发展观以及由此带来的是政府缺位。生态破坏和环境污染在内的诸多公共领域问题主要肇因于政府职能的错位,根源于以 GDP 为核心的发展观。当前各级政府的 GDP 冲动,使得政府过渡关注经济发展总量的增长,进而忽视对潜在问题的防范。企业以利润最大化为核心价值、不顾一切地追求利润最大化往往以牺牲环境、损害公众环境生存权为代价。

当前,西山事件说明 GDP 至上仍然是地方政府追求的最高价值。对于政绩的追求,主要表现为对于经济增长率的追求,经济增长率的提高,则主要依据大规模的项目投资,大量的招商引资等。由于政绩主要来自于能够带来短期效应的大规模投资与建设,许多长期性的公共问题例如环境保护与治理、公共卫生一直被忽视。显而易见,西山功能园区内的化工企业对于当地的 GDP和利税的贡献是不言而喻的。然而这些化工企业的建立并未给当地民众带来真正意义上的实惠,租赁土地补偿标准过低,环境污染损害得不到落实,反而对周围民众生活、生产造成了较大的负面影响,给附近民众健康造成了巨大的伤害。当地村民认为,因化工企业的高额利润、地方政府部门的利益,致使他们的生存权被漠视,话语权被剥夺,继而反抗,最终导致西山事件的爆发。

3.缺少畅通的民意表达渠道

当今社会是一个利益主体多元化的社会,利益表达的问题,特别是弱势群体的利益表达问题,已经是一个无法回避的问题。建立起相应的民意表达渠道,是全面建设小康社会进程中社会调解机制的重要组成部分。是否拥有畅通的民意表达渠道是社会矛盾调节机制是否健全的重要标志,也从侧面衡量一个国家管理能力强弱的衡量标准。各个领域、各个行业随时都有可能发生社会矛盾,任何矛盾的发生均有酝酿、组织、演变的过程,都能从制度上找出源头所在,通过畅通的民意表达渠道,可以健全信息网络,拓宽情报渠道,做到上知政策,下知民情,及时掌握各种社会动态和社会矛盾,监控矛盾提前显现,能使决策者在矛盾初期迅速解决问题。另一方面,畅通的民意表达渠道也是公民权利得以实现的重要方式,是公民反映需求的重要渠道。其能促使决策部门经常性实施矛盾纠纷排查,围绕社会和群众关注的热点、难点、焦点问题,深入排查,及时化解不安定因素,把冲突遏止在萌芽阶段。现阶段畅通民意表达渠道主要包括:完善信访制度和各部门负责人接待日制度;增强人大代表利益表达功能;拓展社会不同群体利益表达的组织建设,特别是广大农民的利益表达和利益维护的机构建设等。

建立一个畅通的民意表达渠道,可以确保建立公民有效参与决策的政治体系,在提高政府开放和透明程度的基础之上,为民众提供一个能够诉求的公共讨论空间,使得专家观点与平民经验,以及不同的利益观点和价值立场,能够进行对话、沟通,通过对话取得共识,有效地设计与执行公共政策,保证所有的公民都能享受国家经济发展所带来的好处。然而,西山事件的最终产生与当地缺少畅通的民意表达渠道之间有必然的联系,在规划之初,在四面环山的人口稠密地区建设化工企业,这本身就是缺乏民意表达渠道的表现,导致决策缺乏科学的论证和合理预期的有力支持,导致当地政府在修建工业园的决策过程中失去监督制衡,将当地农民的意见排除在决策过程之外,决策结果往往注重的只是经济效益,而忽视民众的切身利益,为日后事件的发生埋下了隐患;自化工园区运行之后,就有村民多次到西山市、金华市、浙江省的环保部门、国家环保总局投诉、上访,反映和寻求矛盾的解决,有关领导也对解决这一问题作出相关的批示,然而,污染问题却长时间没有得到根本性的解决,往往是以不了了之收场,农民的要求只能是申诉有门,解决无路;在环境纠纷出现前期,由于民意渠道的不畅通,使得现场无法组织协调各方紧急行动,执法人员与相关民众也没有出现对话与协商的局面,并没有综合使用强势压制和教育疏导的方式,导致无法控制局面。最终酿成此次恶性事件。

4. 欠缺科学的评价体系

维护正常的公共秩序是政府的一项重要职能。在西山案例中,农民"搭窝棚"的抵制行为已经严重地阻碍化工厂的正常生产,破坏了地方秩序。西山地方政府恢复正常的秩序,对于农民的行为加以制止和纠正,甚至在必要的时候采取强制手段,这是政府的责任与职责。然而,在对污染问题没有加以有效解决的情况下,当地政府对农民采取强制拆除的过激措施,显然不是一种明智的选择,这样的做法必然导致政府在解决问题的过程处于被动的地位,最后致使局面失控,酿成大祸。因而,西山事件的爆发暴露出我国公共事务管理过程中存在的一些体制上的问题。由于现行的行政管理体制和政府权力运作模式,造成了政府公务人员对上不对下,在解决群众提出的具体问题时缺乏动力和效率,容易漠视群众的呼声和要求。导致政府解决此类民众自发抵制活动时,其习惯办法和方式也显得简单粗暴,缺乏灵活性和策略性,带有浓重的传统"官本位"色彩。另外,值得注意的是,早在事件发生一年前,案例中的"西山市竹溪工业园区"和"西山市画溪塑料工业园区"就已在浙江省人民政府

《关于各类开发区(园区)清理整顿方案的公示》(2004年4月16日)文件之中,属于理应被撤销的开发区名录,但却没有得到地方政府真正的执行。这些问题的出现或多或少都与政府内部缺乏科学的评价体系有关。

建立科学的评价体系是社会矛盾调节机制发挥作用不可或缺的重要环节,其能够建立起社会矛盾的预防机制,提高政府应对社会矛盾的能力,最大程度地预防和减少社会矛盾的突发及其造成的损害,维护社会的稳定。一个科学的评价体系,可以将各级领导干部的短期政绩意识和长期政绩意识有机结合,确立起严格的"属地管理,分级负责,谁主管、谁负责"的原则,以责任追究加重他们的责任意识,在最大程度上使他们不因懈怠、推诿或因违法违纪而引发大面积的社会矛盾。有利于维持经济社会的可持续发展和社会的长治久安。以西山事件中的环境纠纷为例,相关部门完全可通过确立诸如绿色 GDP 核算体系、在政府官员的考核体系中加入环保指标等措施,加大政府治理污染的工作力度以及强化治理污染的力量。对待违规企业,真正做到严格执法,从严处罚,遏制其冒险违法的冲动,迫使其树立环保治污的意识。

三、案例三:"林原'84元'事件"

自2000年8月以来,黑龙江省林原市(县级市)开始根据《国务院关于切实做好企业离退休人员基本养老金按时足额发放和国有企业下岗职工基本生活保证的通知》(国发[2000]8号)、《黑龙江省人民政府关于印发黑龙江省贯彻落实国务院国发[2000]8号文件的实施意见的通知》(黑政发[2000]75号)和《黑龙江省劳动厅、黑龙江省财政厅关于进一步做好企业职工基本养老保险工作的通知》(黑劳发[2000]79号)中有关"各级政府都要足额发放统筹项目内的基本养老保险金即基本生活费。统筹项目外部分由企业根据企业效益自行确定"的精神,对林原市已纳入社会养老保险的企业退休人员的社会保险统筹支出项目进行了清理和规范,试图实现全市企业离退休人员基本养老金全部实行社会化发放的政策目标。清理的统筹外项目主要包括书刊费、洗理费、肉菜煤补贴以及御寒津贴,涉及数额共计 84 元／人。在政策执行过程中,由于对文件有疑问以及对有关文件不理解等原因,受此政策影响的退休人员对清理工作持有异议,进行了长达四年的上访,要求对统筹项目外部分也要由社会保险机构负责发放,引发了退休人员与政府的社会矛盾,本书称之为林原"84 元"事件。

（一）"84 元"事件的简单回顾

黑龙江林原市是一个县级市,位于黑龙江省东南部,地处东北亚经济圈腹地,行政区域面积 8816 平方公里,总人口 43.6 万,是一个以工业为主的县级市,企业退休人员较多,而且多数企业经营困难。1993 年至 2000 年 8 月,在国家政策没有明确规定统筹外项目不允许从社保基金中支付时,林原政府考虑部分企业退休金难以全额发放到位,在政府财政十分困难的情况下,将本应由企业负责支付的项目统一由社会保险机构从社保基金中拨付。由于上级文件精神发生变化,2000 年 9 月,林原市开始对企业离退休人员基本养老保险统筹项目进行清理规范,部分企业退休人员对此不理解,开始上访。虽然林原市相关领导和部门做了大量而细致的解释、说服与协调工作,但是仍有部分退休人员不理解,最终导致"84 元"事件发生。

2001 年 9 月 17 日,200 余名企业退休人员到市委、市政府集体上访,市五大班子领导出面共同接待了上访人员,并与上访人员进行了集体对话。2001 年 9 月 26 日,市委书记、市劳动和社会保障部门与上访人员代表对话长达一天。2001 年 9 月 28 日开始,退休人员近 400 人连续 3 天围堵市委、市政府大门和林海路,导致市委、市政府 3 天不能正常办公。在市委、市政府再三劝说无效的情况下,按照《中华人民共和国集会游行示威法》和《中华人民共和国治安管理处罚条例》的有关规定,对上访人员进行了依法疏散。同时,林原市积极协调黑龙江省劳动和社会保障厅以正式文件答复了上访人员提出的异议。期间,黑龙江省劳动和社会保障厅以黑劳社函[2001]61 号文件对有关问题做出了明确答复,认为林原市是在执行国家、省的政策,林原市清理规范统筹项目的做法和清理范围是正确的,文件中进一步明确"在清理规范统筹项目中,不得将国家未统一规定基本养老金之外的福利性补贴纳入基本养老保险统筹项目,不得增加统筹项目和计发标准",同时,对关闭破产企业退休职工非统筹项目待遇发放问题作了是企业责任的明确答复。并将此函转发全省,要求各地劳动部门对此类问题据此办理。随后,林原市人民政府以海政函[2001]44号文件,对清理企业退休人员统筹外项目问题进行了说明与答复。部分企业退休人员认为黑劳社函[2001]61号文件与国家相关文件精神不符,要求行政复议。对此林原市政府法制办进行了立案,按照行政程序,牡丹江市签发牡政呈[2002]29号文件,请示省政府对黑劳社函[2001]61号文件进行审查。2002年10月22日,黑龙江省政府法制办以黑政法发[2002]42号文件进行了答复,指出"省劳动厅黑劳社函[2001]61号文件的主旨是符合国家有关文件精神的"。林原市政府依据答复意见做出了"维持被申请人关于基本养老金发放的具体行政行为"、"申请人如不服复议决定,可以在收到本复议决定书之日起十五日内向林原市人民法院起诉"的复议决定。

退休人员代表对复议决定不服,于2002年11月向林原市人民法院起诉林原市劳动和社会保障局行政不作为,并要求法院进行立案,林原市法院认真研究政策、并多次向牡丹江中级人民法院、黑龙江省高级人民法院请示汇报,得到的答复是:在企业改革和社会保障制度建立过程中出现的群体性纠纷案件,由政府协调处理,法院不应受理审理,也不能出具不予立案的裁定。在法院诉讼没有结果的情况下,退休人员选择继续到市政府上访。其间,市政府主要领导代表政府向退休人员承诺:如果退休人员代表去北京咨询,由政府支付旅差费;如果选择继续诉讼,政府提供聘请律师费用,政府对司法诉讼不予干预。2003年,林原市相关领导带领退休人员代表走访周边县市,对其统筹外项目是否由社保经办机构发放进行实地考察,了解到周边县市并没有发放。

在行政复议、法律诉讼、上级领导接待后,部分退休人员仍不理解,继续上访,2004年6月14日,总计109人企业上访人员集体到省政府进行上访,林原市高度重视,将妥善处理企业退休人员,解决企业退休人员的生活困难,提升到林原工作重心的高度,并召开市委常委会议进行专题部署,由相关领导牵头成立了企业状况调查组、企业职工生活状况调查组、社区建设推进组、政策宣传教育组、控制群体性上访接待工作组等5个工作组,建立了联系企业退休人员的工作网络。其中企业状况调查组,重点调查企业的经营情况,着重解决有能力的企业统筹外项目的发放问题;企业职工生活状况调查组,重点调查企业退休职工总体收入情况、基本养老金占家庭收入比重、家庭医疗费负担情况、企业退休人员要求提供经济待遇等情况作了详细调查,并根据调查结果采取相关措施直接为企业退休人员提供经济救助;社区建设推进组,围绕增强社区功能、重点推进城区社区建设;政策宣传教育组,解决林原上下对企业职工基本养老保险政策的认识问题;控制群体性上访接待小组,控制事态继续扩大,防止矛盾激化,确保社会稳定。同时在成立以上5个工作小组的基础上,建立起联系企业离退休人员工作的网络体系,解决长期帮扶工作,并将其作为一项基本的制度确立下来。经过林原有关部门积极努力的工作,因按照国家文件精神执行相关政策而引发的"84元"事件,逐渐得到平息,相关的企业离退休人员情绪恢复稳定,整个事件得以较好的解决。

(二)"84元"事件解决过程中政府的两难境地

我国是一个正处于社会转型的发展中国家,当前正处于全面建设小康社会的关键时期,体制改革处于攻坚阶段,经济结构发生了重大转变,在城乡之间、地区之间、不同社会群体之间的收入逐渐拉大,消费结构也发生剧烈变化,社会结构出现重大调整。因此,在全面建设小康社会中,我国既面临着一般发展中国家必须面对的艰巨性与长期性的困扰,又面临着社会转型特有矛盾的阻滞。在我国广大内陆地区,经历了改革开放二十多年的洗礼,整体面貌发生了巨大变化,经济社会发展的需求愈加强劲,但由于经济、文化以及其他诸多因素的影响和制约,地方发展总体上还是处于落后状态,面临的问题复杂突出:经济发展水平较低,市场化程度还不发达;经济发展中科技贡献成分较低,整体上属于"吃饭财政";国有企业受当地经济发展水平的制约,往往难以形成高附加值、高税利的生产加工序列,基本上处于维持、亏损甚至是停产状态;

在地方经济落后,辖区内人民群众而又有强烈发展的需求背景下,基层地方政府有限性的权威性调配空间与其承担的重要责任之间往往存在巨大的反差。因此,在地方政府有关部门执行中央、上级文件指令精神,实施政府决策时,受地方政府所控制有限资源的限制,在行政权力的行使过程中,许多人民群众合理的需求无法在本地区得以解决,在利益分配上也难以周全,故地方政府时常处于两难境地。

地方政府通常扮演着维护秩序、干预经济和增进福利等多重角色。"84元"事件的出现是由于地方政府依据中央、上级的文件精神,执行具体政策时所引发的与辖区群众之间的社会矛盾所致。在"84元"事件中,为了保证地方经济发展的平稳运行,林原市政府面对全市国有企业比重较大、退休职工较多、社会养老保险资金缺口比较大的实际,一方面要严格执行中央与上级的指示,一丝不苟的清理当地企业退休人员社会养老保险的统筹外项目,从中剔除书刊费、洗理费、肉菜煤补贴以及御寒津贴等不符合国家规定的补贴,进一步规范企业退休人员的社会保险统筹支出管理,实现全市企业离退休人员基本养老金全部实行社会化发放的政策目标,减轻国家社会养老保险的资金缺口压力;另一方面,又必须增进社会福利,为社会提供足够的公共物品,并正当地分配这些公共物品,以维系整个社会效率与公平的平衡发展。因此,从企业离退休人员为当地的经济发展做出的重大贡献来考虑,在国家政策出台前,林原政府将企业离退休人员所要求的社会保险的统筹外项目继续发放,确实有其合理的一面,更何况由于林原企业普遍困难的形势所限制,如果在社会养老保险统筹外项目部分,改由企业根据企业效益自行确定,大部分将无法足额发放,确实较大程度地影响了离退休人员的生活水平。但是地方政府又囿于财力与资源的限制,无法满足企业离退休人员的要求,必然引发政府与离退休人员之间的矛盾,"84元"事件就非常形象地给我们展现了地方政府处理类似事件的两难困境。

（三）"84元"事件矛盾调节过程中的经验

1. 树立了"以人为本"的柔性管理手段

现实中许多涉及政府的社会矛盾往往存在已久却迟迟没有得到解决，或者是解决不当导致矛盾越演越烈，矛盾涉及面迅速扩张。这些归根结底都是政府在处理社会矛盾事件中缺乏"以人为本"的理念和对相关人员的人性化关怀。在现阶段，政府在处理相关的社会矛盾时，通常采用"捂盖子"的做法，首先想到的是对地方政府的影响有多大，或是考虑费用利益分担情况，很少涉及到对社会冲突中的弱势群体的关注，很少体现出政府作为公权机构的本义为出发点，没有体现出政府权力来源，也没有关注发展过程中人的全面发展。在此背景下，很难想象数目众多的社会冲突和矛盾能够得到圆满的解决。

"84元"事件经历了许多反复波折，从单纯的经济利益问题演变为社会政治问题，从对政策文件的不理解演变为对林原相关部门的不理解，从合理的政策咨询演变为大规模的越级群体性上访。林原市在解决这一事件过程中，最大的工作亮点是政府树立了"以人为本"的管理理念，始终以柔性手段贯穿于始终，坚持维护国家利益和解决群众实际困难相结合的原则。政府对事件的性质判断准确，在事件发生的初期，就确立"84元"事件是一起人民群众以利益诉求为目标的群体性事件，矛盾范围只发生在清理社会保险统筹外项目的部分企业离退休人员之中，没有对局部性矛盾加以普遍化的联想，根据实际需要确立解决矛盾的思路，主要采用说服、劝阻等思想教育的方法，没有采用强制的政治手段解决经济问题，在多次出现大规模的企业离退休人员多次上访、围堵市政机关的时候，仍然采取领导接待、耐心向相关人员讲解上级政策等柔性方式，没有将这一社会矛盾处理简单化，没有先入为主的高压式固定思维模式，在事件解决前后，没有采取查处上访组织者、查处有关责任人的方式，尊重事实、尊重退休职工的合法权利，体现了政府工作理念的进步。

2. 开放了有利于解决"84元"事件的所有救济渠道

林原"84元"事件中涉及的企业退休职工3000余人，在事件初期的调查过程中,不了解政策、不懂政策的人占到绝大多数。由于企业退休职工劳资问题,时间跨度大、涉及到1978年以来的11个文件,而这些文件环环相扣、相互交织、其中某一个文件并不能完全说明清理情况。在广大企业离退休人员没有吃透文件精神的情况下,断章取义、曲解政策,致使相当部分企业退休职工达成了错误共识、产生了这次群体性事件。因此,这次群体性事件的症结在于广大离退休人员对上级的文件理解存在偏差,为了解决"84元"问题,寻求企业离退休人员对清理统筹外项目的支持,林原市相关部门开放了有利于解决"84元"的几乎所有的救济渠道。

为了澄清相关政策问题,林原市从市委、市政府主管领导到主要领导都分别多次接待离退休人员,进行了接待答疑对话,围绕政策宣传做了大量耐心细致的说服解释工作,并将政策文件交到退休职工手中,共同学习国家和省的文件精神,有关部门领导也在电视台发表讲话,宣传和解释国家和省有关政策。相关领导甚至带领退休人员代表先后6次到国家劳动和社会保障部养老保险司、国家社保中心、国家劳动保障报社、省劳动和社会保障厅养老保险处、省老年报社进行政策咨询。政府相关领导承诺,如果退休人员代表去北京咨询,由政府支付旅差费;如果选择继续诉讼,政府提供聘请律师费用,政府对司法诉讼不予干预。解决问题期间,政府领导还带领退休人员代表走访周边县市,对其统筹外项目是否由社保经办机构发放进行实地考察,了解周边县市统筹外项目发放情况……这些途径都为较好解决"84元"问题打下了良好的基础。

3. 构建了一整套处理企业离退休人员的工作体系

林原市在解决"84元"事件过程中,并没有简单的就政策讲政策,突破了以往解决信访问题的原有简单模式,而是以解决"84元"事件为契机,构建了一整套处理企业离退休人员的工作体系,并由相关领导牵头成立了5个工作组,其中企业状况调查组,先后组织24户有能力发放或基本有能力发放的企业召开会议,要求其尽职尽责,承担起发放统筹外项目的责任和义务,解决共计789名企业退休职工统筹外项目的足额发放。企业职工生活状况调查组分成25个工作小组,实际调查2358户、2530人,并根据调查结果,市政府对发放确无着落、家庭确有困难的退休职工,采取成立残疾人福利资金、成立残疾人劳动就业服务所、提供城镇就业岗位、扩大城市帮扶救助范围、成立慈善总会、纳入最低生活保障、救助特困家庭等措施,直接为企业退休人员提供经济救助。社区建设推进组,通过加强社区硬件建设、开展各项社区活动、提供服务水平、加强社区组织建设等举措,确保企业退休人员在老有所养的基础上,实现老有所学、老有所乐、老有所为,从精神文化风貌上解决企业退休人员的实际问题。政策宣传教育组,制定出台了《政策宣传思想教育工作方案》,起草了企业职工基本养老保险政策宣讲材料,并将国发〔1997〕26 号、国发〔2000〕8 号、黑劳发〔2000〕79 号等 11 个文件汇编成册,并召开市直各部门、各乡镇领导参加的大型专题会议,对有关企业退休养老保险政策做了进一步的解释,使全市思想认识达到统一。控制群体性上访接待工作组,要求各部门加强领导、靠前指挥,并进一步严肃纪律、明确责任制定了相应的工作方案,实行信访登记制度、领访制度、预约接访制度、现场办公制度、结果反馈制度、定期排查会诊制度等,有效地解决了前期出现的群体性上访频发的态势,维护了林原市的稳定工作。通过以上五个小组形成了林原对企业离退休人员的联系网络,不仅有效地解决了"84 元"事件,而且切实维护了企业离退休人员的利益,带动了林原市相关工作的进展。

四、关于构建社会矛盾调节机制的几点启示

全面建设小康社会中面临着社会转型,其表现为结构转型与体制转轨的同步启动,即在实现以工业化、城市化为标志的现代化的同时,还要完成从以计划经济为特征的总体性社会向以市场经济为特征的多元化社会的转变。这样一种转变过程大致从 20 世纪 70 年代末期开始,到现在还远未结束,其基本趋势是市场化、流动化和多元化。构建社会矛盾调节机制也出现了许多新的问题,金河出租车停运事件、西山事件、林原"84 元"事件就是这一过程中的典型案例,这些事件的发生存在于矛盾滋生的社会环境,并非全面建设小康社会的个案。那么,如何发挥社会矛盾的调节机制,对金河出租车停运事件、西山

事件、林原"84 元"事件所做的样本分析意义在哪里,带给我们的启示有哪些呢?

(一)我国的改革应形成合理的社会利益分配格局

当前我国正处于全面建设小康社会的攻坚阶段,面临深层次的利益调整。金河出租车停运、西山事件、林原"84 元"事件都告诉我们,改革必须采取有效措施,着眼于增量、着眼于结构来调整改善利益格局关系,最大限度地调动一切积极因素推进改革。在改革过程中必须运用合理的制度安排,兼顾各方面的正当要求,合理分配利益,形成广大社会成员得以可持续发展的利益保障机制。只有立足于此,改革才能够不断向前推进。

金河出租车停运事件的发生,很大程度上是由于新规定的出台影响了出租车业主的就业途径以及就业质量。就业是人民生活的保障,也是收入分配的基础,国家必须立足于保障社会成员公平就业的权利,推进就业体制改革,这是形成合理利益分配格局和有效应对社会风险的最重要的途径。西山事件主要是没有协调好经济发展与环境保护之间的关系,没有注重民众的基本要求而引发的社会矛盾;金河出租车停运事件告诉我们:打破行业垄断、身份垄断和岗位垄断,形成城乡劳动者、不同行业和地区劳动者、不同层次与性质劳动者平等就业的制度,降低就业门槛、简化手续、放宽准入,是促进自主创业和自谋职业,鼓励自觉开辟就业门路的最好路径。林原"84 元"案例提醒我们:社会保障是人们应对生存风险的基本手段,也是防止社会动荡的有效屏障,国家必须立足于维护全社会成员基本生存权利,推进社会保障体系建设。在进一步扩大城镇基本养老、医疗保险的覆盖范围,切实解决离退休人员、进城务工人员等弱势群体的社会保障问题;继续完善城市居民最低生活保障制度,根据经济发展水平,逐步探索建立农村居民最低生活保障制度;加快城乡特殊困难群众社会救助体系建设;完善失业保险制度,建立失业保险与促进就业的联动机制等方面,国家必须引起足够的重视。

(二)应把"以人为本"作为经济社会发展战略的核心指导思想

金河出租车停运、西山事件、林原"84元"事件是转型期社会矛盾多发的外在表现,这一些事实告诉我们:我国的现代化建设必须拥有良好的建设环境,切实解决好转型期间的社会矛盾,因此可以说:我国的现代化进程顺利与否在很大程度上取决于政府解决、处理社会矛盾的能力与方法,而政府解决、处理社会矛盾的能力与方法的要素关键在于是否将"以人为本"作为经济社会发展战略的核心指导思想。

做到这一点,必须要从具体措施上解决经济社会协调发展问题,保证经济社会持续发展。进一步增加医疗卫生投入、完善医疗卫生制度、推动教育体制改革、实现义务教育的公平性。在保证经济快速增长的同时,着重治理引起矛盾滋生的社会环境,加快收入分配体制改革,重建社会信用,重构利益协调机制。重点解决好改革过程中历史遗留下来的国有企业老职工的原有欠账问题,做好相关群体的利益保障工作,扩大医疗、失业和养老保险金的覆盖面,强化公共财政在社会保障、养老保险资金亏损的补贴力度,建立可靠的社会保障资金来源,实现统一的社会保障制度,以期达到降低社会保障管理成本。统筹城乡发展的目标,在现代化建设过程中维护经济困难群体的利益,加大利益协调力度,进一步消除城乡分割的体制性障碍。在国家经济发展过程中贯穿以人为本的思想,促进经济的快速持续协调发展。

(三)要在保证改革的公正性的基础上推进整体改革

经济增长的前提是要解决市场领域目前存在的效率发挥不够的问题,同时,经济发展还应注重社会领域的公平性,采取措施保证改革的公正性,扩大改革的受益面。金河出租车停运、西山事件、林原"84元"案例,都告诉我们在进行大规模经济体制改革的同时,必须对整个公共部门与管理部门进行全面的综合配套,使政府的宏观管理和调控建立在规范的制度约束基础上,从根本上改进和完善政府的决策和执行机制,形成政府与市场的良性互动,进一步深化财政体制改革,使财政收入和支出结构要充分反映现实经济结构的重大变化和要求。特别应该强调的是,当前改革应该在继续重视效率的同时,把公平放在更加突出的位置,国家应立足于维护分配过程和机会的公平,推进收入分配体制改革。除通过公平就业缓解收入差距外,应重点整顿和规范收入分配秩序,切实解决利用公权、动用公共财力、依靠特许经营获得的垄断利润被少数人占有的问题,强化建立规范的公务员工资制度、严格规范职务消费、完善收入分配规则、控制垄断性行业收入水平等方面。与此同时,建立健全个人收入申报制度,强化个人所得税征管,进一步消除改革的隐患,采取理性的手段,增强改革的动力,围绕利益关系进行体制协调和政策疏导,保证在维护公正性的基础上推进改革。

(四)改革必须建立相关的制度作为保障

处于转型期的我国社会正经历着深刻的变化,原有的利益格局已发生调整、分化,出现了一些新的社会阶层和日益多样化的利益诉求,社会矛盾和冲突也逐渐尖锐。能否协调社会各阶层的利益,整合社会资源,维护社会稳定,尽可能地扩大执政的群众基础,构建出一个民主法治、公平正义、诚信友爱、充满活力、安定有序、人与自然和谐相处的和谐社会,就成为党和政府的时代课题和重要目标。金河出租车停运事件以政府停止执行《金河市城市客运出租汽车经营权有偿使用管理办法》、《金河市城市客运出租汽车更新管理规定》的妥协方式而告终,西山事件的后续处理体现了对民众要求的尊重,并实施了切实可行的措施治理污染。林原"84元"事件的成功解决很大程度上取决于临时成立的五大工作组。但政府只是事后的妥协和知错就改或是成立临时的应对机构是不够的,更重要的是要建立各方参与的协商机制,构建公众参与的监督平台,形成政府与民众良性互动关系,而不是由政府或强势部门单方面制定规则,这样才能真正防止下一次类似事件发生。因此,改革必须正视建立利益表达和利益均衡机制,利益表达的需求总是产生于利益失衡或利益冲突之时,为达到争取利益的目标而采取的施加压力的利益表达方式往往意味着冲突,以诸多利益矛盾为基础的表达行动往往会以不可控的方式和力度冲击试图为它提供空间的体制,利益矛盾便不会因为得不到解决而酝酿出更严重的危机,造成社会的动荡。因此,建立有效的利益表达和利益均衡机制,可以有效的容纳和规范利益矛盾。这不仅对于化解市场经济条件下的利益矛盾,而且对于社会的长治久安,都是有重大意义的。

(五)重构社会理性

重构社会理性,可以提高整个社会解决矛盾和化解冲突的能力,并由此实现利益关系趋于均衡的社会。随着现代社会中的利益价值观由"传统"向"现代"转型,必将使创设和建立具有均衡性的利益制度与机制,成为调整利益结构进而构建现代和谐社会的本质性要求。改革开放的27年,是社会财富高速增长的27年,也是社会利益日益多元化的27年,在财富积累过程中,由于对财富和资源的占有程度和占有渠道的不同,以及与此互为因果的地位和权力的不同,我们的社会,已由"两阶级一阶层",变迁为共处的若干阶层和更多的利益群体。当前我国已经处于人均GDP 1000至3000美元的国际公认的风险社会之中,社会发展进入了高风险区域,改革开放步步深入,各阶层和群体之间利益分化也必然扩大,如果这种分化超出了公平的底线,则将在各个阶层和各个群体间制造出鸿沟和对立。这不仅有损社会公正,还将影响社会和谐,成为社会不稳定甚至动荡的根源,使得所有人的利益得不到保障。金河出租车案例、西山事件以及林原"84元"案例一致体现出转型期社会理性不够的现实,案例中金河出租车司机采取罢运、西山民众、林原企业离退休人员作为公民,应采用合法方式表达自己的诉求,不能采用非法的、破坏社会公共秩序、放弃法定义务的方式来解决问题。因此,当前社会迫切需要重构社会理性,培育社会成员自我调节、人们之间互相调节的能力。这一方面需要政府及官员在处理社会矛盾中,将社会问题与政治问题相剥离,采取柔性处理方法,遵循法治轨道加以化解;另一方面需要从社会群体提高利益表达的理性化程度,养成从权利配置来自我解决社会矛盾的习惯,让每一个公民都发展为权利自足的公民,都成为经济运行的主体、文化活动的主角,以及政治参与的主人。

主要参考文献

1.《马克思恩格斯选集》1-4卷,人民出版社1995年版。

2.《毛泽东选集》1-4卷,人民出版社1991年版。

3.《邓小平文选》1-3卷,人民出版社1994年、1993年版。

4. 王惠岩著:《当代政治学基本理论》,高等教育出版社2001年版。

5. 王沪宁主编:《政治的逻辑:马克思主义政治学原理》,上海人民出版社2004
年9月版。

6. 王浦劬主编:《政治学基础》,北京大学出版社2000年版。

7. 张铭、严强主编:《政治学方法论》,苏州大学出版社2003年9月版。

8. 胡鞍钢、王绍光、周建明主编:《第二次转型:国家制度建设》,清华大学出版
社2003年7月版。

9. 胡鞍钢主编:《影响决策的国情报告》,清华大学出版社2002年12月版。

10. 胡鞍钢、胡联合等著:《转型与稳定:中国如何长治久安》,人民出版社2005
年11月版。

11. 胡鞍钢著:《中国:新发展观》,浙江人民出版社2004年1月版。

12. 郑杭生主编:《中国人民大学中国社会发展研究报告2002:弱势群体与社
会支持》,中国人民大学出版社2003年3月版。

13. 郑杭生主编:《中国人民大学中国社会发展研究报告2004:走向更加安全
的社会》,中国人民大学出版社2004年4月版。

14. 吴忠民著:《社会公正论》,山东人民出版社2004年3月版。

15. 陶德麟主编:《社会稳定论》,山东人民出版社1999年版。

16. 聂运麟著:《政治现代化与政治稳定》,湖北人民出版社2000年版。

17. 方江山著:《非制度政治参与——以转型期中国农民为对象分析》,人民出版社 2000 年版。

18. 丁元竹著:《命系百姓——中国社会保护网的再造》,天津人民出版社 2001 年版。

19. 邓伟志主编:《变革社会中的政治稳定》,上海人民出版社 1997 年版。

20. 邓伟志著:《和谐社会笔记》,上海三联书店 2005 年版。

21. 吴大英、徐功敏主编:《改革开放与政治稳定》,中国民主法制出版社 1993 年版。

22. 张玉堂著:《利益论——关于利益冲突与协调问题的研究》,武汉大学出版社 2001 年版。

23. 王伟光著:《利益论》,人民出版社 2001 年 12 月版。

24. 于建嵘著:《岳村政治——转型期中国乡村政治结构的变迁》,商务印书馆 2001 年版。

25. 程延园著:《集体谈判制度研究》,中国人民大学出版社 2004 年 4 月版。

26. 李军鹏著:《公共服务型政府》,北京大学出版社 2004 年 8 月版。

27. 中共中央组织部课题组:《2000-2001 中国调查报告——新形势下人民内部矛盾研究》,中央编译出版社 2001 年 5 月出版。

28. 丁元竹主编:《建设健康和谐社会》,中国经济出版社 2005 年 1 月版。

29. 袁峰著:《理想政治秩序的探求》,学林出版社 2002 年 10 月版。

30. 吕银春著:《经济发展与社会公正——巴西实例研究报告》,世界知识出版社 2003 年 7 月版。

31. 胡象明著:《经济政策与公共秩序》,湖北人民出版社 2002 年 2 月版。

32. 李路路、孙志祥主编:《透视不平等:国外社会阶层理论》,社会科学文献出版社 2002 年 10 月版。

33. 罗润东著:《城市下岗失业及其治理》,中国发展出版社 2000 年 6 月版。

34. 张厚安、徐勇主笔:《中国农村政治稳定与发展》,武汉出版社 1995 年版。

35. 王卿、刘士卓、李辉敏、李志强著:《把握新特点,化解新矛盾:新时期我国人民内部矛盾研究》,中共中央党校出版社 2002 年 12 月版。

36. 梁周敏、衡彩霞著:《新时期人民内部矛盾问题研究》,人民出版社 2001 年 4 月版。

37. 杨海涛、霍海燕、赵广艳著:《社会转型期人民内部矛盾问题研究》,中国青年出版社 2000 年 9 月版。

38. 孙友葵、张东航、杨正元主编:《经济体制转型中的人民内部矛盾问题研究》(上),吉林人民出版社 1998 年 2 月版。

39. 钟健能著:《新时期人民内部矛盾概论》,人民出版社 1998 年 8 月版。

40. 于咏华著:《当代中国社会矛盾论》,九州出版社 2004 年 10 月版。

41. 冯同庆著:《中国工人的命运:改革以来工人的社会行动》,社会科学文献出版社 2002 年 2 月版。

42. 宫志刚著:《社会转型与秩序重建》,中国人民公安大学出版社 2004 年 7 月版。

43. 袁峰著:《制度变迁与稳定——中国经济转型中稳定问题的制度对策研究》,复旦大学出版社 1999 年 5 月版。

44. 石彤著:《中国社会转型时期的社会排斥——以国企下岗失业女工为视角》,北京大学出版社 2004 年 6 月版。

45. 李培林、张翼、赵延东、梁栋著:《社会冲突与阶级意识:当代中国社会矛盾问题研究》,社会科学文献出版社 2005 年 5 月版。

46. 艾福成、张维久、周宝余、李桂花著:《当代中国社会矛盾研究》,长春出版社 1996 年 12 月版。

47. 吴必康主编:《美英现代社会调控机制——历史实践的若干研究》,人民出版社 2002 年 8 月版。

48. 中央纪委信访室、监察部举报中心编:《纪检监察信访理论研究与思考》,中国方正出版社 2000 年 9 月版。

49. 孙立平著:《博弈:断裂社会的利益冲突与和谐》,社会科学文献出版社 2006 年 1 月版。

50. 吴俊杰、张红等编著:《中国构建和谐社会问题报告》,中国发展出版社 2005 年 7 月版。

51. 张国清著:《和谐社会研究》,人民出版社2006年3月版。

52. 仲大军著:《国民待遇不平等审视》,中国工人出版社2002年版。

53. 谭培文著:《马克思主义利益理论》人民出版社2002年版。

54. 高兆明著:《制度公正论》,上海文艺出版社2001年版。

55. 高兆明著:《社会失范论》,江苏人民出版社2000年6月版。

56. 孙立平著:《断裂——20世纪90年代以来的中国社会》,社会科学文献出版社2003年10月版。

57. 孙立平著:《失衡:断裂社会的运作逻辑》,社会科学文献出版社2004年12月版。

58. 孙立平著:《转型与断裂:改革以来中国社会结构的变迁》,清华大学出版社2004年7月版。

59. 李春玲著:《断裂与碎片:当代中国社会阶层分化实证分析》,社会科学文献出版社2005年8月版。

60. 渠敬东著:《缺席与断裂:有关失范的社会学研究》,上海人民出版社1999年12月版。

61. 曹德本、宋少鹏著:《中国传统政治文化与社会稳定》,吉林大学出版社2001年4月版。

62. 张伟著:《中国社会中间阶层政治分析》,社会科学文献出版社2005年8月版。

63. 朱力、陈如主编:《社会大分化——南京市社会分层研究报告》,南京大学出版社2004年12月版。

64. 伍装著:《中国经济转型分析导论》,上海财经大学出版社2005年5月版。

65. 景天魁等著:《社会公正理论与政策》,社会科学文献出版社2004年3月版。

66. 郑杭生、李路路等著:《当代中国城市社会结构现状与趋势》,中国人民大学出版社2004年4月版。

67. 李强著:《转型时期的中国社会分层结构》,黑龙江人民出版社2002年1月版。

68. 李建华著:《法治社会中的伦理秩序》,中国社会科学出版社 2004 年 6 月版。

69. 张静著:《利益组织化单位:企业职代会案例研究》,中国社会科学出版社 2001 年 8 月版。

70. 张江河著:《论利益与政治》,北京大学出版社 2002 年 10 月版。

71. 李君如主编:《社会主义和谐社会论》,人民出版社 2005 年 3 月版。

72. 姚洋主编:《转轨中国:审视社会公正和平等》,中国人民大学出版社 2004 年 5 月版。

73. 周显信著:《目标与代价——当代中国现代化的发展逻辑》,人民出版社 2003 年 12 月版。

74. 桑玉成著:《利益分化的政治时代》,学林出版社 2002 年 10 月版。

75. 陆学艺主编:《当代中国社会阶层研究报告》,社会科学文献出版社 2002 年 1 月版。

76. 吴波著:《现阶段中国社会阶级阶层分析》,清华大学出版社 2004 年 11 月版。

77. 傅治平著:《和谐社会导论》,人民出版社 2005 年 3 月版。

78. 贾华强、马志刚、方栓喜编著:《构建社会主义和谐社会》,中国发展出版社 2005 年 4 月版。

79. 李拓著:《新时期中国阶级阶层结构问题研究》,中国财政经济出版社 2002 年 2 月版。

80. 阎志民主编:《中国现阶段阶级阶层研究》,中共中央党校出版社 2002 年 4 月版。

81. 朱光磊著:《中国的贫富差距与政府控制》,上海三联书店 2002 年 1 月版。

82. 迟福林著:《改革与多数人利益》,中国发展出版社 2004 年 10 月版。

83. 张敏杰著:《中国弱势群体研究》,长春出版社 2003 年 8 月版。

84. 李培林、李强、孙立平等著:《中国社会分层》,社会科学文献出版社 2004 年 9 月版。

85. 苏振兴、袁东振著:《发展模式与社会冲突——拉美国家社会问题透视》,

当代世界出版社2001年3月版。

86. 陆学艺主编:《当代中国社会流动》,社会科学文献出版社2004年7月版。

87. 中国社会科学公共政策研究中心、香港城市大学亚洲管治研究中心编:
    《中国公共政策分析》(2004年卷),中国社会科学出版社2004年2月版。

88. 汝信、陆学艺、李培林主编:《2005年:中国社会形势分析与预测》,社会科
    学文献出版社2004年12月版。

89. 汝信、陆学艺、李培林主编:《2006年:中国社会形势分析与预测》,社会科
    学文献出版社2005年12月版。

90. 尹继佐主编:《体制改革与社会转型:2001年上海社会发展蓝皮书》,上海
    社会科学院出版社2001年1月版。

91. 尹继佐主编:《2002年上海社会报告书》,上海社会科学院出版社2002年4
    月版。

92. 尹继佐主编:《2004年上海社会报告书》,上海社会科学院出版社2004年4
    月版。

93. 中国社会科学院公共政策研究中心、香港城市大学亚洲管治研究中心编:
    《中国公共政策分析》(2005年卷),中国社会科学出版社2005年版。

94. 朱耀群编著:《中产阶级与和谐社会》,中国人民公安大学出版社2005年2
    月版。

95. 冒天启主笔:《经济转型与社会发展》,湖北人民出版社2000年8月版。

96. 李松玉著:《制度权威研究:制度规范与社会秩序》,社会科学文献出版社
    2005年10月版。

97. 曾峻著:《公共秩序的制度安排——国家与社会关系的框架及其运用》,学
    林出版社2005年8月版。

98. 沈立人著:《中国弱势群体》,民主与建设出版社2005年1月版。

99. 马建中著:《政治稳定论:中国现代化进程中的政治稳定问题研究》,中国
    社会科学出版社2003年8月版。

100. 薛澜、张强、钟开斌著:《危机管理:转型期中国面临的挑战》,清华大学出
     版社2003年5月版。

101. 丛晓峰、刘溪等著:《社会公正与社会进步若干问题研究》,山东人民出版社 2005 年 10 月版。

102. 杨海蛟著:《平等:人类对理想社会的诉求》,吉林人民出版社 2004 年 6 月版。

103. 中央编译局当代马克思主义研究所编:《当代学术论丛》(第一辑),中央编译出版社 2003 年 10 月版。

104. 中央编译局当代马克思主义研究所编:《当代学术论丛》(第二辑),中央编译出版社 2004 年 9 月版。

105. 卢嘉瑞等著:《中国现阶段收入分配差距问题研究》,人民出版社 2003 年 6 月版。

106. 张建华著:《超越 GDP——关注中国发展的关键时刻》,新华出版社 2004 年 1 月版。

107. 周建明主编:《社会政策:欧洲的启示与对中国的挑战》,上海社会科学院出版社 2005 年 3 月版。

108. 卢汉龙主编:《均衡与稳定:发展的新价值》,上海社会科学院出版社 2005 年 1 月版。

109. 李培林著:《另一只看不见的手:社会结构转型》,社会科学文献出版社 2005 年 3 月版。

110. 袁方著:《中国社会结构转型》,中国社会出版社 1998 年 9 月版。

111. 郭济主编:《政府应急管理实务》,中共中央党校出版社 2004 年 7 月版。

112. 徐邦友著:《中国政府传统行政的逻辑》,中国经济出版社 2005 年 5 月版。

113. 北京大学法学院人权研究中心编:《以权利为基础促进发展》,北京大学出版社 2005 年 8 月版。

114. 李培林、朱庆芳等著:《中国小康社会》,社会科学文献出版社 2003 年 9 月版。

115. 张贤明著:《论政治责任——民主理论的一个视角》,吉林大学出版社 2000 年 10 月版。

116. 中国(海南)改革发展研究院编:《中国农民权益保护》,中国经济出版社
　　2004 年 1 月版。

117. 中国(海南)改革发展研究院编:《建设公共服务型政府》,中国经济出版
　　社 2004 年 1 月版。

118. 中国(海南)改革发展研究院:《政府转型——中国改革下一步》,中国经
　　济出版社 2005 年 1 月版。

119. 中国(海南)改革发展研究院编:《政府转型与建设和谐社会》,中国经济
　　出版社 2005 年 10 月版。

120. 凌厚锋、高飞乐主编:《中国当代社会分层理论与现实研究》,福建教育出
　　版社 2003 年 1 月版。

121. 朱光磊等著:《当代中国社会各阶层分析》,天津人民出版社 1998 年 5 月
　　版。

122. 窦玉沛主编:《社会管理与社会和谐》,中国社会出版社 2005 年 4 月版。

123. 沈亚平著:《社会秩序及其转型》,河北大学出版社 2002 年 12 月版。

124. 敖带芽著:《私营企业主阶层的政治参与》,中山大学出版社 2005 年 8 月
　　版。

125. 曹锦清著:《黄河边的中国:一个学者对乡村社会的观察与思考》,上海文
　　艺出版社 2002 年 10 月版。

126. 厉以宁著:《转型发展理论》,同心出版社 1996 年版。

127. 中国行政管理学会课题组:《中国转型期群体性事件对策研究》,学苑出
　　版社 2003 年版。

128. 刘华蓉著:《大众传媒与政治》,北京大学出版社 2001 年版。

129. 蔡定剑著:《中国人民代表大会制度》,法律出版社 1998 年修订版。

130. 甘炳光等著:《社区工作理论与实践》,香港中文大学出版社 1998 年版。

131. 徐勇著:《中国农村村民自治》,华中师范大学出版社 1997 年版。

132. 沈荣华:《政府机制》,国家行政学院出版社 2003 年版。

133. 马建川、翟校义著:《公共行政原理》,河南人民出版社 2002 年版。

134. 景天魁等:《社会公正理论与政策》,社会科学文献出版社 2004 年版。

135. 花菊香著:《社会政策与法规》,社会科学文献出版社 2002 年版。

136. 尹维真著:《中国城市基层管理体制创新——以武汉市江汉区社会建设实验为例》,中国社会科学出版社 2003 年版。

137. 董克用主编:《公共治理与制度创新》,中国人民大学出版社 2004 年 5 月出版。

138.《费孝通文集》第一卷,群言出版社 1999 年版。

139. 刘瑞等编:《社会发展的宏观管理》,中国物价出版社 1998 年版。

140. 时正新著:《中国社会福利与社会进步报告(1999)》,社会科学文献出版社 2000 年版。

141. 俞可平主编:《治理与善治》,社会科学文献出版社 2000 年版。

142. 罗西瑞著:《没有政府统治的治理》,剑桥大学出版社 1995 年版。

143. 施九青著:《当代中国政治运行机制》,山东人民出版社 2002 年版。

144. 胡仙芝著:《政务公开与政治发展研究》,中国经济出版社 2005 年出版。

145. 杨勤、张敢明著:《跨越陷阱之路——寻觅社会管理的理想运作框架》,河南人民出版社 2003 年版。

146. 石彤著:《中国社会转型时期的社会排挤——以国企下岗失业女工为视角》,北京大学出版社 2004 年版。

147. 杨寅主编:《公共行政与社区发展》,浙江人民出版社 2005 年版。

148. 王振海主编:《社区政治论——人们身边悄悄进行的社会变革》,山西人民出版社 2003 年版。

149. 张曙光:《社会工作行政》,社会科学文献出版社 2002 年版。

150. 张兆端著:《社区警务论——社会治安综合治理的社区化理论与实践》,中国人民公安大学出版社 2003 年版。

151. 赵黎青著:《非政府组织与可持续发展》,经济科学出版社 1998 年版。

152. 吴刚著:《行政组织管理》,清华大学出版社 1999 年版。

153. 杨桂华著:《转型社会控制论》,山西教育出版社 1998 年 8 月版。

154. 吕凤太编著:《社会中介组织研究》,学林出版社 1998 年版。

155. 张国庆:《行政管理学概论》,北京大学出版社 2000 年版。

156.范愉著:《非诉讼纠纷解决机制研究》,中国人民大学出版社2000年版。

157.许文惠、张成福主编:《危机状态下的政府管理》,中国人民大学出版社1998年版。

158.李俊伟著:《人民内部矛盾处理机制研究》,湖南人民出版社2007年11月版。

159.[印]阿马蒂亚·森(Amartya Sen)著,任赜、于真译,刘民权、刘柳校:《以自由看待发展》,中国人民大学出版社2002年7月版。

160.[美]西摩·马丁·李普塞特著:《政治人:政治的社会基础》,上海人民出版社1997年9月版。

161.[德]乌尔里希·贝克著:《世界风险》,南京大学出版社2004年5月版。

162.[英]谢尔顿·克里姆斯基、多米尼克·戈尔丁编著:《风险的社会理论学说》,北京出版社2005年9月版。

163.[英]芭芭拉·亚当、乌尔里希·贝克、约斯特·房·龙编著:《风险社会及其超越:社会理论的关键议题》,北京出版社2005年9月版。

164.[美]裴宜理著:《上海罢工:中国工人政治研究》,刘平译,江苏人民出版社2001年9月版。

165.迪帕·纳拉扬、罗伯特·钱伯斯、米拉·K.沙阿、帕蒂皮·特斯著:《呼唤变革》,中国人民大学出版社2003年3月版。

166.[美]西摩·马丁·李普塞特著:《一致与冲突》,上海人民出版社1995年版。

167.[美]塞缪尔·P.亨廷顿著:《变化社会中的政治秩序》,生活·读书·新知三联书店1988年版。

168.[美]塞缪尔·P.亨廷顿著:《文明的冲突与世界秩序的重建》,新华出版社2002年1月版。

169.[英]拉尔夫·达仁道夫著:《现代社会冲突》,中国社会科学出版社2000年版。

170.美洲开发银行著:《经济发展与社会公正》,中国社会科学出版社2002年版。

171. 世界银行:《2002/2001 年世界发展报告——与贫困作斗争》,中国财政经济出版 2001 年版。

172. [美]瑟罗著:《得失相等的社会》,商务印书馆 1992 年版。

173. [瑞典]缪尔达尔著:《世界贫困的挑战》北京经济学院出版社 1991 年版。

174. [美]爱德华·A. 罗斯著:《社会控制》,华夏出版社 1987 年版。

175. [美]罗尔斯著:《正义论》,中国社会科学出版社 1988 年版。

176. [日]高坂健次主编:《当代日本社会分层》,张弦等译,中国人民大学出版社 2004 年 6 月版。

177. [美]诺曼·迈尔斯著:《最终的安全:政治稳定的环境基础》,王正平、金辉译,上海译文出版社 2001 年 9 月版。

178. [美]查尔斯·霍顿·库利著:《人类本性与社会秩序》,华夏出版社 2003 年 7 月版。

179. [德]哈贝马斯著:《公共领域的结构转型》,学林出版社 1999 年 1 月版。

180. [美]弗朗西斯·福山著:《大分裂:人类本性与社会秩序的重建》,中国社会科学出版社 2002 年 1 月版。

181. [美]詹姆斯·R. 汤森、布兰特利·沃马克著:《中国政治》,江苏人民出版社 2003 年 8 月版。

182. [美]罗伯特·A. 达尔著,《现代政治分析》,上海译文出版社 1987 年版。

183. [美]詹姆斯·斯科特著:《农民的道义经济学:东南亚的反叛与生存》,译林出版社 2001 年 7 月版。

184. [美]诺曼·R. 奥古斯丁著:《危机管理》,中国人民大学出版社 2001 年 4 月版。

185. [荷]盖叶尔、佐文著,黎明译:《社会控制论》,华夏出版社 1989 年版。

186. [美]阿尔蒙德,鲍威尔著:《比较政治学:体系、过程和政策》,曹沛霖等译,上海译文出版社 1987 版。

187. [美]詹姆斯·W. 费斯勒、唐纳德·F. 凯特尔著:《行政过程的政治:公共行政学新论》,陈振明、朱芳芳译,中国人民大学出版社 2002 年版。

188. [美]史蒂文斯著:《集体选择经济学》,杨晓维等译,上海人民出版社

2003 年版。

189. [美]彼得·德鲁克著,徐大建译:《社会的管理》,上海财经大学出版社 2003 年版。

190. [英]安东尼·吉登斯著:《第三条道路——社会民主主义的复兴》,北京 大学、三联书店 2000 年版。

191. [美]劳伦斯·巴顿著:《组织危机管理》,清华大学出版社 2002 年版。

192. [美]德罗尔著:《逆境中的政策制定》,远东出版社 1989 年版。

193. [美]赫兹琳杰著:《非营利组织管理》,中国人民大学出版社 2000 年版。

后 记

改革开放三十年来,我国在化解社会矛盾、朝向更加和谐方面进行了积极有益的探索,但和谐社会目标不是一蹴而就的,也不是单单理念转变就能到达的,需要建立起具有系统化、组织化和民主化的新型社会矛盾治理机制,从而把化解社会矛盾过程中所凝炼的理念、制度、体制融入到机制建设中,使其成为我国公共管理体系进一步完善和发展的重要基石。

呈现在大家面前的《和谐社会建设与社会矛盾调节机制研究》一书,是由我负责承担的 2004 年度国家社会科学基金重点项目《全面建设小康社会进程中的社会矛盾调节机制研究》(04AZZ001)的最终结项成果,算是对当前日益凸显的社会矛盾问题的一个理论回应。在课题研究和书稿统筹过程中,我们得到了中国行政管理学会会长、课题组顾问郭济同志的悉心指导,得到课题组成员的大力配合,王郅强协助我做了大量工作。各章撰写分工如下:绪论、第一章:靳江好;第二章:芮国强;第三章:王郅强、靳江好;第四章:王郅强、靳江好;第五章:沈荣华、马建川;第六章:胡仙芝、汪永成、贾红英;第七章:李军鹏;第八章:范愉;第九章:高小平、梁仲明;第十章:李军鹏;第十一章:王郅强、靳江好、文宏。

当然,我们将对本书的主题进行持续研究。书中不足之处,敬请批评指正。

靳江好

2008 年 4 月